KB266700

돌에 새긴
목민관 이야기 1

돌에 새긴
목민관 이야기 1

청 백 리 와 영 의 정

이희득 지음

조선시대에 세워진 선정 불망비는 백성들에게 많은 피해를 주었다고 해서, 연구가 많이 되었다고 생각되지는 않지만, 그래도 지역별로 금석문을 조사하여 자료가 많이 축적되어 있다고 생각한다.

다만 지역별로 연구가 되었기에 그 지역과 관련된 금석문이 되지만 전국적인 자료가 되지 못하는 경우가 있을 수 있다.

그래서 이번 책은 조선시대 청백리의 이름이 새겨진 碑, 그리고 영의정 碑를 조사하여 책에 담아 보려 한다.

조선시대 선정 불망비는 조정에서도 백성들의 폐해가 많아 건립하지도 말고, 세워진 비는 부셔 버리라는 어명도 있었지만, 정조 임금 死後에는 우후죽순처럼 세워져 남아 있는 관리의 선정불망비는 대부분 이 시기에 만들어졌다.

그러나 어명으로 선정불망비를 세우는 것을 금하고 헐어 없애 버렸다 해도, 선정을 베푼 관리나, 나중에 우연히 발견되는 碑들이 제법 있고, 그 중에는 임진왜란 이전의 碑도 보이고 있다.

특히 임진왜란의 이전의 선정비 중에는 조선왕조실록에는 보이지 않는 기록이 존재하기에. 역사적으로는 가치가 있을 것으로 생각된다.

조선왕조에서 청백리는 대단한 것이었고 가문의 영광이었다.

그러한 기록은 많이 있으나 연구된 기록은 보이지 않기에, 그러한 분과

관련된 선정비도 이번에 같이 연구하고 조사하여, 책에 넣고 영의정의 碑
도 마찬가지로 포함시킨다.

이러한 것은 재미를 위한 것이 아니고 기록을 해 두면 언젠가는 필요한
자료가 될 것이고, 인명을 연구하는 데 도움이 될 것으로 사료된다.

필자의 자료가 대단하다고 생각되지는 않지만 한 사람의 고생이 여러
사람에게 도움이 되었으면 하며, 여기 책에서는 인명에 대해 평가하지 않
으며, 기록은 될 수 있는 한 역사적 사료에 따라 적을 것이다.

어차피 역사는 사람이 만든 것이므로 어느 누구에게는 필요한 자료가
될 것으로 생각된다.

좋은 자료가 되기를 꿈꾸며……

2025년 1월 9일

玉山 이 희득

목록

2장. 영의정 이야기

1장

청백리 이야기

청백리는 '청렴하고 맑은 이'라는 뜻이 있으며, 처음에는 염근리라 불렀다.

염근리는 청렴하고 근면한 관리라는 것인데, 조선시대의 清白吏 錄選은 1514년(중종 9년) 11월에 처음 시행되었으며, 이후 명종과 선조 대에 계속 이어져 오다가 정착되었다.

한반도에 남아 있는 선정비들은 6,000여좌가 되지만 그중에 청백리를 역임한 인물의 선정비는 많이 보이지 않는다.

조선시대에 청백리에 녹선된 인물들을 책에 다 기록하면 좋겠지만, 필자는 녹선된 인물 중에 선정비가 남아 있는 인물만 수록하기로 한다.

그리고 마애비나, 선정비 중에는 청백리라는 명문이 있는 것이 몇 좌 있지만, 국가에서 인정한 인물만 여기에 소개한다.

어떤 인물은 많은 자료가 있고, 어떤 인물은 간단한 자료만 존재하기도 하여, 내용을 채우는 데 많은 어려움이 있기에, 많은 양해를 바란다.

즉 자료가 한 사람에게 편중되는 경향이 보이기에 누구는 많은 글을 쓰고, 누구는 간단하게 적기에 오해가 생기는 것을 미리 방지한다.

청백리에 녹선 되면 조선시대는 큰 영광으로 여겼으며, 그 후손까지도 그 은덕으로 버슬길에 오를 수 있었다.

오죽했으면 1대가 청백리에 되는 것이 3대에 걸쳐 영의정을 역임하는

돌에 새긴 목민관 이야기 1

것보다 더 어렵다 할 정도이다.

청백리에도 쉽지 않겠지만 녹선되면 그만한 명예는 없다고 본다.

청백리라는 것은 맑고 흰(淸白) 것 같은 벼슬아치를 말하며, 청렴결백의 줄임말로, 벼슬을 하면서 부정부패를 저지르지 않는 관리이며, 가문의 영광으로 여겼다.

남한에 남아 있는 청백리를 역임한 관리의 선정 불망비를 나열하여 본다.

지금까지 조사된 청백리를 역임한 인물 중 선정비가 남아 있는 것은 24좌가 된다.

그러나 필자가 인지 못 한 선정비가 있을 것으로 생각되며, 글을 쓰는 중에 발견되거나. 빠뜨린 선정비는 나중에 추가 작업을 하기로 한다.

1. 손중돈[1]

손중돈 孫仲暾(1463년~1529년)[2]

본관은 경주(慶州). 자는 태발(泰發), 호는 우재(愚齋). 아버지는 계천군(鷄川君) 손소(孫昭)이며, 어머니는 유복하(柳復河)의 딸이며, 김종직(金宗直)의 문인이다.

1515년에 청백리가 되었다.

청백리로 녹선된 우재 손중돈 선생의 선정비는 상주 박물관 외부 전시장에 있으며, 원래는 무양동 개인의 집에 있다가 1973년에 상주교육청 교육관 옆으로 옮겨졌다가 2007년에 상주 박물관으로 옮겨졌다.

碑의 앞면에는 "선정비"라 크게 새겨져 있으며 그 아래로 11열의 명문이 있다.

상주 목사를 역임한 손중돈 선생과 권기 선생의 내용인데 손중돈 목사와 관련된 명문만 옮겨본다.

---

1) 손중돈 선생의 선정비는 상주 박물관 외부 전시장에 있어 박물관과 손씨 문중의 허락을 2024년 1월 25일 받았다.

2) 한국민족문화대백과사전에서 발췌하였다.

“孫公諱仲暾歲[3]丙寅來牧使是邦承昏亂政煩之餘窮節儉鎭靜

之治弊袗民安農桑盡業秩未滿擢爲治平陞堂上階赴召尙去人惜

其去也願侍而不得立堂以生祠之祠在丹密縣

손공의 諱는 중돈 이요, 병인년[4]에 이 고을 목사로 부임해 왔다.

정치가 번거롭고 어지러우니 공이 몸소 근검절약하여 이 고을을 다스려 진정시켰다.

백성들을 편안하게 하여 민폐를 없애고, 주민들과 결속하여 농사와 양잠에 힘을 기울였다.

차례가 되지 않았는데 발탁되어 치평(治平)의 功으로 당상관에 올라 부름을 받고 떠나가니 모두가 공의 떠남을 애석해하였다.

백성들은 유임을 원하였으나 떠났으므로 사당을 세우니

그 생사당[5]은 의성 단밀현에 있다.”

후면:

皇明嘉靖二十四年 五月日 立(황명가정이십사년 오월 일 립)

1545년(인조원년) 5월 어느 날 세우다.

상주 박물관에 남아 있는 손중돈 선생의 선정비는 두 번째 세워진 것으

---

3) 상주금석문에서 발췌하였다.

4) 서기 1506년이다.

5) 예전에, 백성들이 감사나 수령의 선정을 찬양하기 위하여 그 사람이 살아 있을 때부터 제사 지내는 사당을 이르던 말

로 생각되는데, 그 이유는 1507년에 송덕비를 세웠다는 기록이 조선왕조실록에 보이고 있다.

즉 현재 남아 있는 손중돈 선생의 선정비는 백성들이 은혜를 입어 송덕비를 세웠다가, 시간이 지난 후 어디에서 고승의 탑비를 가져와 선정비로 활용한 것으로 추정된다.

상주목사 손중돈 선생의 최초 선정비 기록을 소개하면 다음과 같다.

**"중종 2년 정묘(1507년) 3월 28일(신미)
경상도 관찰사 장순손·평안도 관찰사 안침이 양리들을 치계하다.**

경상도 관찰사 장순손(張順孫)이 치계(馳啓)하기를,

"함창 현감(咸昌縣監) 신소(辛紹)는 깨끗한 마음으로 공사에 진력하여 백성에게 편익을 주었고, 상주 목사(尙州牧使) 손중돈(孫仲暾)과 청도 군수(淸道郡守) 안구(安覯)는 본직에 부임한 지 오래되지 않았지만, 전의 임직인 김해 부사(金海府使)와 개령 현감(開寧縣監) 때는 백성들이 은혜를 입어서 송덕비[去後思]가 있었습니다."

하고,

평안도 관찰사 안침(安琛)은 치보하기를,

"의주(義州) 목사 이윤검(李允儉)은 자상하고 온공하며, 진실하여 겉치레가 없고, 판관(判官) 성수재(成秀才)는 진중하고 말이 적으며, 근엄 강의(剛毅)하고 중심이 확실합니다. 중화(中和) 군수 신추(申錘)는 순수 근실하고 전심 봉공하여, 백성을 번거롭게 하지 않는데도 모든 일이 잘 이루어집니다.

돌에 새긴 목민관 이야기 1

그리하여 한 해가 넘지 않아서 공이 현저하여, 옛날 양리(良吏)의 풍도
가 있으니, 포상 권장하는 것이 공도(公道)에 합당합니다."

하니, '전례를 상고하여 아뢰라.' 전교하였다."

위의 기록을 보면 1507년 관찰사의 장계에 백성들이 은혜를 입어 송덕
비를 세웠다고 하는 기록이 존재하기에, 현재 남아 있는 손중돈 선생의

그림 1. 상주목사 손중돈 선정비 - 상주 박물관

선정비가 2번째로 제작된 것으로 보는 것이다.

우재 손중돈 선생의 선정비는 귀부와 碑首가 시대적으로는 고려시대 고승의 탑비인 것으로 추정되나, 정확하게 누구의 것인지 모른다.

손중돈 선생은 1529년에 卒 하셨는데, 선정비는 1545년에 세워져, 상주목사 재임 시절에 선정을 못 잊어 상주 백성들이 세운 것으로 추정된다.

지금까지 남아 있는 선정비 중에서 임진왜란 이전 것이며, 청백리에 녹선된 선정비 중에서, 제일 오래된 것으로 추정되고 있다.

2. 신숙주와 청의동자

신숙주가[6] 젊었을 때 알성시를 보러 갔다.

한밤중에 친구와 더불어 성균관에 가던 중, 길 가운데서 괴물을 만났다. 그 괴물은 입을 벌린 채 길을 막고 있었는데, 윗입술은 하늘에 닿아 있고, 땅에 붙어 있었다.

같이 가던 친구는 겁을 내고 뒷걸음질 쳐서 다른 길로 갔으나, 신숙주는 곧장 입술 가운데로 들어갔다.

그 안에는 푸른 옷을 입은 동자 한 명이 있었는데 신숙주에게 절을 하고 말했다.

"선비님을 좇아 노닐기를 청하오며, 오직 지시하는 대로 따르겠습니다."

신숙주는 고개를 끄덕였다.

이때부터 동자는 신숙주를 따라다니며 잠시도 떨어지지 않았다.

신숙주가 드디어 과거에 갑과로 급제하였다.

무릇 일에 앞서 길흉화복에 대해 빠짐없이 말해 주었으며, 청의동자가 인도하는 대로 따르면 불길함이 없었다.

신숙주가 바다를 건너 일본에 갈 때에는 바람이 고요하고, 파도가 잔잔해 끝내 바닷길을 잘 다녀올 수 있었다.

---

[6]　청구야담에서 발췌하였다.

뒷날 신숙주[7]는 광묘(세조)를 섬겨 일등공신에 책봉되고, 정승의 자리에 올랐는데, 동자가 반드시 먼저 길함을 알려 주었다.

신숙주가 죽음에 이르매 동자는 울면서 하직하고 떠났는데, 마침내 얼마 있지 않아 죽었다.

일찍이 古書를 보니 이임보[8]에게는 神童이 있었고, 안록산[9]에게는 神兵이 있었다고 하던데, 아마도 이 같은 부류가 아니겠는가?

---

7) 신숙주(1417년~1475년)조선 전기의 정치가, 학자, 외교관. 1471년에 영의정에 올랐다.

8) 당 현종 당시 정치가로 중국 역사상 최악의 간신으로 꼽힌다. 어느 정도인가 하니, 입으로는 꿀처럼 달콤한 말을 하지만 뱃속에는 칼을 숨기고 있다는 구밀복검(口蜜腹劍)이라는 "고사성어"를 낳았을 정도다.

9) 안록산(703년~757년)은 당나라의 무장으로 안사의 난을 일으켰다.

  돌에 새긴 목민관 이야기 1

3. 이증영

이증영 李增榮(?~1563년)[10]

본관은 덕산. 적옹(積翁) 공조정랑, 첨지중추부사, 합천군수, 충주목사를 역임하였다.

조선왕조실록에는 명종 13년(1552년)에 염근리에 피선된 기록이 보인다.

합천과 군위에 선정비가 남아 있으며, 합천에 있는 선정비는 남명 조식 선생이 撰하고, 글씨는 초서의 대가 황기로 선생이 쓴 것으로 알려졌다.

이증영 선생의 선정비는 합천 함벽루 부근에 있으며, 명문은 아래와 같다.

이령공 유애비[11]

이 합천 유애비문(李陜川遺愛碑文)

南冥集 卷之二 / 墓誌

---

10) 　한국민족문화대백과사전에서 발췌하였다.
11) 　고전번역원 데이터베이스(DB)에서 발췌하였다.

李陜川遺愛碑文 陜川名增榮

何人無父母乎, 何父母無赤子乎。赤子之喪慈母也, 人或有收養之者。父母之哺赤子也, 愛有時而間焉。獨我公之爲父母也, 愛寧有時而間乎。

吾赤子之去慈母也, 人焉有收養之者乎。朝不哺則飢, 夕不哺則瘏, 三不食則委, 吾赤子其塡於溝壑乎。呼之不可, 借之不得。合百萬而爲羣, 人五十而慕焉。長言之于康衢, 被之以石焉。

我父母者誰, 李學士增榮, 其人也。吾赤子者誰, 陜川郡民也。爲父母者何, 陜川郡守也。其來也于于, 視我如傷。其去也柴柴, 無石以載。我有田疇, 公則稼之。我有桑麻, 公則衣之。國有重徵, 官自應之。民有菜色, 推食肉之。興鄕約者, 敦倫理也。殖周布者, 舒民役也。孤犢觸乳, 匪怒而敎。朱門索腴, 每達空緘。

今者去矣, 愛莫從之, 獨念去者去而來者來。來日之爲父母者, 未有學養子而後來。爲赤子者, 亦未有學愛親而後孝者。若此則繼有無窮父母, 亦有無窮孝思。唯以思此父母而表遺愛也已, 容焉有揀父母之恩乎。

皇明嘉靖三十八年己未歲十一月日。陜川郡人立。

〈번역〉

李陜川遺愛碑文

이 합천 유애비문[12]

---

12) 《남명집(南冥集)》 2권 묘지(墓誌)에 같은 제목으로 수록되어 있는데, 제목 아래 작은 글씨로 "陜川名增榮(합천의 이름은 증영이다.)"라고 적었다. "합천 군수 이증영이 백성들에게 끼쳤던 사랑을 기록한 글"이라는 뜻이다.

何人無父母乎,	어느 사람인들 부모가 없겠는가.
何父母無赤子乎。	어느 부모인들 어린 자식이 없겠는가?
赤子之喪慈母也,	어린아이가 자애로운 엄마를 잃으면
人或有收養之者。	다른 사람이 간혹 거두어 기를 수도 있다네.
父母之哺赤子也,	부모가 갓난아이를 먹일 때에는
愛有時而間焉。	사랑에 때때로 틈이 생길 수도 있다네.
獨我公之爲父母也,	유독 우리 공(公)이 부모가 되어서는
愛寧有時而間乎。	사랑이 어찌 때때로 틈이 있었던가.
吾赤子之去慈母也,	우리 갓난아이들이 자애로운 엄마를 떠나면,
人焉有收養之者乎。	다른 사람이 어찌 거두어 길러 주겠는가.
朝不哺則飢,	아침에 먹이지 않으면 굶주리고
夕不哺則瘁。	저녁에 먹이지 않으면 야위며,
三不食則委,	세 끼를 먹지 못하면 쓰러질 것이니,
吾赤子其塡於溝壑乎。	우리 갓난아이들이 구렁과 골짜기에 빠져 죽는다네.[13]
呼之不可,	부를 수도 없고
借之不得。	빌릴 수도 없으니,
合百萬而爲羣,	백만 명을 합하여 무리를 지어
人五十而慕焉。	사람들이 쉰 살이 되어서도 사모하고,[14]

---

13)　구렁과 … 죽는다네 : 《맹자(孟子)》〈공손추 하(公孫丑下)〉에 "흉년이 들어 그대의 백성 중 노약자는 구렁에 빠지고 사방으로 흩어진 장성한 사람들도 몇천 명이나 된다.(凶年饑歲, 子之民, 老羸轉於溝壑, 壯者散而之四方者, 幾千人矣.)"라는 구절이 있다.

14)　쉰 살이 되어서도 사모하고, : 자식이 나이가 들어도 부모를 사모하는 마음은 여전하다는 뜻으로, 《맹자(孟子)》〈만장 상(萬章上)〉에 "대효는 종신토록 부모를 사모하나니, 50세가

長言之于康衢,	큰길에서 늘 말하며,
被之以石焉。	비석(碑石)을 세웠다네.

我父母者誰,	우리 부모는 누구인가?
李學士增榮其人也。	학사(學士) 이증영(李增榮)이 바로 그 사람이고,
吾赤子者誰,	우리 갓난아이는 누구인가?
陜川郡民也。	합천군의 백성이며,
爲父母者何,	부모가 되었다는 말은 무슨 뜻인가?
陜川郡守也。	합천 군수(陜川郡守)[15]가 되셨다네.
其來也于于,	그가 여유롭게[16] 고을에 와서
視我如傷。	우리들을 다친 사람 같이 대하였고,[17]
其去也柴柴,	그가 훌훌 털고 떠나도
無石以載。	비석에 공적을 기재(記載)함이 없었네.

지 부모를 사모하는 것을 나는 대순에게서 보았다.(大孝終身慕父母, 五十而慕者, 予於大舜見之矣.)"라고 하였다.

15) 합천 군수(陜川郡守) : 이증영(李增榮, 1500~1563)은 황기로(黃耆老)와 함께 조선 중종(中宗) 29년(1534) 사마시(司馬試)에 입격(入格)하였다. 이후 명종(明宗)이 대군(大君)으로 있을 당시 그의 사부(師傅)였으며, 명종이 즉위한 뒤 벼슬길에 올라 여러 벼슬을 거친 뒤 합천 군수로 부임(赴任)하였는데, 1554년에서 1559년까지 재임하였다.

16) 자득하여 : 원문의 '우우(于于)'는 자득(自得)하여 걸음걸이가 여유로움을 의미한다. 《장자(莊子)》에 "신농씨의 시대엔 누워서는 안락하게 자고 일어나서는 유유자적하게 생활했다.(神農之世, 臥則居居, 起則于于.)"라고 한 것에서 가져온 말이다. 《莊子 盜跖》

17) 우리들을 … 대하였고, : 백성을 볼 때 혹시라도 다칠까 염려하는 인정(仁政)을 뜻한다. 《맹자》〈이루 하(離婁下)〉에 "문왕은 백성을 볼 때 혹시라도 다칠까 염려하였고, 도를 보고서도 보지 못한 것처럼 여겼다.(文王視民如傷 望道而如未之見)"라는 말이 나온다.

　　　　　　　　돌에 새긴 목민관 이야기 1

我有田疇,	우리가 토지를 소유하니
公則稼之。	공이 농사를 짓게 하였고,
我有桑麻,	우리가 뽕나무와 삼을 소유하니
公則衣之。	공이 옷을 만들어 입게 하였네.
國有重徵,	나라에서 조세(租稅)를 무겁게 매기면
官自應之。	관에서 스스로 대응하였고,
民有菜色,	백성들이 굶주린 기색이[18] 있으면
推食肉之。	음식을 밀어 주어 살을 붙게 하였네.
興鄕約者,	향약(鄕約)을 부흥시킨 것은
敦倫理也。	윤리(倫理)를 돈독히 하려는 것이었고,
殖周布者,	나무를 두루 벌여[19] 번식한 것은
舒民役也。	백성들의 부역(賦役)을 덜어 주려는 것이었다.
孤犢觸乳,	외로운 송아지가 어미 젖을 떠받듯이 해도[20]

---

18) 굶주린 기색이 : 원문의 '채색(菜色)'은 굶주려 누렇게 뜬 얼굴빛을 이른 것으로, 《예기(禮記)》〈왕제(王制)〉에 "9년간 경작함에 반드시 3년분의 양식이 남게 된다. 30년을 통계하면 비록 흉년과 가뭄과 홍수가 나더라도 백성들이 채색이 없게 되니, 그런 뒤에야 천자가 밥을 먹되 날마다 성찬을 들고 음악을 연주한다.(九年耕, 必有三年之食. 以三十年之通, 雖有凶旱水溢, 民無菜色. 然後, 天子食, 日擧以樂.)"라는 구절이 보인다.

19) 두루 벌여 : 원문의 '주포(周布)'는 후한(後漢)의 중장통(仲長統)이 지은 〈낙지론(樂志論)〉에 보인다. 그는 벼슬에 뜻을 두지 않고 자연 속에 집을 짓고 유유히 노니는 것을 즐거움으로 삼았다. 그의 〈낙지론(樂志論)〉에 "거처하는 곳에 좋은 밭과 넓은 집이 있고 산을 등지고 시내가 곁에 흐르며 도랑과 못이 빙 둘러 있고 대나무와 나무들이 두루 벌여 있으며 앞에는 타작마당과 채마밭이 있고 뒤에는 과수원이 있다.(使居有良田廣宅, 背山臨流, 溝池環匝, 竹木周布, 場圃築前, 果園樹後.)"라고 하였다. 《古文眞寶後集 卷1》

20) 외로운 … 떠받듯이 해도 : 중국 속담(俗談)에 "외로운 송아지는 어미를 떠받고 버릇없는 아이는 어미를 나무란다.(諺云, 孤犢觸乳, 驕子罵母。)"라는 구절이 있다.

匪怒而敎。　　　　　성내지 않고 가르쳤으며,

朱門索腴,　　　　　부유한 집[21]에서 기름진 고기[22]를 요구하면

每達空緘。　　　　　매번 빈 봉투를 전달하였네.

今者去矣,　　　　　지금은 떠났으니

愛莫從之。　　　　　사랑해도 따를 수 없다네.

獨念去者去而來者來,　홀로 생각해 보니, 갈 사람은 가고 올 사람은 오니,

來日之爲父母者,　　내일 부모가 될 사람은

未有學養子而後來。　자식 기르는 법을 배운 뒤에[23] 올 사람은 없을 것
　　　　　　　　　　이고,

爲赤子者,　　　　　갓난아이가 될 사람도

亦未有學愛親而後孝者。어버이 사랑하기를 배운 뒤에 효도할 사람은
　　　　　　　　　　없을 것이네.

若此則繼有無窮父母,　이와 같다면 계속 끝없이 자애로운 부모가 있을
　　　　　　　　　　것이고

亦有無窮孝思。　　　또한 끝없이 효도를 생각하는 자녀가 있을 것이
　　　　　　　　　　라네.

---

21)　　부유한 집 : 붉은 문, 즉 원문의 '주문(朱門)'은 붉은색을 칠한 대문으로, 귀족(貴族)과 부호
　　　(富豪)의 집을 뜻한다.

22)　　기름진 고기 : 기름진 음식이나 고기 등 뇌물(賂物)을 뜻한다.

23)　　자식 … 뒤에 : 《서경(書經)》〈강고(康誥)〉에, "갓난아이(赤子)를 보호하듯 하라." 하였으
　　　니, 마음에 진실로 구한다면 비록 꼭 맞지는 않더라도 큰 차이는 없을 것이다. 자식 기르
　　　는 법을 배운 뒤에 시집가는 자는 있지 않다.(康誥曰 '如保赤子' 心誠求之 雖不中 不遠矣
　　　未有學養子而后 嫁者也)"라는 구절을 인용한 것이다. 백성을 사랑하는 마음으로 정성을
　　　다하여 고을을 다스렸다는 뜻이다.

唯以思此父母而表遺愛也已,　　　오직 이 부모를 사모하면서 남긴 사랑
　　　　　　　　　　　　　　　을 드러내었을 뿐이니
容焉有揀父母之恩乎。어찌 혹시라도 부모의 은혜를 따짐이 있겠는가.

　　황명(皇明) 가정(嘉靖) 38년 기미년(1559, 명종 14) 11월 일에 합천군
(陜川郡)의 사람들이 세움.

〈해제〉

　　1559년(명종 14년) 11월 일에 합천군(陜川郡) 사람을 대신하여 남명(南
冥) 조식(曺植, 1501년~1572년) 선생이 지은 글을, 고산(孤山) 황기로(黃
耆老, 1521년~1567년)가 단정(端正)한 해서(楷書)로 써서 비석(碑石)에
새겼다.

　　남명(南冥)은 합천 고을 백성들을 적자(赤子)에, 고을 수령은 부모(父
母)에 비유하여 학사(學士) 이증영(李增榮) 선생이 합천 군수(陜川郡守)
로 부임한 뒤에 행한 선정(善政)을 자세하게 기술(記述)하였다.

　　위의 글은 남명 조식 선생의 문집에 있으며, 이증영 선생의 백성을 위한
마음이 명문에 잘 나타내었다고 생각된다.

　　그리고 송계만록(松溪漫錄)[24]에는 합천군수 이증영 선생과 관련된 기
록이 보이고 있으며 소개하면 다음과 같다.

---

24)　　송계만록은 조선전기 서얼 출신인 권응인(?~?)이 지은 시화집이다.

그림 2. 합천군수 이증영 유애비 – 합천 함벽루

"이증영(李增榮)이 합천 군수(陝川郡守)로 있으면서 가장 잘 다스렸다. 합천 사람 사문 주이(周怡)가 그에게 송별시를 지어 주기를,

"만 사람의 입[25]이 바로 碑니 하필이면 돌을 쓸까 / 萬口是碑安用石
한 마디 말[26]로 노자 쌈지 돈을 줄 것 무어랴 / 一言爲贐不須金"

---

25)   좋은 사적을 돌에 새기지 않고도 여러 사람의 입으로 전하는 것을 구비(口碑)라 한다.
26)   노자(老子)의 말에, "부자는 사람을 전송할 때에 재물로 노자를 주고, 어진 사람은 사람을 송별할 때에 좋은 말[言]을 준다." 하였다.

     돌에 새긴 목민관 이야기 1

하였다.

옛사람의 말에,

"소인은 사람에게 돈을 준다."

하였으니,

이 글과 뜻이 아울러 묘한 것이다."

군위향교에 있는 현감 이증영의 선정비로 명문이 마멸이 되어 전체는 판독되지 않으며, 군위 현감으로 부임한 시기는 군위읍지의 기록에 의하면 1547년으로 기록되어 있다.

그리고 조선선정불망비군총록[27]에도 선정비를 세운 시기를 "**五月日立丁未春來**"라 되어 있다.

선정비의 명문은 아래와 같다.

현감이공선정비[28]

縣監 李公 善政碑

公諱增榮, 字積翁, 稟性忠孝, 處心廉潔, 早由館薦, 而拜師傅.
丁未春, 來莅于兹縣, ○聖廟廣學宮.壽斯文之○, ○立香

---

27)　　이 책은 김 동복이 선생이 펴낸 책이며, 2000년도에 발간되었다.

28)　　군위문화유적지에서 발췌하였다.

○○, 崇獎孝友, 禁絶巫覡, 由是民皆按堵, 十斛爲課儒育養之
資, 得餘錢若干緡, ○○取恩惠及無窮, 其他設其人之布蠲
無○, 愛養一邑之民者, ○○以公之德○○

그림 3. 군위현감 이증영비 - 군위향교

돌에 새긴 목민관 이야기 1

공(公)의 휘(諱)는 증영(增榮)[29], 자(字)는 적옹(積翁)이다. 품성(稟性)이 충성스럽고 효성스러우며 마음가짐이 청렴하고 결백하여 일찍이 성균관(成均館)의 천거(薦擧)로 말미암아 사부(師傅)에 배수(拜受)되었다.[30]

정미년(1547년, 명종(明宗) 2년) 봄에 이 현(縣)에 부임(赴任)하였는데, 성묘(聖廟 명종을 가리킴)께서 학궁(學宮)을 넓히고 사문(斯文 유학(儒學))을 길이 지키려는 시기를 만나, 향실(香室)[31]을 세워 효도하고 우애함을 숭상하고 장려하며 무당을 금지하고 단절하니, 이로 말미암아 백성들이 모두 안도(安堵)하였고, 열 섬으로 공부하는 선비를 양육(養育)하는 자본(資本)으로 삼아 약간의 금전(金錢)을 모았으니 그 은혜가 끝없이 미쳤고, 그 밖에 기인(其人) 가포(價布)를 견감(蠲減)해 주었으며,[32] 온 고을 백성들을 아껴 길러 주니, 이에 공의 덕을 칭송(稱頌)하노라.

---

29) 고(故) 이합천(李陜川) : 합천 군수를 지낸 이증영(李增榮, 1500년~1563년)을 가리킨다. 본관(本貫)은 덕산(德山)이다. 그는 명종(明宗) 때 합천 군수를 지냈고, 1563년에 청주 목사로 재직할 때 사망하였다.

30) 일찍이 … 배수(拜受)되었다. : 조선 중종(中宗) 29년(1534) 사마시(司馬試)에 입격(入格)하였는데, 그 뒤에 명종(明宗)이 대군(大君)으로 있을 당시 그의 사부(師傅)가 되었다.

31) 향실(香室) : 대성전(大成殿)의 모든 제향(祭享)에 쓰는 향(香)과 축문(祝文)을 맡던 곳이다.

32) 기인(其人) … 견감(蠲減)해 주었으며 : 기인(其人)들이 직접 신역(身役)을 바치지 않는 대신 내던 가포(價布)를 말한다. '기인(其人)'은 조선 시대 서울 각 관아에서 쓰는 탄목(炭木)을 주선하여 바치던 사람들로, 각 관아에서 쓰는 탄목은 원래 각 도(道)에 기인을 두고 그들로 하여금 이를 마련케 한 다음 해마다 윤차(輪次)로 각 읍(邑)의 향리(鄕吏)가 서울로 운반, 공조(工曹)를 통하여 각사(各司)로 분정(分定)해서 쓰도록 하였다. 그러나 대동법(大同法)이 실시된 뒤부터는 이 법을 없애고, 서울 사람으로 하여금 그 값을 미리 받아 가지고 탄목을 구입해서 바치게 하였는데, 이때 이 일을 맡은 사람들을 '기인'이라 하였다. '가포(價布)'는 일정한 신역(身役)을 치러야 할 사람이 신역을 치르지 않는 대신에 바치는 베를 말한다.

〈해제〉

원래 비석이 오랜 세월 동안 풍우(風雨)에 마모(磨耗)되어 완벽하게 해독할 수 없었다. 사진을 확대하고 명도를 조절하여 겨우 5자를 수정 보완하였다.

합천과 군위에 있는 이중영의 선정비의 명문의 판독과 풀이는 필자의 실력으로는 도저히 자신이 없어 서울에 계신 김상환[33] 선생께 부탁하였더니 풀이와 주석, 보이지 않는 명문까지 찾아서 해결해 주셨다. 지면으로나마 진심으로 감사드린다.

---

33) 김상환 선생께서는 kbs 진품명품 감정위원을 지내셨고, 고문헌 연구원 대표로 계신 분이다.

　　　　　　　　돌에 새긴 목민관 이야기 1

4. 주세붕

주세붕 周世鵬(1495년~1554년)[34]

본관은 상주(尙州). 자는 경유(景游), 호는 신재(愼齋)·남고(南皐)·무릉도인(武陵道人)·손옹(巽翁)이며, 할아버지는 주장손(周長孫)이고, 아버지는 주문보(周文備)이다. 어머니는 별호군 황근중(黃謹中)의 딸이다.

1522년(중종 17년) 생원시에 합격하고, 같은 해 별시문과에 을과로 급제, 승문원권지부정자로 관직을 시작하였다. 그 뒤 승문원정자로 사가독서에 뽑히고, 홍문관의 정자·수찬을 역임하였다. 공조좌랑·병조좌랑·강원도도사를 거쳐 사간원헌납을 지냈다.

1537년 김안로(金安老)의 전권을 피하고 어머니의 봉양을 이유로 외직을 청하여 곤양군수(昆陽郡守)로 나갔다. 이듬해 검시관(檢屍官)으로 남형을 한 상관을 비호했다는 죄목으로 파직되었다.

어머니의 사망으로 여묘 3년, 상제(喪祭)의 예는 모두 《가례(家禮)》에 따랐다. 승문원교리·예빈시정(禮賓寺正)을 거쳐 1541년 풍기 군수가 되었다.

주세붕 선생의 선정비는 구) 풍기읍사무소에 있으며, 지금은 碑首가 없으나, 옛 사진에는 비수가 있다.

---

34)　한국민족문화대백과사전에서 발췌하였다.

그림 4. 풍기군수 주세붕 선정비 – 풍기초등학교

선정비에는 많은 명문이 있으며 금계 황준량[35]이 글을 썼다고 한다.

"公諱世鵬字景游辛丑出守歲連大饑

全活甚多以治㝡增秩乙巳冬召爲

---

35)　황준량(1517-1563) 본관은 평해(平海). 자는 중거(仲擧), 호는 금계(錦溪) 이황(李滉)의 문인이고, 공조좌랑, 신녕 현감 등을 역임하였으며, 저서로는 금계집이 있다.

國子司成公資稟寬仁學行醇淑

爲政敬老尊賢先敎後罰推恕施恩

興利革弊一境受載誠感心化人興孝悌

俗歸淳厚至於新先聖廟立文成祠振起斯

文尤有功焉父老言自國朝來典城

者幕能及今爲承政院都承旨"

번역문은 아래와 같다.

공의 이름은 세붕이요, 자는 경유이다. 신축년(1541년)에 군수로 부임하였는데, 해가 거듭될수록 흉년이 들었으나, 굶주린 백성을 모두 구하고 최고의 선정을 베풀었다.

을사년 겨울에 조정의 부름을 받아 성균관사성(國子司成)이 되었다. 공의 자질과 품행이 어질며 너그럽고 학문과 행실이 맑고 깨끗하였다.

정치를 함에 있어 노인을 공경하고 어진 사람을 존대하며, 먼저 가르치고 뒤에 벌을 주되 될 수 있는 한 은혜를 베풀어 용서를 해 주었다.

이로운 것은 자주 늘리고, 나쁜 것은 고쳐 바로잡으니, 백성들의 마음이 감화되었다. 사람마다 효제를 하여 백성들이 너그럽고 후한 마음으로 돌아가니, 이에 이르러 향교를 새로 건립하고, 문성공 안향 선생의 사당을 짓고, 유교를 진흥시킨 공이 더욱 많았다.

나이 많은 이들이 말하기를 조선 건국 이래 군수로 온 사람으로 이런 이가 없었다 한다.

그는 지금 승정원 도승지로 있다.

嘉靖 二十八年 二月 日 (明宗 四年, 1549년)

조선왕조실록에는 주세붕 선생이 풍기군수에 제수되는 기록이 보이며, 소개하면 다음과 같다.

"중종 36년[36] 신축(1541년) 5월 22일(정미)
주세붕을 풍기 군수에 제수하다.

주세붕(周世鵬)을 풍기 군수(豐基郡守)에 제수하였다. [옛 순흥부(順興府)이다.]

사신은 논한다.

풍기는 안향(安珦)의 고향인데, 주세붕이 안향의 옛집 터에 사우(祠宇)를 세워 봄·가을에 제사하고 이름을 백운동 서원(白雲洞書院)이라 하였다.

좌우에 학교를 세워 유생이 거처하는 곳으로 하고, 약간의 곡식을 저축

---

36)　　고전번역원 데이터베이스(DB)에서 발췌하였다.

하여 밑천은 간직하고 이식을 받아서, 고을 안의 모든 백성 가운데에서 준수한 자가 모여 먹고 배우게 하였다.

당초 터를 닦을 때에 땅을 파다가 구리 그릇 3백여 근을 얻어 경사(京師)에서 책을 사다 두었는데, 경서(經書)뿐만 아니라 무릇 정·주(程朱)의 서적도 없는 것이 없었으며, 권과(勸課)도 게을리하지 않았다.

전에 형으로서 아우를 송사하여 그 재물을 빼앗으려는 백성이 있었는데, 주세붕이 그 백성을 시켜 제 아우를 업고 종일 뜰을 돌게 하되, 게을러지면 독촉하고 앉으면 꾸짖었다.

몹시 지치게 되었을 때에 그 백성을 불러 묻기를 '너는 이 아우가 어려서 업어 기를 때에도 다투어 빼앗을 생각을 가졌었느냐?' 하니,

그 백성이 크게 깨달아 부끄럽게 여기고 물러갔다.

또 생원(生員) 이극온(李克溫)이 제 아우를 송사하여 다툰 일이 있었는데, 주세붕이 흰 종이 한 폭에 왼쪽에는 이(理) 자를 쓰고 오른쪽에는 욕(欲) 자를 써서 이극온에게 주고 찬찬히 타이르기를 '네가 곧거든 이 자 아래에 이름을 적고 너에게 욕심이 있었거든 욕 자 아래에 적으라.' 하니, 이극온이 붓을 잡고 낯을 붉히며 머뭇거리고 결단하지 못하였다.

그러자 주세붕이 소리를 돋우어 '너는 생원인데 어찌 이와 욕을 분별할 줄 모르겠느냐, 빨리 적으라' 하니, 이극온이 곧 욕 자 아래에 적고서 간다는 말도 없이 달아났다.

주세붕이 5년 동안 벼슬을 살았는데, 정사를 행하는 것이 이와 같았다.

처음에는 사람들이 다 헐뜯고 비웃었으나, 성신(誠信)이 점점 젖어 들어서 오래되자 교화되니, 전일 헐뜯고 비웃던 자들이 다 감복하였다.

주세붕은 유가(儒家)의 찌끼만을 겨우 알아서 오활하게 처사하였는데

도 사람들이 감화되는 것이 이러하였으니, 풍속이 경박한 죄는 백성에게
있지 않다는 것이 분명하다."

주세붕 선생이 청백리에 녹선되는 시기가 조선왕조실록에 보이고 있으
며, 그 당시는 생존 시기이기에 청백리라 하지 않고 염근이라 하였다.

"명종 6년[37] 신해(1551년) 11월 10일(갑오)
삼공이 안현·홍섬·박수량 등 33인을 염근으로 이름을 고쳐 뽑다

사인이 삼공의 뜻으로 아뢰기를,
"청간한 사람은 널리 뽑기가 어려우므로 염근(廉謹)으로 이름을 고쳐서
초계하였습니다. 또 수령은 다 알 수가 없으니 감사로 하여금 초출하게
하고 육조에 소속된 각사(各司)는 육조로 하여금 뽑게 하는 것이 어떻겠
습니까?"
하니,
그리하라고 전교하였다.
뽑힌 자는
안현(安玹)·홍섬(洪暹)·박수량(朴守良)·이준경(李浚慶)·조사수(趙
士秀)·이명(李蓂)·임호신(任虎臣)·주세붕(周世鵬)·김수문(金秀文)·이
몽필(李夢弼)·이세장(李世璋)·이영(李榮)·김순(金珣)·전팽령(全彭
齡)·홍담(洪曇)·성세장(成世章)·윤부(尹釜)·윤현(尹鉉)·윤춘년(尹春

　　　　　　　　　　　　　　　　　　돌에 새긴 목민관 이야기 1

年)·정종영(鄭宗榮)·박영준(朴永俊)·오상(吳祥)·이중경(李重慶)·김개(金鎧)·임보신(任輔臣)·이황(李滉)·안종전(安從琠)·송익수(宋益壽)·김우(金雨)·변훈남(卞勳男)·신사형(辛士衡)·강윤권(姜允權)·우세겸(禹世謙) 등 모두 33인이었다."

5. 신잠

신잠 申潛(1491년~1554년)[38]

본관은 고령(高靈). 자는 원량(元亮), 호는 영천자(靈川子) 또는 아차산인(峨嵯山人). 숙주(叔舟)의 증손자이며, 종호(從護)의 아들이다.

태인 현감을 역임하고 상주목사로 재임 중 죽었다. 태인 현감 재임 시 선정을 베풀어 선정비가 남아 있으며, 상주에도 유애비가 있다.

정읍 태인읍에 남아 있는 선정비의 명문은 아래와 같다.

"縣監申潛善政碑

申泰[39]仁善政碑文

余閑居田里。門雀可羅。一日。坐竹間小齋。有二生褒衣博帶。頎然其貌。懷小刺求見。迺金上庠元, 白上庠三龜也。二生之言曰。吾等世居泰仁。請言吾太守申侯之爲政焉。吾邑當輪蹄走集之地。人稀而事殷。役繁而賦夥。緩之則廚傳薄。急之則怨咨興。兩俱病焉。而理鮮得宜。侯於甲辰歲。初分左符。下車之日。首問宿弊之爲民害者。釐革立盡。孜孜於撫摩。斤斤於聽斷。律己以嚴。待人以恕。民迺悅服。歌頌始起。侯曰。未也。昔子游氏之爲武城也。以禮樂爲敎。而夫子喜之。此古今牧民之良法。而後世。德敎之澤

---

38)　한국민족문화대백과사전에서 발췌하였다.

39)　고전번역원 데이터베이스(DB)에서 발췌하였다.

不流。率以刑法束縛而操切之。故醇風美俗。罕或見之。吾但規規。於治道
之末而已乎。於是。慨然以興, 學變俗爲意。令於坊里。各設局堂。印藏書
册。豊 其餼廩。聚鄉子弟俊秀者。擇師而敎之。以至卹孤寡。崇節義。尙禮
讓。礪廉恥。躬淳篤之行。而闡化道之方。豪胥猾吏。亦莫不縮頸革心而樂
趣於善。不朞年而闔境大治。甞扁退食之堂曰三事。蓋取古人當官之法。唯
有淸愼勤而已。大書注解三字之義於壁上。旣飭其躬。又勖後來之君子。堂
之東。搆草舍數楹。暇日則鳴琴玩鶴。蕭然有出塵之想。昔新羅之季。崔文
昌孤雲。曾宰吾邑。其流風餘韻。至今爽人牙頰。吾侯之文藻襟期。可與孤
雲。竝論於千載之上。而人之愛慕 歆艶之深者。則孤雲或未之先也。侯名
潛。字元亮。高靈勳相叔舟之曾孫。三魁先生從濩之胤子。早承庭訓。克紹
家業。文章書畫。世稱三絶。遠近來求者。戶屨常滿。每於聽事之餘。一掃
百紙。略不凝滯。譬猶庖丁之解牛。其於游刃。恢恢乎有餘地矣。今者。秩
滿賜環。行橐蕭然。琴劍圖書。不滿數馱。邑之老幼。攀轅截鐙。旣不可留。
則伐石磨治。謀所以刻諸善政。而立于達道之上。以傳示無極。願得先生揄
揚之文。敢來請。余聞而嘆曰。有是哉。元亮之爲政。所謂導之以德。齊 以
禮也。漢之公卿。多出於良二千石。君其人哉。第恨老拙不文。烏足以塞諸
君之望。雖然。元亮魁癸酉進士。於吾門生友也。詩山距吾家蒼茫之間。異
政之及民者。聞之稔矣。如是而喑無一語。則不幾於廢道人之善乎。況太史
氏方秉大筆。特書于簡策者非一再。奚待余文。姑書與二生相道之言。以遺
其父老。且規夫繼來之守土者

嘉靖紀元 二十八年蒼龍己酉仲春旣望

崇政大夫前議政府左贊成兼義禁府事知

經筵春秋館成均講事

弘文館大提學藝文館大提學五衛都摠府都摠管

世子貳師

晉山 蘇世讓 記

〈번역〉

내가 시골에 살았는데 찾아오는 이도 드물었다.

하루는 대밭 서재에 앉아 있으니 큰 옷에 넓은 띠를 두른 두 선비가 찾아왔다.

생김새는 훤칠하고 명함을 보니 김상상[40] 생원과 백상상 삼구이었다.

두 선비가 말하기를 우리는 대대로 태인에 살아왔습니다.

우리 고을 현감 신잠에 정사에 대하 말하고자 합니다.

우리 고을은 교통은 변화하나 인구는 적고 일이 많으며, 부역은 번거롭고 세금은 많으니

느리게 다스리면 음식점과 여관이 박하고 급하게 다스리면 백성들의 원성이 일어나 모두 근심거리여서 적당히 다스리기 어려웠습니다.

갑진년(1554년) 신후가 현감으로 와서 부임하는 날 백성들의 폐해를 물어 개혁하고, 민심을 무마하고 시비를 밝혀 법을 엄하게 다스리며, 백성들을 친절하게 대하니 백성들이 기뻐하여, 칭송하는 노래가 일기 시작하였

---

40)   성균관 진사를 말한다. 천자(天子)의 중앙의 학교 . 이름으로 주대(周代)에 남에 성균(成均), 북에 상상(上庠), 동에 동서(東序), 서에 고종(瞽宗), 중앙에 벽옹을 둠

습니다.

신후는 말하기는 아직 미흡하다.

옛날 자유[41]씨 읍재로 있을 때 예악으로 백성들을 가르치니 공자도 기뻐했다.

이는 예나 지금이나 백성을 다스리는 좋은 법인데 후세 덕화의 정치가 통하지 않고 형벌로 다스림으로 순하고 아름다운 풍속을 보기가 드물게 되었다.

내 부질없이 치도에만 얽매이겠는가? 하고 이에 학문(學問)을 일으키고 풍속을 변화하려는 뜻으로 방리(坊里)에 각각 마을 서당을 설치하고 서책을 인쇄하여 정서하게 하였으며 관곡을 풍부히 하고 마을의 준수한 자제들을 모아 스승을 데려다가 가르치고 부모를 잃은 고아와 과부들을 구조하여 절개와 예의를 숭상하고 염치심을 기르고 몸소 순수하고 돈독하게 행하여 교화의 길을 밝히니 호사하고 간활한 향리들도 움츠리고 마음을 고치지 않는 이가 없이 즐거이 선을 하게 되어 1년이 못 되어 온 고을이 잘 다스려졌습니다.

일찍이 퇴식지당(退食之堂: 자기 집)에 삼사(三事)를 편(扁)하였으니 대게 고인들의 관로(官路)의 법을 취한 것으로 오직 청(淸)과 신(愼)과 근(勤)이 있을 뿐이다 하고 세 자의 뜻을 해석하여 크게 써서 벽에 붙이고 스스로 몸을 닦고 또한 뒤에 오는 군수(郡守)들에 더욱 힘쓰게 하였습니다.

당의 동편에 초가 수 칸을 지어 놓고 틈이 있는 날에는 거문고를 올리고 즐기며 벼슬을 잊고 소연하였습니다.

---

41)　공자의 제자 특히 禮에 밝았고, 무성태수를 지냄

옛날 신라(新羅) 말(末) 최문창(崔文昌) 고운(孤雲)이 일찍이 우리 고을의 군수로 있을 때의 치적의 여운이 지금까지 사람의 입에 오르고 있습니다.

우리 군수의 문장과 도량을 고운(孤雲)과 더불어 천년 동안 아울러 논의되지만 사람의 애모함과 우러러 하는 정도가 최고운도 어쩌면 신후(申侯)를 앞지르지 못할 것입니다.

신후(申侯)의 이름은 잠(潛) 자는 원량(元亮)이요 관은 고령(高靈)이니 훈상 숙주(叔舟)의 증손으로 삼괴(三槐) 선생 종호(從濩)의 아들이다.

일찍이 정훈을 받아 가업을 이뤄 문장, 서·화에 능하여 세상에서는 삼절(三絶)이라 일컬어 원근에서 구하려(작품을) 찾아오는 사람이 집안에 가득하다.

매양 공무에도 조금도 지체함이 없었으니 마치 포정(백정)이 소를 다루는 데 칼 놀림처럼 척척 여유가 있었도다.

이제 임기가 되어 돌아감에 행랑(보따리, 이삿짐)이 쓸쓸하여 휴대물과 도서가 몇 짐에 불과하였도다.

고을의 늙은이와 젊은이가 수레를 붙잡고 이별을 못내 아쉬워했으나 이미 만류할 수가 없게 되어 돌을 다듬어 그 치적을 새겨 큰 길거리에 세워 길이 전하고자 하오니 선생의 칭찬하는 글을 얻고자 한다며 글을 청하다.

내 듣고 이런 일이 있었던가 하고 탄식하다. 원량(元亮)의 정사함이 이른바 덕으로써 인도하고 예로써 다스림이다.

한(漢)나라의 공경(公卿: 三公九卿, 고위관직)이 양이천석(良二千石: 太守 良二千石-漢나라 때 郡의 太守(郡守)의 봉급 年 二千石이었음.)에서 많

돌에 새긴 목민관 이야기 1

이 나왔는데 신후(申侯)도 그런 사람인가 다만 한스러운 것은 늙고 못난 이의 서투른 문장으로 어찌 제군의 소망을 채울 수 있으리오.

그러나 원량은 계유진사(癸酉進士) 시험에서 수석을 차지한 내 문생의 벗이다.

시산(詩山: 泰仁)은 내 집에서 먼 거리에 있으나 신후의 백성에 대한 특이한 정사를 들은 지가 오래이다.

이러한데 말 한마디 없이 가만히 있다면 도인의 선을 폐함이 아니겠는가?

항차 사관(史官)이 붓을 잡아 역사에 쓰는 경우도 하나둘이 아니니 어찌 나의 글을 기다리오만 우선 두 사람의 서로 하는 말을 써서 그 부모들에게 주고 또한 뒤에 오는 군수들에 규범이 되었으면 한다."

가정기원 二十八 년 창룡기유중춘기망
승정대부전의정부좌찬성겸의금부사지
경연춘추관성균강사
홍문관대제학예문관대제학오위도총부도총관
세자이사

진산[42] 소 세 양 쓰다

정읍 태인에 있는 피향정을 보러 갔었을 때 피향정 부근에 신잠의 비가

---

[42]   진산은 소세양의 본관인 진주를 말한다.

있어 보고 온 것인데, 그 당시는 청백리에 관심이 덜하여 대충 사진만 촬영하였다.

그리고 2023년 8월 휴가에 다시 가서 책에 필요한 사진을 촬영하였다.

그림 5. 태인현감 신잠 선정비 – 정읍 피향정

특히 손중돈, 신잠, 주세붕, 노진 선생의 碑들은 1600년 이전의 선정비

　　　　　　　　　　　　　돌에 새긴 목민관 이야기 1

들로, 조선 영조 시대에 많은 碑들이 훼손되거나 망가진 것을 생각하면 역사적으로 인물을 연구하는 데 아주 중요한 것이다.

특히 조선왕조실록에는 나오지 않는 벼슬아치의 재임 기록이 보이는 것은 더욱 중요한 것으로 생각된다.

신잠 선생의 유애비는 상주에 1좌가 있으며, 청리면 수선서당의 입구에 있다.

상주 선정비를 조사하러 1박 2일로 가서 마지막으로 사진 촬영한 碑이다. 그 내용은 다음과 같다.

"유애비遺愛碑[43]

遺愛碑者故牧使申公碑也 尙實嶺南當孔道之州而又牧衆地大

號稱難治之來更値隔併之歲憂民如病所以賑恤撫字者無不用

其情祛弊拙彊賦平均役季 巷窮谷之民益被惠澤待士以禮創書

院以勸學凡所設施動法古人朞年之間政 通人孚所謂召父杜母

蔑以加矣 州民不祿奄爾損館襯回之日莫不携老扶幼口奠號哭

其遺愛在民心嗚呼深哉吳民追慕之情無以表著咸願立片石以寓

遠思 萬心齋應不謨而一基與峴山之碑豈異也

公名潛字元亮初守泰仁其民亦刻石記德

銘曰天惠仁侯實我父母

---

43)　　상주금석문에서 발췌하였다.

鳴琴坐治抱兒拔匪誘掖士流俾識戶牖 活我敎 我恩深惠厚 方歌
來暮痛切去後 見碑隨淚遺愛永久此石可泐公名不朽

丁巳 四月日 進士 金範 撰

번역:

비문은 故 목사 신공의 碑다.

상주는 실로 영남의 사통팔방으로 통하는 영남의 큰길에 임하는 고을
이요.

또 인물도 많고 땅이 넓어서 일컫기를 다스리기기 어려운 곳이라 한다.

공이 부임하였을 때는 마침 수재와 한재가 발생한 해여서, 백성을 걱정
하길 자신의 병같이 하고 재난을 당한 이를 구제하고 사랑하는 일에 애정
을 쏟지 않음이 없었다.

폐단을 제거하고, 강포한 것을 물리쳤으며, 부역을 공평무사히 하여 궁
벽진 시골의 백성이 더욱 혜택을 입었다.

선비를 대함에 예의로써 하고 서원을 창설하여 학문을 권장한 모든 조
처와 법 시행은 옛사람을 본받았다.

일 년 사이에 정사가 형통하고 백성이 믿고 따라서 이른바 소부, 두모[44]

---

44) 모두 한(漢) 나라 시대의 훌륭한 수령(守令)임. 소신신(召信臣)은 전한(前漢)의 원제(元
帝)·성제(成帝) 때 사람. 남양 태수(南陽太守)가 되어 백성들에게 선정(善政)을 크게 베
풀었고, 두시(杜詩)는 후한 광무제(後漢光武帝) 때 사람으로 여남 도위(汝南都尉)·남양
태수(南陽太守) 등을 역임하면서 크게 선정을 베풀었음. 그리하여 뒤에 백성들이 이들을
소부 두모(召父杜母 아버지 같은 소신신과 어머니 같은 두시라는 뜻)라고 칭송하였음.

　　　　　　　　　　　돌에 새긴 목민관 이야기 1

라도 더 할 수 없는 덕정을 베풀었다.

상주의 주민이 복이 없어 문득 세상을 떠나 관이 돌아가던 날, 노인을 부축하고 어린아이를 이끌어 奠을 드리며 통곡하였으니, 그가 백성의 마음에 끼친 사랑이 깊었도다.

우리 백성들이 추모의 정을 드러낼 길 없어, 모두가 비석을 세워 먼 뒷날까지 사모하는 마음을 붙이고자 원하였다.

온 고을 사람의 마음이 일제히 응하여, 일부러 꾀하지 않았는데도 일차하였으니, 현산의 타루비와 어찌 다르리오.

공의 이름은 잠이요, 자는 원량이라, 처음은 태인 이었는데 그곳을 백성도 돌을 깎아 덕을 기록하였다.

銘(명)하노니

하늘이 어진 목사를 내셨으니, 실로 우리의 부모와 같다.

백성들이 절로 교화되어 잘 다스리지니

문을 열어 고아를 구제하고

세도가를 물리치려 하였도다.

사류(士流)를 이끌어 도와주니

식자들이 학술의 문호를 따랐도다.

우리를 살리고 우리를 가르쳤으니

은혜는 깊고 덕택은 두텁도다.

부임을 늦었음을 노래하였더니

가신 뒤에는 사무치게 간절하도다.

비석을 보며 눈물 흘리니

베푼 인애(仁愛) 후세에 영구하리로다.

비석에 새길 만하니

공의 명성은 길이 전하여

없어지지 않을 리 도다.

1557년 4월 진사 김 범 撰" 찬

그림 6. 상주목사 신잠 유애비 – 수선 서원

기묘록보유(己卯錄補遺)[45]에는 신잠(申潛)傳이 기록되어 있으며 소개하면 다음과 같다.

"진사[46] 신잠은 신해생(辛亥生)이고 자(字)는 원량(元亮)이며 계유년 진사에 장원하였다. 한림으로 있었는데 안처겸(安處謙)의 옥사에 연루되어서 귀양 갔다.

본관은 고령(高靈)이며 서울에 살았고 삼괴(三魁) 신종호(申從濩)의 아들이다.

보유 : 천목에는, 헤아려 아는데 명민(明敏)하고 학행과 재예가 있으며 지조가 있다는 것이었다. 천과가 파한 뒤에 집에 있었다.

본디 명망이 있었으므로 재상들이 꺼려하는 바가 되었다. 신사년 추관(推官)이었던 영상 김전(金銓)·좌상 남곤(南袞)이 계하기를, "전일에 승지 최세절(崔世節)로 인해 최수성(崔壽峸)과 신잠이 대신을 모해하고자 한다는 것을 들었으나 적실(的實)하게 알지 못했는데, 지금 송사련(宋祀連)이 바친 서기(書記)에 신잠의 이름이 또한 끼어 있으니 아울러 추문하기를 청합니다." 하였다.

여러 차례 형신(刑訊)을 더한 뒤에 장흥(長興)으로 유배시켰다.

양주(楊州)로 양이(量移)되었다가 사면되었다.

기해년에 임관되어 계자를 뛰어넘어 태인 현감(泰仁縣監)으로 제수된 후 여러 번 전임되어서 상주 목사(尙州牧使)가 되었는데, 백성 다스림이

---

45)   기묘록보유는 조선 전기학자 안로(?~?)가 기묘당적을 보완한 전기이다. 그리고 보유는
      빠진 것을 채워 넣은 것이다.
46)   고전번역원 데이터베이스(DB)에서 발췌하였다.

첫째라 하여 통정(通政)으로 승진한 다음 죽었다.

호는 영천자(靈泉子)이다. 시율(詩律)을 잘 짓고 행서(行書)를 잘 쓰며 대[竹] 그림을 잘 그렸으므로 세상에서 삼절(三絶)이라고 일컬었다.

사문(斯文) 윤강원[47](尹剛元)이 일찍이 신사년 일을 물었더니, 공이 대답하기를, "강개스러운 일에 분격하여 한 말을 반측자(反側子 뒤집어 모해하는 자)가 재앙을 꾸며 얽어서 옥사를 만들게 되었다.

음애(陰崖)가 일찍이, '안처겸[48]은 의협한 무리라.' 일컬었는데, 이 일을 들어서 알 수 있다." 하였다."

정읍 태인면 사무소에는 신장 선생을 기리는 영상(影像)이 있다. 신잠 선생은 태인 지역의 縣監을 지내는 동안 동·서·남·북 네 곳에 學堂을 세워 儒學을 가르치고, 백성들에게 어진 다스림을 베풀었다.

그 후 태인을 떠나게 되자 백성들이 그를 기리기 위한 碑를 세우고, 선생의 조각상과 부인, 큰아들의 상, 시중드는 여인상, 호랑이상을 만들어 모시었다.

크기는 신잠像이 85.6㎝, 부인像 76.5㎝, 큰아들像 58.5㎝, 시녀像 55.5㎝, 호랑이像 61.5㎝이다.

당집은 1950년경 무너지고 현재는 조각상 즉 영상만이 태인면사무소에

---

47) 윤강원 본관은 남원 자는 경인 호는 기암이며, 조선전기 장령, 승문원판교, 예조정랑을 등을 역임한 문신이다.

48) 안처겸(1486년~1521년) 본관 순흥 자는 백허 호는 겸재 조선전기 성균관학유, 장의 등을 역임한 문신이다.

보관되어 있다.

조각상은 모두 나무로 만든 입상으로, 화려한 색을 칠하였고, 조각 방법도 매우 정교하다.

제작연대는 정확히 알 수 없으나, 매년 정월 초하루와 대보름날이면 이곳에서 마을의 평안을 기원하는 제사를 지내고 있다 한다.

그리고 신잠 선생이 청백리에 녹선 되는 기록은 보이지 않지만, 염근에 대한 기록이 보이고 있다.

그림 7. 신잠 영상 태인면사무소(사진출처 국가유산청 홈페이지)

소개하면 다음과 같다.

"명종 7년 [49] **임자(1552년) 11월 4일(임오)**

궐정에서 염근인과 근근인 들에게 물건을 차등 있게 내리다.

---

49)　　고전번역원 데이터베이스(DB)에서 발췌하였다.

궐정(闕庭)에서 염근인(廉謹人)에게 일등악(一等樂)을 내리라고 명했는데 근근인(勤謹人)들도 참석하였다.

각기 단목(丹木)·호초(胡椒) 등의 물건을 차등 있게 내렸고, 저물녘이 되자 각기 백랍촉(白蠟燭) 한 쌍씩을 내렸다.

(중략)

외임(外任) 염근인(廉謹仁)인 회령 부사(會寧府使) 이영(李榮), 강계 부사(江界府使) 김순(金洵), 나주 목사(羅州牧使) 오상(吳祥), 상주 목사(尙州牧使) *신잠(申潛)*, 밀양 부사(密陽府使) 김우(金雨), 온양 군수(溫陽郡守) 이중경(李重慶), 예천 군수(醴泉郡守) 안종전(安從琠), 강릉 부사(江陵府使) 김확(金擴), 신계 현령(新溪縣令) 유언겸(兪彦謙), 금구 현령(金溝縣令) 변훈남(卞勳男), 한산 군수(韓山郡守) 김약묵(金若黙), 지례 현감(知禮縣監) 노진(盧禛), 칠원 현감(漆原縣監) 신사형(辛士衡), 선산(善山)에 사는 전 군수(郡守) 김취문(金就文) 이상 14인에게는 각기 향표리(鄕表裏) 1습(襲)을 하사하였다.”

위와 같이 대부분 현직에 있거나 생존하고 있는 관리들에게 염근이라 하여 상을 주는 기록이 보이고 있으며, 다른 한편으로는 史官이 평하는 비판적인 글도 보인다.

소개하면 다음과 같다.

　　　　　　　　　　　　돌에 새긴 목민관 이야기 1

"사신은 논[50]한다.

대저 사람은 속일 수 있지만 하늘은 거짓을 용납하지 않는 법인데 뽑힌 자들이 모두 자신을 반성해 보아 부끄러움이 없겠는가?

추천하여 뽑는 것이 정밀하지 못하였기 때문에 물의가 비웃었을 뿐만 아니라 피선된 자들 가운데도 함께 참여된 것을 스스로 부끄러워한 자가 있었다.

당국자(當國者)인 윤원형(尹元衡)과 심통원(沈通源)은 참여되지 못하였으니 타오르는 불 꽃 같은 위세로도 미치지 못하는 것이 있었던가?

사신은 논한다. 피선된 가운데 몇 명의 염근한 선비가 어찌 없겠는가?

그러나 더러는 권귀(權貴)의 문(門)에 실절(失節)한 자도 있고 더러는 어두운 밤에 뇌물을 받은 자도 있는데 이들이 함께 뒤섞여 나와 아름다운 이름을 도둑질하여 술을 마시고 음악을 들었으니, 자신을 반성하여 보아 허물이 없는 자가 몇이나 되겠는가?

더군다나 윤원형은 양양(梁楊)[51]의 권세를 끼고 마음대로 탐욕을 부려 남의 것 빼앗기를 싫증 낼 줄 몰랐다.

이런 일로 시랑(豺狼)의 마음을 고쳐 염근의 풍조를 일으킬 수 있겠는가? 나는 옳은 줄 모르겠다.

사신은 논한다. 내수(內需)·사탕(私帑)의 재정(財政)이 매우 급박한데 사연(賜宴)·사물(賜物)하는 것으로 청신(淸愼)한 사람들을 권면하고자 하였다.

그러나 아랫사람들이 나의 처사를 믿지 않는데야 어찌겠는가.

---

50)　　　고전번역원 데이터베이스(DB)에서 발췌하였다.

51)　　　양기(梁冀)와 양국충(楊國忠).

더구나 피선자(被選者) 속에 한두 사람은 합당한 자가 있지만, 기타는 소렴곡근(小廉曲謹)[52]일 뿐이어서 진위(眞僞)를 알 수 없고 무능한 자들까지 섞였으니, 식자들이 비웃었다.

또 탐욕하지 않음을 보배로 여기고 일 처리를 제사(祭祀)처럼 공경히 하는 자가 없지 않았는데도 시재(時宰)가 살피지 못했으니, 이를 공선(公選)이라 할 수 있겠는가?"

---

52)　　작은 청렴과 근신.

6. 말의 머리를 벤 황수신

정승 황수신[53]은 조선의 명재상 황희[54]의 아들이다.

그는 사랑하는 기생이 있어 매우 정이 깊었다.

황희가 심하게 책망하였으나 황수신은 "예" "예" 하며 대답하고 물러나서는 여전히 고치지를 않았다.

하루는 황수신이 밖에서 돌아오니 황희가 관복을 정제하고 문에 나와 맞이했는데 마치 큰 손님을 대하는 것같이 하였다.

황수신이 놀라 땅에 엎드려 그 까닭을 물으니 황희가 말했다.

내가 너를 아들로 대접했는데 네가 듣지 않으니 이는 나를 아비로 여기지 않은 것이다.

그래서 나는 손님 맞는 예로 너를 접대할 뿐이다.

황수신은 머리를 땅에 찧으면서 죽을죄를 청했고 이후로는 다시는 기생과 서로 왕래를 하는 일이 없었다.

하루는 부축을 받을 만큼 술에 취해 말에 널브러져 실린 채 기생집을 부근을 지나다 그곳에 묵게 되었다.

술에 깨어 눈을 떠 보니 그림자 아래에 여인이 있었는데, 살펴본 즉 지

---

53)　어우야담에서 발췌하였다.

54)　황희(1363년~1452년) 여말선초의 문신 및 정치가, 조선의 정승이다. 태조, 정종, 태종, 세종, 문종 등 조선 개국 이래 다섯 임금을 모셨다.

난날 사랑했던 기생이었다.

이에 놀라 종을 힐책하여 죽이려 하자 종이 말했다.

오실 때 말 머리가 이 집을 향하고 있었으므로 대인께서 이 집으로 고삐를 돌리신 것으로 생각했습니다.

말이 기생집으로 향했던 것은 지난날 황수신이 기생집에 왕래할 때 기생집에서 착실하게 먹이를 먹였기 때문이다.

말머리를 기생집으로 돌린 것은 말이지 종이 아니었다.

황수신은 비로소 깨닫고 종에게 명하여 목을 치게 하였다.

후에 황수신은 음관으로 재상의 지위[55]에 올랐다.

삼국시대 명장인 김유신도 황수신과 같은 이야기가 전해지고 있으며, 전체의 줄거리가 비슷한 면이 많이 있어, 필자의 생각은 김유신 전설을 가지고 재편집한 것으로 생각된다.

---

55)　　1467년(세조13년) 영의정에 올랐다.

7. 노진

노진 盧禛(1518년~1578년)[56]

본관은 풍천(豊川). 자는 자응(子膺), 호는 옥계(玉溪) · 칙암(則庵). 함양 출신. 예조[57]참판 노숙동(盧叔仝)의 증손으로, 할아버지는 노분(盧昐)이고, 아버지는 참봉 노우명(盧友明)이며, 어머니는 사성원 권시민(權時敏)의 딸이다. 경북 김천 지례현감. 이조참의 등을 벼슬을 지냈다.

청백리 선정비를 조사하던 중에 노진 선생의 선정비가 있다는 것을 알았다. 그런데 필자가 2006년 당시 김천의 하마비를 조사할 때 지례향교를 들린 기억이 있지만, 부근에 있는 선정비를 인지하지 못하였다.

그래서 2023년 5월에 지례에 있는 노진 선생의 선정비를 찾으러 갔으나, 어디에 있다는 정보는 알았지만 정확한 지번을 몰라 몇 곳을 돌아다니다 겨우 찾아냈다.

노진 선생의 선정비의 명문은 박락되고 마멸이 심해 알아볼 수 없는 글이 많았으며, 몇몇 글자는 확인이 되지만 풀이가 연결되지 못하여 여기에는 싣지 않는다.

노진 선생의 선정비 내용은 글을 알 수 없기에 고봉 기대승 선생이 쓴

---

56)　　한국민족문화대백과사전에서 발췌하였다.

57)　　daum 백과 사전에서 발췌하였다.

노진 선생의 만장을 소개한다.

"노진(盧禛) 옥계(玉溪)

의기는 많은 선비 경도시켰고 / 義氣傾多士

영명하긴 한때에 으뜸이었네 / 英明冠一時

연원일랑 낙건을 소급하여 / 淵源追洛建

이치는 정밀하게 탐구하였네 / 探賾極毫絲

나아가면 가려진 것들 열어젖히고 / 進可開羣蔽

물러나면 크나큰 일 하렸더니만 / 退將有所爲

하늘이여 웬일이오 돌아가시니 / 天乎遽不淑

조야가 안타까워 탄식하누나 / 朝野惜齎咨

중국으로 사신 가는 부름 받으니 / 朝天命忽下

아니 가면 이 나라 어려움 없으랴 / 不晉詎無難

북녘 타향에서 벼슬살이 시름타가 / 北寓愁羈宦

남쪽 고향 오던 길에 병이 들었네 / 南來病據鞍

산골짝에 숨긴 배 한밤에 옮기니 / 壑舟移半夜

고향집은 사흘 길이 아직 남았네 / 家室隔三殂

공이 품은 평생의 뜻 허사가 되니 / 已矣平生志

우리들로 하여금 탄식하게 하네 / 空令我輩歎"

                                    돌에 새긴 목민관 이야기 1

그림 8. 지례현감 노진 선정비 – 김천 지례

김천 지례에 있는 노진 선생의 비에는 송시가 많으나, 전체를 파악하지 못하였으며, 비제는 "盧公善政碑 諱禛 字 子膺(노공선정비 휘진 자 자응)" 이라 되어 있고, 세운 시기는 "皇明嘉靖戊午五月(황명가정무오오월)"이라 되어 있다.

황명 가정 무오년이기에 碑를 세운 시기는 1558년 5월인 것으로 보인다.

노진 선생이 지례현감에 언제 제수되었는지[58]에 대한 기록은 보이지 않

---

58)　월사 이정구가 지은 신도비명에도 지례현감 제수 기록은 보이지 않는다.

지만, 1552년에 경상도 관찰사 이몽량이 지례현감으로 추천하는 기록이 보이고, 1552년에 지례현감으로서 염근리에 선정되어 향표리(鄕表裏) 1 습을 받았다는 기록이 있다.

1556년에 부교리에 제수되는 기록이 보이고 있어, 선정비는 체직된 이후에 세운 것으로 생각된다.

조선왕조실록에는 노진 선생의 졸기가 있으며 소개하면 다음과 같다.

"선조(수정실록)[59] 11년 무인(1578년) 8월 1일(경진)
이조 판서 노진의 졸기

이조 판서 노진(盧禛)이 졸하였다.

노진의 자(字)는 자응(子膺)인데 함양(咸陽)의 옥계(玉溪)에 살았으므로 문인들이 옥계 선생이라고 불렀다.

아버지 노우명(盧友明)은 학문과 조행에 있어 벼슬을 제수하여도 나오지 않았다.

노진이 겨우 강보(襁褓)에서 벗어날 때부터 그의 아버지가 성리학의 문자를 가르치니 노진이 기뻐하면서 힘써 읽혔다.

노진은 여섯 살에 아버지를 여의고 삼 년 동안 복제를 어른처럼 지켰으며 장년이 되어서는 문학이 일찍 성취되어 그 명성이 대단했다.

과거에 급제하자 두 번이나 사관(史館)에 천거하였지만 나가지 않았으

---

59)　　고전번역원 데이터베이스(DB)에서 발췌하였다.

며 예조 좌랑으로서 지례 현감(知禮縣監)을 자청하여 모친을 봉양하였다.

벼슬살이 30년 동안 청현(淸顯)의 관직을 두루 역임했지만 일찍이 내직(內職)에 오래 있지 않고 네 번 목사와 군수가 되었고 두 번 감사가 되었던 것은 모두 모친을 위함 때문이었다.

그는 천성이 지극히 효성스러워 잠깐 사이도 모친의 곁을 떠나지 않았으며 손수 감지(甘旨)를 갖추어 봉양하기를 끝내 게을리하지 않았다.

모친의 나이 70세가 되자 전적으로 노모를 봉양할 수 있도록 해 줄 것을 간청하여 여러 번 불렀으나 나오지 않았다.

늘그막에 모친의 상을 당하여 복을 입었는데 여묘 살이를 하면서 슬픈 각고 속에 조석으로 묘소에 오르는 일을 비바람을 피하지 않고 시행하다가 결국 그로 인하여 병이 들고 말았다.

모친의 복을 마치고 나서 공의 왕후(共懿王后)[60]의 상사를 치르기 위하여 형조 판서로 대궐에 나왔으나 병세가 이미 위중하였다.

재차 대사헌으로 삼았으나 숙배하지 못하였고 병조에 옮겨 제수하였다가 또 이조에 제수하였으나 모두 출사할 수가 없었다.

상이 어의(御醫)를 보내고 약을 하사했지만 얼마 후에 졸하고 말았다.

사대부가 서로 조위하지 않는 이가 없었고 시골 사람들이 상구(喪柩)를 맞이하여 회장(會葬)하였으며, 먼 곳이나 가까운 곳이나 사람이 모두 와서 조문하였다.

예조가 그의 효행을 상께 아뢰니, 그 문에 정표하라고 명하였다.

노진은 성품이 온화하고 장중하였으며 지조가 확고하여 간신들이 권

---

[60]   인종의 비 박씨

병을 천단하던 때를 당하였지만 한 번도 행적에 물들지 않았고 벼슬살이도 청렴하고 근실하게 하였으므로 상이 특별히 포상을 내려 아름답게 여겼다.

그는 관리의 사무에도 정밀하고 민첩하였다. 김계휘(金繼輝)가 영남 지방을 안핵하면서 그가 행한 공적을 조사해 보고 감탄하기를 '덕행과 문학에다 관리의 사무까지 이처럼 통달했을 줄은 미처 생각하지 못했다.' 하였다.

그 고을 사람들은 사당을 세우고 제향을 올렸으며, 뒤에 문효(文孝)란 시호를 내리니, 세상 사람들은 그가 시호를 받기에 부끄러울 것이 없다고 하였다."

청구야담에는 노진 선생의 일화가 전해지고 있다.

"[노옥계선부봉가기(盧玉溪宣府逢佳妓)]

남원에 살던 노진은 일찍이 부친을 여의고 가세가 빈곤하여 장성하도록 장가를 가지 못하였다.

그 당숙이 무관으로 마침 선천부사로 재임 중이라 모친이 권하여 장가살 혼수를 얻어 오라고 하여, 옥계가 편발[61]로 간신히 도보로 간신히 선천에 이르러, 관청이 들어가려 하니, 문지기가 들어오지 못하게 하여 노상에서 방황을 하니, 마침 동기(童妓)가 지나가다 연보[62](蓮步) 멈추고, 도령은

₆₁₎　編髮(편발)은 관례를 하기 전에 땋아 늘인 머리
₆₂₎　연보는 미인의 걸음걸이를 비유하는 말

　　　돌에 새긴 목민관 이야기 1

어디서 왔느냐?

물으니 옥계가 사실대로 말하니 동기가 가로되

내 집이 여기서 멀지 않으니 거처를 정하기를 원하니 옥계가 허락을 하고, 숙부에게 찾아가 선천에 온 사유를 말하니, 숙부가 도임한 지 오래되지 않아 관채가 많고 민망하다며, 냉정히 말하니, 옥계가 하처 함을 알리고 동기 집에 들르니 동기가 친절히 맞이하며, 정성스럽게 석찬을 준비하고 동침을 하였다.

동기가 옥계의 말을 듣고 지친 간[63]에 어찌 그럴 수 있냐며, 말하고 내가 도령의 기골과 용모를 보니 나중에 크게 될 사람이라 내 집에 몇 달 머물다가 저축한 은자가 5백 냥이니 이걸 가지고 돌아가기를 권하니,

옥계가 사양하기를 내 어찌 그냥 간다면 숙부가 책망하겠소. 하며, 며칠 머물다가 몇십 량의 노자라도 받아 가겠다 하니, 동기가 그러지 말라 한다.

그러다가 노계가 고향으로 가려 하니 동기가 돈을 주며, 말(馬)에 여러 가지 물건을 주며 하는 말이, 도령은 몇 년 뒤에 입신양명할 것이니, 그때에 찾아오라 한다.

그리고 숙부를 찾아가 작별 인사를 하니 노계의 행색이 호화로움이 있어 보이고, 자기로서는 돈을 쓸 필요가 없으니 무방하게 여겼다.

노계는 고향으로 돌아가 학문에 전념하여 급제하여 관서 지방의 암행어사가 되어 동기의 집에 찾아가니, 집에는 동기의 홀어머니만 있고 딸은 어느 절에 들어가서 사람과 왕래를 하지 않는다 하였다.

---

63)　　가까운 친척 사이

노계는 그 말을 듣고 여러 절을 두루 찾았으나 종적이 묘연하였다.

그러다가 어느 한 절에 가니 천 길이 되는 절벽 위에 조그마한 암자가 있어 사람이 찾기 어려운 곳이었다.

그곳의 여승에게 물으니 사오 년 전에 20세 즈음 되는 여승이 식사와 대소변 볼 때 외에는 보이지 않으며, 생불로 여겨 왕래를 하지 않는다 하였다.

노계는 동기임을 짐작하고 남원에서 동기를 만나러 왔다고 전하자, 동기는 도령이 등과하였는지 물으니, 노계가 답하기를 급제하여 어사가 되어 찾아왔노라 한다.

동기는 여러 해 동안 그런 생활을 하였기에 몰골이 말이 아니므로 며칠 말미를 달라 한다.

그 뒤 노계와 동기는 만나서 쌓인 정담을 나누고 가마를 선천에 보내어 모녀가 상봉하게 하였고, 복명 후 비로소 인마를 보내어 데려와 몸이 마치도록 화락하였다 한다.[64]"

노진 선생은 염근인(廉謹仁)으로 기록되어 있어 그것을 소개하면 다음과 같다.

"명종 7년[65] 임자(1552년) 11월 4일(임오)

궐정에서 염근인과 근근인 들에게 물건을 차등 있게 내리다

---

64) 청구야담의 글은 필자가 중략하고 쉬운 말로 썼다.

65) 고전번역원 데이터베이스(DB)에서 발췌하였다.

궐정(闕庭)에서 염근인(廉謹仁)에게 일등악(一等樂)을 내리라고 명했는데 근근인(勤謹人)들도 참석하였다.

각기 단목(丹木)·호초(胡椒) 등의 물건을 차등 있게 내렸고, 저물녘이 되자 각기 백랍촉(白蠟燭) 한 쌍씩을 내렸다.

호조 판서 안현(安玹), 우참찬 박수량(朴守良), 평안도 관찰사 홍섬(洪暹), [부임하지 않았었다.] 형조 판서 조사수(趙士秀), 대사성(大司成) 이명(李蓂), 예조 참의 이몽필(李夢弼), 좌승지 홍담(洪曇), 우승지 성세장(成世章), 대사간 윤춘년(尹春年), 판교(判校) 윤현(尹鉉), 우통례(右通禮) 윤부(尹釜), 장령 유혼(柳渾), 제용감 부정(濟用監副正) 우세겸(禹世謙), 사복시 정(司僕寺正) 박영준(朴永俊), 사복시 부정 임보신(任輔臣), 홍문관 교리 정종영(鄭宗榮), 부교리 박민헌(朴民獻), 공조 정랑 이증영(李增榮), 내섬시 직장(內贍寺直長) 김몽좌(金夢佐) 이상 19인은 염근으로 피선되었다.

상의원 직장(尙衣院直長) 김사근(金思謹), 의영고 직장(義盈庫直長) 조용(趙容) 이상 2인은 근근(勤謹)으로 피선되었다.

대사헌 이준경(李浚慶), 동지중추부사(同知中樞府事) 임호신(任虎臣)과 주세붕(周世鵬), 동부승지(同副承旨) 김개(金鎧), 전 대사성 이황(李滉), 전한(典翰) 송찬(宋贊), 부장(部將) 허세린(許世麟), 군기시 별좌(軍器寺別坐) 안잠(安潛), 행 사용(行司勇) 김팽령(金彭齡), 사재감 정(司宰監正) 강윤권(姜允權) 이상 10인은 염근으로 피선되었으나 병으로 인하여 참여하지 못하였다.

외임(外任) 염근인(廉謹仁)인 회령 부사(會寧府使) 이영(李榮), 강계 부사(江界府使) 김순(金洵), 나주 목사(羅州牧使) 오상(吳祥), 상주 목사(尙

州牧使) 신잠(申潛), 밀양 부사(密陽府使) 김우(金雨), 온양 군수(溫陽郡守) 이중경(李重慶), 예천 군수(醴泉郡守) 안종전(安從琠), 강릉 부사(江陵府使) 김확(金擴), 신계 현령(新溪縣令) 유언겸(兪彦謙), 금구 현령(金溝縣令) 변훈남(卞勳男), 한산 군수(韓山郡守) 김약묵(金若默), 지례 현감(知禮縣監) 노진(盧禛), 칠원 현감(漆原縣監) 신사형(辛士衡), 선산(善山)에 사는 전 군수(郡守) 김취문(金就文) 이상 14인에게는…"

(생략)

돌에 새긴 목민관 이야기 1

8. 허세린

허세린 許世麟(1507년~1579년)[66]

조선 전기 무신. 본관은 양천(陽川)이다. 자는 응성으로 부친은 허은, 모친은 충주 안씨이고 처는 의성 김씨이다.

관직은 부장(部獎)·청홍도병마절도사(淸洪道兵馬節度使)·양주목사(楊州牧使)·회령부도호부사(會寧府都護府使)·함경북도병사절도사(咸鏡北道兵馬節度使)·특진관(特進官)·오위도총부부총관(五衛 都摠府副摠管) 등을 역임하였다.

청도의 금석문을 조사할 당시 대부분의 선정비가 청도읍성 입구에 있고, 몇 좌는 여러 군데 흩어져 있었다.

그래도 여러 번 가서 사진 촬영하고 많은 자료를 가졌다고 자부하였는데, 청백리를 연구하던 중에 허세린 선생의 선정비가 있는 것을 알았다.

그리고 선정비의 위치를 몰랐지만 여러 곳에 문의하여 알아냈다.

오후에 3시에 출발하여 1시간 정도 차로 달려 선정비를 보았는데, 다른 기록을 보니 선정비의 碑首가 없지만, 필자가 보고 온 허세린 선생의 碑는 중간 부분에 깨진 흔적이 보이며, 碑首를 찾아서 갖춤을 하고 있었다.

---

66)　한국민족문화대백과사전에서 발췌하였다.

碑에는 명문이 남아 있지만 희미하고 마멸이 되어 보이지는 않으나, 다행히 청도 금석문에 내용이 남아 있다.

그 내용은 다음과 같다.

"許公世麟善政碑[67]

公姓許 諱世麟 子 應聖 外寬內明 勤儉廉簡
剖決如流 吏不容奸 不威愓 不利疚 厭遊畋
尊先聖 巡閭里 盡救恤 先哀惸獨 累歲不怠
平徭薄賦 示民如傷 自癸丑至乙卯 飢饉加之
海寇之變 民不餓死勤徭

嘉靖 丙辰 立石
鄕人生員 朴河淡 進士 朴鸞 撰
生員 李海龍 書

공의 성은 허씨요. 자는 응성이시다.

밖으로는 너그럽고 안으로는 밝았으며
근검하고 청렴 대범하여 물이 흐르듯

일을 잘 결단하여 아전들의 간사한 일을 용납하지 않았고

사사로운 이익으로 백성들을 병들게 하지 않았다.

　유랑과 사냥을 싫어했고 선성을 존숭하고 마을을 돌아다니며

　가난한 이들을 구휼하되 의지할 곳 없는 외로운 사람을

　우선하기를 여러 해 동안 게을리 하지 않았다.

　부역을 공평하게 하였고 세금을 낮추었으며, 백성 보기를 마치 다친 사

람을 보호하듯이 하였다.

　계축(1553년)에서 을묘(1555년)까지 기근이 더해지고 해적의 변고가

있었으나

　백성들이 굶어 죽거나 동요하지 않았다.

　가정 병진 입석 1556년 碑를 세우다

　향인 생원 박하담 진사 박란[68] 찬

　생원 이해룡 서"

　허세린 선생의 청백리 기록은 보이지 않으나, 염근이라 칭하는 기록이

보이고 있으며, 시기는 명종 7년 임자(1552년) 11월 4일이며, 앞서 소개한

신잠 선생과 노진 선생의 기록과 동일하므로 그 기록을 참고 바란다.

　허세린 선생이 청도군수에 제수되는 기록은 보이지 않으나, 1553년 청

도군수 허세린에게 백성을 구휼한 공으로 치사한 기록이 보인다.

---

68)　박하담(1479년~1560년)조선전기의 학자이며, 호는 소요당이고 여러 번 대과에 실패하자
　　청도에 살며, 풍류로써 여생을 보냈다. 박란은 청도지역 인물로 알려져 있지만 내력은 알
　　아내지 못하였다.

그림 9. 청도군수 허세린 비 - 청도 만화리

"명종 8년[69] 계축(1553년) 8월 28일(임인)

승정원에 청도 군수 허세린의 백성 구휼의 공을 치사하게 하다

정원에 전교하였다.

---

69)   고전번역원 데이터베이스(DB)에서 발췌하였다.

    돌에 새긴 목민관 이야기 1

“청도 군수(淸道郡守) 허세린(許世麟)이 마음을 다하여 흉년에 허덕이
는 백성들을 구제하였다 하니, 상으로 가자(加資)하라.”

[허세린은 무인(武人)이다. 자신을 위함에는 매우 검소하게 하고, 진휼
을 잘 하였으므로, 경차관(敬差官)이 장계하였다.]”

9. 심희수

심희수 沈喜壽(1548년~1622년)[70]

호는 일송 자는 백구, 아버지는 정자(正字) 심건(沈鍵)이다. 어머니는 이연경(李延慶)의 딸이며, 노수신(盧守愼)의 문인이다.

심희수 선생의 선정비는 금산향교에 있으며, 금산군수를 역임하였지만 조선 왕조 실록에는 기록이 나오지 않으며, 선정비에는 명문이 "前 군수 심 정승 희수 거사비"라 되어 있고, 右 측면에는 "만력35년(1607년) 4월 일"이라 되어 있다.

다만 번암집[71]에는 1584년 모친상을 당하고, 喪期를 마친 뒤 수찬에 제수되고 얼마 뒤에 금산 군수(錦山郡守)가 되었는데, 얼마 뒤라는 기록이 2년[72]이라는 것을 알 수 있다.

일반적으로 거사비는 가고 난 뒤를 그리워한다는 뜻이 있지만 이임한 뒤 9년 뒤에 선정비를 세운 것은 이채롭다.

그러나 필자가 조선왕조실록을 찾아보니 심희수 선생이 금산 군수로

---

70) 한국민족문화대백과사전에서 발췌하였다.
71) 정조 때 영의정의 지낸 채제공의 문집이다.
72) 금산 금석문에는 심희수 금산 군수가 재임한 기록을 1586년 부임하여 1588년 12월에 이임하였다고 되어 있다.

     돌에 새긴 목민관 이야기 1

부임한 기록은 보이나, 정확한 년도는 찾아내지 못하였다.

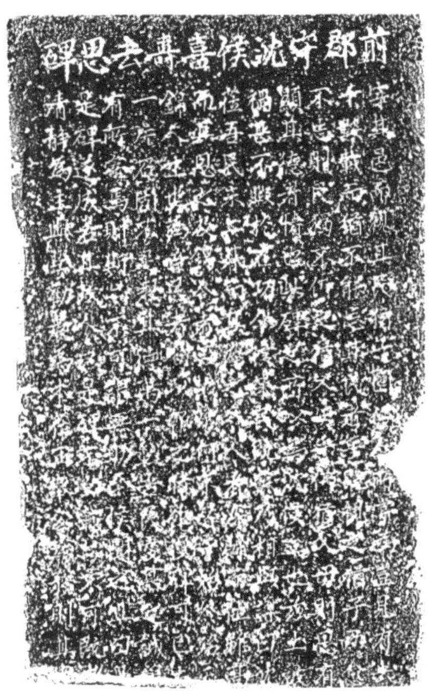

그림 10. 심희수 금산 군수 선정비 뒷면 – 금산금석문

조선왕조실록 1584년 3월 1일(선조17년)에는 **"경연관 심희수가 입시하여 아뢴 시사에 대한 의견이 두서가 없어 견책받고 체직되다"**는 기록이 있고, 오랜 뒤에 금산 군수로 갔다는 기록이 있지만 정확한 년도는 보이지 않는다.

금산금석문에는 어떠한 자료로 그렇게 기술하였는지 의문이 남는다.

또한 심희수 선생이 청백리에 녹선된 기록은 있지만 정확한 시기는 언급되지 않고 있다.

번암집 46권에 실린 심희수의 신도비명에는 **"선조 대에 청렴하고 신중한 관리 5명을 선발하였는데, 공이 그 명단에 들었다. 그러나 이상의 일들은 공에게는 여사(餘事)이다."**

심희수 선생이 예문관 대제학, 우의정을 역임하고, 청백리 녹선 되었으며, 1606년 좌의정이 되었다는 기록이 있어 청백리에 뽑힌 시기는 1606년 以前인 것으로 추정된다.

그리고 "청백리 녹선과 청백리안"[73]이라는 논문과 大東掌攷[74], 實錄의 기록에는 청백리 심희수 선생의 기록이 보이지 않는다.

필자의 생각은 청백리에 녹선된 것은 맞으나, 실록, 문집 등에는 정확한 년대가 기록되어 있지 않는 것이 아쉬워 여러 자료를 찾았던 것인데, 찾지 못하였다.

어우야담[75]에는 심희수 선생과 기생 일타홍, 중국소녀와의 일화가 전해오기에 다음과 같이 소개를 한다.

[심 부원군과 일타홍 정인]

"심 부원군이 한 기녀를 사랑했는데 그녀의 이름은 일타홍이다.

---

73)   조선시대의 淸白吏 錄選과 淸白吏案으로 이 영춘의 논문이다.
74)   대동장고는 조선후기 문신, 학자인 홍 경모가 저술한 우리나라 역사와 고사를 정리한 책이다.
75)   어우야담은 조선후기 문신 유몽인 이 야사, 향담, 가설 등을 모아 엮은 야담집이다.

일찍이 그 기녀에게 말하길

네가 평생 사랑할 만한 사람을 말한다면 내 마땅히 손가락을 구부려 보리라 라고 하니, 기녀가 농담으로 말했다.

"심 부원군이옵니다."

나를 몰리지 말고 사실대로 말하거라.

양웅산(梁熊山)이옵니다.

심 부원군이 엄지손가락을 구부리는데 반절만 구부렸으니 그를 시기해서 그런 것이다.

양웅산이 어떤 색 말을 타더냐?

도화마(桃花馬)입니다.

너는 마굿간에서 도화마를 끌어내 날이 밝기 전에 일타홍의 집 문 앞에서 기다렸다가

양웅산의 말을 내몰고 이 말로 바꾸거라.

양웅산이 타면 내리지 못하게 하고 네가 말고삐를 잡고 모셔 오너라.

다음 날 아침 과연 그를 문 앞으로 데려왔다.

부원군은 그를 인견하고는 세웠다 앉혔다 하고 술도 먹이고 노래도 들어 보더니 말했다.

마땅히 일타홍의 정인이 될 만하구나"

심희수와 중국소녀의 재치 있는 문답

["상국 심희수는 중국어를 할 줄 알았다.

중국 땅에 가서 한 곳에 이르니, 주인집에 머리를 두 갈래로 땋은 한 여자아이가 문 앞에 서 있었다.

상국이 물었다.

네 나이가 몇이냐?

그 여자아이가 대답을 하였다.

신조항(新造炕)입니다.

상국은 다시 물어보려고 하다가 여자아이에게 비웃음을 당할까 염려되어 곰곰이 생각을 해 보았다.

새로 만든 구들(新造炕)은 반드시 축축히 물기가 흐를(濕流水) 것인데, 습류수의 음은 16세와 비슷했다.

그래서 상국이 그 말에 답해 말하였다.

"네 나이가 16세냐?"

여자아이가 웃으면서 고개를 끄덕였다."]

기생 일타총과 일화가 하나 더 전하고 있어 다음과 같이 소개한다.

"조선 선조 때[76] 심희수라는 사람이 있었다.

심희수는 어려서 아버지를 여의고 어머니 손에 자랐는데, 공부는 하지 않고 놀기만 좋아하였으며 열 살이 넘어서는 기방을 드나들었다.

어느 날은 기생 일타홍이 심희수에게 집으로 찾아가겠다고 하였다.

심희수는 평소에는 하지도 않던 빗질을 하며 일타홍을 맞이할 준비를

---

76)　　　[출처] 한국학중앙연구원 - 향토문화전자대전

　　　　　　　돌에 새긴 목민관 이야기 1

하였다.

　심희수의 어머니가 심희수의 행실을 꾸짖자, 심희수를 찾아온 일타홍이 심희수 어머니의 화를 가라앉히며 심희수는 훗날 크게 될 사람이라고 이야기하였다.

　그날부터 일타홍은 심희수의 집에서 시어머니를 효성으로 모시고 살며 심희수에게는 공부를 가르쳤다.

　그러던 어느 날 심희수가 공부를 그만두겠다고 하며 책을 버리고 집을 뛰쳐나가 버렸다. 그러자 일타홍은 시어머니에게 심희수가 과거 급제를 하기 전까지는 만나지 않겠다는 말을 남기고 집을 떠났다.

　저녁에 집으로 돌아와 상황을 파악한 심희수는 세 달 동안 일타홍을 찾다가 실패하고, 몇 해를 공부에 매진하여 결국 과거에 급제하였다.

　급제한 기념으로 심희수는 아버지의 친구 집에 초대되어 식사 대접을 받았는데, 거기에서 먹은 음식이 꼭 일타홍이 만든 것 같았다.

　이에 심희수가 일타홍을 생각하며 눈물을 흘리자, 아버지의 친구는 심희수가 아버지 생각에 운다고 여기고 심희수에게 효자라고 말하였다.

　이에 심희수가 자초지종을 털어놓았다.

　그런데 알고 보니 일타홍이 바로 아버지의 친구 집에서 일하고 있었다.

　심희수는 허락을 받고 일타홍을 다시 자신의 집으로 데려왔다.

　일타홍은 신분상 첩이 될 수밖에 없었으므로 심희수로 하여금 양반가 여성에게 장가들도록 하였다.

　심희수는 전라도의 고을 원이 되어 가족과 함께 전라도로 내려갔다.

　일타홍은 일가족을 불러 잔치를 열고 가족들의 관청 출입을 금하였다.

그림 11. 금산군수 심희수 비 – 금산향교

몇 십 년의 시간이 흘렀다.

하루는 일타홍이 옷을 깨끗하게 차려입고 있자, 심희수가 어디를 가려는지를 물었다.

일타홍은 자신의 명이 다하여 죽게 되었다고 말하며 훗날 심희수의 선산에 묻어 달라고 부탁하였다.

심희수는 일타홍의 덕으로 영의정의 자리까지 올랐다."

돌에 새긴 목민관 이야기 1

심희수 선생의 거사비는 금산향교에 있으며, 비제는[77] "前郡守沈政丞喜壽去思碑(전군수심정승희수거사비)"라 되어 있다.

필자의 생각은 심희수 선생이 금산 군수에서 체직된 후에 비석을 세우지 않고, 1604년에 우의정으로 임명되고 난 후에 그것을 기념하기 위해 거사비를 세운 것으로 생각된다.

왜 그렇게 생각하느냐 하면 비제에 "정승"이라는 명문이 있기에 그렇다.

---

77)　　세운 시기는 만력35년(1607년) 4월일이다.

10. 이기

이기 李墍(1522년~1600년)[78]

본관은 한산(韓山), 자는 가의(可依), 호는 송와(松窩), 시호는 장정(莊貞)이다. 편수관으로《명종실록》편찬에 참여하고, 강원도 관찰사를 거쳐 내직으로 돌아와 우승지가 되었다. 대사간과 대사헌 등을 역임한 뒤 이조판서에 올랐다. 성품이 곧고 청빈하여 한사(寒士)나 다름없이 벼슬생활을 하였다고 한다.

이기 선생의 선정비는 장흥향교 비석 군에 있으며, 청백리에 녹선된 기록은[79] 정확하게 나오지 않는다.

장흥향교에 선정비는 세운 시기가 없으며, 조선왕조실록에는 장흥부사에 제수되는 기록은 1583년이므로 선정비는 1583년 이후에[80] 세워진 것으로 추정된다.

그리고 선정비 명문은 "가선대부부사이공기선정비(嘉善大夫府使李公墍善政碑)"라 되어 있어, 碑의 명문이 조금 특이하다.

---

78)   한국민족문화대백과사전에서 발췌하였다.

79)   번암집 42권 이기의 諡狀에는 이기가 1600년에 사망하여 청백리로서 좌천성에 추증한다는 기록이 있어, 1600년 이전에 청백리에 녹선된 것으로 추정된다.

80)   조선왕조실록에는 장흥부사에서 체직된 기록이 보이지 않는다.

이러한 이유는 장흥부사 이전의 벼슬이 대사헌이었으며, 장흥부사에 제수된 것은 좌천이 되어 왔기에 가선대부라는 명문이 새겨진 것으로 보인다.

저서로 《송와잡설(松窩雜說)》이 전하고 있으며, 《송와잡설》은 일종의 야담집으로 《대동야승(大東野乘)》에 일부가 수록되었는데, 기자 조선(箕子朝鮮) 때부터 선조 때까지의 인물과 詩 등이 기록되어 있다.

내용으로는 수령들의 탐욕스러움을 비판하거나 새로운 병기의 편리함에 대해 소개하고 있으며, 중국과 우리의 농기구를 용도에 따라 설명하는 것 등이 있다.

경기도 여주에는 이기 선생의 구비설화가 전해지고 있어 소개하면 다음과 같다.

이기의 고향은 원주 간현인데, 나라에 공헌이 많고 선정한 중에 그 어머니가 병환으로 위독했다.

선조 임금이 특혜로 휴가를 주어 어머니를 병간호하게 하면서, 경기감사, 여주 목사에 특별히 귀로에 우대해 달라고 어명을 내렸다.

임금의 특명으로 어머니 병관 차 고향에 내려가기 위하여 한강의 수로를 이용하여 배편으로 간현[81] 가는 길에 어명을 받은 경기 감사는 여주 목사에 명을 내렸다.

{내일 오(午)시 경 여강 청심루[82] 앞을 간옹 대감의 행렬이 통과 될 것

---

81)   지금 원주시에 있는 간현이다.
82)   여주 관아의 부속 건물이었던 청심루 역시 남한강이 조망되는 곳에 위치하였으며, 연회

이니, 그대는 한 치의 어김없이 기다렸다가 후하게 대접하고 여정을 편히 해 드리도록 하여라)

경기 감사의 명을 받은 여주 목사는 아침부터 이방을 시켜 청심루 앞에서 여강을 지켜 이 대감의 행렬이 서쪽에서 보일 때 즉시 보고하도록 배치해 놓고, 행렬이 도착하는 대로 크게 잔치를 벌여 위로해 드리고, 중앙으로 승진을 부탁해서 일거양득의 기회를 놓치지 않으려고, 여주 목사의 속셈은 치밀한 계획을 짜고 마음이 우쭐해서, 곧 자기 출세라도 한 기분이었다.

午時가 되어도 이방으로부터 아무런 보고가 없었다.

여주 목사는 좌불안석을 하며, 서성거리던 목사는 하는 수 없이 청심루로 나갔다.

"여봐라 아직 행렬이 보이지 않느냐?"

"예, 아직."

"어허! 거참 웬일인고~

기다리다 저쪽에 행렬이 보이거든 즉시 보고하도록 하거라."

"예! 염려 놓으십시오."

오시가 지나고 미시가 신시가 다 되어도 아무 기별이 없었다.

기다리다 지친 목사는 다시 청심루로 나가 보았으나, 행렬이 보이지 않고, 저쪽에 조그만 어선 하나가 청심루 앞쪽으로 다가오고 있었다.

옳지 저것들한테 물어보면 혹시 오다가 행렬을 보았는지 알 수 있겠구나 하고, 조그만 어선이 청심루 앞까지 오기를 기다리고 있었다.

등 행사 장소로 활용되었다.

     돌에 새긴 목민관 이야기 1

잠시 후에 어선은 청심루 앞을 통과하게 되었다.

내려다보니 넉넉하지 못한 장사꾼인 것 같았다.

사공 하나에 초라한 의관 차림으로 보아 장사꾼의 배가 틀림없다.

이방을 시켜 물어보도록 했다.

이방은

여봐라 어디서 오는 것이냐?

사공은 아무 말이 없고 배에 타고 있는 사람이 벌떡 일어나 예! 한양에 다녀오는 길이외다.

그러면 오는 길에 대감의 행렬인 듯 한 배를 못 보았느냐?

글쎄올시다 그런 배는 못 보았소이다.

허어! 무슨 사고라도 난 것인가 아닌가!

혹시 육로로 가시는 것을 공연히 수로에서 기다린 것만 아닌가?

글쎄올시다. 이미 어두워 가는데 설마하니 대감께서 밤에 수로를 건너지는 않을 것이옵니다.

글쎄다. 누가 아느냐 더 기다리도록 하라.

목사는 퇴청도 못하고 밤늦도록 기다렸다.

그처럼 행색이 초라하고 수행원 하나 없이 조그만 배편으로 가는 이를 설마하니 누가 대감인 줄 알았으랴!

대감은 신륵사 앞에서 조그마한 배를 멈추고, 과객이라 하고 신륵사 중에게 하룻밤 머물기를 부탁하여, 신륵사 구룡루[83]에서 밤을 지내고 날이 새면서 다시 뱃길에 올랐다.

---

83)   여주 신륵사에 있는 누각,

아침에 중과 작별 인사를 주고받는 중에 사공의 입에서 이기 대감이라는 말을 들었다.

중은 깜짝 놀라 아침 식사 대접을 간청하였으나, 사양하고 배를 띄우니 중은 할 수 없이 여주 목사에게 알렸다.

신륵사에서 여주 관아까지 가서 보고하니 목사는 부랴부랴 신륵사로 향했으나, 이미 배는 떠나 보이질 않으니, 목사는 낙심하고 관아로 돌아왔다.

대감이 신분을 숨기고 지나간 것은 두말할 것도 없이 민폐를 끼치지 않으려는 것 외는 무엇이 있겠는가!

비단 그는 여주를 통과하는 것일 뿐이 아니었다.

대감의 아들이 현감으로 있을 때 가난한 집안 사정을 잘 알기 때문에, 쌀3마을 대감에게 보냈을 때, 민폐의 하나라고 해서 대감의 아들을 현감의 자리에서 파직시키는가 하면, 어명을 받고, 호남지방에 암행어사로 돌아다닐 때, 무명에 물들인 도포를 입고, 밤이슬과 비를 맞으며, 빨래조차 못해 돌아다니다 어사의 임무를 마치고 귀향하는 길에 호남 땅을 벗어나 주막집에 들러, 막걸리 한잔을 마시려 할 때 주모의 말이 손님의 도포는 치마저고리 한 벌을 해 입으면 좋겠다고 했으니, 도포 하단은 물이 바래서 하얗게 되고, 위로는 분홍빛이 남아 있기 때문에, 이런 희롱을 했던 것이다.

아들 하나가 지평현감으로 있을 때 임진왜란의 급보를 받고, 간현에서

그림 12. 장흥부사 이기 비 – 장흥향교

한양으로 올라가는 길에, 제녕이 고개[84]에서 초병에게 검문을 받을 때 신분을 숨겨, 적이라고 구속되어 관아에 잡혀가니, 아들인 현감이 백 배 사례하고 초병을 꾸짖으니, 내가 신분을 밝히지 않아서 이리 된 것인데 왜 초병을 꾸짖는가 하면서, 초병에게 상을 내리게 하라 하였다.

기구한 생활에 말(馬)을 잘 거두지 못하여, 판서에 발령을 받고 한양 종로를 통과할 때, 말이 쓰러지니 이조판서의 행렬을 위하여 길을 통제하는

---

84)   경기 양주 지평에서 5리 정도 떨어진 곳에 있는 고개

군병들이 그가 판서에 취임하는 사람인 줄 모르고, 길을 비키라고 호통을 해서 훗날 거리에서 말이 쓰러지면, 이 대감의 말인가 어쩨 쓰러지냐고 하는 청렴의 일화를 남겼다.[85]

---

11. 민여임

민여임 閔汝任(1559년~1627년)[86]

본관은 여흥(驪興). 자는 성지(聖之), 호는 취옹(醉翁) 또는 진의(振衣). 민구손(閔龜孫)의 증손으로, 할아버지는 찬성 민제인(閔齊仁)이고, 아버지는 군수 민사용(閔思容)이며, 어머니는 김승(金昇)의 딸이다.

민여임 선생의 선정비는 2좌가 남아 있는데, 남원 광한루 비석군과 울산 동헌 비석군에 있다.

남원 광한루에 남아 있는 민여임 선생의 선정비는 1864년(도광44년 11월)에 세웠다는 명문이 남아 있었으나 지금은 희미하여 잘 보이지 않는다.

그리고 울산의 민여임 선생의 선정비는 "울산부선생안"에 따르면 1603년에 세웠다고 되어 있으나, 현재 남아 있는 碑는 11대손인 민영숙(閔泳璹)이 중건하였다는 명문이 "울산금석문"에 보인다.

"울산부선생안"에는 판관 민여임 선생의 기록이 간단하게 보이며 내용은 다음과 같다.

[판관[87] 조봉대부(朝奉大夫) 민여임 서울 거주

---

86)   한국민족문화대백과사전에서 발췌하였다.
87)   울산부선생안에서 발췌하였다.

그림 13. 남원부사 민여임 비 - 광한루

전 병조좌랑으로 만력 31년 계묘년(1630년) 3월 18일에 도임하였다.

순찰사 이시발의 군관 조종악이 공무로 인하여 병영에 도착했는데, 체모를 잃은 일이 있어, 주변으로 끌고 다니고 형틀을 씌워 감옥에 가두었다. 순찰사가 상(上司)의 아문에 있을 수 없는 일로 크게 체면을 잃었다고 하여 군관사령을 파견하여 체포하였으나, 항거하고 따르지 않아 순찰사에게 보고되었다.

순찰사가 아뢰어 같은 해 6월 15일에 경성으로 곧바로 향하였다.

정령(政令)이 맑고 간명하였으므로 이민(吏民)이 감복하고 추모하여

　　　　　　　　　　　　　　돌에 새긴 목민관 이야기 1

비석을 세웠다.]

민여임 선생의 청백리 기록은 약천집(藥泉集)[88]에 기록이 보인다.

"[예전에[89] 태조조에는 청백리에 찬성(贊成) 안성(安省) 등 3명을 뽑았고, 태종조에는 도절제사(都節制使) 경의(慶儀) 등 8명을 뽑았고, 세종조에는 부제학 최만리(崔萬理) 등 12명을 뽑았고, (중략) 인조 조에는 참판 민여임(閔汝任) 등 9명을 뽑았다.]"

민여임 선생이 청백리에 되는 시기가 참판에 있을 때이며, 기록을 찾아보면 인조4년(1626년)에 공조 참판에 제수되는 기록이 보인다.

다만 실록에 정확한 시기가 나오지 않아 청백리에 녹선된 시기는 추정으로 보아야 하는 시각이 있어야 된다고 본다.

남원에 있는 민여임 선생의 비에는 명문이 없으나 울산 동헌에 있는 선정비는 명문이 새겨져 있다. 내용은 다음과 같다.

"판관[90] 민공 여임 청덕비 判官閔公汝任淸德碑(전면)

---

88)　약천 남구만(南九萬) 본관은 의령(宜寧). 자는 운로(雲路), 호는 약천(藥泉) 또는 미재(美齋). 개국공신 남재(南在)의 후손으로, 숙종 시대를 대표하는 문신으로 영의정에 올랐다.

89)　고전번역원 데이터베이스(DB)에서 발췌하였다.

90)　울산금석문에서 발췌하였다.

그림 14. 울산 판관 민여임 비 – 울산 동헌

유명 만력 기원후 오 경자 십월일 십일대 손 영숙 중견(좌측면)

有明 萬曆 紀元後 五 庚子 十月日 十日代孫 泳璹中堅

후면:

황명만력31년립거사비 우병영지북리로방세대추천

皇明萬曆三十一年立去思碑 于兵營之北里路傍世代推遷

미면박락지환읍맹자차모소이개견내어계묘십일월이수

未免剝落之患邑㠯㗡謨所以改堅乃於癸卯十一月移樹

우객사전인각지이피풍우지마세희후지거이61년이

돌에 새긴 목민관 이야기 1

于客舍前因閣之而避風雨之磨洗噫侯之去已六十一年而

민도우금칭지즉익견인구개비지성덕야년주육갑구우대

民到于今稱之則益見人口皆碑之盛德也年周六甲龜又戴

석자비수여적공지택상이후래안본도지일우역기의

石玆非數歟適公之宅相李侯來按本道之日吁亦奇矣"

풀이:

좌측면:

萬曆 기원후 다섯 번째 경자년 10월[91] 어느 날 11대손 영숙 다시 세우다.

후면:

명나라 만력 31년(1603년, 선조36년) 병영 北里의 길 옆에 去思碑를 세

웠는데,

세월이 흐르면서 剝落되는 근심을 면치 못하게 되었다.

고을 백성들이 안타깝게 여겨서 고쳐 세우려고 하였다. 이에 계묘년

(1663년) 객사 앞으로 옮겨 세우고 비각을 갖추어 비바람에 씻기고 닳지

않게 하였다.

아! 判官께서 이임하신 것이 61년이 지났지만, 백성들이 아직도 칭송하니

사람의 말이 모두 비석 같은 盛德임을 잘 알 수 있도다.

60주년을 맞아 龜趺와 대석을 갖추니 이 또한 운수가 아니겠는가?

---

91)　　경자년은 1900년이다.

마침 공의 宅相[92]인 李侯[93]께서 本道에 부임하신 해이기도 하니, 아! 또한 기이하도다.

아후지비 기태복립 我侯之碑 旣頹復立
영세난망 불현기광 永世難忘 不顯其光

우리 판관의 빗돌이 이미 퇴락되었다가 다시 세워졌네.
영원히 잊기 어려우니 그 광훈을 드러내지 않으랴?

좌수; 이명 별감: 박인서 색리: 이경란
도감: 이석규 □□ 박종하

민여임 선생의 선정비는 2좌가 남아 있으나 다른 지역에도 벼슬을 하였으므로, 선정비가 남아 있을 수 있다.

그리고 남원 광한루 있는 민여임 선생의 선정비는 도광 44년 11월[94]에[95] 세웠다는 명문이 있어, 남원부사에서 체직된 기록은 보이지 않지만 이임 후에 약 250년이 지난 후에 선정비를 세운 이유를 알아내지 못하였다.

---

92) 택상은 외손은 뜻한다. 진(晉)나라 위서(魏舒)가 어려서 외가인 영씨(寧氏) 집에서 자랐는데, 그 집터의 미래를 점친 자[相宅者]가 '장차 귀한 외손(外孫)이 나오게 될 것'이라고 예언한 말대로 위서가 나중에 사도(司徒)의 지위에까지 올랐다는 고사에서 비롯되어, 상택(相宅) 혹은 택상(宅相)이 외손의 뜻으로 쓰이게 되었다. 《晉書 卷41 魏舒列傳》

93) 이씨 성을 가진 지방관을 말하는데 여기서는 이상진(李尙眞 1614년~1690년)을 말한다. 즉 이상진은 민여임의 외손으로 1663년에 경상도 관찰사로 부임하였다.

94) 도광44년은 1864년이다.

95) 도광44년 기록은 조선선정불망비 총군록에서 발췌하였다.

12. 이안눌

이안눌 李安訥(1571년~1637년)[96]

조선 문신. 자는 자민(子敏), 호는 동악(東岳), 본관은 덕수(德水), 시호는 문혜(文惠)이다.

벼슬은 동래(東萊)·담양(潭陽)의 부사(府使), 경주·강화의 부윤(府尹), 공청도 관찰사(公淸道觀察使) 등 외직을 지내고, 예조 참판, 예문관 제학(藝文館提學)을 지냈다.

시와 글씨를 잘했다.

저서에는《동악집(東岳集)》이 있다.

부산 동래, 강화도, 그리고 담양 향교에 선정비가 남아 있으며, 청백리에 녹선된 시기는 1636년(인조14년)이다.

국조보감에 이안눌 선생이 청백리에 녹선 된 기록이 보인다. 소개하면 다음과 같다.

"국조보감[97] **제36권 / 인조 314년(병자, 1636년)**

청백리로 김상헌(金尙憲)·이안눌(李安訥)·김덕함(金德諴)·김시양(金

---

96)　　한국민족문화대백과사전에서 발췌하였다.

97)　　고전번역원 데이터베이스(DB)에서 발췌하였다.

時讓)·성하종(成夏宗) 등 5명을 뽑았다."

　다산 정약용 선생이 지은 목민심서에는 이안눌 선생에 대한 이야기가 간단히 전해지고 있다.

　"동악(東岳) 이안눌(李安訥)[98]이 청백리(淸白吏)로 뽑혔다. 일찍이 어느 사람에게,
　"내가 수령과 감사를 지낼 때 어찌 흠이 없었겠는가. 다만 부인이 집안 살림을 잘하지 못하여, 내 의복과 음식과 거처에 쓰이는 물건이 남의 눈에 아름답게 보이지 않았기 때문에 보는 자들이 나를 청렴하다고 인정하였으니, 나는 이를 매우 부끄럽게 여긴다."
　하였으니, 선배들이 실지를 따르며 명예를 좋아하지 않는 것이 이와 같았다."

　동악 이안눌의 가연이라는 이야기가 전해지고 있어 다음과 같이 소개한다.

　"어느 해[99] 대보름날밤 다리 밟기에 나섰던 새 신랑이 초례를 치른 지 며칠 안 돼서 엉뚱한 새색시와 뜻하지 않게 기연을 맺게 된 그럴싸한 야담 한 토막을 소개한다. 대보름날 밤에 수표교를 밟고 난 한 소년이 그만

---

98)　고전번역원 데이터베이스(DB)에서 발췌하였다.
99)　[네이버 지식백과] 동악 이안눌의 가연(문화원형백과 한국설화 인물유형, 2005. 문화원형 디지털콘텐츠)에서 발췌하였다.

곤드레가 되어 길가에 정신을 잃고 쓰러졌다. 때마침 하인배들이 몰려와서 이 소년을 업어다가 얼토당토않은 단 신방에 들이민다. 막 장가든 초립동은 혼미한 채 신부와 한 이부자리에서 잔다. 그 집 새신랑도 다리 밟기에 나섰다가 밤 유흥에 맘껏 젖어 제집으로 돌아오지 않았는데 이 역시 하인배들의 실수로 남의 신방 신세를 지게 된 모양이다.

사실을 알게 된 그가 미안하기 그지없어하자 신부는 "저의 집안은 대대로 역관을 지내온 집안 무남독녀라서 차마 죽을 수도 없는 처지입니다. 더럽혀진 몸이나마 장차 섬길 수만 있게 하여주신다면 소실이 되어 늙은 부모를 봉양하다가 명대로 살았으면 하온대……." 이렇게 애처롭게 하소연하는 것이었다. "집안의 범절이 엄한 데다가 미처 과거에 급제하지 못한 초립동인 몸인지라 어찌 축첩할 수 있겠소." 하자 "이모님이나 고모님이 계시면 거기에 저를 의탁하여 주십시오."라고 재차 간원하니 그러라고 응한다. 양가에는 도통 비밀로 하고 과거에 급제하기 전에는 서로 만나지 않기로 굳게 약속한다. 이 소년은 공부에 전념하여 과거에 급제하자 비로소 신부를 집안으로 들였다.

신부의 노부모에 알리고 자세한 얘기를 하자 기가 막혀하면서, "하늘이 맺어준 인연이로군." 하며 흐뭇해한다. 마침내 소년은 예조판서에 이르고 홍문관, 예문관 양관의 대제학을 지내면서 계관시인으로 명망이 높았다. 동악은 노후에 동악단을 꾸미고 소요 자적하였다. 동악의 그날이 있게 했던 것은 소실의 물심양면, 헌신적인 뒷바라지의 덕택으로 이루어진 것이다."

그림 15. 부산 범어사 이안눌의 詩가 있는 바위

그림 16. 동래부사 이안눌 비 임진의총

돌에 새긴 목민관 이야기 1

이안눌 선생이 1609년 부산 범어사의 혜정(惠晶) 장로(長老)의 요청으로 지은 詩로, 현재 범어사에 시판(詩板)이 보관되어 있으며 지장전(地藏殿) 옆의 바위에 磨崖詩가 새겨져 있는데, 2편의 詩가 남아 있다.

동래부사를 역임한 이안눌의 碑는 금강공원 임진의총 옆 낮은 언덕에 있으며, 여러 府使의 선정불망비와 같이 있다.

비석의 명문은 3행으로 되어 있으며,
중앙에는 "부사이공안눌청덕선정비(府使李公安訥淸德善政碑)"라 되어 있고,
좌우의 명문은 다음과 같다.

"[竪在萬曆己[100]酉 失在中年 己酉後百七十四年壬寅 幸得斷碑 續而改竪 光緒十七年辛卯 六月日 改竪 八代孫 元信 享信 九代孫 敏龜 敏秀 敏洪 敏俊 敏化 敏國 十代孫 永基 永垕]"

"비석을 만력 기유[1609년]에 세웠으나 중간에 잃어버렸다. 174년 뒤인 임인년[1782년]에 다행히 잘린 비를 찾아서 이어 다시 세웠다.
광서 17년 신묘년[1891년] 6월 일 고쳐 세움.
8대손 원신·형신, 9대손 민구·민수·민홍·민준·민화·민국, 10대손 영기·영후"

---

100)　부산역사문화대전 동래구에서 발췌하였다.

이안눌 선생이 동래부사에 제수되는 시기는 1607년이며, 필자의 외가가 금강공원 바로 아래 있었기에, 금강공원을 자주 찾았는데, 임진의총 부근의 선정비를 자주 보았던 기억이 있었던 곳이라 다른 곳의 선정비에 비하여 여러 번 답사를 갔던 기억이 새롭다.

그다음으로는 담양향교에 있는 이안눌 선생의 비이며, 담양부사에 제수되는 시기는 1610년이다.

그림 17. 담양부사 이안눌 비 - 담양향교

전남 담양향교 입구에는 담양부사를 역임한 이안눌 선생의 興學碑가

돌에 새긴 목민관 이야기 1

세워져 있으며, 전면에는 세운 시기와 명문이 남아 있으며 그 내용은 다음과 같다.

李侯安訥興學碑 이후안눌[101] 흥학비

文林宗匠 문림(文林)의 종장(宗匠)이요,

學海先覺 학해(學海)의 선각(先覺)인데,

不鄙吾■ 우리 고을을 비루하게 여기지 않으시고,

爲親而■ 모친을 위하여 우리 고을로 오셨네.

■孝治之 효성으로 다스려

老老■人 나의 노친을 생각하는 마음으로 남의 노친을 대우하셨네.

首訪■烈 먼저 정렬비를 방문하여

培植彝倫 윤리를 북돋아 세우셨고,

餘力學文 남은 힘으로 글을 배우게 하니[102]

小子有造 어린 아이들이 나아감이 있었네.[103]

---

101) 이안눌(李安訥) : 1571~1637. 조선의 문신이다. 후에 숭록대부의정부좌찬성 겸 홍문관대제학·예문관대제학에 추증됐다. 담양의 구산서원(龜山書院)과 면천의 향사에 제향됐다. 시호는 문혜(文惠)이다.[1] 본관은 덕수. 자는 자민(子敏), 호는 동악(東岳). 좌의정 이행(李荇)의 증손이다.

102) 이 구절은 《논어》〈학이(學而)〉에 "젊은이들은 집에서는 효도하고 밖에서는 공경하며 행실을 삼가고 말을 미덥게 해야 하며 사람들을 널리 사랑하고 어진 이를 가까이해야 한다. 그렇게 실천을 하고 남은 힘이 있으면 곧 그것으로 글을 공부해야 한다.[弟子 入則孝 出則弟 謹而信 汎愛衆而親仁 行有餘力則以學文]"라고 한 구절을 인용한 것이다.

103) 《시경》〈사제(思齊)〉에 "그러므로 성인(成人)들이 덕망을 지니고 젊은이들은 할 일이 있으니 문왕께서 싫어함이 없이 명예로운 선비들을 길러 내셨도다.(肆成人有德 小子有造 古之人無斁 譽髦斯士)"라고 하였다.

物捧養士 재물을 모아 선비를 기르시어

厥施斯普 그 베풂이 이에 넓었네.

流■尙在 남긴 향기가 아직 남았으니

損伐可而 손상하는 것은 가능하겠지만

文不在乎 글이 남아 있지 않겠는가,

道所存焉 도가 존재하는 바이다.

何微先生 어찌 선생이 아니었다면

斯焉取斯 어디에서 이러한 일을 취했겠는가.[104]

雁[匪]我私公 내가 공을 사사롭게 여기는 정이 아니라,[105]

萬口皆碑 많은 사람들의 입이 모두 비석이라네.[106]

만력(萬曆) 47년(기미(己未, 1619년) 10월 일

강화도 갑곶에는 이안눌 선생의 불망비가 2좌가 있다. 1좌는 강화부윤 碑이고, 다른 1좌는 강화유수 碑이다.

---

104) 《논어》〈공야장(公冶長)〉의 공자가 제자 자천(子賤)을 군자답다고 칭찬하면서 "노나라에 군자가 없었다면 이 사람이 달리 어디에서 이러한 일을 취했겠는가.(魯無君子者 斯焉取 斯)"라고 한 말을 인용하였다.

105) 당(唐)나라 문장가 한유(韓愈, 768~824)가 지은 〈남해신묘비(南海神廟碑)〉의 마지막 구절에 "공에 대한 나의 私情이 아니고, 신과 사람이 모두 의지하네.(匪我私公이라 神人具 依)" 나오는 이 구절을 인용하였다. 이 비석에서 '雁(안)'자는 '匪(비)'자를 잘못 쓰고 새긴 글자이다.

106) 구비(口碑) : 여러 사람들이 모두들 다 칭송하는 소리를 하여 마치 송덕비(頌德碑)를 세운 것 같다는 뜻이다.

    돌에 새긴 목민관 이야기 1

이안눌 선생의 강화부윤 기록은 조선왕조실록에 나오며, 내용은 다음
과 같다.

"광해군 10년[107] 무오(1618년) 9월 27일(임자)

사간원이 강화 부사 이안눌의 파직과 평안 도사 조박의 사판 삭제를 청
하다.

사간원이 아뢰기를,

"강화 부사 이안눌(李安訥)은 사람됨이 교만한데, 지난번 검찰사가 장
계를 올린 뒤에는 자신의 분을 이기지 못하여 군관에게 화풀이를 하여 무
수히 곤장을 쳤습니다. 그는 품질이 높은 수령으로서 일의 체모를 모르지
않을 것인데, 사명(使命)을 능멸하고 자기의 뜻대로 함부로 행동하였습니
다. 이와 같은 풍조는 다스리지 않을 수 없으니, 파직을 명하소서.'"

그리고 이안눌 선생이 강화도 진해루를 읊은 詩가 동국여지지에 전하
며 내용은 다음과 같다.

"진해루[108]는 아스라이 하량[109]을 누르고 / 鎭樓迢遞壓河梁

철쇄 같은 초문에 석성은 길구나 / 鐵鎖譙門石疊長

한수가 북쪽에서 흘러와 이곳에서 한 갈래 나뉘고 / 漢水北來分一派

---

107)　고전번역원 데이터베이스(DB)에서 발췌하였다.

108)　강화도 갑곶에 있었던 누각이다.

109)　한(漢)나라 이릉(李陵)이 소무(蘇武)에게 준 송별시에 "손을 잡고 하량에 올라간다.[攜手
　　　上河梁]"라는 말이 있는데, 하량은 하수의 다리이다.《漢書 李陵傳》여기서는 갑곶나루를
　　　가리킨다.

해천은 서쪽으로 바라보니 세 방향과 접해 있네 / 海天西望接三方

지형은 예로부터 천연의 요새요 / 地形自昔金湯險

왕도는 현재도 옥처럼 빛나네 / 王道如今玉燭光

굽은 난간에 앉아 읊조리는데 조수가 항구에 가득하니 / 坐嘯曲欄潮滿港

수많은 돌아오는 범선이 고깃배 상선과 뒤섞였구나 / 歸帆無數雜魚商"

동국여지지에는 이안눌의 다른 한편의 詩가 더 있다. 소개하면 다음과
같다.

선수암(善首菴)[110], 정수암(淨水菴) 모두 마니산에 있다.

○ 이안눌(李安訥)의 시에,

천고의 부도전이 / 千古浮屠殿

마니산 동쪽 기슭에 있구나 / 摩尼嶽麓東

산은 굽이져 인간세와 막혀 있고 / 山回人境隔

하늘은 더 넓어 해문과 통하네 / 天豁海門通

비제: 행부윤이공안눌청덕선정비(行府尹李公安訥淸德善政碑)

설립시기: 만력8년 2월(萬曆八年 二月) 1620년 세움

---

110)　　고전번역원 데이터베이스(DB)에서 발췌하였다.

그림 18. 강화부윤 이안눌 비 - 강화 갑곶

강화 갑곶에 있는 다른 1좌의 이안눌의 비는 강화유수의 선정불망비이다.
이안눌이 강화유수에 제수되는 기록을 소개하면 다음과 같다.

"인조 6년 무진(1628년) 6월 5일(갑오) 비

정사가 있었다.

조익(趙翼)을 이조 참판으로, 최명길(崔鳴吉)을 경기 감사로, 정세구(鄭
世矩)를 홍주 목사(洪州牧使)로, 이제(李穧)를 대구 판관(大邱判官)으로,

이호(李嶧)를 형조 좌랑으로, 홍호(洪鎬)를 사예로, 박동선(朴東善)을 동
지의금부사(同知義禁府事)로 삼았다. 특지(特旨)로 이안눌(李安訥)을 강
화 유수(江華留守)로 삼았다.

남이공(南以恭)을 병조 참판으로 삼았다."[111]

그림 19. 강화유수 이안눌 비 - 강화 갑곶

강화도 갑곶에 있는 강화유수 이안눌선생의 선정비는 비제가 특이하게

---

111)   승정원일기에서 발췌하였다.

　　　　　　　　　　　　　　　　　　　돌에 새긴 목민관 이야기 1

되어 있다.

비제: 留守[112]李公安訥氷淸玉白恩愛將卒大開軍營不忘之碑
(유수이공안눌빙청옥백은애장졸대개군영불망지비)
유수 이안루이 얼음처럼 맑고 옥처럼 깨끗한 마음으로 군인들을 사랑
하고 군영을 크게 연일을 잊지 않기 위한 비

후면: 崇禎四年 七月 日 立
숭정사년 칠월 일 립(1631년) 7월에 세움
主擣 嘉善大夫 兼 營將 鄭仁老　　가선대부 겸 영장 정인로
左千摠[113] 姜興業 右千摠 安夢說　좌천총 강흥업 우천총 안몽설
有司 把摠[114] 李仁元 監官 哨官[115]　李斧 유사 파총 이인원 감관 초관 이부
哨官 李光連 擧擧 哨官 張春起　　초관 이광연 검거 초관 장춘기
監吏 奉承龍　　　　　　　　　　감리 봉승룡
■■官■■■■■■

　碑에서 칭송하는 명문은 없으나, 많은 사람들이 선정비를 세우는데, 힘
을 썼다는 것을 알 수 있으며, 이러한 공적들이 모여서 나중에 청백리에
녹선 되는데 큰 자료가 되었을 것으로 추정된다.

---

112)　강화 금석문에서 발췌하였다.
113)　조선시대, 훈련도감, 금위영, 어영청, 총융청, 관리영, 진무영 등에 속해 있던 정삼품의 무
　　　관직
114)　조선시대, 1594년에 각 군영에 둔 종사품 무관 벼슬
115)　조선시대의 종9품 무관직

　부산 동래에 있는 이안눌 선생의 선정비는 후손들이 1819년에 다시 세운 기록이 있다. 그리고 강화 향교에는 명륜당 창건비가 있으며 그 명문의 내용에는 公 공자의 사당에 명륜당이 없으니 인재가 잃어 유교가 없어질까 두려워 사당을 지었다는 내용이 남아 있으나, 많은 명문으로 인해 여기에 싣지 않는다.

13. 상진의 관대한 인품[116)

정승 상진[117)은 사람됨이 관대하고 도량이 커서 평생토록 남의 과실을 말한 적이 없다.

어떤 사람이 한쪽 다리가 짧았는데, 한 객이 이에 대해 이야기 하자 상진이 말하였다.

"손님은 어찌하여 남의 단점을 말하십니까? 의당 한 쪽다리가 더 길다고 말해야 할 것입니다."

이 말은 당대에 명언으로 칭송받았다.

좌찬성 오상[118)이 젊은 시절 다음과 같은 시를 지었다.

"복희 황제 때의 태평 풍속 지금은 쓸어버린 듯 사라지고

오직 봄날 술잔 속에만 남아 있네."

상진이 이 시를 보고 탄식하며 말하기를

"내가 예전에 오생을 훌륭하게 여기어 끝내는 크게 되리라

---

116) 어우야담에서 발췌하였다.

117) 상진 尙震(1499년~1564년) 본관은 목천. 자는 기부, 호는 송현·범허재·향일당. 1551년 좌의정을 거쳐 1558년 영의정이 되었는데, 소윤 일파와 어울린다 하여 사림에게 비난도 받은 반면 사림을 등용하려고 힘쓰기도 했다.

118) 오상 吳祥(1512년~1573년) 본관은 해주(海州). 자는 상지(祥之), 호는 부훤당(負暄堂).

생각했다. 그런데 그 말이 어찌 이리 박절한가?”

하고는 즉시 붓을 들어 다음과 같이 고치셨다.

“복희 황제 때의 태평 풍속 지금껏 남아 있으니

봄날 술잔 속에서 보는구나.”

네 글자로 인해 기상이 현격하게 달라졌으니, 대개 오상의 명망과 관직

이 상진보다 한 단계 낮음이 당연하다.

상진이 의정부에 들어가 복상하고 돌아오니 그의 손녀사위 이제신[119]이

물었다.

“오늘 복상[120]을 하셨는데 누구로 결정되었습니까?”

상진이 잠자코 있자 이제신이 말했다.

심통원[121]이 낙점될 것 같다는 말이 들리는데 정말입니까?

“그렇게 될 것 같구나, 그 사람은 수염이 좋지.”

상진은 17세가 되도록 글을 잘하지 못했다.

일찍이 승가사에서 책을 읽었는데, 손가락에 침을 묻혀 승령의 책상 위

에 있는 기름종이에 글씨를 썼다.

한 선비가 정색을 하며 꾸짖어 말했다.

---

119) 이제신(李濟臣), (1536년~1584년) 본관은 전의(全義). 자는 몽응(夢應), 호는 청강(淸江).

120) 정승을 가려 뽑음

121) 심통원(沈通源) (1499년~?) 본관은 청송(靑松). 자는 사용(士容), 호는 욱재(勗齋)

젊은 사람이 비루하구만, 어찌 입안의 침으로 종이에 글씨를 쓴단 말인가?

상진은 매우 부끄러웠으나 한편으로 화가 났다.

"스스로 남아가 문장을 하지 못하면 세상에서 행세할 수 없다."라 한탄하고 독서하기를 그만두고 걸어서 돌아왔는데 발 가죽이 물러 터져 피가 신에 가득 찼다.

드디어 스승을 좇아 힘써 공부하여 십이과의 취재 시험에 응시했고, 마침내 문과에 장원급제하였다.

그의 성품이 비록 관대하고 느긋했으나 학문에는 이처럼 용맹했었다.

그는 권간(權奸)을 공격함에 있어서도 시류에 따라 머뭇거리지 않았다. 이런 까닭에 청의에 중망이 있고, 이에 정승의 지위[122]에 까지 오를 수 있었다.

그가 '수염이 좋다'[123]고 말한 것은 또한 이제신이 지나치게 강직함을 꺼렸기 때문이다.

---

122) 1558년(명종13년)에 영의정에 올랐다.
123) 무슨 뜻인지 알아내지 못하였다.

14. 이지온

이지온 李之蒕(1603년~1671년)[124]

본관은 공주(公州). 자는 자문(子聞), 호는 빈교(貧郊). 아버지는 증 병조참판 이우(李瑀)이며, 어머니는 개령문씨(開寧文氏)로 현감을 지낸 문덕교(文德敎)의 딸이다. 삼척에 선정비가 남아 있으며, 청백리는 1695년에 녹선되었다.

삼척의 옛 동헌 비석군에 있는 이지온 선생의 비는 "府使李公之蒕淸白去思碑(부사이공지온청백거사비)"라 되어 있으며, 세운 시기의 명문은 보이지 않고, 효종6년(1655년)에 삼척부사에 제수 되었기에 거사비를 세운 시기는 1656년으로 추정한다.

이지온 선생이 청백리에 녹선 된 기록은 숙종 21년인데 그에 대한 기록은 다음과 같다.

"숙종 21년[125] 을해(1695년) 7월 11일(신미)

묘당에서 청백리·염근리 및 음관 중에 통용질·탁용질을 초선[126]하여

---

124)　한국민족문화대백과사전에서 발췌하였다.

125)　고전번역원 데이터베이스(DB)에서 발췌하였다.

126)　예전에, 의정대신과 이조 당상이 모여 특별히 어떤 벼슬에 마땅한 사람을 가려 뽑는 일을

계하하다

묘당(廟堂)에서 청백리(淸白吏)·염근리(廉謹吏) 및 음관(蔭官) 중에 통용질(通用秩)·탁용질(擢用秩)을 초선(抄選)하여 계하(啓下)하였는데, 청백리에 피선(被選)된 사람은 고(故) 영의정(領議政) 이시백(李時白)·홍명하(洪命夏), 우의정(右議政) 이상진(李尙眞), 판중추부사(判中樞府事) 조경(趙絅)·강백년(姜栢年), 이조 참판(吏曹參判) 조석윤(趙錫胤), 예조 참판(禮曹參判) 유경창(柳慶昌), 좌참찬(左參贊) 박신규(朴信圭)·최관(崔寬), 우윤(右尹) 이지온(李之馧), 강계 부사(江界府使) 성이성(成以性), 참지(參知) 이후정(李后定), 진선(進善) 조속(趙涑), 예빈 시정(禮賓寺正) 홍무(洪茂), 경상 좌수사(慶尙左水使) 홍우량(洪宇亮), 덕원 부사(德源府使) 강열(姜說), 순천 군수(順天郡守) 이태영(李泰英)이다. (생략)"

삼척 동헌의 선정비는 여름휴가 때 가니 풀이 무성하여 허리까지 오는 장화를 신고 사진 촬영을 하였는데, 집에 와서 사진을 보니 나무 그늘로 인해 사진이 별로였다.

그래서 10월에 다시 가서 재촬영을 한 기억이 있다.

암행어사 서계에서 이지온 선생의 기록이 보이고 있어 소개하면 다음과 같다.

"현종 7년 병오(1666년)[127] 11월 30일(병오)

이르던 말

127) 고전번역원 데이터베이스(DB)에서 발췌하였다.

각도 암행어사의 서계에 의해 각 수령들에게 차등 있게 논상 하다.

각도 암행어사의 서계에, 종성 부사(鍾城府使) 이지온(李之馧)은 몸가짐을 청고하게 하여 북도 가운데서 가장 잘 다스렸고, 영해 부사(寧海府使) 김옥현(金玉鉉)은 정치를 번거롭지 않게 하여 백성들을 잘 보살폈고, 전라 좌수사 이도빈(李道彬)은 마음을 다하여 직무를 수행하고 군사들을 사랑한다고 하였는데,
상이 아름답게 여기고 모두에게 가자(加資)하라고 명하였다. (생략)"

그림 20. 삼척부사 이지온 비 - 삼척 죽서루

 돌에 새긴 목민관 이야기 1

15. 이단석

이단석 李端錫(1625년~1688년)[128]

본관은 전주(全州). 자는 유초(有初), 호는 쌍호당(雙壺堂). 문과 급제하여, 경상도. 전라도, 함경도 관찰사를 역임하였으며, 대제학에 추증되었으며, 특히 치산[129]에 힘쓰지 않았기에 청렴하기 이름난 인물이다.

이단석 선생의 청백리 녹선 기록은 사후(死後)에 된 것으로 보인다.

실록에는 정확하게 나오지 않으나 매산집에 보이는 이단석 선생의 신도비銘에는 청백리에 관한 내용이 서두에 나온다.

매산집[130] 33권[131] 참판 증 이조 판서 쌍호당 이공 신도비명

아아, 조정에서 청백리를 추천해 선발하는 법을 중시한 것은 장차 온 세상을 면려하여 백성들로 하여금 혜선(惠鮮)의 은택을 입게 하려고 해서이니, 몹시 성대한 법전이다. 예전 숙종 무진년(1688, 숙종14)에, 상신(相臣)

---

128) 한국민족문화대백과사전에서 발췌하였다.
129) 治産(치산)은 재산을 불리는 것을 말한다.
130) 조선후기 홍직필이 쓴 문집. 본관은 남양(南陽). 초명은 홍긍필(洪兢弼). 자는 백응(伯應)·백림(伯臨), 호는 매산(梅山). 서울 출신.
131) 고전번역원 데이터베이스(DB)에서 발췌하였다.

민공 진장(閔公鎭長)·이공 유(李公濡)·이공 여(李公畬)·김공 창집(金公昌集)·조공 태채(趙公泰采)·이공 이명(李公頤命)이 전후로 경연(經筵) 중에 건의하기를, "고(故) 참판 이단석(李端錫)의 청백한 고절(苦節)은 조정에 함께 있는 여러 신하들이 함께 칭찬하고 감탄하는 바로, 가난하여서 장례 때에는 상(喪)을 제대로 치르지 못하였고 처자식은 살아갈 방도가 없습니다. 여러 차례 번곤(藩閫)을 맡고 지위가 아경(亞卿)에 이르렀는데도 궁핍함이 이와 같으니, 그 빙벽(氷蘗)의 절조를 포창(褒彰)하는 은전을 내려야 합니다." 하니, 성상께서 특별히 유사에게 명하여 원래의 봉름(俸廩)에 의거하여 무명과 마포(麻布)와 함께 십 년 동안 수급(輸給)하도록 하였다.

이단석 선생의 선정비는 3좌가 남아 있으며, 대구 다사읍에 2좌가 나란히 있고, 경기 양주에 1좌가 있다.

이단석 선생은 경상도 관찰사를 2번 역임하는데 그러한 이유로 선정비가 2좌인 것으로 보이며, 대구 다사읍에 있는 이단석 선생의 선정비는 비각 내부에 2좌의 碑가 있으나, 세운 시기는 1859년(사진 22번)년과 1727년(사진 23번)[132]이다.

경기도 양주의 선정비나, 대구 다사읍에 있는 선정비에는 선정이나 치적에 관한 내용은 없으며, 단순히 비제(碑題)만 있다.

이단석 선생이 경상도 관찰사에 제수 되는 기록을 찾아보았다.

---

132)   1727년에 비를 세우고 나서 순조(30년)1830년 6대손 이민호가 보수하여 세운 기록이 있다.

                                                돌에 새긴 목민관 이야기 1

그림 21. 경상도 관찰사 이단석 비 1 - 대구 다사읍

"숙종 4년[133] 무오(1678년) 2월 14일(을묘)

강석구·목창명·이단석에게 관직을 제수하다

강석구(姜碩耉)를 장령(掌令)으로, 목창명(睦昌明)을 승지(承旨)로 삼고, 이세화(李世華)를 경상도 관찰사(慶尙道觀察使)로 특배(特拜)하였으나, 이세화(李世華)가 상중(喪中)에 있어 이에 이단석(李端錫)을 경상도

---

133) 고전번역원 데이터베이스(DB)에서 발췌하였다.

관찰사(慶尙道觀察使)로 삼았다."

이단석 선생의 선정비 2좌 중에서 어느 것이 1678년에 제수 된 관찰사의 碑인지는 알 수 없다.

비각 내부 우측의 선정비의 명문은 다음과 같다.

"巡察使李相國諱端錫淸德善政永世不忘碑(순찰사이상국휘단석청덕선정영세불망비)"

"雍正五年 丁未 十一月 改立 花 八防(옹정 오년 정미 십일월 개립 화 팔방)"

비석은 영조 3년(1727년)년에 개립하고, 순조 30년(1830년)에 6대손 敏五가 수립하였다.

이단석 선생은 경상관찰사로 부임 후 1680년에는 전라도 관찰사를 역임하고, 1681년에 다시 경상도 관찰사로 제수되었다.

"숙종 7년[134] 신유(1681년) 5월 25일(정축) 이단석·이윤·윤덕준·김만채·정시성·홍만종·박태상에게 관직을 제수하다.

이단석(李端錫)을 경상도 관찰사(慶尙道觀察使)로, 이윤(李倫)을 헌납(獻納)으로, 윤덕준(尹德駿)을 지평(持平)으로, 김만채(金萬埰)를 정언(正言)으로, 정시성(鄭始成)을 강원도 관찰사(江原道觀察使)로, 홍만종(洪萬鍾)을 황해도 관찰사(黃海道觀察使)로, 박태상(朴泰相)을 승지(承旨)로

---

134)　고전번역원 데이터베이스(DB)에서 발췌하였다.

삼았다."

그리고 공충도 관찰사, 함경도 관찰사를 역임하였다는 기록이 있다.

비각 내부 향 좌측 비의 명문은 아래와 같다.

"巡察使李公端錫字有初淸白善政撫恤軍民不忘碑(순찰사이공단석자유초청백선정무휼군민불망비)"

"己未六月(기미 육월)"

위의 명문 중 기미 육월은 간지나 연호가 없어 언제 인지는 알 수 없으며, 다만 추정으로 1739년, 1799년, 1859년[135] 중 하나일 것으로 보인다.

마지막으로 경기도 양주에 있는 이단석 선생의 비의 명문은 다음과 같다.

"牧使李公端錫淸簡慈惠善政碑(목사이공단석청간자혜선정비)"라고 되어 있고, 세운 시기는 "康熙二十一年三月日立(강희이십일년삼월일립)"라 되어 있어, 1682년에 세운 것으로 보인다.

그리고 이단석 선생이 양주 목사에 제수되는 기록은 조선왕조실록이나,《승정원일기》에는 나오지 않아서, 기록을 찾아보니 매산집(梅山集)[136]에서 양주목사 부임 기록이 보여 다음과 같이 소개한다.

"숙종 때에 이르러[137] 한쪽 사람들을 등용하자, 공은 감히 다시 조정의

---

135) 전일주 선생은 지은 "대구광역시에 소재한 조선시대 송덕비 및 영세불망비"라는 책에는 기미년이 1859년으로 되어 있다.

136) 홍직필(1776년~1852년) 조선 후기에, 익위사세마, 경영관, 지평, 집의 등을 역임하였으며,《매산 집》등을 저술한 학자.

137) 고전번역원 데이터베이스(DB)에서 발췌하였다.

그림 22. 경상도관찰사 이단석 비 2 - 대구 다사읍

반열에 끼지 못하였다.

을묘년(1675년, 숙종1년)에 외직으로 나아가 양주 목사(楊洲牧使)가 되었다가,

1년이 지나지 않아 장단 부사(長湍府使)로 옮겼고, 정사년(1677년, 숙종 3년) 광주 부윤(廣州府尹)에 제수되었다.

이는 모두 삼보(三輔)[138]의 중요한 지역으로 평소 다스리기 어렵다고 일

---

138) 서울 부근의 지역을 가리킨다. 본래 한(漢)나라 때에 장안(長安)에서 동쪽을 경조(京兆), 북쪽을 풍익(馮翊), 서쪽을 부풍(扶風)이라 하였는데, 그 후 경사에 인접한 지역을 삼보라

돌에 새긴 목민관 이야기 1

컬어졌으나, 공은 번거롭고 어려운 일을 잘 다스려서 위엄과 은혜가 크게 행하여졌다."

매산집에는 1675년에 양주 목사에 제수되었다는 기록이 보이고, 선정비는 이단석 선생이 양주목사를 물러난 뒤에 세운 것이다.

그림 23. 경기 양주 목사 이단석 비 – 양주 동헌

칭하게 되었다.

남구만 선생이 지은 약천집에는 이단석 선생에 대한 내용이 보이고 있으며 소개하면 다음과 같다.

"마침내[139] 청백리 17명을 뽑았는바, 영의정 이시백(李時白)과 홍명하(洪命夏), 우의정 이상진(李尙眞), 판중추부사 조경(趙絅)과 강백년(姜柏年), 참판 조석윤(趙錫胤)과 유경창(柳慶昌), 좌참찬 박신규(朴信圭)와 최관(崔寬), 좌윤(左尹) 이지온(李之馧), 부사(府使) 성이성(成以性), 참지(參知) 이후정(李后定), 진선(進善) 조속(趙涑), 예빈시 정(禮賓寺正) 홍무(洪茂), 수사(水使) 홍우량(洪宇亮), 부사 강열(姜說)과 군수 이태영(李泰英)이고, 염근리 3명은 판서 이세화(李世華), 행 부호군(行副護軍) 강세귀(姜世龜), 현령 윤추(尹推)였다.

7월에 예조에서 계문(啓聞)하니, 상이 염근리에게 품계를 올려 주도록 명하였다.

다음 해 봄에 공이 입대하여 아뢰기를,

"청백리를 널리 뽑기가 어려우므로 간략함을 따르지 않을 수가 없었습니다.

신하들이 혹 뒤이어 선발하자는 청원이 있었으나 사체가 불가하여 윤허를 받지 못하였습니다.

그러나 뽑히지 않은 사람 중에도 크게 드러나 유명한 자가 많으니, 마땅히 선발하여 장려하는 방도가 있어야 할 것입니다.

이단석(李端錫)의 처자식은 이미 우대하여 구휼하라는 명령이 있었습

니다.

그러나 판서 남선(南銑), 수사 양칙(梁伐), 장령 조극선(趙克善), 부제학 조지겸(趙持謙), 집의 한태동(韓泰東)은 모두 청렴하고 검소함으로 이름이 드러났는데도 지금 그 처자식들이 곤궁하여 굶주림을 면치 못하고 있으니, 유사로 하여금 소재지를 물어서 주급(周急)하게 하는 것이 어떻겠습니까?"

하니, 상이 이를 따르고 매우 좋다고 하였다. 공이 아뢰기를,

"박장원(朴長遠)과 강유후(姜裕後)는, 사람들이 또한 선발에 끼이지 못한 것을 애석해하는 자가 많으나 모두 자손들이 관직에 있습니다.

그러나 이단석과 남선 등 6명의 후손으로 말하면 모두 얼마 안 되는 녹봉조차 받지 못하고 있으니, 이는 선발된 자와는 큰 차이가 있습니다.

자손을 녹용(錄用)하는 것이 비록 먼 후손에게까지 미치지는 못하나 만약 그 아들과 사손(嗣孫)이 관직에 임용할 만하면 해조(該曹)로 하여금 특별히 조용(調用)하게 하는 것이 어떻겠습니까?"

하니, 임금이 이를 따랐다."

16. 이시백

이시백李時白(1581년~1660년)[140]

자는 돈시(敦詩), 호는 조암(釣巖), 시호는 충익(忠翼)이다. 성혼(成渾)·김장생(金長生)의 문인이다. 인조반정에 공을 세워 정사 공신(靖社功臣) 2등으로 가선대부(嘉善大夫)에 오르고 연양군(延陽君)에 봉해졌다. 병자호란 때는 서성장(西城將)으로 남한산성을 수비하였다. 효종 즉위 후 이조 판서·좌의정을 거쳐 연양부원군(延陽府院君)에 봉해지고, 영의정까지 지냈다. 《송자대전(宋子大全)》 권160에 신도비명이 전한다. 청백리는 1695년 사후(死後)에 녹선 되었다. 선정비는 수원과 강화도에 남아 있다.

현종실록에는 이시백 선생과 꽃 이야기가 전해지고 있다.

이시백의 거처에[141] 금사낙양홍(金絲洛陽紅)이라는 꽃이 있었는데, 어느 날 액정(掖庭)[142]의 사람이 와서 상(上)의 명이라고 하면서 옮겨가려 하자 시백이 몸소 꽃나무에 가서 뿌리째 뽑아 던지면서 눈물을 흘리며 말

---

140)　고전번역원 데이터베이스(DB)에서 발췌하였다.
141)　고전번역원 데이터베이스(DB)에서 발췌하였다.
142)　궁궐에서 왕의 업무를 전달 관리하던 곳

하기를, "오늘날 국세(國勢)가 조석(朝夕)을 보장할 수 없는 상황인데 주
상께서 어진 이를 구하지 않고 이 꽃나무를 구하는 것은 무슨 까닭인가.

　나는 차마 이 꽃나무로 임금에게 아첨하면서 나라가 망하는 것을 볼 수
없다."

　하고, 이러한 내용으로 인조에게 아뢰었던 일을 말한다.[143] 《顯宗改修
實錄 1年 5月 3日》

그림 24. 수원부사 이시백 비 – 수원 박물관

---

143)　백호전서와 임하필기에도 이러한 이야기가 전해지고 있다.

이시백 선생의 선정비는 2좌가 보이며 1좌(사진 24)는 수원박물관 야외 전시장에 있으며 명문은 "府使李公時白淸德撫軍善政碑(부사이공시백청 덕무군선정비)"라 되어 있으며, 세운 시기는 崇禎二年己巳五月立(숭정이 년기사오월립) 되어 있기에, 1709년에 세운 것으로 보이며, 송시(頌詩)는 보이지 않는다.

강화도 갑곶에 보이는 이시백 선생의 선정비(사진.25)는 송시는 보이지 않지만 명문은 "유수이공시백지청지덕무휼군졸영세불망비(留守李公時 白至淸至德撫恤軍卒永世不忘碑)"라 되어 있다.

그림 25. 강화유수 이시백 비 - 강화 갑곶

 돌에 새긴 목민관 이야기 1

선정비 뒷면에는 세운 시기와 천총(千總)의 명문이 보이고 있다.
소개하면 다음과 같다.

"신묘팔월일립(辛卯八月日立) 1651년 8월 세우다
監後右千總 金應鳳 감후 우천총 김응봉
有司哨官 林大南 유사 초관 임대남"

이시백 선생의 선정비 중 강화도의 것은 至淸, 至德이라는 표현을 하였
는데, 지극히 청렴하고, 지극히 큰 덕이 있다는 뜻이지만, 많은 선정비 중
에서도 보기 드물면서 최고의 칭송의 표현으로 생각된다.

이시백 선생이 청백리에 녹선 되는 기록은 숙종실록에 보이며 소개하
면 다음과 같다.

"숙종 21년[144] **을해(1695년) 7월 11일(신미)**

묘당에서 청백리·염근리 및 음관 중에 통용질·탁용질을 소선하여 계
하하다.

묘당(廟堂)에서 청백리(淸白吏)·염근리(廉謹吏) 및 음관(蔭官) 중에 통
용질(通用秩)·탁용질(擢用秩)을 초선(抄選)하여 계하(啓下)하였는데,

청백리에 피선(被選)된 사람은 고(故) 영의정(領議政) 이시백(李時
白)·홍명하(洪命夏), 우의정(右議政) 이상진(李尙眞), 판중추부사(判中

樞府事) 조경(趙絅)·강백년(姜栢年), 이조 참판(吏曹參判) 조석윤(趙錫胤), 예조 참판(禮曹參判) 유경창(柳慶昌), 좌참찬(左參贊) 박신규(朴信圭)·최관(崔寬), 우윤(右尹) 이지온(李之馧), 강계 부사(江界府使) 성이성(成以性), 참지(參知) 이후정(李后定), 진선(進善) 조속(趙涑), 예빈 시정(禮賓寺正) 홍무(洪茂), 경상 좌수사(慶尙左水使) 홍우량(洪宇亮), 덕원 부사(德源府使) 강열(姜說), 순천 군수(順天郡守) 이태영(李泰英)이다.

염근리에 피선된 사람은 호조 판서(戶曹判書) 이세화(李世華), 부호군(副護軍) 강세귀(姜世龜), 전(前) 군수(郡守) 윤추(尹推)이니, 이세화와 강세귀는 가자(加資)를 명하고, 윤추는 준직(準職)의 제수(除授)를 명하였다."(생략)

약천집에는 이시백 선생의 청백리 녹선 기록과 조선왕조실록에도 "故"라는 표현이 있어, 청백리는 死後에 녹선된 것으로 확인된다.

17. 김덕함

김덕함金德諴(1562년~1636년)[145]

본관은 상주(尙州). 자는 경화(景和), 호는 성옹(醒翁). 김형(金衡)의 증손으로, 할아버지는 증 좌승지 김장수(金長琇)이고, 아버지는 증 이조참판 김홍(金洪)이며, 청백리는 1636년에 녹선되었다.

김덕함의 선정비는 춘천과 여주, 그리고 파주에 남아 있다. 김덕함 선생은 "성옹유고"라는 문집이 남아 있으며, 김덕함 선생의 신도비에 나오는 명문의 내용을 몇 줄 옮겨 본다.

"김덕함은 일곱[146] **고을의 수령을 역임하셨는데, 이르는 곳마다 덕망으로 백성을 귀복시켜 임기 차 돌아갈 때에는 모두 돌을 세워 공적을 칭송하였다.**

公은 항상 임지 이르면 반드시 고을의 병폐와 이로움을 서서히 강구하여 개혁해 나갔으며, 결코 갑자기 모든 것을 혁신하지 않았다.

이러한 연고로 처음부터 요란스러움은 없었으나 결국 폐해는 제거되었다.

---

145) 한국민족문화대백과사전에서 발췌하였다.
146) 경기 파주시 문화원에서 발행한 "파주시 금석문대관 신도비"에서 발췌하였다.

임지에서 돌아올 때는 한 가지 재물도 가져오는 일이 없었고, 집안사람들이 불평을 하면 문득 노하여 질타하였다.

고로 평생 동안 의복은 개가죽으로 된 갖옷에 불과하였고, 음식은 나물과 국 한 그릇에 불과하였다.

집은 퇴락하고 먼지 가득하였으나, 내 몸과 마음은 아직도 더러움이 가득하도다고 하며 결코 치우려하지 않았다.

항상 말하기를 사람이 늙어 기혈이 쇠퇴하면 평소에 지키던 지조를 버려, 전후가 다른 사람과 같이 변하는 수가 많다. 또 사람은 미세한 일에도 삼가지 않으면, 마침내 큰 누를 만들게 되는 것이니, 내가 어찌 만년을 방만하게 보낼 수 있을 것이냐!

고 하였다.

광해군 때 궁에 역사를 크게 일으켰는데, 당시 사람들은 다투어 이권만 취하려 하였으나, 공만은 이에 부화하지 않고, 차라리 굶어 죽을지언정 어찌 부정한 일에 자영할 것인가 하였다."

김덕함 선생의 선정비는 3좌가 남아 있으며, 하나는 춘천 소양정 아래 비석군에 있으며, 또 다른 하나는 여주에 영월공원에 있다. 그리고 "dmz" 내부 대성동에 1좌가 있다.

춘천의 선정비의(그림 26번) 비제는 "行府使金公德諴淸德善政之碑(행부사김공덕함청덕선정지비)"라 되어 있으며, 세운 시기와 송시는 보이지 않는다. 김덕함 선생의 춘천부사 기록은 1630년(인조 8년) 이기에 춘천에 있는 선정비를 세운 시기는 1630년 이후로 추정된다.

그러나 춘천부사에 제수와 체직되는 기록은 보이지 않아서 추정하는

　　　　　돌에 새긴 목민관 이야기 1

것이다.

여주에 있는 김덕함 선생의 비(그림 27번)는 영월공원에 있고, 비제는 "牧使金公德諴淸白愛民碑(목사김공덕함청백애민비)"라 되어 있고, 그 옆 行에는 "崇禎三年四月日立(숭정삼년사월일립)" 되어 있어 세운 시기는 1630년이다.

그림 26. 춘천부사 김덕함 비 – 춘천 소양정

김덕함 선생이 여주 목사에 1628년에 제수되었기에, 2년 뒤에 세워진 것으로 보인다.

그림 27.여주목사 김덕함 비 - 여주 영월공원

"dmz"에 있는 선정비는 장단부사를 역임한 후 세워졌으며, 필자가 직접 가지 못하여, 명문만 소개한다.

명문은 "府使金德咸淸廉善政碑(부사김덕함청렴선정비)"라 되어 있으며, 세운 시기는 "萬曆三十七年二月日立(만력삼십칠년이월일립)"이라 되어 있어, 1609년에 세운 것이다.

김덕함 선생이 장단부사에 임명되는 기록은 다음과 같다.

돌에 새긴 목민관 이야기 1

"선조 38년 을사(1605년)[147] 9월 30일(신축)

황진·성영·한술 등에게 관직을 제수하다

황진(黃璡)을 판중추부사로, 성영(成泳)을 지중추부사로, 한술(韓述)

을 [간인(奸人) 지원(智源)의 아들로 위인이 용렬하다.] 동지중추부사로,

배흥립(裵興立)을 충청 병사로, 이문전(李文荃)을 충청 수사로, 정입(鄭

岦)·민경기(閔慶基)를 이조 정랑으로, 권위(權暐)를 예조 좌랑으로, 강인

(姜絪)을 [일찍이 선천 군수(宣川郡守)가 되어 물을 이끌어 농지에 대게

함으로써 백성들이 혜택을 입었다.] 홍주 목사(洪州牧使)로, 윤훤(尹暄)

을 동래 부사(東萊府使)로, 박경신(朴慶新)을 삼척 부사(三陟府使)로, 김

덕함(金德諴)을 장단 부사(長湍府使)로 삼았다. ○ 경신은 본래 행검(行

檢)이 없었다. 처제(妻弟)를 간통하여 청론(淸論)에 끼지 못하였다."

조선말의 영의정인 이유원[148] 선생이 지은 임하필기에는 김덕함의 이야

기가 보이며, 소개하면 다음과 같다.

"임하필기[149] 제19권 / 문헌지장편(文獻指掌編)

정사년에 유배된 사람들

광해군 9년에 폐모(廢母)에 대한 논의로 수의(收議)할 때, 이견을 세웠

던 사람들을 아울러 절도(絶島)에 위리안치(圍籬安置)하였다.

"김덕함(金德誠)은 남해(南海)로 유배되고 정홍익(鄭弘翼)은 진도(珍島)로 유배되어 이미 배소(配所)에 도착하였는데, 양사(兩司)가 또 아뢰기를, 남해와 진도는 섬 오랑캐와 매우 가까운 곳이니 서로 교통할까 의심스럽습니다.

아주 먼 변방으로 이배(移配)하소서." 하여, 김덕함은 온성(穩城)에, 정홍익은 종성(鍾城)에 유배되었다.

다음 해 심하(深河)의 역(役)이 일어나자, 양사가 또 아뢰어 양남(兩南)으로 옮겼다.

이에 김덕함이 시를 짓기를,

남으로 귀양 갔다 북으로 옮기고 또 남으로 옮기니 / 南遷北謫又南遷
두 해에 세 번 한강의 배를 부른다 / 兩歲三呼漢水船
나루터 아전은 예전 죄로 인함을 모르고 / 津吏不知仍舊罪
내가 가는 곳마다 새 허물 짓는 줄 알리 / 謂吾隨處作新愆
하였다.

이때 귀양 가 사는 사람은 모두 가속(家屬)을 함께 데리고 갔다.

그러나 김덕함은 이르기를, "멀리 유배되는 사람이 가속과 함께 지낸다면 이는 곧 전가사변(全家徙邊)의 예(例)로서 실로 혐의할 게 없으나, 위리(圍籬)하는 경우에는 일의 체모가 왕옥(王獄)과 같아지는 것이니 가속과 함께 섞여 살아서는 안 될 것이다." 하고,

돌에 새긴 목민관 이야기 1

그 처(妻)가 가속을 이끌고 따라왔으나 촌가(村家)에서 따로 살도록 하였다.

무릇 5년 만에 풀려났다."

18. 백인걸

백인걸白仁傑(1497년~1579년)[150]

본관은 수원(水原). 자는 사위(士偉), 호는 휴암(休菴). 서울에 거주하였다. 사헌부지평(司憲府持平) 할아버지는 참교(參校) 백사수(白思粹)이고, 아버지는 왕자사부(王子師傅) 백익견(白益堅)이다.

백인걸의 선정비는 경기 양주 관아지에 있으며, 碑의 제명만 있고 선정에 대한 송시는 보이지 않는다.

선정비 전면에 "城主白仁傑善政碑(성주백인걸선정비)"라 되어 있고, 뒷면에는 "隆慶元年七月(융경원년7월)"이라 되어 있다.

1567년에 세웠으며, 양주 목사에 제수되는 시기는 1567년(명종 22년)이며, 양주 목사 임기 중에 선정비를 세운 것으로 생각된다.

백인걸 선생의 청백리에 녹선 된 기록은 다음과 같다.

"선조 36년[151] 계묘(1603년) 9월 3일(병진)

작고한 재신 중 근면한 자를 뽑다

---

150) 한국민족문화대백과사전에서 발췌하였다.

151) 고전번역원 데이터베이스(DB)에서 발췌하였다.

  돌에 새긴 목민관 이야기 1

종2품 이상이 빈청(賓廳)에 모여 작고한 재신(宰臣) 중에서 염근(廉謹)한 자 7인을 뽑았는데, 판서 이우직(李友直), 우의정 심수경(沈守慶), 영의정 이준경(李浚慶), 영의정 최홍원(崔興源), 판서 이기(李墍), 우참찬 백인걸(白仁傑), 북병사 장필무(張弼武)였다."

그림 28. 성주 백인걸 비 – 양주 동헌

백인걸에 대한 글과 자료는 무수히 많으나 그중에 백성들이 칭송한 글을 찾아 소개한다.

"백인걸(白仁傑)[152] 공헌왕조(恭憲王朝 명종)에 양주 목사(楊州牧使)가 되었다.

백성들이 백인걸을 위하여 노래하기를,

흰 눈의 흰색은 / 白雪之白

군과 같이 희구나 / 與君同白

마음으로 사랑하니 / 心乎愛矣

어찌 훌륭하지 않은가 / 胡不爲傑

하였다.

백인걸이 관직을 떠나자 비석을 세워 공을 그리워하였다."

---

152) 〈동국여지지2권 경기(京畿) 우도(右道), 양주진(楊州鎭)〉 실렸으며, 고전번역원 데이터
베이스(DB)에서 발췌하였다.

19. 한익상

한익상 韓益相(1767년~1846년)[153]

본관은 서원(西原). 초명은 매권(邁權). 자는 치문(致文), 호는 자오(自娛)·백졸(百拙). 아버지는 한명간(韓命幹)이다.

한익상의 청백리 녹선 기록은 조선왕조실록, 《승정원일기》, 일성록에는 나타나지 않는다.

다만 典故大方[154]에는 한익상의 청백리 기록이 보인다.

의문스러운 것은 전고대방과 조선왕조실록이나 《승정원일기》에 보이지 않는 청백리 기록을 어떠한 근거로 기록하였는지 알 수 없는 것이다. 세인(世人)들의 평가가 청백리로 보았기에 기록하였는지 등등 여러 가지로 유추하여야 할 것으로 생각된다.

왜 이런 생각을 했나 하면 경기 양주에는 정대년 선생의 선정비가 남아 있고, 청백리로 이름 높았다 하여 녹선된 기록을 찾아보았으나, 조선왕조실록, 신도비명, 등등에서 정대년 선생의 청백리 기록을 찾았으나 없었다.

---

153)　한국민족문화대백과사전에서 발췌하였다.

154)　전고대방으로 일제강점기 학자 강효석이 우리나라 역대 인물에 대한 전거를 밝혀 1924년에 간행한 전기.

그리고 전고대방, 淸選考(청선고)[155]에도 정대년의 청백리 기록은 보이지 않았다.

한익상의 청백리 기록은 전고대방의 기록에 의거하여 여기에 싣는다.

다산 정약용 선생이 지은 목민심서에는 한익상에 대한 글이 있어 소개한다.

"나의 벗 한익상(韓益相)[156]은 가난한 선비이다. 벼슬살이한 지 수십 년에 온갖 곤고(困苦)를 겪었다. 늦게 경성 판관(鏡城判官)이 되니 친구들이 모두 집이 윤택해질 것을 치하하였다.

부(府)에 이르러서는 한 결 같이 청렴결백함에 뜻을 두고 녹봉 5~6만 전을 떼어내어 주린 사람을 진휼하고, 부역을 감해 주었다.

하찮은 일로 죄를 입어 파면되어 돌아가니, 관내 백성 5천여 호의 부로들이 교외에 나와 전송하고, 호(戶)마다 베 한 필을 거두어 노자로 주었으나 모두 물리치고 받지 않았다.

집에 돌아와 보니, 부엌에 불을 지피지 못한 지가 사흘이었으나 끝내 후회하는 빛이 없었다."

한익상의 선정비는 삼척에서 태백으로 가는 삼거리에 있으며, 옛 碑가 오래되어 새로이 碑를 세웠으며, 다른 1좌는 울진 봉평 신라비 전시관 외

---

155) 조선전기부터 대한제국기까지 동·서 양반의 주요 관직 및 직계별로 4만여 명을 수록한 인명록. 선생안.
156) 고전번역원 데이터베이스(DB)에서 발췌하였다.

                                          돌에 새긴 목민관 이야기 1

부 전시장에 있다.

원래 자리는 월송 초등학교 앞에 있었으나, 현재의 자리로 옮겼으며, 강원도 관찰사를 역임한 한익상의 碑가 울진 있는 이유는 조선시대는 울진이 강원도에 속하였기 때문이다.

먼저 삼척에 있는 비부터 소개하면 명문은 다음과 같다.

그림 29. 강원 관찰사 한익상 비 - 삼척 원덕

전면에는 "觀察使韓公益相永世不忘碑(관찰사한공익상영세불망비)"라 되어 있다.

그리고 세운 시기는 한익상 선생이 강원도 관찰사에 제수 되는 시기가, 1835년이므로 이 선정비는 그 이후에 세운 것으로 추정된다.

선정비에는 頌詩가 있어 풀이를 하였다.

旣停魚貢 세금으로 이미 바친 고기를 중지시키고

又蠲還錢 또 세금을 덜어 주고 돈도 돌려주었네.

海陸俱安 어촌과 농촌이 다 편안함이니

萬姓銘心 만백성들이 한 마음으로 비에 새겼도다.

그림 30. 관찰사 한익상 비 - 울진봉평신라비석관

울진 봉평신라비 전시관 외부 전시장에 있는 한익상의 선정비에도 송
시가 있다.

     돌에 새긴 목민관 이야기 1

"化宣[157] 令名 교화로 아름다운 이름 알리셨고

歌登古蜀[158] 송가는 고촉에 오르셨다.

澄淸其手 그 맑고 깨끗한 수완은

沈淮[159]不足 심회(沈淮)도 부족하다네

道光丁酉十一月 (도광정유십일월) 1837년 11월 세움"

---

157)   울진금석문에서 발췌하였다.

158)   古蜀은 중국 유비가 세운 촉나라를 말하는 것으로 추정된다.

159)   沈淮는 전설상의 바다를 말한다.

20. 강유후

강유후姜裕後(1606년~1666년)[160]

본관은 진주(晉州). 자는 여수(汝垂), 호는 옥계(玉溪). 강극성(姜克誠)의 증손으로, 할아버지는 강종경(姜宗慶)이고, 아버지는 현령 강진명(姜晉晗)이며, 어머니는 안봉(安鳳)의 딸이다.

강유후가 청백리에 녹선 된 기록은 승정원일기에 나오며 다음과 같다.

영조 3년 정미(1727년) 4월 11일(정유) 맑음

"(중략)

고(故) 감사 강유후(姜裕後)의 경우처럼 빙벽(氷檗) 같은 지조와 청렴 결백한 절개는 지금 세상에 견줄 바가 없을 뿐만 아니라 지난 옛날에서 찾더라도 또한 그 짝이 드물 것입니다. 일찍이 선조(先朝)의 갑술년(1694, 숙종20) 무렵에 강유후가 청백리에 뽑히고, 그의 아들 고 도정(都正) 강석범(姜錫範)이 염근리(廉謹吏)로 뽑혔으니 부자(父子)의 청렴결백은 대대로 쌓은 덕행임을 볼 수 있습니다. 불행히도 시기하고 질투하는 자가 있어 저지되었는데 일체 녹용해 달라고 탑전에서 아뢰어 청하는 연신(筵臣)

---

160)　한국민족문화대백과사전에서 발췌하였다.

이 있었으니, 여기에서 공론이 사라지지 않았음을 볼 수 있습니다. 그런데 그 뒤에 강석범은 청백리를 뽑는 데에 다시 들어갔지만 그의 아비 강유후는 아직도 함께 뽑히지 못했으니, 이 또한 성상의 조정에 흠이 되는 일입니다. (중략)"

기장 현감을 지낸 강유후[161] 선정비는 2좌가 있으며, 기장읍성과 철마면에 있다.

기장읍성에 있는 강유후의 선정비는 건립시가 새겨져 있지 않지만, 기장현감에 제수된 기록이 1652년이고, 이임은 1654년이다.

선정비는 이임한 시기인 1654년 이후에 세워진 것으로 추정된다. 철마면 임기리에 있는 강유후의 碑가 광서 7년(1881년)에 세웠다는 기록도 있고, 또 간지가 있어, 1654년에 세우고 1881년에 다시 세우거나, 고쳐서 세운 것으로 추정된다.

임기리의 비가 기장읍성의 비와 형태가 비슷하여, 기장읍성의 강유후비도 임기리의 선정비와 세운 시기가 비슷한 것으로 추정된다.

철마면 임기리에 있는 碑의 명문의 내용은 현감으로 부임하시어 폐막을 없애 주었다는 단순한 기록만 보이고 있을 뿐이다.

다르게 추정하면 철마면 임기리의 선정비가 현감 재임 時 세웠다가 세월에 의해 망가지고, 인위적인 훼손이 되었기에 재 건립 가능성도 있다고 생각되지만, 아직 밝혀진 것이 없다.

---

161) 강유후가 기장현감에 제수된 기록은 1652년 7월, 1653년 6월 2개의 기록이 승정원일기에 보인다.

목민심서에는 강유후의 일화가 아래와 같이 전해지고 있다.

"강유후(姜裕後)가[162] 정주 목사(定州牧使)가 되었을 때, 북사(北使)[163]가 오자 모두들 아첨으로 북사를 받들었으나, 공(公)만은 그의 요구를 들어주지 않았다.

빈재(擯宰)[164] 이하가 모두 일이 생길까 두려워하자,

공은 말하기를,

"모든 일을 내가 담당하겠다."

라고 하고 한마디 말로 북사의 기세를 꺾으니, 북사도 역시 웃고 말았다.

"강유후(姜裕後)가 정주 목사(定州牧使)가 되었는데, 아비에게 버림받은 어미의 종적을 15년 동안이나 모르고 있는 관리가 하나 있었다. 공은 눈물을 흘리면서 주수창(朱壽昌)의[165] 고사(故事)로써 깨우쳐 주고 이어 말하기를,

"주수창처럼 하지 않으면 너를 죽이겠다."

---

162) 고전번역원 데이터베이스(DB)에서 발췌하였다.

163) 금나라 사신이다.

164) 사신을 안내하는 관리

165) 주수창(朱壽昌)의 고사(故事) : 송(宋)나라 때 주수창이, 아버지에게 버림을 받고 내쫓긴 어머니와 어려서 헤어져 종적을 모르고 지낸 50여 년 동안 하루도 어머니를 생각하지 않은 적이 없고 술과 고기를 먹지 않았으며 남과 이야기할 적에는 항상 눈물을 흘렸다. 그러다가 끝내는 벼슬을 버리고 어머니를 찾아 나서 동주(同州) 지방에서 어머니 유씨(劉氏)를 찾았다. 이때 어머니는 70여 세였고, 당씨(黨氏) 집안으로 재가(再嫁)하여 몇 명의 자녀를 두고 있었다. 주수창은 어머니와 그 형제들을 모두 데리고 와서 효도와 우애를 극진히 하였다고 한다. 수창의 자는 강숙(康叔)이다. 벼슬은 중산대부(中散大夫)까지 올랐다. 《宋史 卷456 朱壽昌列傳》

　　　　　　　　　돌에 새긴 목민관 이야기 1

라고 하니, 그 관리는 감동하고 깨달아 마침내 어미의 종적을 찾아 서로
만났다.”

“강유후(姜裕後)가 정주 목사(定州牧使)가 되었다. 고을 안에 여덟 식구
가 함께 사는 집이 있었는데 하룻밤에 몰살을 당하고 도적은 잡지 못하였
다. 공이 꾀를 써서 마침내 잡아 법으로 처단하니 사람들이 이르기를,
“채군산(蔡君山)[166]이라도 이보다 더 나을 수 없겠다.” 하였다.”

강유후(姜裕後)가 강계 부사(江界府使)가 되었을 때의 일이다.
그곳의 풍속이 오로지 삼 캐는 일만을 생업으로 삼고 있었다.
그들이 때로는 간혹 오랑캐의 땅에 넘어 들어갔다가 붙잡히면 그 욕이
조정에 미치므로 삼 캐는 것을 매우 엄중하게 금지하니 백성이 살아갈 길
이 없었다.
공은 농사짓고 누에 치는 일을 가르쳐 일을 권장하기를 매우 부지런하
게 하였다.
그러나 백성들은 오히려 기한(飢寒)을 면치 못하였다.

공(公)이 우리 국경까지의 길이 몇 리인지 계산하고 백성들에게 기일을
정하여 주어 가서 삼을 캐게 하며 말하기를,
“어느 날은 다 돌아와서 다 나에게 보이라. 그렇지 않으면 마땅히 월경

---

166) 　채군산(蔡君山) :송(宋)나라 선유(仙遊) 사람 채고(蔡高)를 가리킨다. 군산은 그의 자이
　　　다. 나이 20에 장계위(長溪尉)가 되어 옥사를 잘 판결하여 신명하다고 일컬었으며, 뒤에
　　　태강부(太康簿)로 옮겼다가 죽었는데 당시 나이 28세였다.《尙友錄 卷18》

(越境)한 것으로 논죄(論罪)할 것이다."

하였더니, 백성들이 다 기일에 맞추어 돌아와서 말하기를,

"우리 사또가 우리를 구휼(救恤)함이 이와 같으신데 만약 그 영(令)을 어긴다면 반드시 재앙을 받을 것입니다." 하였다."

철마면 임기리에 있는 현감 강유후의 비에는 희미하지만 명문이 남아 있다.

그림 31. 기장현감 강유후 비 - 기장읍성

돌에 새긴 목민관 이야기 1

行縣監姜公裕後清德善政萬古不忘碑(행현감강공[167]유후청덕선정만고
불망비)

幸莅玆土 다행히도 이 땅에 부임하시어

祛瘼此境 이곳의 폐막을 없애 주셨네

鑴石永壽 비석에 새기어 오래도록 전하여

遺愛追詠 남기신 사랑을 기념하여 노래하리라

光緖 七年 辛巳 七月 日 광서 7년(1881년) 신사 7월 일

甲午 十 二月 日 ■■■ 갑오 12월 일 ■■■

정두경[168]이 쓴 동명집에는 강유후가 기장현감으로 가기에 전송하는 詩
가 보인다.

소개하면 다음과 같다.

"동명집[169] 제5권 / 오언율시(五言律詩)

동생인 강여수[170] 유후가 기장군의 수령이 되어 가는 것을 전송하다

---

167) 기장금석문에서 발췌하였다.
168) 정두경(1597년~1673년) 본관은 온양(溫陽). 자는 군평(君平), 호는 동명(東溟). 조선후기
     《동명집》을 저술한 문인. 학자.
169) 고전번역원 데이터베이스(DB)에서 발췌하였다.
170) 강유후의 자이다.

그대 집안 보면 진정 명문대가로 / 君門眞巨族

태악 이에 진산 지역 나눠 받았네[171] / 大岳晉山分

먼 타향 땅 가는 거를 한탄치 말고 / 莫恨殊方去

부디 정사 뛰어나단 말 듣게 하소 / 須令異政聞

창밖에는 부상[172] 땅의 해가 뜰 거고 / 扶桑窓外日

침상 앞엔 봉래도[173]의 구름 낄 거리 / 蓬島枕前雲

술 다하자 가을 하늘 저물거니와 / 酒盡秋天暮

시를 지어 사군에게 선사해 주네 / 題詩贈使君

까마득히 멀고도 먼 기장군 지역 / 逖矣機張郡

푸른 바다 임하여서 열리어 있네 / 平臨碧海開

하늘 멀리 일본국에 닿아 있으며 / 天長日本國

땅은 바짝 태종대에 접하여 있네 / 地接太宗臺

이별 술잔 세 순배를 돌리고 나자 / 別酒三行罷

이정에서 오마는 길 재촉하누나[174] / 離亭五馬催

---

171) 강유후의 성씨가 진주 강씨(晉州姜氏)이므로 한 말이다. 태악은 사악(四嶽)과 같은 말인
      데, 사악은 요(堯) 임금 때 사방의 방백을 맡고 있던 신하들을 가리킨다. 강씨(姜氏)는 이
      사악의 후손이라고 한다. 《춘추좌씨전》장공(莊公) 20년에 "강씨는 태악의 후손이다.(姜
      大嶽之後也)"라고 하였는데, 이에 대한 두예(杜預)의 주에 이르기를 "강성(姜姓)의 선조
      가 요 임금의 사악이 되었다."라고 하였다.

172) 해가 뜨는 곳에 있다는 나무 이름으로, 흔히 해가 뜨는 곳을 가리키는 말로 쓰인다. 여기
      서는 기장이 동해(東海) 바닷가에 있으므로 끌어다가 썼다.

173) 발해(渤海) 가운데 있다고 하는 삼신산(三神山)의 하나인 봉래산(蓬萊山)을 가리킨다. 삼
      신산은 봉래산, 방장산(方丈山), 영주(瀛洲)를 일컫는다.

174) 이정은 길가에 있는 역정(驛亭)인데, 멀리 떠나는 사람과의 작별은 주로 역정에서 이뤄지
      므로 이를 이정이라고도 한다. 오마(五馬)는 말 다섯 마리가 끄는 수레로, 태수가 부임할

계절 마침 가을 기운 돌 때이기에 / 秋之爲氣也

이날 저녁 갑절은 더 마음 슬프네 / 此夕倍悲哉"

그림 32. 기장현감 강유후 비 - 철마면 임기리

기장 현감 강유후가 청백리에 녹선되었고 기록에는 그의 아들인 강석
범이 염근리에 선정되는 기록이 보인다.

적에 이 수레를 타고 갔으므로, 한 고을의 수령을 뜻하는 말로 쓰였다.

"영조 3년[175] 정미(1727년) 4월 11일(정유)

장령 이응이 성학·세자 보도·기강 확립·정학 존숭·청렴한 관원의 포상 등에 관해 상장령 이응(李膺)이 상소하여 6가지 조목을 진달하였다.

(생략)

'청렴한 관원을 포장 한다'는 것에 말하기를,

"고(故) 감사(監司) 강유후(姜裕後)는 청백리(淸白吏)로 뽑혔고, 그의 아들 고 도정(都正) 강석범[176](姜錫範)은 염근리(廉謹吏)로 뽑혔으며, 고 군수(郡守) 신성중(辛聖重)과 고 통제사(統制使) 민섬(閔暹)은 또한 모두 갑술년의 청백리 선발에 들었었는데도, 모두 시기하여 미워하는 자들에게 저지되었으니, 일체로 포장하고 그들의 자손을 녹용(錄用)하기 바랍니다."

하고, '충절을 포양한다'는 것에 말하기를,

"남한 산성(南漢山城)에서 사절(死節)한 신하 지여해(池汝海)는 마땅히 현절사(顯節祠)에 배향(配享)하고 강도(江都)에서 사절한 신하 심척(沈惕)은 마땅히 충렬사(忠烈祠)에 배향하고서 증직(贈職)을 더하고 시호를 내려야 합니다."

하니,

임금이 우악하게 비답하여 가납(嘉納)하였다."

---

175) 고전번역원 데이터베이스(DB)에서 발췌하였다.
176) 강석범은 강유후의 첫째 아들이다.

21. 김두남

김두남 金斗南(1657년~1715년)[177]

字는 일경(一卿), 호는 탁청헌(濯淸軒), 군사공(휘 七陽) 후손. 성균관 생원, 1687년(숙종13) 식년문과(式年文科)에 갑과(甲科)로 급제하고 성균관 전적(典籍), 호조. 예조. 병조의 좌랑(佐郎), 사간원 정언(正言), 헌납(獻納). 사헌부 감찰(監察), 지평(持平), 장령(掌令). 시강원 문학(文學), 필선(弼善), 장악원정(掌樂院正), 강원도사, 함경도경시관(京試官), 사은사 서장관, 박천군수(博川郡守), 인동(仁同), 양양부사(襄陽府使)등 4개 고을의 수령을 역임하고 안주목사(安州牧使)로 재임 시 병으로 임소(任所)에서 사망하였다.

조선왕조실록에는 청백리 김두남에 대한 기록이 보이며, 다음과 같이 소개한다.

"영조 9년[178] 계축(1733년) 12월 13일(경신)

청백리를 뽑는 것, 농상을 권장하는 것 등 옛 제도를 수거하도록 하다

---

177)　안동김씨 대종회 홈페이지에서 발췌하였다.

178)　고전번역원 데이터베이스(DB)에서 발췌하였다.

여러 승지(承旨)에게 《대전(大典)》을 가지고 입시(入侍)하라고 명하였다.

승지 이광보(李匡輔)가 말하기를,

"청렴을 장려함은 탐욕을 징계하려는 것입니다.

청백리(淸白吏)를 오래도록 뽑지 않고 있으니, 마땅히 구전(舊典)을 수명(修明)해야 합니다."

하니, 임금이 옳게 여겼다.

그리고 대신(大臣)·육조(六曹)의 장관(長官)·비당(備堂)에게 각각 염근(廉謹)한 사람을 두 명씩 천거하고, 팔도 방백(方伯)과 양도(兩都)의 유수(留守)에게는 각각 효렴(孝廉)한 사람 한 명씩을 추천하되, 이미 입사(入仕)한 사람들은 염근의 항목에 넣고, 아직 입사하지 않은 자들은 효렴의 항목에 넣으라 명하였다.

이춘제(李春躋)가 말하기를,

"고(故) 헌납(獻納) 김두남(金斗南)은 염절(廉節)이 탁이(卓異)하여 주군(州郡)을 다섯 번 맡았지만 식량(食糧)이 자주 핍절되었습니다.

선조(先祖) 때에 자손(子孫)을 녹용(錄用)하라는 명이 있었으나, 끝내 포양(襃揚)의 은전(恩典)이 없었습니다."

하고,

이광보는 말하기를,

"고 응교(應敎) 이현모(李顯謨)가 용강(龍岡)에 보임(補任)되었을 때에 신도 또한 서읍(西邑)에서 대죄하고 있다가 병이 위중하다는 말을 듣고 달려가 보니, 울면서 신에게 말하기를, '조정에 선 이래로 오로지 군덕(君德)을 보도(輔導)할 것을 마음먹고 붕당(朋黨)에 발자취를 더럽히고자 하지 않았다.

그런데 당론(黨論) 때문에 군부(君父)에게 죄를 얻어 병으로 장차 거의
죽게 되었으나, 이 마음을 미처 드러내지 못했으니 죽어서도 눈을 감기 어
렵다.'라고 하였으며, 죽음에 이르러서는 염(殮)할 만한 옷이 없었습니다.

그의 아비 이제(李濟)는 관직이 관서백(關西伯)에 이르렀고 이현모도
또한 여러 번 군읍을 역임(歷任)하였으나, 가난과 곤궁이 이와 같았으니
진실로 가상(嘉尙)합니다."

하니,

임금이 말하기를,

"김두남의 청백(淸白)은 내가 이미 알고 있어 바야흐로 대신(大臣)에게
순문하였다.

이현모는 해조(該曹)로 하여금 그 자손을 수용(收用)하게 하여 측은(惻

그림 33. 인동부사 김두남 비 - 기산복지회관
府使 金侯斗南 淸德永世不忘碑(부사 김후두남 청덕영세불망비)
癸未 十月 계미 10월 1763년 세움

隱)해하는 뜻을 보이도록 하라.”

하였다. 이어서 농상(農桑)을 권장하는 것, 제언(堤堰)을 수리하는 것, 도량(度量)을 공평히 하는 것, 가취(嫁娶)를 보조하는 것 등의 일은 모두 구제(舊制)를 수거(修擧)하도록 하였다.”

김두남 선생이 인동부사에 제수되는 시기는 숙종28년(1702년)이며, 1704년에 예빈정(禮賓正) 제수되었기에, 선정비는 이임 후 59년이 지난 후에 세워졌다.

조선왕조실록에는 김두남에 대한 또 다른 기록이 보이며, 소개하면 다음과 같다.

“영조 9년[179] 계축(1733년) 12월 13일(경신) 맑음

별저상에서 승지들이 《경국대전》을 가지고 입시한 자리에 도승지 이춘제 등이 입시하여 조신의 말미, 청렴의 장려, 의장의 문란, 빈궁한 처녀의 출가, 역마의 입대 등을 법전을 살펴 바로잡는 일을 논의하였다.

상이 이르기를,
“열심히 하지 않고서는 만족감이 있을 수 없다.”
하였다.

---

179) 고전번역원 데이터베이스(DB)에서 발췌하였다.

이춘제가 아뢰기를,

"지금 청렴하고 근실한 자를 뽑아 천거하라는 하교로 인하여 진달할 것이 있습니다.

故 헌납 김두남(金斗南)은 청렴한 절개가 우뚝하여 다섯 차례 주군(州郡)을 다스렸으나 쌀독이 자주 비었고, 안주 목사(安州牧使)로 재임할 때 죽었는데 옷상자에 여벌의 옷이 없었으니, 얼음같이 깨끗한 지조는 고금에 드문 바입니다.

일찍이 선왕조에 자손을 녹용하라는 명이 있었으므로 풍릉부원군(豊陵府院君) 조문명(趙文命)이 그 아들 김홍석(金弘錫)을 거두어 등용하여 벼슬이 직장(直長)에 이르렀습니다. 이번 여름에 그 부부가 돌림병에 걸려서 의약(醫藥)과 미음을 자급(自給)하지 못해 모두 굶주림으로 인하여 죽음을 면치 못하였고, 지자(支子)가 비록 살아남았으나 향화(香火)[180]를 잇지 못하니, 이는 곧 온 세상 사람들이 함께 마음 아프게 여기는 것입니다.

고 부사(府使) 이명준(李明浚)과 고 참의 이병태(李秉泰)는 모두 염절(廉節)로써 증직(贈職)할 것을 건의하였으나, 김두남은 다만 건의하는 사람이 없었기 때문에 끝내 칭찬하고 장려하는 은전을 빠뜨렸고 그 아들[181]이 처음으로 벼슬하였으나 얼마 안 되어 또 부부가 모두 죽었으니 매우 불쌍합니다.'"

---

180)   (집안 제사를 지낼)자손이 끊어진다는 뜻이다.
181)   김홍석(金弘錫)을 말한다.

22. 이병태

이병태 李秉泰(1688년~1733년)

본관은 한산(韓山). 아버지는 진사 이협(李浹)이다. 부인은 부여 현감 박필진의 딸이다.

이병태 선생은 영조의 탕평책을 배척하다가 파직되었다.

1730년 경상도 관찰사에 제수되었으나 이에 응하지 않아 파직되고 이듬해 또 우부승지에 임명되었으나 응하지 않아, 왕의 노여움을 사서 합천 군수(陜川郡守)로 좌천되었다.

합천 군수로 재직할 때 한발로 식량난에 허덕이는 수많은 백성을 구제하기도 하였으나, 수토병(水土病)에 걸려 임지에서 죽었다.

청백리에 녹선(錄選)되고 이조 판서에 추증되었으며, 시호는 문청(文淸)이다.

이병태는 사후(死後)에 청백리 녹선되었다.

조선왕조실록에 기록이 보이며 다음과 같다.

"정조 20년[182] 병진(1796년) 5월 9일(계축)

---

182)　고전번역원 데이터베이스(DB)에서 발췌하였다.

이병태·윤용 등 5인이 청백리로 선발되다

故 부제학 이병태(李秉泰), 판서 윤용(尹容), 판돈녕부사 정형복(鄭亨復), 좌윤 한덕필(韓德弼), 절도사 허정(許晶)이 청백리로 선발되었다.

우의정 윤시동이 아뢰기를,

"선조에서 청백리를 천거할 때에도 비록 사례를 자세히 갖추어 초계(抄啓)하지는 못하였으나, 정묘년 9월에 와서 풍원 부원군(豊原府院君) 조현명(趙顯命)이 우의정으로서 고 부제학 이병태, 고 판서 윤용, 고 판돈녕 정형복, 고 좌윤 한덕필, 고 병사 허정의 청백한 명성이 조정의 관리들 사이에 자자하다고 진달하고, 살아 있는 이는 품계를 올려 주고 작고한 이는 후손을 서용하자고 건의 요청하여 윤허를 받았습니다.

이는 모두 2품 이상으로서 논의하여 천거한 대상에 든 이들로서 이미 초계하는 과정을 거쳤으니 지금에 다시 거론할 필요는 없습니다.

이 5인은 선조의 청백리 녹선안(淸白吏錄選案)으로 참고하는 것이 사리에 합당할 듯합니다."

하니, 따랐다."

이병태의 선정비는 합천 대야성 비석군과 해인사에 있다.

이병태가 합천군수로 부임하는 것은 임금의 노여움을 사서 번병(藩

屛)[183]이 되었고, 도곡집(陶谷集)[184]에는 좌천되었다는 만사(輓詞)[185]의 기록도 있다.

도고집에 실린 만사(輓詞)

경연에서[186] 계책을 진달하던 날에 논사하였고[187] / 論思講幄陳謨日

번병으로 좌천되었을 때에는 속박에서 벗어났네 / 掉脫藩維削跡時

세도가 분분히 어지러워도 자신은 그대로이니 / 世道百紛吾自在

사달이 본래 이와 같음을 알아야 하네 / 要知舍達本如斯

사각이 높이[188] 열려 많은 인재들 모였는데 / 史閣高開集衆賢

삼장의 온전한[189] 재주와 식견을 그대에게서 보았네 / 三長才識見君全

청아한 이야기와 좋은 말을 공무의 여가에 펴니 / 淸談軟語公餘展

어긋나지 않고 서로 통하는 마음 기뻐하였노라 / 洞徹心期喜不愆

---

183) 번병은 지방관을 말한다.
184) 도곡 이의현 (1669~1745) 본관은 용인(龍仁). 자는 덕재(德哉), 호는 도곡(陶谷), 조선 후기에, 형조판서, 우의정, 영의정 등을 역임한 문신이다.
185) 만장이라고도 하며, 죽은 사람을 애도하는 글을 지칭하는 용어이다.
186) 고전번역원 데이터베이스(DB)에서 발췌하였다.
187) 논사는 의논하고 생각하는 것으로, 특히 제왕이 학사(學士)들과 학문을 강론하는 것을 말하는데, 여기서는 망자인 이병태가 홍문관 부제학으로 경연에 참여하여 강학하였음을 이르는 것이다.
188) 사각은 역사를 기록하는 부서로 춘추관(春秋館)을 가리키며,
189) 삼장(三長)은 사가(史家)가 갖추어야 할 세 가지 뛰어난 자질로 재지(才智)·학문(學問)·식견(識見)을 말한다. 당(唐)나라의 사학가 유지기(劉知幾)가 "역사를 기록하는 데는 삼장을 구비해야 한다." 하였다.《舊唐書 卷102 劉子玄列傳》

근래에 샛별처럼[190] 서로 떨어져 있었으니 / 年來落落似晨星

잠깐씩 만날 때마다 반가운 눈빛이었네 / 乍値逢迎眼輒靑

묵은 자취 야성에서 쓴 편지 한 장을 / 陳迹冶城書一紙

때때로 거듭 펴 보며 남은 향기 취하노라 / 時時披復挹餘馨

그림 34. 합천군수 이병태 비 - 합천 대야성

---

190)　벗과 멀리 떨어져 서로 만나지 못함을 비유하는 말이다. 당(唐)나라 시인 유우석(劉禹錫)
의 〈송장관부거시서(送張盥赴擧詩序)〉에 "옛날에 함께 급제했던 벗들과 어울려 노닐 적
에는 말고삐를 나란히 하고서 마치 병풍처럼 대로(大路)를 휩쓸고 다녔는데, 지금은 마냥
쓸쓸하기가 새벽별이 서로 멀리서 바라보는 것 같다.(同年友 當其盛時 連鑣擧鑣 亘絶九
衢 今來落落 如晨星之相望)"라고 보인다.

이병태 비는 다른 선정비와 조금 다른 명문이 보인다.

비제(碑題)는 읍선생[191]으로 시작하고 끝부분은 거사대(去思臺)라 되어 있다.

비제 :邑先生副提學李公秉泰淸白去思臺

후면:

英廟辛亥 公以承宣黜補

莅郡三載 淸白聞于世 朝廷錄 其後郡人

感其澤 粤二年甲寅 立祠而祀之

後辛酉 因朝禁而撤焉 民無以寓慕

今上己亥 築之臺而表之石 庸伸去思之忱云爾

崇禎三己亥九月十二日 立

풀이:

영묘(英廟 영조(英祖)) 신해년(1731년, 영조 7년)에 공(公)이 승선(承宣 승지(承旨))으로 출보(黜補)되어 합천군(陜川郡)에 부임한 지 3년 만에 청렴결백(淸廉潔白)하다고 세간에 소문이 나고, 조정(朝廷)에서 녹선(錄選)하였다.

그 뒤에 고을 사람들이 그 은택(恩澤)에 감동하여 2년 뒤 갑인년(1734년,

---

191)　邑先生(읍선생)은 예전에 그 고을의 수령으로 있었던 사람의 다른 표현

　　　돌에 새긴 목민관 이야기 1

영조 10)에 사당(祠堂)[192]을 세우고 제사를 지냈는데, 그 뒤 신유년(1741, 영조 17년)에 조정에서 금지(禁止)함으로 인하여 철거(撤去)되었다.

백성들이 흠모(欽慕)하는 마음을 깃들일 곳이 없어서 금상(今上 정조(正祖)) 기해년(1779년)에 대(臺)를 쌓고 비석(碑石)으로 표시하여 떠난 분을 사모(思慕)하는 정성을 펴게 되었다.

숭정(崇禎) 3번째 기해년(1779년) 9월 12일에 세움.

우측 측면

臺碑 대비
監役都監 有學 金鼎國 柳奎昌 감역도감 유학 김정국 유규창
都監官 前千摠[193] 李能白 兼書寫 도감관 전천총 이능백 겸 서사
磨石 監官 嘉善 金遠鶴 마석 감관 가선 김원학
色吏 攝戶長 李敏復 색리 섭호장 이민복

합천 해인사에 있는 군수 이병태 선생의 선정비에는, "郡守李公秉泰沒世不忘碑(군수이공병태몰세불망비)"라 되어 있다.

선정비에서 일반적인 표현은 "영세"라고 하는 데 비해 여기는 "沒世(몰

---

192)   생사당은 故 군수 이병태(李秉泰)에게 제사를 지내는데, 갑인년(甲寅年) 2월에 창건하였다.

193)   조선 시대, 훈련도감, 금위영, 어영청, 총융청, 관리영, 진무영 등에 속해 있던 정삼품의 무관직

그림 35. 합천군수 이병태 비 – 해인사

세)"라는 표현을 썼다.

합천 해인사에 있는 선정비의 명문은 다음과 같다.

上之七年辛亥 韓山李公秉泰 以原任弘文館副提學 出補是郡 公淸儉好修
君子也

以躬先之 不令而行 趁三年 政敎大化 是年公有事于京師 以疾卒 郡之人

士 號泣咨嗟 咸曰公我父母也 其可忘耶 求其所以享之者

　宜莫若祠 求其所以不朽者 宜莫若碑 遂建祠于邑也 邑城之外　又樹碑于
十二坊 於是伽耶山之海印寺 亦刻石塚 辭以爲永久之 遂爲之銘曰

　嗟惟李公 超類絶倫 氷蘗其姿 恬雅其人 列宮宇朝 爲經幄臣 及貶于南 値
歲大凶 牛刀割鶴 游刃有容 凡厥庶民 緇徒居臣 一口而稱 罔不悅服 民曰樂
哉 公我父母 爾耕我稼 安此田畝 吏曰可畏 公淸若水 毋犯于皐 惟公之使
吏民旣化 問其空門 不役不賦 亦公之恩 瞻彼塵土 擧世彌縫 公乃不然 惟義
是從 德其多矣 百世可忘 公來京師 奄忽云亡 訃傳千里山野 一邑相告涕洟
罔不哀感 庶令來世 記公徽蹟 邑建祠宇 坊■二碑 伽耶之陽 亦黃絹辭 非私
于公 山門之思

　崇禎後再甲寅五月 日

　풀이:

　금상(今上 영조(英祖)) 7년 신해(1731년, 영조 7년)에 한산(韓山) 이공
병태(李公秉泰)가 원임 홍문관 부제학(原任 弘文館副提學)으로 나가서
이 군(郡, 경남 합천군(陜川郡))에 보임(補任)되었는데, 공(公)은 청렴하
고 검소하며 수행(修行)을 좋아하는 군자(君子)이니, 직접 먼저 하니 명령
하지 않아도 시행되었다.

　3년이 지나자 정교(政敎)가 크게 변화되었다.

　이 해에 공(公)이 경사(京師 한양(漢陽)에 볼일이 있어서 갔다가 질병으
로 돌아갔으니 군(郡)의 인사(人士)들이 부르짖고 울먹이며 탄식하며, 모

두 말하기를 "공(公)은 우리 부모와 같은 분이니 잊을 수 있겠는가.

흠향하는 소이(所以)를 구하는 것은 마땅히 사당(祠堂)을 세우는 것만 같음이 없고, 영구히 없어지지 않게 함을 구하는 것은 마땅히 비석(碑石)을 세우는 것만 같음이 없다" 하고, 드디어 읍(邑)에 사당을 세웠다.

또 읍의 성(城) 밖 12방(坊)에 비석을 세웠으니, 가야산(伽耶山)의 해인사(海印寺)에도 바위에 새겨서 영구하게 전할 말을 적고,

드디어 아래와 같이 명(銘)을 지었다.

嗟惟李公 超類絶倫	아, 이공(李公)은 무리들 가운데서 아주 뛰어나
氷蘗[194]其姿 恬雅其人	얼음 같은 자태에 담박한 분이셨네.
列宮宇朝 爲經幄臣	조정에 나열하여 경연(經筵)의 신하되셨네.
及貶于南 値歲大凶	남쪽으로 좌천(左遷)되어 큰 흉년을 만났네.
牛刀割鶴[195]游刃有容	소잡는 큰 칼로 닭을 잡았으니 국량이 넉넉하여 용납함이 있으니

---

194) '빙얼(冰蘗)'은 청고(淸苦)한 지절(志節)을 말한다. 청빈한 생활로 얼음을 마시고 나무의 움을 먹는다는 '음빙식얼(飮氷食蘗)'이라는 말에서 유래한다.

195) '우도할계(牛刀割鷄)'는 공자가, 제자 자유(子游)가 무성(武城)의 수령(守令)이 되어 예악(禮樂)으로 고을을 다스리는 것을 보고 "닭을 잡는 데 어찌 소 잡는 칼을 쓰리오."라고 한 데서 온 말로, 무슨 일을 함에 있어 그 힘이 매우 넉넉함을 뜻한다. 《論語 陽貨》 여기서는 이공이 뛰어난 능력을 지니고도, 큰 고을로 가지 못하고 합천이라는 작은 고을에 수령으로 내려온 것을 뜻한다.
'유인(游刃)'은 능수능란한 포정(庖丁)의 칼날 솜씨를 의미한다. 《장자(莊子)》 양생주(養生主)에 "두께가 없는 칼날을 틈이 있는 소의 살 속에 집어넣으면 그 공간이 널찍하여 여유작작하게 칼날을 놀릴 수 있다.[刀刃者無厚 以無厚入有間 恢恢乎其於遊刃 必有餘地矣]"는 백정의 말이 실려 있다.

　　　　　　　　　돌에 새긴 목민관 이야기 1

| 凡厥庶民 緇徒居臣 | 여러 백성들과 승려들이 살았네. |

一口而稱 罔不悅服　한 입으로 칭찬하며 기쁜 마음으로 복종하지 않음이 없었네.

民曰樂哉 公我父母　백성들이 '즐겁구나, 공은 우리 부모와 같도다.

爾耕我稼 安此田畝　너는 갈고 나는 심으며 이 논밭에서 편안히 사네.'라 하였고,

吏曰可畏 公淸若水　아전들은 '두려워 할 만하도다. 공의 청렴함은 물과 같아

毋犯于辜 惟公之使　죄를 범하지 않음은 오직 공이 시킨 대로 할 뿐이다.'라 하였다.

吏民旣化 問其空門　아전과 백성들이 벌써 교화되고 불가(佛家)에 물어보니

不役不賦 亦公之恩　부역도 안 하고 부세도 안 내니 또한 공의 은택이로다.

瞻彼塵土 擧世彌縫[196]　저 진흙을 바라보니 온 세상이 이리저리 꾸며대는데,

公乃不然 惟義是從　공은 그렇지 않아 오직 의리(義理)를 따르셨네.

德其多矣 百世可忘　덕이 훌륭했으니 오랫동안 잊을 수 있겠는가.

---

[196] '미봉(彌縫)'은 어떤 일을 처리함에 근본적으로 해결하지 않고 임시 방편(方便)으로 이리저리 꾸며대는 것을 말한다. '황견(黃絹)'은 후한(後漢)의 채옹(蔡邕)이 지은 조아비(曹娥碑) 뒷면에 '황견유부 외손제구(黃絹幼婦 外孫韲臼)'라고 쓴 것을 조조(曹操)의 참모인 양수(楊修)가 풀이하면서, "황견은 오색실[色絲]이니 이를 합치면 절(絶)이 되고 유부는 소녀(小女)이니 이를 합치면 묘(妙)가 된다."는 식으로 분석하여, '절묘호사(絶妙好辭)'라고 해설했던 고사에서 나온 것이다. 《世說新語 捷悟》

公來京師 奄忽云亡	공께서 경사에 오셨다가 갑자기 사망하셨다 하네.
訃傳千里 山野一邑	부고(訃告)가 천리 전달되니 온 고을 산과 들판이
相告涕洟 罔不哀感	서로 알리고 눈물 흘리며 애통하지 않음이 없었네.
庶令來世 記公徽蹟	오는 세상으로 하여금 공의 아름다운 자취를 기억하게 하기 위하여
邑建祠宇 坊■二碑	읍에 사당을 세우고 열두 마을[197]에 비석을 세웠네.
伽耶之陽 亦黃絹辭	가야산 남쪽에 절묘한 말로 지었으니
非私于公 山門之思	공에게 사심으로 하는 말이 아니라 산문 사람들의 생각이라네.

숭정(崇禎) 뒤에 두 번째 갑인년(1794년) 5월 일에

해인사에 있는 이병태 선생의 불망비는 많은 명문으로 인해 8번의 답사를 가서 명문을 확인하였기에 많은 정성과 시간이 들어간 비석이었다.

---

197) 　발견된 비는 해인사뿐이다.

돌에 새긴 목민관 이야기 1

23. 서기순

서기순徐箕淳(1791년~1854년)[198]

본관은 대구(大丘). 자는 중구(仲裘), 호는 매원(梅園). 영의정 서지수(徐志修)의 증손으로, 할아버지는 대사헌 서유신(徐有臣)이고, 아버지는 대제학 서영보(徐榮輔)이며, 어머니는 정상인(鄭象仁)의 딸이다.

자신을 포함한 5대에 걸쳐 세 사람의 상신(相臣: 정승)과 네 사람의 대제학을 배출한 가문이다.

서기순은 전라도와 경상도 관찰사를 역임하였기에 전라도와 경상도에 많은 선정비가 남아 있다.

남아 있는 서기순의 선정비를 표로 만들어 보았다.

번호	비 제	위치	설립연도
1	■■기순청백혜덕영세불망비 箕淳淸白慧德永世不忘碑	고부 군자정	道光癸卯五月日 1843년 5월
2	관찰사 서공기순영세불망비 觀察使 徐公箕淳永世不忘碑	전주 상장기 공원	道光二十七年 丁未九月 1847년
3	순찰사 서공기순청백선정비 巡察使 徐公箕淳淸白善政碑	정읍 피향정	乙巳 十月 1845년 10월

198) 한국민족문화대백과사전에서 발췌하였다.

4	관찰사 서공기순청백영세불망비 觀察使 徐公箕淳淸白永世不忘碑	정읍 앵성리	丁未四月 日 1847년 4월
5	관찰사 서공기순청백영세불망비 觀察使 徐公箕淳淸白永世不忘碑	김제 금구향교	丁未 九月 1847년 9월
6	관찰사 서공기순청백휼민영세불망비 觀察使 徐公箕淳淸白恤民永世不忘碑	김제 홍심정	道光二十四年 五月日立 1844년 5월
7	관찰사 서공기순청백영세불망비 觀察使 徐公箕淳淸白永世不忘碑	전주 감영	崇禎紀元後四丁未七 月1847년 7월
8	관찰사 서공기순영세불망비 觀察使 徐公箕淳永世不忘碑	전주 추천대	?
9	관찰사 서공기순영세불망비 觀察使 徐公箕淳永世不忘碑	나주 금성관	崇禎四己酉四月 1849년 4월
10	관찰사 서상공기순영사비 觀察使 徐公箕淳永世永思碑	옥과 옥정공원	?
11	관찰사 서공기순애민청덕불망비 觀察使 徐公箕淳愛民淸德不忘碑	무주 한풍루	?
12	순상국 서공기순청백혜민비 巡相國 徐公箕淳淸白惠民碑	낙안향교	道光二十九年乙酉 十二月立 1849년 12월
13	관찰사 서공기순청덕애휼비 觀察使 徐公箕淳淸德愛恤碑	전주 삼례	癸卯十月日 1843년
14	순상국서공기순애민선정비 巡相國徐公箕淳愛民善政碑	대구 달성	咸豊元年二月日 1851년 2월
15	순상국서공기순청덕거사비 巡相國徐公箕淳淸德去思碑	창녕	辛亥 三月 1851년
16	순상국서공휘기순청덕영세불망비 巡相國徐公諱箕淳淸德永世不忘碑	함안 대산	同治 七年 戊辰 十月 日 1868년 10월
17	관찰사서후기순영세불망비 觀察使徐侯箕淳永世不忘碑	익산 용안	?

18	순상국서공기순청덕애민비 巡相國徐公箕淳淸德 愛民碑	마산 진동	■■■十二月邑民立
19	순상국서공기순몰세불망비 巡相國徐公箕淳沒世不忘碑	산청 가계리	崇禎後甲辰二月日 1844년 2월
20	순상 서공기순 청덕선정비 巡相 徐公箕淳 淸德善政碑	창원 용지공원	咸豊二年 壬子 四月 日 1852년 4월
21	순상 서공기순 청덕선정비 巡相 徐公箕淳 淸德善政碑	함양 서하면	?(마애비)
22	순상국서공기순 영세불망비 巡相國徐公箕淳 永世不忘碑	언양향교	咸豊元年辛亥二月日 1851년 2월
23	행유수겸진무사서공기순빙청옥결무휼 민영세불망비 行留守兼振武士徐公箕淳氷淸玉潔撫恤 民永世不忘碑	강화 갑곶	辛丑八月日十八面民 等立 1841년 8월

서기순의 선정비는 1841년부터 1868년까지 세워져 있으며, 23좌의 선정불망비가 남아 있다. 그중에는 필자가 인지 못 한 碑가 있을 것으로 생각된다.

관찰사의 별칭은 감사(監司), 도백(道伯), 방백(方伯), 외헌(外憲), 도선생(道先生), 영문선생(營門先生) 등으로 불렀으며, 관할 지역을 순찰하였기에, 순찰사, 도순찰사의 명문이 선정비에 남아 있다.

먼저 소개하는 선정비는 강화유수로 부임하여 어진 정치를 하였기에 세웠다고 추정되는 碑)부터 소개하기로 한다. 서기순은 1839년에 강화유수로 제수되었다.

선정비는 강화 갑곶에 있으며, 송시와 세운 시기 그리고 비를 세울 때 참여한 인원의 명단이 비의 후면에 새겨져 있다.

그림 36. 강화유수 서기순 비 - 강화 갑곶

碑題:

行留守[199] 兼振武士徐公箕淳氷清玉潔撫恤民永世不忘碑

행유수겸진무사서공기순빙청옥결무휼민영세불망비

(유수 겸 진무사 서기순이 얼음처럼 맑고 옥처럼 깨끗하게

199)　강화금석문에서 발췌하였다.

　돌에 새긴 목민관 이야기 1

군사와 백성을 어루만지고 구휼한 것을 영원히 잊지 않기 위한 비)

頌詩:

廩無滯積 창고에 막힘이 없게 하였으며

民荷大造 백성의 부담이 크게 고쳤네.

兒童騎竹 아동들은 죽마를 타고

將士鳧藻 장수들은 물을 만난 오리 같았도다.

후면:

辛丑八月日十八面民等立 1841년 8월10일 18 면민이 세우다

別監董嘉善前千摠[200] 張完徽 별감동가선전천총 장윤휘

正憲前別將 洪允濟 정헌전 별장 홍윤제

都監嘉善前別將 金益源 도감가선전별장 김익원

嘉善 張智 가선 장지철

幼學 宋弼星 유학 송필성

司果 安宗厚 사과 안종후

司果 趙永奎 사과 조영규

南面都監董幼學 鄭守範 남면도감동유학 정수범

北面都監董司果 高亨烈 북면도감동사과 고형렬

---

200)   조선 시대, 훈련도감(訓鍊都監), 금위영(禁衛營), 어영청(御營廳), 총융청(摠戎廳), 관리영(管理營), 진무영(鎭撫營) 등에 속해 있던 정삼품의 무관직(武官職).

幼學 韓明允 유학 한명윤

비에 새겨진 명문은 간단하지만 그 당시의 백성을 위한 마음이 잘 담겨져 있다고 생각된다.

그다음은 전라도 관찰사를 역임하면서 세워진 선정불망비를 소개한다.

전라도에는 서기순의 선정비가 14좌가 남아 있으며, 비석에는 송시가 있는 것도 있고, 없는 것도 있으며, 이러한 선정불망비를 하나, 하나 소개하기로 한다.

그림 37. 관찰사 서기순 비 - 정읍 고부 군자정

　　　　　　　　　　　　돌에 새긴 목민관 이야기 1

먼저 정읍 고부에 있는 관찰사 서기순의 선정불망비는 군자정 뜰에 있으며, 여름휴가 때 들렀더니 만발한 연꽃의 향내가 비석을 감싸 주는 듯 느낌이 들지만, 군자정에 남아 있는 비석들은 대부분 훼손되어 있으며, 서기순의 비도 마찬가지로 비가 깨지고 훼손되어 새겨진 명문 일부가 보이지 않았다.

그림 38. 관찰사 서기순 비 – 정읍 태인 피향정

비석에 새겨진 명문은 "■箕淳淸白慧德永世不忘碑(기순청백혜덕영세불망비)"라 되어 있고, 그 옆으로 "道光癸卯五月日(도광계묘5월일)"이라 되어 있어 비를 새운 시기는 1843년이다.

그리고 정읍 고부 군자정 이외에도 관찰사 서기순 비가 더 남아 있다.

피향정에는 많은 사람들이 찾는 곳이기도 하지만, 피향정 중정에는 조선시대 벼슬아치들의 선정비도 많이 있다. 그중에는 우리에게 잘 알려진 조규순의 비도 있으며, 우국충정의 인물인 홍범식 선생의 선정비도 있다.

관찰사 서기순의 비의 명문은 "巡察使徐公淸白善政碑(순찰사서공청백선정비)"라 되어 있고, 그 옆으로 "乙巳 十月日(을사십월일)"이라는 글이 새겨져 있어, 1845년에 세운 것으로 생각된다. 다만 연호는 없다.

그 다음으로는 정읍 앵성리에 있는 관찰사 서기순의 비이다.

영원면 앵성리에 있는 서기순의 비는 대로에서 조금 떨어진 앵성리 마

그림 39. 관찰사 서기순 비 - 정읍 앵성리

돌에 새긴 목민관 이야기 1

을 입구에 있으나, 풍화로 인한 명문의 마멸로 인해 자세히 보아야 한다.

앵성리에 가서 비석의 명문을 살펴보니 거의 보이지 않아 다른 자료의 명문을 참고 하였다.

비제는 "觀察使 徐公箕淳淸白永世不忘碑(관찰사서공기순청백영세불망비)"라 되어 있고, 세운 시기는 "丁未四月 日(1847년 4월)"이라 되어 있다.

전주에는 2좌의 서기순 비가 남아 있으며, 하나는 전주 감영에, 또 하나는 추천대에 있다.

전주감영의 비는 시내 곳곳에 주인 없이 넘어지고 파묻힌 비석을 경찰국에서, 다가산 밑 제방 위로 옮겼다. 그리고 1954년 4월 25일 안진길 전주시장 때 다가공원으로 옮겼다고 한다.

필지가 2013년에 2박3일로 전주 답사를 하던 중에 비석군을 보고 촬영하였는데 그 당시는 자세히 촬영하지 않고 왔다.

그 뒤 전주 감영이 복원되고 비석을 전주감영으로 옮겼으며, 66년 만에 원래의 자리가 있던 곳으로 자리를 찾았다.

필자가 전주 감영이 복원되고 비석이 옮겨졌다는 소식을 듣고 2022년 여름에 가서 비석을 자세히 촬영하여 자료로 만들었다.

전주 감영에 비는 비제와 송시가 있다.

비제: 觀察使徐公箕淳淸白善政碑(관찰사서공기순청백선정비)

興學講武 학문을 일으키고 무예를 훈련 시켜

均糴訓農 환곡을 고르게 하고 농사법을 가르쳤네.

臨歸損廩 돌아갈 때 녹봉을 덜어 기부를 하니

立愉淸風 온화한 바람으로 즐거움이 생겼네.

측면: 崇禎紀元後四 丁未七月 日(숭정기원후사 정미칠월 일) 1847년 세움.

서기순이 전라감사로 재직 중일 때 남원에 가서 시험 제목을 내자 성균관 유생들이 감사를 신칙하는 문서를 올리는 일이 발생하였다.

그 내용은 다음과 같다.

"헌종 9년[201] 계묘(1843년) 11월 17일(을유)

성균관 유생이 전라 감사 서기순의 부제 문제로 권당하자 해조를 시켜 신칙하라 명하다

성균관(成均館)에서 아뢰기를,

"신(臣)이 듣건대, 거재 유생(居齋儒生)이 오늘 저녁 식당(食堂)에서 권당(捲堂)하는 일이 있었다 하므로, 유생들을 불러다가 권당한 까닭을 물었더니, 유생들이 소회(所懷)를 써서 바쳤는데, '신들이 방금 화양 서원(華陽書院)의 유생의 통장(通章)이 두 번째 온 것을 받아보니, 전라 감사(全羅監司) 서기순(徐箕淳)이 남원(南原)에서 도회(都會)하여 선비를 시험하는 마당에서 목무전우(目無全牛)를 부제(賦題)로 삼았다 하였습니다.

아! 목무전우 넉 자는 곧 사문(斯文)의 난적(亂賊)인 흉악한 윤휴(尹鑴)가

선정신(先正臣) 문정공(文正公) 송시열(宋時烈)을 헐뜯어 욕한 어구입니다.

서기순이 이 넉 자를 많은 선비가 모인 곳에 내건 것은 그 뜻이 어찌 부질없이 그랬겠습니까?

일에 원인이 있습니다.

(중략)

8월에 순행하여 남원에 이른 날에 화양 서원의 통장(通章)을 받아 보고 속으로 유감을 품어 부릴 데가 없으므로 그날 선비를 시험할 때에 이 글제를 특별히 냈습니다.

아! 열성조(列聖朝)에서 두 선정을 예우(禮遇)한 것은 백세(百世) 뒤에도 의혹이 없을 것인데, 서기순이 김문정(金文正)에게 불만하여 그 문집을 인간(印刊)하는 일을 방해하고 스스로 송문정(宋文正)을 끊어서 선비를 시험하는 글제로 침욕(浸辱)하였습니다.

김방두는 어진 조상의 후손으로서 선왕의 특별한 은혜를 생각하지 않고 사림(士林)의 정론(正論)을 업신여겨서 문정(文正)의 유문이 장차 없어져 전하지 못하게 되었으니, 신들은 통탄스러움을 금할 수 없습니다.

목소리를 같이하여 명백히 주장하였으나 본관(本館)의 재임(齋任)이 모두 실고(實故)가 있으므로 위에 아뢸 길이 없습니다.

이런 정상으로 감히 태연히 입당(入堂)할 수 없으므로 삼가 처분을 기다립니다.’ 하였습니다.”

하니, 하교하기를,

“완백(完伯)이 참으로 그런 일이 있다면, 선현을 모욕하고 선정을 헐뜯은 죄가 어떠하겠는가?

그러나 이것은 풍병(風病)을 앓아 성정(性情)을 잃은 자가 아니면 전혀 이럴 리가 없는데, 더구나 이 집안 사람인 이재신(李臣)이겠는가?

무심한 가운데에 공교롭게 합치하는 것이 있는 것은 혹 사정이 우연한 것일 수도 있는데, 뜻을 기울여서 보고 남김없이 잡아낸다면 숨은 것을 들추어내어 죄를 만들려 하여도 되지 않을 것인데, 더구나 선정의 유집(遺集)에 관하여 사문한 일을 끌어다가 도신(道臣)의 시제(試題)에 꾸며 맞추고 당시 사문한 관원에게까지 미쳐서 나열하여 논단(論斷)해서 곧바로 망측한 데로 몬다면 세상에 어찌 완전한 사람이 있겠으며, 또한 어찌 이것으로 인심을 승복시킬 수 있겠는가?

그렇지 않다면 내가 엄하게 배척하는 것이 어찌 너희들의 말을 기다리 겠는가?

그림 40. 관찰사 서기순 비 – 전라 감영

  돌에 새긴 목민관 이야기 1

유집에 관하여 사문하는 일로 말하면 해조(該曹)를 시켜 다시 엄하게 신칙(申飭)하여 관문(關文)을 보내어 빨리 거행하게 할 것이다. 이렇게 타일러서 곧 들어가도록 권하라."

하였다."

서기순의 비는 추천대[202]에 있으며, 비제는 있으나 頌詩와 세운 시기는 보이지 않는다.

그림 41. 관찰사 서기순 비 - 전주 추천대

---

202) 조선 성종 때 병조참판·대사헌이라는 높은 벼슬을 지낸 이경동(李瓊仝)이 고향에 돌아와 앞의 추천(楸川)에 낚시를 드리우고 만년을 보내던 곳이다. 이경동은 세조 8년(1462)에 과거에 급제하여 벼슬길에 나선 인물이다. 대한제국 광무 3년(1899)년에 후손 이정호(李正鎬)가 이경동의 발자취가 서린 이곳을 기념하기 위해, 정자를 세우고 추천대라 이름지었다.

비제는 "觀察使徐公箕淳永世不忘碑(관찰사서공기순영세불망비)"라 되어 있다.

비가 세워진 위치로 보아서는 휴식과 관광차원에서 세워진 것처럼 생각되는데, 관광도 조선시대에는 관찰사의 업무에 속하기 때문에 그렇게 생각하는 것이다.

전북 김제에도 관찰사 서기순의 선정비가 남아 있으며,
하나는 금구향교에 있고, 하나는 홍심정에 남아 있다.

그림 42. 관찰사 서기순 비 - 김제 금구향교

돌에 새긴 목민관 이야기 1

김제 금구향교에는 많은 비석이 있으며, 그중에 관찰사 서기순 비가 있다.
비제는 "觀察使徐公箕淳淸白永世不忘碑(관찰사서공기순청백영세불망비)"
라 되어 있고 세운 시기는 "丁未九月日(정미9월일, 1847년)"이라 되어 있다.

김제에는 비석군이 필자가 조사하기로는 만경읍과 금구향교 그리고 김
제향교에만 있었다.

그래서 몇 번을 답사 가서 확인하고 재촬영하였는데, 2022년에 홍심정
에 비석군이 있다는 제보를 받아, 2023년 1월에 1박 2일로 가서 비석을 촬
영하였다.

그중에 관찰사 서기순의 비가 있었다.

그림 43. 관찰사 서기순 비 – 김제 홍심정

비제는 "觀察使徐公箕淳淸白恤民善政碑(관찰사서공기순청백휼민선정비)"라 되어 있고, 그 옆에는 "道光二十四年五月日立(도광이십사년오월일립)"이라 되어 있다. 도광 24년이면 1844년 5월에 세웠으며, 서기순을 칭찬하는 송시는 없었다.

완주에도 관찰사 선정비가 있으며, 완주는 전주의 옛 이름이어서 전주와 같은 지역으로 보아도 무방하지만, 지금은 전주의 위성도시로 자리 잡은 곳이다.

완주에는 삼례와 상장기 공원에 관찰사 서기순 비가 남아 있으며, 먼저

그림 44. 관찰사 서기순 비 – 상장기 공원

　　　　　　　　　　　　　　돌에 새긴 목민관 이야기 1

상장기 공원에 있는 선정비부터 다루기로 한다.

상장기(上場基)라는 지명은 전주군 봉상면에 속하며, 봉상장이 서므로 장터 또는 장기(場基)라고 했고, 지금은 하장기, 상징기로 불리고 있다.

전주와 완주의 비석군은 필자기 조사하기로는 전주 감영, 그리고 상관면 마애비, 그리고 완주는 위봉산성, 삼례, 그리고 소양리에 있는 것으로 확인되어 직접 가서 조사하고 사진 촬영을 하였지만, 나중에 완주 금석문에서 상장기 공원에 선정비가 있다는 것을 알아서 2023년 여름휴가에 답사를 가서 사진촬영을 하였다.

상장기 공원에 있는 서기순의 비에는 송시는 없고 비제와 세운시기만 남아 있다.

비제는 "觀察使徐公箕淳永世不忘碑(관찰사서공기순영세불망비)"라 되어 있으며, 옆 행에는 "道光二十七年丁未九月日立(도광이십칠년정미월일립)"이 되어 있어 세운 시기는 1847년 9월이다.

그리고 좌측면에는 "幼學 陳弘其 石手 崔元甲"이라는 명문이 새겨져 있는데, 다른 곳의 선정비와 달리 石手의 이름이 있어 이채롭다.

관찰사 서기순의 사진이 정면이 아닌 것은 그 당시 사진 촬영을 할 때에 비석에 새겨진 명문이 제대로 보이지 않아서, 측면에서 촬영한 것이다. 글을 쓰는 시점에서는 상당히 아쉬운 사진으로 생각된다.

그다음은 삼례도서관에 있는 관찰사 서기순 비이다.

삼례도서관에 있는 선정비들은 조선시대 역참이었던 삼례역에 있었던 것으로, 선정비들은 동부교회 부근 비석거리에 있었다고 한다.

1970년대에 구 삼례역 광장으로 옮겼다가, 삼례역이 옮겨가고 삼례도서관이 신축되면서, 현재의 자리에 선정비들이 남아 있는 것이다.

관찰사 서기순이 전라도 관찰사에 제수되는 기록은 1842년이다. 조선 후기의 관찰사 임기는 2년이고, 그 시기에 관할 지역을 순찰하여야 하는 임무가 있기에 곳곳에 선정비가 남아 있는 것이다.

삼례 도서관에 있는 관찰사 서기순 비(그림 45번)는 비제와 세운 시기만 새겨져 있지만, 직접 가서 보니 비석에 새겨진 명문이 거의 보이지 않는다.

비제는 "觀察使徐公箕淳淸德恤民碑(관찰사서공기순청덕휼민비)"라 되

그림 45. 관찰사 서기순 비 완주 삼례도서관

            돌에 새긴 목민관 이야기 1

어 있고, 그 옆에는 "癸卯十月日立(계묘십월일립)"이라 새겨져 있다.

계묘년은 1843년이기에 그 당시에 새긴 것으로 추정되나, 간지와 연호가 없기에 단정할 수는 없다.

그다음은 나주에 있는 관찰사 서기순 비(그림 46번)이다.

나주 금성관을 처음 갔을 때 선정비 들은 금성과 向 우측에 있었으나, 나중에 다시 답사를 가니 비석들은 금성관 삼문을 들어가면 向 왼편에 정비를 잘하여 두어서, 사진 촬영하기도 아주 편하였다.

나주에 남아 있는 관찰사 서기순의 비에도 송시는 보이지 않고, 비제와 세운 시기를 새겨 두었다.

비제는 "觀察使徐公箕淳永世不忘碑(관찰사서공기순영세불망비)"라 되어 있고, 그 옆에는 "숭정사기유사월(崇禎四己酉四月)"이라 새겨져 있다. 세운 시기는 1849년 4월이다.

이제 남은 것은 옥과와 무주, 낙안향교이다. 관찰사 서기순이 전라도 관찰사로 활동 한 시기는 1842년 1월부터, 1843년 11월까지이며 그 기간에 많은 선정비가 남아 있는 것이다.

그림 46. 관찰사 서기순 비 – 나주 금성관

옥과에 있는 관찰사 서기순의 비는 처음에 인지를 하지 못하였다가, 임실을 1박 2일로 답사를 가서 옥과를 거쳐 울산으로 오는데, 옥과에서 잠시 쉬었다가 가려고 공원에 들렀는데 그곳에 선정비들이 있었다. 그중에 관찰사 서기순의 비도 있었으며, 비제는 "觀察使徐相公箕淳永思碑(관찰사서상공기순영사비)"라 되어 있고 세운 시기와 송시는 없었다.

그다음은 낙안향교에 있는 관찰사 서기순의 비이다.

그림 47. 관찰사 서기순 비 - 옥과 옥성공원　　그림 48. 관찰사 서기순 비 - 낙안향교

순천 낙안읍성을 답사를 하고 하마비를 찾으러 낙안향교에 갔더니, 그곳에도 선정비(그림 48번)가 있었다.

선정비는 비수와 귀부를 갖추었으며, 낙안향교에 남아 있는 선정비 중에서도 대형의 비석으로 보였다.

비제는 "巡相國徐公箕淳淸白惠民碑(순상국서공기순청백혜민비)"라 되어 있으며, 뒷면에는 "道光二十九年己酉十一月立(도광29년기유십일월립)"이었다.

세운 시기는 1849년 11월에 세운 것으로 보인다.

전라도에 많은 선정비를 남겼는데 무주에 남아 있는 선정비를 소개한다.

무주에 남아 있는 관찰사 서기순의 비는 무주군청에 있었으나, 지금은 한풍루[203] 부근에 옮겨져 있다.

관찰사 서기순 비(그림 49)에는 비제와 그를 칭송하는 명문이 남아 있으나, 세운 시기는 새겨져 있지 않았다.

특히 비제의 글씨는 朱漆을 하여 명문이 선명하여 정성을 많이 들인 것으로 보인다.

비제: 觀察使徐公箕淳愛民淸德不忘碑(관찰사서공기순애민청덕불망비)

嫗濡之治 어미의 마음처럼 다스리시어

廉潔其操 염결[204]의 마음을 가지셨으니

鑴玆貞民 백성을 위한 마음 비석에 새기니

永壽[205]不老 영수하시고 늙지 않으리라

다음은 경상도에 남아 있는 선정비를 소개하며 답사를 하면서 늦게 촬영한 비도 포함시켰다.

서기순이 경상도 관찰사에 제수되는 시기는 1849년 8월 20일(철종원년)이며, 1850년 10월에 판의금부사로 임명되어 1년 2개월 정도 경상도 관찰사의 임무를 수행한 것으로 보인다.

---

203) 무주군 무주읍에 있는 조선시대 무주현 관아의 누정. 누각·조경건축물. 보물.

204) 청렴결백하다는 뜻이다.

205) 서기순이 장수하고 비석은 변하지 않으리라는 뜻으로 풀이된다.

경상도에는 관찰사 서기순의 비가 마산 진동, 함안 대산, 언양 향교, 대구 달성 등 총8좌의 선정비가 남았으며, 그중에 마애비도 있다.

먼저 마산 진동에 있는 관찰사 서기순의 비(그림 50)이다.

마산 진동면 사동리 토성이 있는 구릉의 남쪽 끝 지점인 마산에서 통영 가는 도로변에 4좌의 같이 있다.

촬영할 당시가 11시경 이어서 후면은 잘 나왔지만 전면은 역광으로 명문이 잘 보이지 않아, 물을 묻혀 확인하여도 마멸로 인해 거의 보이지 않았다. 여기서는 간단하게 비제만 소개한다.

그림 49. 관찰사 서기순 비 – 무주 한풍루

비제는 "巡相國徐公箕淳淸德愛民碑(순상국 서공기순 청덕 애민비)"라
되어 있고, 비가 부러져 접합하였는데, 설립 시기와 연호는 보이지 않으
나, "十二月邑民立"라는 명문만 희미하게 보인다.

그림 50. 관찰사 서기순 비 – 마산 진동

함안 대산에 있는 관찰사 서기순의 비는 함안, 진주를 답사하고 나서 칠
서면 대치리를 갔으나, 저녁 무렵이고 어두워서 碑를 찾지 못하였는데 나

　　　　　　　　　　　돌에 새긴 목민관 이야기 1

중에 알고 보니, 비석이 있는 곳의 땅 주인이 옮겨 달라 하여, 부림리에 있는 달성서씨 묘역에 비를 옮겼다고 한다.

그래서 시간을 내어 2021년 10월에 보고 왔다.

비석은 귀부를 갖추었고 비제와 명문 그리고 세운 시기, 移建 시기도 새겨져 있었다.

비제: 巡相國徐公諱箕淳淸德永世不忘碑(순상국서공휘기순청덕영세불망비)

攬轡[206]**淸風** 말의 고삐를 잡아 천하를 맑게 하니

百世不諼 백세 동안 잊을 수 없게 하였네.

藹然一路 정성을 다함이 한결같았으니

片石堪語 한편의 돌에 글을 새겼다네.

同治七年戊辰十月日 동치 칠년 무진 시월 일 1868년 시월 세움

측면: 一九五二八月二十日移建 1952년 8월에 이건[207]

---

206) 후한(後漢) 범방(范滂)이 기주 자사(冀州刺史)로 나갈 적에, "수레에 올라 고삐를 잡고서는 천하를 정화시킬 뜻을 개연히 품었다.(登車攬轡 慨然有澄淸天下之志)"는 남비(攬轡)의 고사와, 한 무제(漢武帝) 때에 수의어사(繡衣御史) 폭승지(暴勝之)가 황제가 내린 부월을 쥐고서 군국(郡國)의 도적 떼를 일망타진했던 지부(持斧)의 고사가 있다. 왕명을 받들고 지방에 나가서 난리를 평정하고 민심을 안정시킬 때 이 고사를 인용하곤 한다.《後漢書 卷97 黨錮列傳 范滂》《漢書 卷66 王訢傳》

207) 어디에서 옮겨진 것인지 알 수 없었다.

조선시대에 삼대가 연이어 대제학[208]에 지낸 집안은 이정귀, 1601년(선조 34년), 이명한 1641년(인조 19년), 이일상은 1659년(효종 10년)에 대제학에 임명되어 삼대가 대제학을 지냈다.

그리고 광산 김씨 집안의 김만기(金萬基)·김진규(金鎭圭)·김양택(金陽澤)과, 전주 이씨 집안의 이민서(李敏敍)·이관명(李觀命)·이휘지(李徽之)와이며, 조선후기 마지막으로 달성 서씨 집안에서 삼대가 대제학을 배출하였다.

서유신(徐有臣)·서영보(徐榮輔)·서기순(徐箕淳)으로 이어지는데, 모든 벼슬이 가문의 영광이겠지만, 청백리에 녹선 되는 것과, 그리고 대제학은 조선시대 문묘종사 대현에 다음가는 학자로서의 직위를 누렸고, 온 나라의 학문을 바르게 평가는 文衡이라는 별칭이 있을 정도로 대단한 것이다.

그러한 직위를 삼대가 연속으로 지냈다는 것은 대단한 것으로 평가를 받고 있다.

창원 용지공원에도 관찰사 서기순의 비가 있으며, 그리고 그곳에는 그의 부친인 서영보의 선정비와 같이 있어, 父子의 碑가 같이 있는 보기 드문 일로 생각된다.

관찰사 서기순의 선정비에도 그를 칭송하는 명문이 있으며 다음과 같

---

208) 대제학(大提學)은 고려와 조선의 관직이다. 고려 시대에는 대학사(大學士)라 불렸던 한림원(翰林院), 우문관(右文館)의 정2품, 집현관(集賢館)의 종2품 벼슬이었으며 조선 시대에는 집현전·홍문관·예문관에 소속된 정2품의 관직이었다. 오늘날의 서울대학교총장 혹은 교육위원회위원장이나 교육부장관에 해당한다.

그림 51. 관찰사 서기순 비 – 함안 대산

이 소개한다.

비제: 巡相國徐公箕淳永世不忘碑(순상국서공기순영세불망비)

풀이:

先公[209] 見茲 공께서는 먼저 자애로움을 드러내시니

---

209) 비의 명문이 마멸이 되어 向 우측의 것만 풀이하였다.

遺愛百年 백성을 사랑하는 마음 백 년을 가겠네.

公繼接審 백성을 안찰하고 살피는 마음 이어지니

聲績千秋 명성이 쌓여 천 년을 가리라

후면:

咸豐二年 任子 四月日 함풍이년 임자 사월일 1852년 세움

그림 52. 관찰사 서기순 비 - 창원 용지공원

　　　　　돌에 새긴 목민관 이야기 1

창원 용지공원에 있는 선정비들은 창원 정명 600주년을 맞이하여, 현재의 자리로 옮긴 것이며, 대부분의 비의 명문을 풀이하여 두었다.

그다음은 산청에 있는 관찰사 서기순 선생의 비이다.

산청은 금석문이 남아 있어 쉽게 자료를 구하였으며, 산청에 철비를 보러 가면서 선정비를 촬영하였다.

그중에 산청 가계리에 있는 선정비 들은 맨 나중에 촬영하였으며, 관찰사 서기순의 비에는 비제와 송시는 새겨져 있지만 세운 시기는 새겨지지 않았다.

비제: 巡相國徐箕淳沒世不忘碑(순상국서기순몰세[210]불망비)

自公南度 公이 남쪽으로 오시니

州縣淸白 온 고을이 청백하였네

旣洽施恩 베푸신 은혜 이미 흡족하고

欽若無跡 흠모하니 발자취는 없는 듯하며

歸調梓鼎[211] 가래나무와 솥이 고르게 돌려보내고

留愛常磨 남기신 은혜 돌에 새길 마음 항상 두었고

播口猶餘 입으로 칭찬하여도 남음이 있었으니

乃載于石 이에 돌에 새겨 두노라

---

210) 끝없이 영원하다는 뜻이다.

211) 명문이 희미하여 무슨 글자인지 정확하게 모르며, 또한 梓鼎이 무슨 뜻인지 정확하게 풀이를 하지 못하였다.

관찰사 서기순을 칭찬하는 송시의 명문이 깊지 않아 명문을 확인하는
데 시간을 많이 허비하였으며, 생비량면 가계리에는 관찰사 서기순의 비
외에도 2좌의 관찰사비가 더 있다.

가계리의 위치로 보아 함안으로 길목이기에 현감과 관찰사 비를 세운
것으로도 생각되기도 한다.

그림 53. 관찰사 서기순 비 - 산청 가계리

그다음은 창녕에 있는 관찰사 서기순 비이다.

　　　　　　　　　돌에 새긴 목민관 이야기 1

선정비가 있는 곳은 창녕 만옥정 공원으로 선정비와 객사, 그리고 탑도 있어, 많은 문화유산 답사자들이 찾은 곳이기도 하다.

그림 54. 관찰사 서기순 비 – 창녕 만옥정 공원

창녕에 있는 관찰사 서기순의 비에는 비제와 세운 시기를 새겼으나, 송시는 보이지 않는다.

비제는 "巡相國徐公箕淳淸德去思碑(순상국서공기순청덕거사비)"라 되어 있고, 세운 시기는 "辛亥三月"이라 되어 있다.

신해 3월은 1851년이다.

그다음은 필자가 있는 울산이다. 그런데 울산 동헌에는 1좌의 관찰사 비도 보이지 않아, 많은 의문이 드는데, 어느 분은 관찰사가 울산 동헌에 순찰을 오지 않았다고 하며, 그것은 경상좌도병마사와 품계가 같아 껄끄러워서 오지 않았다고 한다.

그림 55. 관찰사 서기순 비 – 언양 향교

돌에 새긴 목민관 이야기 1

필자의 생각은 이러하다.

관찰사가 道內를 순찰할 때 경상좌도병마사와 품계가 같아서 그 지역을 순찰하지 않는다는 것은, 조선시대에서는 유배와 파직의 대상이 되는데 이러한 무모한 일을 하지 않을 것으로 생각된다.

그리고 울산동헌에 관찰사 선정비는 있었지만 훼손 가능성이 있고, 특히 부산에서 양산을 들리고 언양읍성에 순찰사가 도착하면, 울산에 있는 도호부사 등은 직접 가거나 아니면, 아랫사람을 시켜 일종을 公狀[212]을 보내 인사를 하는 것이 그 당시의 예법이다.

또 한 관찰사가 순찰을 할 때 통도사가 가까이 있고, 반구대 부근으로 행차를 했을 가능성이 농후한 것은 관광과 숙식하기 쉬운 곳으로 갈 가능성이 크다고 본다.

즉 통도사는 청류동천이라 하여 휴식과 관광 그리고 숙소와 인원동원이 용이하기에, 부산, 양산을 거쳐 언양으로 그리고 경주, 영천가는 巡察路를 택했을 것으로 추정되기 때문이다.

언양 향교에 있는 관찰사 서기순 비는 비제와 세운 시기만 새겨져 있고, 그를 칭송하는 송시는 없었다.

비제는 "巡相國徐公箕淳永世不忘碑(순상국서공기순영세불망비)" 그리고 세운 시기는 "咸豊元年辛亥二月(함풍원년신해2월)"이라 되어 있다. 함풍원년이면 1851년이다.

그다음은 함양에 있는 관찰사 서기순 碑인데, 여기는 일반적인 돌기둥이 아니고, 바위에 새긴 磨崖碑이었다.

---

212) 공장(公狀)이란 일종의 관리의 명함 같은 것으로서, 고을 수령이나 찰방(察訪)이 관찰사, 병사, 수사를 공식적으로 만날 때 내던 관직명을 적은 편지이다.

여기의 마애비(그림 56)는 거연정 부근에 조금 떨어진 바위에 새겨져 있으며, 마애비는 水路 건너 바위에 새겨져 있어 촬영은 하였지만, 실측하기 어려워 3번의 방문 끝에 겨우 했지만 정확한 실측은 할 수 없었다.

마애비가 여기에 새겨져 있는 것은 거연정이 있는 곳이, 화림동 계곡의 한가운데 위치하여, 계곡의 기암과 주변의 노송이 함께 조화를 이루어 매우 아름답기에 관광과 휴식을 위해 들렀기에 단순히 기념비적인 비로 생각된다.

관찰사의 업무가 여러 가지이지만 그중에 관광도 포함되기에 필자가 그렇게 생각하는 것이다.

비제는 "巡相徐公祁順淸德善政碑(순상서공기순청덕선정비)"라 되어 있고, 세운 시기, 그리고 그를 칭송하는 송시는 없었다.

다음으로 소개하는 관찰사 서기순 비(사진 57)는 대구 달성군청에 있으며, 송시와 세운 시기를 새겨 두었다.

비의 전면에 보이는 명문이 희미하여 여러 번 가서 확인하였지만, 제대로 확인이 안 되어, 전일주 선생[213]께서 발간한 《대구광역시에 소재한 조선시대의 송덕비 및 영세불망비》라는 책을 참고하였다.

비제: 巡相國徐公箕淳愛民善政碑(순상국서공기순애민선정비)

相公治蹟 상공의 다스린 흔적을
口碑心銘 입으로 전하고 마음에 새겼네.

---

213)　대구에서 금석문을 연구하시는 분이시며, 영남대학교 문학박사, 경상북도문화재전문위원, 영남금석문탁본회장이시다.

그림 56. 관찰사 서기순 마애비 – 함양 거연정 부근

貞操氷蘗[214] 정조는 얼음처럼 깨끗하고

---

214) 맑은 얼음물을 마시고 쓰디쓴 소태나무를 씹는다는 뜻으로, 굳게 절조를 지키면서 청백
하게 사는 것을 비유할 때 흔히 쓰는 표현이다. 당(唐)나라 백거이(白居易)의 "삼 년 세월
동안 자사로 있으면서, 맑은 얼음물을 마시고 쓰디쓴 소태를 씹었노라.(三年爲刺史 飮氷

敏政衡平 명민한 정치로 공평하였네

召棠[215] 巡宣 소공처럼 돌아다니며 살피고

范車[216] 澄淸[217] 범방처럼 청렴하게 다스렸네.

玄都赤子 현풍 고을 백성들

陽春化生 봄볕에 다시 살아났네.

連年蠲羅 해마다 조세를 줄여 주시니

積痼如惺 고질병이 사라진 듯하네.

煌煌石面 좋고 아름다운 돌에다

顯刻輿誠 백성들의 정성을 새기노라

咸豐元年 二月日(함풍원년 이월일) 1851년 2월 세움

마지막으로 익산 용안면에 관찰사 서기순 불망비이다. 익산은 2012년도 가서 촬영하였다고 생각하였고, 그 뒤로 익산을 몇 번을 답사를 가곤하였는데, 찾아보니 용안면에 있는 관찰사 서기순의 비는 저장된 사진 목

復食蘗)"라는 시구에서 유래한 것이다. 《白樂天詩集 卷1 三年爲刺史》

215) 《시경(詩經)》소남(召南)의 감당(甘棠)을 말한 것이다. 주(周) 나라 소공 석(召公奭)이 남국(南國)을 순시하다가 팥배나무의 밑에서 민원을 처리해 주었는데, 후세의 사람들이 그를 사모하여 그 팥배나무를 차마 베지 못하였다. 후세에 선정(善政)을 비유하는 고사로 쓰이고 있다.

216) 후한(後漢) 때에 범방(范滂 : 자는 맹박(孟博)임)이 청조사(淸詔使)가 되어 기주(冀州)로 사신 나갈 적에, 수레에 올라 고삐를 잡고서 개연(慨然)히 천하를 한 번 밝히려는 뜻을 가졌었다. 곧 그렇게 수레를 탔다는 뜻.

217) 후한(後漢)의 범방(范滂)이 혼란스러운 기주(冀州)의 안찰사(按察使)로 떠나면서 뜻을 품었던 고사에서 유래한 남비징청(攬轡澄淸)이라는 성어(成語)가 있다. 《後漢書 黨錮 范滂傳》

록에는 없었다. 그래서 2025년 5월에 시간을 내어 익산에 가서 사진 촬영하고 왔다.

용안면 사무소와 같이 있는 용안현의 자리에는 많은 비석이 있으며, 그 중에 관찰사 서기순의 비도 있다. 비제와 그리고 송시도 새겨져 있었다. 비의(그림 58) 뒷면에는 세운 시기는 보이지 않으며, 비제는 "관찰사서공기순영세불망비(觀察使徐公箕淳永世不忘碑)"라 되어 있었다. 송시는 다음과 같다.

그림 57. 관찰사 - 서기순 비 달성군청

그림 58. 관찰사 서기순 비 – 익산 용안동헌

淸以永 청렴은 영원하고

德如山 덕은 산과 같으니

法籍費 적비를 제거하였으며

濟民艱 어려운 백성을 구제하였네

관찰사 서기순의 선정비는 23좌가 남아 있으나, 필자가 찾지 못한 비가

있을 것으로 생각되고, 다르게 생각하면 비를 세우고 나서 훼손되어, 보지

　　　　　　　　　돌에 새긴 목민관 이야기 1

못한 선정비도 있을 것으로 생각된다.

관찰사 서기순은 청백리 녹선은 조선왕조실록, 승정원일기에 보이지 않으나, 典故大方[218]에는 순조 시대에 청백리에 녹선된 것으로 기록되어 있다.

철종 시대 서기순의 졸기에는 청렴하다는 기록은 있지만 청백리에 녹선 되는 기록은 보이지 않았다.

특히 순조 때 청백리에 녹선되었다는 전고대방은 기록은 앞, 뒤가 맞지 않는데, 그 이유는 조선왕조실록, 《승정원일기》, 《일성록》에는 기록이 보이지 않기 때문이다.

그러나 전고대방에서 어떠한 기준으로 서기순을 청백리에 포함시켰는지 알 수 없으나, 옛 기록이기에 이 책에 포함시켰다. 필자의 생각은 청렴하였다는 이야기가 세간에 전해지기에, 전고대방에서 언급한 것으로 생각된다.

---

218) 일제강점기 학자 강효석이 우리나라 역대 인물에 대한 전거를 밝혀 1924년에 간행한 전기.

24. 심의신

심의신 沈宜臣(1791년~1845년)[219]

조선 후기 문신. 자는 순흠(舜欽)이고, 본관은 청송(靑松)이다.

부친은 통훈대부(通訓大夫) 안동진관병마동첨절제사(安東鎭管兵馬同僉節制使) 심능술(沈能述)이고, 생부는 통훈대부 해주진병마절제도위(海州鎭兵馬節制都尉) 심능악(沈能岳)이다.

1810년(순조 10년) 식년시 진사 3등에 23위로 합격하였으며, 1829년(순조 29년) 정시 병과에 26위로 문과 급제하였다.

관직은 성균관대사성(成均館大司成)·충청도관찰사(忠淸道觀察使)·사간원대사간(司諫院大司諫)·이조참판(吏曹參判)·경기관찰사(京畿觀察使) 등을 역임하였으며, 품계는 통정대부(通政大夫)에 올랐다.

1829년(순조 29년) 중궁전승후관(中宮殿承候官)으로서 통정대부에 가자되었다.

1837년(헌종 3년) 충청도관찰사가 되어 충청 지역을 진휼(賑恤)한 후 장계(狀啓)를 올렸다.

같은 해에 비밀리에 장계를 올려 대흥군(大興郡)의 괘서(掛書) 사건에 관련된 성국로(成國老)·이종려(李鍾呂) 등을 조정에서 국문(鞫問)하여

---

219)　한국역대인물종합정보시스템에서 발췌하였다.

죄의 경중에 따라 처벌할 것을 청하였다.

그러나 일이 커지는 것을 반대하던 대왕대비의 저지로 금부도사(禁府都事)의 입회하에 성국로와 이종려는 도신(道臣)이 직접 참형(斬刑)으로 다스려졌다.

심의신 선생의 선정비는 대부분 충청도에 남아 있으며, 관찰사의 비가 제일 많이 남아 있다.

심의신 선생이 충청도 관찰사로 임명되는 시기는 1836년(헌종 2년)이고, 1838년에 체직[220] 된 기록이 보인다.

관찰사 심의신 선정비 위치와 설립 시기

번호	비 제	설립시기	선정비 위치
1	관찰사심공의신영세불망비 觀察使沈空宜臣永世不忘碑	歲在戊戌四月 1838년	음성향교
2	관찰사심공의신선정비 觀察使沈公宜臣善政碑	丁酉七月日立 1837년	괴산 정전면
3	관찰사심공의신선정비 觀察使沈公宜臣善政碑	戊戌四月 1838년	괴산 청안면
4	관찰사심공의신재정영세불망비 觀察使沈公宜臣災政永世不忘碑	道光17년丁酉三月日立 1837년	부여 임천면
5	관찰사심공의신영세불망비 觀察使沈公宜臣永世不忘碑	道光十八年四月日立 1838년	공주 공산성(1)
6	관찰사심공의신영세불망비 觀察使沈公宜臣永世不忘碑	?	공주 공산성(2)

---

220)　벼슬이 갈리는 것을 말한다.

7	관찰사심공의신청백선정비 觀察使沈公宜臣淸白善政碑	崇禎後四戊戌四月日立 1838년	공주 경천역
8	관찰사심공의신영세불망비 觀察使沈公宜臣永世不忘碑	戊戌閏四月日立 1838년	당진 면천읍성
9	관찰사심공의신영세불망비 觀察使沈公宜臣永世不忘碑	道光十七年丁酉七月日 1837년	예산 덕산면
10	순찰사심공의신청덕선정비 觀察使沈公宜臣淸德善政碑	戊戌正月日立 1838년	서산 군청
11	관찰사심공의신영세불망비 觀察使沈公宜臣永世不忘碑	丁酉四月日立 1837년	예산 대흥
12	순찰사심공의신영세불망비 觀察使沈公宜臣永世不忘碑	庚子 三月日 1840년	아산 신창
13	관찰사심공의신영세불망비 觀察使沈公宜臣永世不忘碑	丁酉二月日立 1837년	천안 목천
14	관찰사심공의신선정불망비 觀察使沈公宜臣善政不忘碑	?	공주 유구읍
15	관찰사심공의신영세불망비 觀察使沈公宜臣永世不忘碑	丁酉七月日 1837년	청양 군청
16	관찰사심공의신영세불망비 觀察使沈公宜臣永世不忘碑	道光十七年丁酉四月初日立 1837년	청양 간두문
17	관찰사심공의신선정비 觀察使沈公宜臣善政碑	丁酉五月日 1837년	보령 남포현
18	관찰사심공의신청덕선정비 觀察使沈公宜臣淸德善政碑	?	서천군청
19	관찰사심공의신영세불망비 觀察使沈公宜臣永世不忘碑	?	옥천 증약
20	관찰사심공의신선정비 觀察使沈公宜臣善政碑	?	부여 홍산
21	관찰사심공의신영세불망비 觀察使沈公宜臣永世不忘碑	崇禎後四年戊戌閏四月日立 1838년	진천 향토전시관

22	관찰사심공의신영세불망비 觀察使沈公宜臣永世不忘碑	戊戌十月日 1838년	회덕 읍사무소
23	관찰사심공의신휼민청덕선정비 觀察使沈公宜臣恤民淸德善政碑	乙巳六月日立 1845년	당진 도서관
24	관찰사심공의신영세불망비 觀察使沈公宜臣永世不忘碑	丁酉四月立 1837년	논산 노성면
25	관찰사심공의신영세불망비 觀察使沈公宜臣永世不忘碑	道光十七年丁酉十一月立 1837년	논산 은진면
26	관찰사심공의신영세불망비 觀察使沈公宜臣永世不忘碑	乙亥三月日立 1875년	홍성읍성

심의신 선생의 청백리 기록은 전고대방에 나오며 조선왕조실록과 "승정원일기"에는 나오지 않는다.

전고대방에서는 순조 때 청백리에 녹선되었다는 기록에 의해 여기에 싣는 것이며, 그리고 청선고(淸選考)[221]에서는 심의신 선생의 청백리 기록은 보이지 않고 있다.

충청도에 남아 있는 관찰사 심의신의 碑 중 음성향교의 것부터 소개한다.

음성향교의 선정비는 하마비를 조사하던 중에 향교에 여러 선정비가 있어, 그곳까지 간 김에 사진 촬영을 하였으며, 2015년에 처음 갔으나 2021년에 다시 가서 재촬영을 하였다.

비제는 "관찰사심공의신영세불망비(觀察使沈公宜臣永世不忘碑)"라 되어 있으며, 그 옆 行에는 "세재무술4월일(歲在戊午四月日)"이라 되어 있

---

221) 조선전기부터 대한제국기까지 동·서 양반의 주요 관직 및 직계별로 4만여 명을 수록한 인명록. 선생안.

어 세운 시기는 1838년으로 보인다. 심의신을 칭송하는 명문은 없었다.

충청도 관찰사 심의신이 나라에 올린 장계가 있어 소개하면 다음과 같다.

"충청감영[222]계록(忠淸監營啓錄) ○ 헌종(憲宗) / 헌종(憲宗) 2년(1836)

이번에 도부(到付)한 비변사(備邊司)의 관문(關文)에, 계하한 것임.

비변사의 계사(啓辭)에, 얼마 전에 호서(湖西)의 전 도신(道臣) 김재삼(金在三)이 상소하여 홍주(洪州)에서 창곡(倉穀)을 허위로 유치(留置)하는 폐단을 말한 것에 대하여 다시 도신(道臣)으로 하여금 철저히 조사하여 상세하게 보고하고 전후의 수령(守令)들에게도 모두 현고(現告)를 받아내어 조정에 등문(登聞)하라고 초기(草記 각 관아에서 중대하지 않은 사항을 사실만을 간단히 적어 임금에게 올리는 문서)하여 행회(行會 정부의 지시나 명령을 공문을 보내 알림)하였습니다.

방금 충청 감사(忠淸監司) 심의신(沈宜臣)이 올린 장계(狀啓)를 보니, 본주(本州) 세곡선(稅穀船)의 선가(船價)를 민간에서 내는 수량이 다른 읍에 비하면 얼마 되지 않아서 매번 세곡을 상납할 때마다 번번이 흠축(欠縮)이 났기 때문에 지난 기유년(1789, 정조 13년)에 보세청(補稅廳)을 설치하고 그 이자를 취하여 선가에 보탰으나, 선비(船費)는 점차 증가하고 수입은 부족하여 달리 손을 쓸 수가 없어서 환미(還米)를 나이(挪移 돈이나 물건을 유용함)하여 썼습니다.

무진년(1808, 순조 8년) 이후로 30년 동안에 이것이 점차 누적되어 포흠

210　　　　　　　　　　　　　　　　　　　　　돌에 새긴 목민관 이야기 1

(逋欠)난 수량이 1487석(石) 남짓입니다. 비록 해에 따라 늘어나거나 줄어든 차이는 있더라도 모두 잘못을 답습하고 사실을 덮어 가린 것입니다."

그림 59. 관찰사 심의신 비 - 음성향교

　　두 번째로 소개하는 관찰사 심의신의 비는 괴산 청천면에 있는 것으로, 이곳에 있는 선정비는 인지를 하지 못하였으나. 우암 선생[223]의 묘를 참배하러 갔다가 우연히 본 것이다.

---

223)　　우암 송시열 선생을 말한다.

송시는 없고 비제와 세운 시기만 보이고 있다.

비제는 "관찰사심공의신선정비(觀察使沈公宜臣善政碑)"라 되어 있으며, 그 옆으로 "정유7월일(丁酉七月)"이라 되어 있어 세운 시기는 1837년 7월이다.

그림 60. 관찰사 심의신 비 - 괴산 청천면

세 번째 소개하는 선정비는 괴산 청안에 있는 것으로, 괴산을 1박 2일 답사하면서, 보이는 비석은 다 촬영하고 나서 정리하다 보니 제대로 안 되었기에, 몇 년 뒤에 다시 촬영을 하였다.

돌에 새긴 목민관 이야기 1

비석의 명문은 비제와 세운 시기는 보이지만 송시는 없었다.

비제는 "관찰사심공의신선정비(觀察使沈公宜臣善政碑)"이고 세운 시기는 "무술 4월(戊戌 四月)"이어서 1838년에 세웠다고 본다.

그림 61. 관찰사 심의신 비 - 괴산 청안

네 번째는 부여 임천면에 있는 관찰사 심의신의 비이다.

임천은 임천향교에 있는 하마비를 보러 가면서 도로 옆에 있는 선정비 군을 보았는데, 나중에 보니 119센터 앞에 비석군이 또 있었다.

시간을 내어 가니 암행어사 한이조 선정비도 있고, 다른 충청도 관찰사 선정비도 있어 답사를 간 것이 보람된 결과가 나왔다.

그림 62. 관찰사 심의신 비 - 부여 임천

부여 임천에 있는 관찰사 심의신 비의 명문은 다른 곳과 조금 달리 표현되었으며, 그를 칭송하는 명문도 있었다.

비제: 관찰사심공의신재정영세불망비(觀察使沈公宜臣灾政永世不忘碑)

돌에 새긴 목민관 이야기 1

二載爲治 이 년 동안 백성을 다스리니

不可勝書 역사책에 모든 기록을 할 수 없구나!

撮具大者 필요한 것을 구해 주신 순찰사이시고

舊瘼亟祛 오래된 병폐는 빠르게 제거하였네.

靑山無恙 청산을 변함이 없게 하니

水落江空 江은 넓어도 水落石出[224]이어라

一架兩碑[225] 경군과 백석을 세우니

異代同功 시대는 다르나 功은 같았도다.

道光十七年 丁酉 三月 日 建 도광17년 정유(1837년) 3월 세우다.

비제에 보이는 명문 중 재정(灾政)은 災政과 같은 말로, 관찰사 심의신이 재해와 흉년, 세금, 구휼 등의 정치를 잘 한 것으로 보인다.

다섯 번째 소개하는 심의신 선생의 선정비는 공주 공산성에 있는 것으로, 여기에는 2좌의 선정비가 남아 있다.

비제는 같으나, 1좌는 세운 시기와 송시가 있으며, 다른 1좌는 비제와 송시만 있었다.

---

224) 나중에는 물이 줄어들어 돌이 드러나는 것처럼 어떤 일의 진상이 드러나는 것을 비유하는 말로 쓰이는데, 여기서는 관찰사 심의신의 공적이 드러난다는 뜻으로 보인다.

225) 경군은 한(漢) 나라 때 익주 태수 경군비(益州太守景君碑)를 말한 것으로 산동성(山東省) 제령현(濟寧縣)에 있는데, 음기(陰記)는 팔분서(八分書)로 쓰였다고 한다. 백석은 후한 영제(後漢靈帝) 때 하북성(河北省)의 태항산(太行山) 기슭에 세운 백석산 신군비(白石山神君碑)를 말한 것인데, 이 역시 팔분서로 쓰였다고 한다.

그림 63. 관찰사 심의신 비 – 공주 공산성 1

먼저 소개하는 선정비의 비제는 "관찰사심공의신영세불망비(觀察使沈
公宜臣永世不忘碑)"라 되어 있고 세운 시기는 "도광십팔년사월일립(道光
十八年四月日立)"이라 되었기에, 세운 시기는 1838년이다.

송시는 다음과 같다.

五衙[226]**小人**　　　　**여러 지역의 백성들이**

---

226)　五衙는 여러 무리라는 뜻이 있어 여기서는 많은 백성 또는 여러 지역의 백성으로 풀이하
　　　였다.

| 敢贊今德 | 공의 덕을 찬양하고 |
| 歌傳耄艾 | 노래를 부노들이 전하니 |

頌登金石	송덕을 높여 비석에 새겼네.
水淚熊江[227]	강 깊은 웅강에
山重[228]鳳嶽	봉악의 산은 더 무거워지네
貰蠲馱負	貰를 견감하시고 馱價를 부담하시니
偏蒙遺澤	깊은 은택을 입었다네.

공산성에 있는 심의신 선생의 2번째 선정비의 명문은 세운 시기는 없으나, 비제와 송시가 있다. 비석의 명문을 소개하면 다음과 같다.

觀察使沈公宜臣永世不忘碑(관찰사심공의신영세불망비)

天遣惠君 조정에서 오신 자비로운 분이시니

湖邦是式 호서지역을 법대로 다스리네

令德臨人 훌륭한 덕으로 사람을 대하며

秉心隱惻 마음은 측은함이 있으니

徵公錫之 공을 불러 벼슬을 하사하시니

---

227) 공주의 옛 지명을 말하며, 곰이 빠져 죽은 강이라 하여 고마나루라고 한다.

228) 두보(杜甫)가 엄무(嚴武)를 위해 지은 시 가운데 "공이 오시자 설산이 중해졌고, 공이 가시자 설산이 가벼워졌네.[公來雪山重 公去雪山輕]"라는 명구가 있다. 《杜少陵詩集 卷16 八哀詩 三 贈左僕射鄭國公嚴公武》

諭衣諭食 의상을 차려입고 먹을 것을 갖추니

穆穆淸風 온화하고 맑은 바람이어라

百世不息 백세 동안 멈춤이 없을 것이도다

그림 64. 관찰사 심의신 – 비 공주 공산성 2

여섯 번째 소개하는 심의신 선생의 선정비는 공주 경천역이 있었던 곳
에 있다 하여, 새벽부터 울산에서 출발하여 碑를 보러 갔다.

대전에서 차를 빌려 경천역과 유구읍을 답사하는 여정이기에 일찍이 나선 것이다.

경천역이 있는 곳은 계룡산 부근이라 대전에서 먼 곳이어서 1시간 이상을 차로 달려갔다.

"경천역은[229] **조선시대 삼남을 연결하는 큰 도로에 있던 교통의 요지였으나, 현재 흔적만을 알 수 있을 뿐 역참은 남아 있지 않으며, 공주에서 노성(지금의 논산)으로 가는 길목에 있던 역으로 조선시대 국가의 명령과 공문서의 전달, 변경의 중요한 군사 정보, 그리고 사신 왕래에 따른 영송과 접대 등을 위하여 마련한 교통 통신 기관이다."**

경천역은 없어졌고, 부근에 있는 경천교에 3좌의 선정비가 있으며, 관찰사 심의신의 선정비는 向 왼편에 있었다.

관찰사 선정비(사진 66번)는 비제와 세운 시기 그리고 그를 칭송하는 송시가 있었다.

비제는 "관찰사심공의신청백선정비(觀察使沈公宜臣淸白善政碑)"라 되어 있고, 세운 시기는 "숭정후사무술사월일립(崇禎後四戊戌四月日立)"이라 되어 있어, 1838년에 세운 것으로 보인다.

비에는 그를 칭송하는 송시도 있어 소개하면 다음과 같다.

三載[230] **爲政 삼 년 동안 다스리면서**

一心布仁 한 마음으로 어진 정치를 펼치니

旱天甘霖 마른하늘에 단비가 내리고

陰谷陽春 그늘진 골짜기도 따뜻한 봄이더라.

---

229) [출처] 한국학중앙연구원 - 향토문화전자대전
230) 심의신은 충청도 관찰사 재임은 1836년 1월 6일부터 1837년 12월까지다.

그림 65. 관찰사 심의신 비 – 공주 경천역

　일곱 번째 소개하는 심의신 선생의 비(사진 66)는 충남 당진문화원에 있으며, 원래 자리는 교동리 대차골에 있었다고 한다.

　관찰사 심의신의 비에는 비제와 세운 시기 그리고 칭송하는 송시가 있으며, 비석의 원문이 마모로 인해 송시는 전체가 보이지 않는다.

　비제는 "관찰사심공의신청덕선정비(觀察使沈公宜臣淸德善政碑)"라 되어 있고 세운 시기는 "을사육월일(乙巳六月日)"이라 되어 있다. 1845년에 세운 것이다.

　송시는 다음과 같다.

돌에 새긴 목민관 이야기 1

公莅三年 공이 오셔서 삼 년을 다스리니

民戴二天[231] 백성들은 이천이라 하네.

召■萊■ ……

■■劉■ ……

그림 66. 관찰사 심의신 비 - 당진문화원

---

231) 남의 특별한 은혜를 하늘에 비겨 이르는 말. 후한 순제(後漢順帝) 때 소장(蘇章)이 기주
자사(冀州刺史)가 되어 관할을 순행하다가 청하(淸河)에 이르렀는데, 마침 청하 태수(淸
河太守)는 옛 친구로 부정이 매우 많았다. 소장은 그 부정을 다 조사해 놓고서 곧 태수를
청하여 술을 마시며 친구간의 우의를 담론하니, 태수가 매우 기뻐하며, "남들은 모두 하
늘이 하나[一天]뿐이지만 나만은 하늘이 둘[二天]이다."고 한 고사(故事)에서 나온 말.《後
漢書 蘇章傳》

여덟 번째로 소개하는 선정비는 예산 대흥에 있는 것으로, 여기의 비석들은 예당저수지 축조로 수몰 지역에 있던 것들을 현재의 자리에 옮겨 놓았다.

여기에는 1587년에 세운 유몽학 비와 대동법을 추진해 공납의 폐단을 시정하고, 백성을 도탄에서 구한 김육 선생의 비도 있다.

예산 대흥에 있는 관찰사 심의신의 비는 비제. 세운 시기, 송시가 남아있다.

비제는 "관찰사심공의신영세불망비(觀察使沈公宜臣永世不忘碑)"라 되어 있고, 세운 시기는 "정유사월일립(丁酉四月日立)"이라 되어 있어, 1837년에 세운 것으로 보인다.

심의신 관찰사를 칭송하는 송시는 다음과 같다.

體損一念	몸이 상할 정도로 일념 하셨고
民罔弗藐	백성을 업신여긴 적 없으시네
石猶有磷	돌이 비록 닳아 없어지더라도
名不可泐	功을 돌에 아니 새길 수 없구나.

관찰사 심의신이 조정에 보낸 狀啓 중 2번째를 소개하면 다음과 같다.

"충청감영계록[232](忠淸監營啓錄) 헌종(憲宗) 2년(1836년)8월 17일

---

232)　고전번역원db에서 발췌하였다.

　　돌에 새긴 목민관 이야기 1

방금 충청 감사(忠淸監司) 심의신(沈宜臣)이 올린 장계(狀啓)를 보니, 홍주의 전 목사(牧使) 이종직(李鍾稷)의 첩정(牒呈) 내용을 들어 낱낱이 말하기를, 본주(本州)의 세곡을 운송하는 선비(船費)로서 민간에서 내는 수량이 다른 읍에 비하면 얼마 되지 않습니다. 그래서 보세청(補稅廳)을 설치하여 본전(本錢)을 나눠 빌려주고 그 이식(利殖)을 취하여 선비에 보태는 밑천으로 삼았으나, 수입이 지출을 지탱하지 못하고 가하(加下)한 수량이 해마다 증가한 탓에 점차적으로 환곡을 꾸어다가 쓰고 허위로 유치하여 포흠(逋欠)이 누적되는 지경에까지 이르렀습니다.

보세청을 처음 설치한 것은 본디 선세(船稅)에 보태기 위한 방도였으나 이자를 불리는 돈이 햇수가 오래되자 폐단이 늘어나서 한갓 허위 장부만 끼고서 빚을 번작(反作)하여 환곡으로 만들어 모식(耗殖)이 증가합니다.

또 보세청(補稅廳)의 군관(軍官)이 봄과 가을에 번전(番錢)을 징수하면 온 경내가 소요(騷擾)하니, 그것이 온 고을 하리와 백성들에게 뼈에 사무치는 큰 폐막이 되고 있으며 다만 환곡을 불법으로 꾸어다가 옮겨 쓰는 폐단만 되는 것이 아닙니다.

지금 그것을 바로잡기 위한 계책으로는 전세(田稅)의 식례(式例)를 다른 읍에 따라 고친 뒤에 보세청을 혁파하여 그 이자를 불리는 본전 및 군관의 허위 인원을 일체 모두 견감(蠲減)하고 탕척(蕩滌)하는 것이 가장 좋은 방도입니다.

그렇게 하면 백성들은 어깨를 쉴 수가 있고 고을은 병폐에서 소생할 수가 있어서 환곡을 불법으로 옮겨 쓰는 폐단은 없애려고 하지 않더라도 저절로 없어질 것입니다." (생략)

그림 67. 관찰사 심의신 비 – 예산 대흥

아홉 번째 소개하는 비는 아산 신창에 있는 것으로, 원래는 신창초등학교 부근에 있다가. 최근에 역사공원으로 이건하였다.

신창 역사공원의 비에는 다른 곳과 달리 관찰사가 아니고 순찰사로 표현되었고, 비제와 세운 시기는 있으나 송시는 없었다. 비제는 "순찰사심공의신영세불망비(巡察使沈公宜臣永世不忘碑)"라 되어 있고 세운 시기는 "경자삼월일(庚子三月日)"이라 되어 있어, 1840년에 세운 것으로 보인다.

돌에 새긴 목민관 이야기 1

그림 68. 순찰사 심의신 비 - 아산 신창

열 번째 소개하는 비는 천안 목천읍에 있는 것으로, 여기는 목천 향교에 하마비를 보러 몇 번 갔는데 인지를 못 하고 시간을 내어 찾아갔다.

목천읍에 있는 관찰사 심의신 비는 비제 그리고 세운 시기만 있었다.

비제는 "관찰사심공의신영세불망비(觀察使沈公宜臣永世不忘碑)"이라 되어 있고, 세운 시기는 "정유이월립(丁酉二月立)"이라 되어 있어 1837년에 세운 것으로 보인다.

그림 69. 관찰사 심의신 비 – 천안 목천

　열한 번째 소개하는 비는 공주 유구읍에 있는 것으로, 이곳의 비는 인지를 못 하였는데, 지인을 통해 알았으며, 유구읍에 왜 선정비가 있을까 하여 유구읍에 문의하니, 조선시대 역참인 성환도에 딸린 유구역이 있었기에 선정비가 있다고 한다. 관찰사나, 암행어사의 임무 수행 시 필요한 물품이나 숙소, 말(馬) 등을 제공받으려면 역참에 들리거나 묵어야 한다. 그래서 옛 역참 자리에 선정비가 남아 있는 경우가 허다하다. 여기의 비는 비제만 있으며 "관찰사심공의신선정불망비(觀察使沈公宜臣善政不忘碑)"라 되어 있다.

 　돌에 새긴 목민관 이야기 1

세운 시기는 1836년 이후로 추정된다.

그림 70. 관찰사 심의신 비 – 공주 유구읍

열두 번째 소개하는 비는 청양군청에 있는 것으로 여기에도 비제와 세운 시기만 새겨져 있다.

비제는 "관찰사심공의신영세불망비(觀察使沈公宜臣永世不忘碑)"라 되어 있고 세운 시기는 "정유칠월일립(丁酉七月日立)"이라 되어 있어 1837년에 세운 것으로 보인다.

그림 71. 관찰사 심의신 비 - 청양군청

열세 번째 소개하는 비는 청양 간두문에 있는 碑로 간두문은 정산현의 관문으로 목면사무소가 있었던 곳으로, 현감, 관찰사 비가 12좌가 있었으나, 그중에 7좌가 남아 있고, 5좌는 실전되었다.

원래의 자리는 지곡리 등에 산재 있었던 것을 1983년 목면장이 관심 있는 지역 주민들과 한군데 모았다가. 2000년도에 "국도바로잡기" 공사로 인하여 보존 관리에 편리한 현재의 자리로 옮겼는데 그 이유는 선현의 추념과 향후 후세의 교화의 표본으로 삼고자 하기 때문인 것으로 알려졌다.

비제는 "觀察使沈公宜臣永世不忘碑(관찰사심공의신영세불망비)"라 되

 돌에 새긴 목민관 이야기 1

어 있으며, 세운 시기는 "道光十七年丁酉四月初十日立(도광십칠년정유사
월초십일립)"이라 되어 있다.

　1837년에 세운 것으로 보인다.

그림 72. 관찰사 심의신 비 - 청양 간두문

　열네 번째 소개하는 비는 보령 남포읍성에 있는 것이다.

　보령의 첫 답사는 2012년도였고 그 당시에 택시를 타고 남포읍성을 답
사하였는데, 남포읍성에 남아 있는 선정비는 인지를 하지 못하였다.

　그 뒤로 몇 번이고 보령을 답사하였지만, 어떻게 된 일인지 남포읍성 비

석군만 못 보고 그냥 돌아오는 경우가 많았다.

그래서 2023년도에 촬영하지 못한 보령의 선정비를 찾으러 가면서 남포읍성의 비석군에 있는 관찰사 심의신 비를 촬영하였다.

조선시대의 지방관은 일정한 임기가 있었는데, 그 표현을 과만(瓜滿), 과기(瓜期)라 하였으며, 또 다른 표현으로는 만개(箇滿)[233]라 하였다.

경국대전에서는 관찰사의 임기가 1년이었지만, 단기간이서 폐단이 많아, 조선후기 현종 때 관찰사의 임기가 2년으로 늘어났다.

관찰사는 순력도 가야 하므로 대부분 관내 지역을 돌아다녀야 하지만, 여가 생활이 필요하다.

관찰사의 여가 생활을 살펴보면 활쏘기, 연회, 관광이 주류를 이루고 있다.

특히 활쏘기는 "예기(禮記)"에서는 '사이관덕(射以觀德)'이라고 하여, 활을 쏘는 것을 활 쏘는 사람의 마음이 바르고 덕이 있는지 알아낸다고 하였기에, 사대부 사이에서는 유행하는 일종의 놀이 겸 수행이었다.

또 다른 여가 생활은 연회이다.

여가 시간에 여러 양반과 관료들의 모아 놓고 연회를 베푸는 것이다.

그리고 마지막으로는 관광이다.

관찰사는 순력을 하면서 관내 지역을 돌아다니는데, 각 지역마다 특색 있고 유명한 관광지를 볼 수 있기에, 관찰사 업무 중 가장 매력 있는 여가 생활로 생각되는 것이다.

그러한 것들의 흔적은 이름 남 명승지 새긴 巖刻字나, 유명한 누각에 걸

---

233)　개월법(箇月法)에 의하여 천전(遷轉) 또는 거관(去官)하는 관원이 그 근무 일수가 차던 것을 말한다. 대개 외관(外官)은 30개월, 경관(京官)은 15개월이었다.

려 있는 제영시가 그 흔적을 말해 주는 것이다.

남포읍성에 남아 있는 관찰사 심의신의 비에는 비제와 세운 시기만 새겨져 있고, 그를 칭송하는 송시는 보이지 않는다.

비제는 "관찰사심공의신선정비(觀察使沈公宜臣善政碑)"라 되어 있으며, 세운 시기는 "정유삼월(丁酉三月)"이라 되어 있다. 1837년에 세운 것으로 보인다.

그림 73. 관찰사 심의신 비 - 보령 남포읍성

비제에 나타나는 "영세불망", "선정비" 頌詩가 있는 명문과, 송시가 없는 선정비의 格의 차이는 크게 나지 않는 것으로 생각되나, 관찰사가 순력시 그 지역의 병폐나 폐단을 없애 주면 송시가 보이는 경우도 있지만, 정확하게 판단하기는 어렵다.

열다섯 번째 소개하는 관찰사 심의신 비는 면천초등학교 옆 군자정[234]에 있으며, 여러 비석과 같이 있다.

필자가 마지막으로 찾은 심의신 선생의 선정비로 비제, 송시와 세운 시기가 있는 碑이다.

비제는 "관찰사심공의신영세불망비(觀察使沈公宜臣永世不忘碑)"라 되어 있고, 세운 시기는 "무술윤사월일립(戊戌閏四月日立)"이라 되어 있어, 세운 시기는 1838년이다.

관찰사 심의신을 칭송하는 송시가 있으며, 그 내용은 다음과 같다.

憩棠[235]膏苗 선정을 베푸시니 민중이 배부르고

前召[236]後郇 전에는 소공이셨고 나중에는 순백[237]이 되셨네

減耗蠲稅 모곡과 세금을 감면해 주시니

---

234) 군자정은 연못인 군자지 가운데에 위치한 정자로, 고려 충렬왕때의 지군사인 곽충령이 못을 파고 연꽃을 심어 염계의 애련설을 따라 못의 이름을 지었다는 기록이 있다.

235) 감당은 《시경》 소남(召南)의 편명으로, 그 시에 "무성한 저 감당나무 가지를, 자르지도 말고 꺾지도 말라. 우리 소백이 쉬시던 곳이니라.(蔽芾甘棠 勿翦勿敗 召伯所憩)" 한 데서 온 말이다. 이 시는 남국을 순행하면서 문왕(文王)의 정사를 편 소공(召公)의 덕을 추모하여 부른 노래이므로, 전하여 지방관의 선정을 의미한다.

236) 주(周)나라 때 감당나무 아래에서 선정을 베푼 소공(召公)을 가리킨다.

237) 주 나라 때 인물로 주백(州伯)이 되어 제후를 다스린 사람이다. 여기서는 조정에서 큰 일을 하였다로 풀이된다.

      돌에 새긴 목민관 이야기 1

惠均吏民 은혜가 아전과 백성에게 골고루 입었도다.

 관찰사 심의신의 선정비는 26좌가 되기에 일일이 소개하는 것은 어렵고, 지루한 느낌이 들고, 소개하지 않은 선정비들은 대부분 비제와 세운 시기만 있고 송시는 없으므로 사진만 올려 소개하기로 하며, 또한 p.207에서 p.209[238]를 참고하면 될 것으로 생각된다.

그림 74. 관찰사 심의신 비 – 회덕읍

그림 75. 관찰사 심의신 비 – 진천 향토사료관

---

238)　이곳에는 세운 시기, 위치, 비제를 표를 만들어 정리해 두었다.

그림 76. 관찰사 심의신 비 – 옥천 증약

그림 77. 관찰사 심의신 비 – 논산 은진면

그림 78. 심의신 관찰사 비 – 예산 덕산면

그림 79. 관찰사 심의신 비 – 논산 노성면

돌에 새긴 목민관 이야기 1

그림 80. 관찰사 심의신 비 - 서천군청   그림 81. 관찰사 심의신 비 - 서산군청

그림 82. 관찰사 심의신 비 - 부여 홍산면   그림 83. 관찰사 심의신 비 - 홍성읍성

25. 홍명하

홍명하[239] 洪命夏(1607년~1667년)

본관은 남양(南陽). 자는 대이(大而), 호는 기천(沂川). 아버지는 병조참의 홍서익(洪瑞翼)이며, 어머니는 심종민(沈宗敏)의 딸이다.

1630년(인조 8년) 생원이 되고, 1644년 별시문과에 을과로 급제하여, 검열을 거쳐 1646년 문과중시에 병과로 급제한 뒤 규장각대교, 정언·교리·부수찬·헌납 등을 지냈다. 그 뒤 1649년 이조좌랑으로 암행어사가 되어 부정한 관리를 적발함에 있어 당대에 이름을 떨쳤다.

1650년(효종 1년) 이조정랑을 거쳐 1652년 동부승지에 승진하였고, 이듬해 한성부우윤이 되었다. 이어 대사간으로 사은부사(謝恩副使)가 되어 청나라에 다녀오고, 뒤에 이조와 예조의 참판, 부제학·대사헌·형조판서를 지냈으며 약방제조(藥房提調)가 되었다.

1659년 효종이 죽자 삭직되었으나 다시 등용되어, 예조와 병조의 판서를 거쳐 1663년(현종 4년) 우의정이 되고, 이듬해 사은 겸 진주사(謝恩兼陳奏使)로 다시 청나라에 다녀와서 1665년 좌의정을 거쳐 영의정이 되었다.

홍명하가 청백리에 녹선 되는 기록은 다음과 같다.

---

239)　한국민족문화대백과사전에서 발췌하였다.

"숙종 21년[240] 을해(1695년) 7월 11일(신미)

묘당에서 청백리·염근리 및 음관 중에 통용질·탁용질을 소선하여 계하하다

묘당(廟堂)에서 청백리(淸白吏)·염근리(廉謹吏) 및 음관(蔭官) 중에 통용질(通用秩)·탁용질(擢用秩)을 초선(抄選)하여 계하(啓下)하였는데, 청백리에 피선(被選)된 사람은 고(故) 영의정(領議政) 이시백(李時白)·홍명하(洪命夏), 우의정(右議政) 이상진(李尙眞), 판중추부사(判中樞府事) 조경(趙絅)·강백년(姜栢年), 이조 참판(吏曹參判) 조석윤(趙錫胤), 예조 참판(禮曹參判) 유경창(柳慶昌), 좌참찬(左參贊) 박신규(朴信圭)·최관(崔寬), 우윤(右尹) 이지온(李之馧), 강계 부사(江界府使) 성이성(成以性), 참지(參知) 이후정(李后定), 진선(進善) 조속(趙涑), 예빈 시정(禮賓寺正) 홍무(洪茂), 경상 좌수사(慶尙左水使) 홍우량(洪宇亮), 덕원 부사(德源府使) 강열(姜說), 순천 군수(順天郡守) 이태영(李泰英)이다.

염근리에 피선된 사람은 호조 판서(戶曹判書) 이세화(李世華), 부호군(副護軍) 강세귀(姜世龜), 전(前) 군수(郡守) 윤추(尹推)이니, 이세화와 강세귀는 가자(加資)를 명하고, 윤추는 준직(準職)의 제수(除授)를 명하였다. 통용질에 뽑힌 사람은 김제 군수(金堤郡守) 이세필(李世弼), 전(前) 현감(縣監) 정제두(鄭齊斗), 인천 현감(仁川縣監) 이희조(李喜朝), 전(前) 좌랑(佐郞) 민이승(閔以升), 전(前) 참봉(參奉) 문동도(文東道)이고, 탁용질에 뽑힌 사람은 전(前) 현감(縣監) 나양좌(羅良佐), 전(前) 주부(主簿)

김창흡(金昌翕) · 이세귀(李世龜), 나주 목사(羅州牧使) 이인혁(李寅爀),
장악원 첨정(掌樂院僉正) 송병하(宋炳夏), 전(前) 익찬(翊贊) 한후상(韓後
相)이다."

그림 84. 화순현감 홍명하 비 - 화순 남산

화순현감 홍명하의 비는 화순 남산공원에 있으며, 1646년(인조 24년)
11월 12일에 화순현감에 제수되는 기록이 보이고, 선정비의 명문은 "洪侯
命夏淸德善政碑(홍후명하청덕선정비)"라 되어 있고, 세운 시기와 송시는
없었다.

돌에 새긴 목민관 이야기 1

그리고 또 한 좌의 비가 화순향교 내부에 있어, 쉽게 볼 수 없었는데, 다행히 화순 향교 관계자와 통화를 하여 비를 볼 수 있었다.

그림 85. 화순현감 홍명하 비 - 화순 향교

화순향교에 있는 홍명하의 비는 화순현감으로 부임하여, 화순향교를 보수하고 만화루를 건립하였기에 비를 세운 것으로 생각된다.

비제는 "洪侯命夏崇儒重道(홍후명하숭유중도)"라 되어 있고, 세운 시기는 "辛丑三月日改堅"이라 되어 있다.

비의 명문에는 "숭유중도"라 되어 있는데 "선비를 높이고 도를 중히 여기"라는 뜻이다.

그리고 세운 시기는 신축년으로 되어 있지만, 연호나 간지가 없어 언제인지 정확하게 알 수는 없다.

추정하면 1661년, 1721년, 1841년 중 하나일 것으로 생각되며, 화순향교를 보수하였기에, 재임 당시에 비를 세웠다가, 비가 훼손되어, 신축년에 다시 세운 것으로 보인다.

26. 이세화

이세화 李世華(1630년~1701년)[241]

본관은 부평(富平). 자는 군실(君實), 호는 쌍백당(雙栢堂)·칠정(七井). 병조정랑 이계록(李繼祿)의 증손으로, 아버지는 통덕랑 이이재(李以載)이다.

큰아버지 장릉참봉 이희재(李熙載)의 양자로 들어갔다.

1652년(효종 3년) 사마시에 합격하여 생원이 되고, 1657년 식년문과에 병과로 급제하였다. 그 뒤 정언·장령 등을 거쳐 황해도·평안도·전라도관찰사를 역임하고, 1689년(숙종 15년) 경상도관찰사를 지내고 서호(西湖)의 향리로 돌아갔다.

갑술환국 후 1694년 4월 대사간·호조판서에 제수되었으나 고사하고 나아가지 않다가, 인현왕후 복위도감제조로 차정한다는 말을 듣고 곧 상경하였다.

그 뒤 의금부사 겸 지경연사·세자빈객에 오르고, 청백리로 선정되었다.

그 뒤 공조·형조·병조·예조·이조판서를 두루 역임하고, 지중추부사에 이르렀으며, 풍계(豊溪)의 충렬사(忠烈祠)에 향사되었다. 시호는 충숙(忠肅)이다. 저서로는《쌍백당집(雙栢堂集)》이 있다.

---

241)　한국민족문화대백과사전에서 발췌하였다.

이세화 선생의 청백리 기록은 1695년(숙종21년)에 녹선되었는데 그 당시는 염근리에, 피선되었다. 그 내용은 다음과 같다.

"숙종 21년[242] 을해(1695년) 7월 11일(신미)

묘당에서 청백리·염근리 및 음관 중에 통용질·탁용질을 소선하여 계하하다

묘당(廟堂)에서 청백리(淸白吏)·염근리(廉謹吏) 및 음관(蔭官) 중에 통용질(通用秩)·탁용질(擢用秩)을 초선(抄選)하여 계하(啓下)하였는데,

청백리에 피선(被選)된 사람은 고(故) 영의정(領議政) 이시백(李時白)·홍명하(洪命夏), 우의정(右議政) 이상진(李尙眞), 판중추부사(判中樞府事) 조경(趙絅)·강백년(姜栢年), 이조 참판(吏曹參判) 조석윤(趙錫胤), 예조 참판(禮曹參判) 유경창(柳慶昌), 좌참찬(左參贊) 박신규(朴信圭)·최관(崔寬), 우윤(右尹) 이지온(李之馧), 강계 부사(江界府使) 성이성(成以性), 참지(參知) 이후정(李后定), 진선(進善) 조속(趙涑), 예빈 시정(禮賓寺正) 홍무(洪茂), 경상 좌수사(慶尙左水使) 홍우량(洪宇亮), 덕원 부사(德源府使) 강열(姜說), 순천 군수(順天郡守) 이태영(李泰英)이다.

염근리에 피선된 사람은 호조 판서(戶曹判書) 이세화(李世華), 부호군(副護軍) 강세귀(姜世龜), 전(前) 군수(郡守) 윤추(尹推)이니, 이세화와 강세귀는 가자(加資)를 명하고, 윤추는 준직(準職)의 제수(除授)를 명하였다." (생략)

---

242) 고전번역원 데이터베이스(DB)에서 발췌하였다.

이세화 선생의 광주 부윤 제수 시기는 1672년(현종 13년)이며, 광주부윤에 제수되는 이유는 낭료(郎僚)로 있을 때부터 능력이 있다는 명성이 있었는데 이에 이르러 발탁 임명된 것이다.

남한산성의 선정비는 群을 이루어 한 곳에 있지만, 이세화 선생의 선정비는 地水堂 앞에 세워져 있다.

그러한 내용이 조선왕조실록에 나오며 소개하면 다음과 같다.

"정조 3년[243] **기해(1779년) 8월 7일(무오)**

백성이 고생스러워하는 일을 아뢰라고 유시하다

주상이 이천(利川)에서부터 가교(駕轎)를 타고 이동하여 경안역(慶安驛)에서 주정(晝停)하고, 남한산성(南漢山城)의 좌익문(左翼門)에 이르러 갑주(甲胄)로 갈아입었다.

수어사(守禦使)가 처음과 같이 영접하였다.

주상이 이어서 지수당(地水堂)에 나아가 대신(大臣)과 수어사는 입시하라고 명하였다.

전교하기를,

"이 당은 사면이 못으로 둘러싸였으니 군사들이 해갈(解渴)할 수 있겠다.

이 당은 어느 해에 세운 것인가?"

하니, 서명응(徐命膺)이 아뢰기를,

"현종 임자년(1672년, 현종 13년)에 고(故) 부윤(府尹) 이세화(李世華)

---

243)　고전번역원 데이터베이스(DB)에서 발췌하였다.

가 세운 것입니다."

하였다. 주상이 말하기를,

"지수(地水)라는 이름은, 《주역》 지수(地水) 〈사괘(師卦)〉의 '사(師)는 곧고 바른 장인(丈人)이라야 길(吉)하다.'라는 뜻을 취한 것인가?"

하니, 서명응이 아뢰기를,

"그렇습니다.""

그림 86. 광주 부윤 이세화 비 - 남한산성 지수당

선정비의 명문은 다가가서 자세히 보아야 할 정도로 희미하며, 비제는

                                    돌에 새긴 목민관 이야기 1

"부윤이후세화청덕애민선정비(府尹李侯世華淸德愛民善政碑)"라 되어 있고, 세운 시기는 "숭정후팔십칠년삼월일립(崇禎后八十七年三月日立)"이라 되어 있어, 1714년에 세운 것으로 보인다.

농암집[244]에는 광주 부윤 시절에 장벌을 받게 되는 기록이 보이며 소개하면 다음과 같다.

"광주 부윤(廣州府尹)[245] 이세화(李世華)가 전지(田地) 점검에 착오가 있었다는 이유로 장벌(杖罰)을 받게 되었는데, 부군이 말하기를,

"부윤은 직질(職秩)이 2품(品)이고 또 그가 범한 잘못도 군기(軍機)를 그르친 것에 비할 것이 못 됩니다.

그런데도 갑자기 장(杖)을 치는 벌을 가한다면 나라의 체모를 손상시키게 될 것입니다."

하고는 당나라 장열(張說)이 광주 도독(廣州都督) 배주선(裴伷先)을 장형(杖刑)에 처하지 말도록 간한 일을 끌어대어 말하였다.

그리하여 이세화가 마침내 장형을 면하였다."

---

244) 조선 숙종 때의 문인 김창협(金昌協 : 1651~1708)의 시문집이다.
245) 고전번역원 데이터베이스(DB)에서 발췌하였다.

27. 이상진

이상진 李尙眞(1614년~1690년)[246]은 조선의 문신이다.

본관은 전의(全義). 자는 천득(天得), 호는 만암(晩庵)이다.

1645년(인조 23) 별시 문과에 병과로 급제하여 검열과 대교를 거쳐 효종 때 정언으로 올랐고 사서, 지평, 정언, 집의를 거쳐 승지에 이르고 이후 동부승지로 발탁되어, 경상도관찰사를 지내고 한성부우윤을 지낸 뒤 대사간을 거쳐 형조참판, 이조참판을 거쳐 현종 때 대사간이 되고 대사성을 거쳐 다시 경상도관찰사가 되는데 이후 이조참판을 지내고 한성부우윤, 대사간, 대사헌 등을 지낸 뒤 동지춘추관사를 겸하고 이후 다시 대사헌이 되었다. 연이어 한성부우윤이 되고 연이어 함경도관찰사가 되었다. 연이어 대사간, 대사헌, 이조참판이 되는데 이후 공조참판을 거쳐 대사헌으로 다시 임명된다. 연이어 대사간으로 있다가 수원부사가 되고 경상도관찰사로 외직에 있다가 예조참판을 거쳐 대사헌, 병조판서, 이조판서, 우참찬을 지내고 다시 숙종 때 대사헌, 이조판서, 우참찬, 좌침찬을 지낸 뒤 병조판서와 공조판서를 거쳐 판중추부사가 되었다. 이후 좌참찬, 우참찬을 지냈다. 이후 판의금부사, 이조판서를 거쳐 우의정이 되었고 곧 판중추부사를 거쳐 영중추부사가 되며 서인의 실질적인 영수가 되지만 기사환국 이

---

246) 위키백과에서 발췌하였다.

후 귀양을 갔다가 1690년, 소결로 용서되어 옛집에 은거하다가 세상을 떠났다. 사후 갑술환국이 일어나자 복권이 되었다. 시호는 충정(忠貞)이다.

이상진 선생이 청백리 선정되는 시기는 다음과 같다.

"숙종 21년[247] **을해(1695년) 7월 11일(신미)**

21묘당에서 *청백리*·염근리 및 음관 중에 통용질·탁용질을 소선하여 계하하다

묘당(廟堂)에서 *청백리(淸白吏)*·염근리(廉謹吏) 및 음관(蔭官) 중에 통용질(通用秩)·탁용질(擢用秩)을 초선(抄選)하여 계하(啓下)하였는데, *청백리*에 피선(被選)된 사람은 고(故) 영의정(領議政) 이시백(李時白)·홍명하(洪命夏), 우의정(右議政) 이상진(李尙眞), 판중추부사(判中樞府事) 조경(趙絅)·강백년(姜栢年), 이조 참판(吏曹參判) 조석윤(趙錫胤), 예조 참판(禮曹參判) 유경창(柳慶昌), 좌참찬(左參贊) 박신규(朴信圭)·최관(崔寬), 우윤(右尹) 이지온(李之馧), 강계 부사(江界府使) 성이성(成以性), 참지(參知) 이후정(李后定), 진선(進善) 조속(趙涑), 예빈 시정(禮賓寺正) 홍무(洪茂), 경상 좌수사(慶尙左水使) 홍우량(洪宇亮), 덕원 부사(德源府使) 강열(姜說), 순천 군수(順天郡守) 이태영(李泰英)이다嚇. (생략)"

명재[248]유고에는 이상진 선생을 기리는 만사가 전하고 있으며 그 내용

---

247) 고전번역원 데이터베이스(DB)에서 발췌하였다.

248) 윤증(尹拯, 1629년 7월 18일(음력 5월 28일) ~ 1714년 3월 9일(음력 1월 30일))은 조선 중기의 학자, 정치인, 사상가이다.

은 다음과 같다.

"명재유고 제4권 / 시(詩)

만암(晚庵) 이 상국(李相國)을 천장할 때의 만사 2수

국가 안위 생각하면 충현이 떠오르는데 / 安危誰不憶忠賢

별세한 지 지금 벌써 이십 년이 되었어라 / 觀化于今二十年

곧 죽을 몸 은총 받아 대죄하고 있는 터라[249] / 垂死誤恩方俟罪

새 무덤에 달려가서 곡할 길조차 없네 / 一哀無路哭新阡

돌이킬 수 없는 세도 이 지경이 되었는데 / 滔滔世道到如今

당시에 밝은 마음 편당(偏黨)이 없었다네 / 炯炯當年不黨心

졸필이 어찌 능히 그 큰 덕을 묘사하랴 / 陋筆豈能摸盛德

이름자를 비음에다 의탁한 게 부끄럽네[250] / 秪慙名姓托碑陰"

이상진 선생의 선정비는 수원박물관 야외전시장에 있으며, 비제와 세
운 시기만 새겨져 있다.

---

249)　명재는 1709년 우의정에 제수된 후 18차례 사직 상소를 올린 끝에 우의정에서 체차되고
　　　판중추부사에 제수되었다. 그러자 다시 판중추부사에 대한 사직 상소를 올렸는데, 대죄
　　　(待罪)라고 한 말은 이를 두고 한 말이다. 《明齋年譜》
250)　명재 자신이 이상진의 신도비명을 지은 것을 두고 한 말로 이상진처럼 훌륭한 인물의 신
　　　도비명을 지은 것이 자신에게 한없는 영광이 되었다는 뜻이다. 《明齋遺稿 卷41 議政府右
　　　議政李公神道碑銘》

그림 87. 수원부사 이상진 - 수원박물관

　명문은 "府使李公尙眞永世不忘碑(부사이공상진영세불망비)"이고 세운 시기는 "乙酉四月"이라 되어 있어 1705년이다.

　이상진 선생이 수원부사에 임명되는 시기는 다음과 같다.

"현종 12년[251] **신해(1671년) 1월 20일(임신)**

---

251)　고전번역원 데이터베이스(DB)에서 발췌하였다.

이정기·박지·송광연·홍만종·장선징·이상진 등에게 관직을 제수하다

이정기(李廷夔)를 대사헌으로, 박지(朴贄)를 헌납으로, 송광연(宋光淵)을 지평으로, 홍만종(洪萬鍾)을 정언으로, 장선징(張善澂)을 대사간으로, 이상진(李尙眞)을 수원 부사로 삼았다.

사신은 논한다. 이정기와 이상진은 다 벼슬을 그만두고 나오지 않은 지 여러 해가 되었으므로 담담하게 겸양하며 물러가 있는 것을 사람들이 자못 인정하였는데, 이때에 이르러 까닭 없이 다시 벼슬길에 나서자 식자들이 비웃었다."

서계집[252]에도 이상진 선생을 기리는 만사가 전하고 있으며 그 내용은 다음과 같다.

"서계집 제4권 / 시(詩) ○ 석천록 하(石泉錄下)

이 영사(李領事) 상진(尙眞) 에 대한 만사 3수

촉상의 사당 앞 오래 묵은 측백나무[253] / 老柏蜀相祠

천 길이나 곧게 우뚝이 솟았네 / 落落千仞直

---

252)   서계 박세당(1629년~1703년) 본관은 반남이다. 호는 서계(西溪), 잠수(潛叟), 서계초수(西溪樵叟)이다

253)   촉상은 삼국 시대 촉한(蜀漢)의 승상 제갈량(諸葛亮)을 가리킨다. 사천성(四川省) 성도(成都)에 제갈량을 모신 무후사(武侯祠)가 있는데, 이곳에는 오래 묵은 측백나무가 있어 유명하다. 두보의 시 〈촉상〉에, "승상의 사당이 어디에 있는고. 금관성 밖 측백나무 무성한 곳일세.[丞相祠堂何處尋 錦官城外柏森森]" 하였고, 또 〈고백행(古柏行)〉에 "공명의 사당 앞에 오래 묵은 측백나무 있으니, 가지는 청동 같고 뿌리는 철과 같네.[孔明廟前有老柏 柯如靑銅根如鐵]" 하였다.

홀로 서서 오랜 세월을 지내며 / 獨立閱曠祀

겨울에도 푸른 절개 변치 않았다오 / 寒翠不改昨

개미가 깊은 뿌리를 뚫고[254] / 螻蟻穴深根

비바람이 갑자기 몰아치더니만 / 風雨忽交薄

중천에 높이 솟은 기둥을 꺾으니 / 中天摧一柱

용호가 쓰러지듯 잡목 숲에 버려졌네[255] / 龍虎委榛棘

장석[256]이 눈물을 뿌리며 떠나가니 / 匠石揮涕去

명당이 안색을 잃는구나[257] / 明堂卑顔色

배는 험한 파도를 건너고 / 舟濟波濤險

인재는 위태로운 나라를 부지하네 / 人持邦國危

배가 없으면 우리가 건널 수 있겠으며 / 無舟吾得濟

인재가 없으면 나라를 어떻게 다스리겠나 / 無人國何爲

가생은 와서 복조를 읊었고[258] / 賈生來賦鵩

---

254) 두보의 〈고백행〉에 "괴로운 중심은 개미가 파먹는 것 면치 못하지만, 향기로운 잎새에는
마침내 난봉이 깃들리라.[苦心未免容螻蟻 香葉終經宿鸞鳳]" 하였다.

255) 두보가 성도(成都)의 완화초당(浣花草堂)에 있을 때 자신이 좋아하던 남목(枏木)이 바람
에 넘어진 것을 두고 〈남수위풍우소발탄(枏樹爲風雨所拔歎)〉에서 "범이 넘어지고 용이
엎어지듯 잡목 숲에 버려졌으니, 피눈물이 흘러 내 가슴 얼룩이 지누나.[虎倒龍顚委榛棘
淚痕血點垂胸臆]" 하였다.

256) 솜씨가 매우 좋은 장인이다.

257) 명당은 고대에 왕자(王者)가 거처하면서 정령(政令)을 내던 곳이다. 이 측백나무가 명
당의 대들보감이 될 만한데, 비바람에 꺾였으므로 이렇게 말한 것이다. 두보의 〈남수위
풍우소발탄〉에, "나에게 새 시가 있은들 어디에서 읊을까. 초당이 이로부터 안색이 없는
걸.[我有新詩何處吟 草堂自此無顔色]" 하였다.

258) 가생은 한 문제(漢文帝) 때의 가의(賈誼)를 가리킨다. 가의가 좌천당해 장사왕(長沙王)

부열은 가서 기성을 탔네[259] / 傅說去乘箕

염매가 갑자기 맛을[260] 잃었으니 / 鹽梅俄失味

귀신의 뜻을 끝내 알 수 없도다 / 鬼神終無知

백번 죽어도 뉘라서 대속할 수 있으리오[261] / 百身誰可贖

비통한 마음만 부질없이 쌓이네 / 空多殄瘁悲

지난번 공께서 남포에 머물 때 / 前公駐南浦

자주 인편을 보내와 아픔을 위문했으며 / 數遣問創傷

훗날 공께서 동문을 지날 때에도 / 後公過東門

또 와서 죽은 자식을 곡하였다오 / 又來哭死亡

한결같은 공의 정성에 감격하여 / 感公終始意

남긴 시편을 소중하게 간직하였네 / 重之留篇章

지금까지도 상자 속에서 / 至今箱篋間

의 태부(太傅)로 있을 때, 올빼미의 일종으로 불길한 새인 복조(鵩鳥)가 지붕 위에 날아와 모였는데, 당시 민간에 전하는 말로는 복조가 지붕에 앉으면 그 집 주인이 죽는다고 하였다. 이에 가의가 슬퍼하여 〈복조부(鵩鳥賦)〉를 지었다. 《史記 卷84 賈生列傳》 여기서는 이상진(李尚眞)의 죽음을 가의에 견주어 한 말이다.

259) 부열은 은나라 고종(高宗) 때의 어진 재상이다. 《장자》〈대종사(大宗師)〉에 "부열은 도를 터득하고 무정을 도와 천하를 모두 소유하였으며, 죽은 뒤에는 별이 되어 동유성을 타고 기성과 미성에 올라 열성과 나란히 있게 되었다.[傅說得之 以相武丁 奄有天下 乘東維 騎箕尾 而比於列星]" 하였는데, 이 역시 이상진의 죽음을 부열에 견주어 한 말이다.

260) 음식의 양념이 되는 소금과 매실로, 재상으로서 국정을 다스림을 뜻한다. 《서경》〈열명(說命)〉에서 고종(高宗)이 부열에게 "내가 국을 조리하거든 그대가 소금과 매실이 되어주오.[若作和羹 爾惟鹽梅]"라고 한 데서 유래하였다.

261) 《시경》〈황조(黃鳥)〉에 "저 푸른 하늘이여, 우리 좋은 사람을 죽이도다. 만약 대속할 수 있다면 사람마다 그 몸을 백 번이라도 바치리라.[彼蒼者天 殲我良人 如可贖兮 人百其身]"라고 한 구절이 보인다.

밤마다 두우에 광채를 비춘다오[262] / 夜發牛斗光

세월이 다시 얼마나 흘렀는가 / 歲月復能幾

공은 떠나 상제의 곁에 있구나 / 公去在帝傍

덧없는 이 세상 번개처럼 빠르니 / 浮世劇電駒

옛일을 돌아보매 더욱 애가 타누나 / 撫跡增回腸

이따금 홀로 잠 속에서 탄식하니 / 時獨寐中歎

꿈 깨자[263] 눈물이 침상에 가득하네 / 夢覺淚滿床"

앞의 기록과 여러 가지 이야기가 있지만 줄이며, 필자가 이상진 선생의 기록을 보고 수원에 있는 선정비도 보고, 부여에 있는 묘소도 다녀왔기에, 더 많은 글을 싣고 싶지만 그렇지 못한 것이 아쉬울 뿐이다.

---

262) 두우는 북두(北斗)와 견우(牽牛)를 가리킨다. 진(晉)나라 무제(武帝) 때의 문장가로 천문(天文), 방기(方技) 등의 글에도 정통했던 장화(張華)가 일찍이 북두와 견우 사이에 자기(紫氣)가 뻗치는 것을 보고, 뇌환(雷煥)을 그 서기(瑞氣)의 출처인 예장(豫章)의 풍성현(豐城縣)으로 보내 풍성현의 옛 옥사(獄舍) 터를 발굴해서 용천(龍泉)과 태아(太阿)의 두 명검(名劍)을 얻었던 고사가 있다. 《晉書 卷36 張華列傳》 왕발(王勃)의 〈등왕각서(滕王閣序)〉에 "물건의 정화는 천연의 보배이니 용천검의 광채가 북두와 견우의 자리를 쏘아 비추고[物華天寶 龍光射牛斗之墟]"라고 하였다.

263) 고전번역원 데이터베이스(DB)에서 발췌하였다.

28. 청백리에 녹선된 시기와 선정비 설립 년도

번호	청백리	녹선시기	선정비 설립일	선정비 위치	비고
1	손중돈	1515년	1545년 1월	상주 박물관	
2	주세붕	1551년	1549년 2월	경북 풍기	
3	이증영	1552년	1547년 5월	합천 대야성	
			1559년 11월	합천 해인사	
4	신잠	1552년	1549년	태인 피향정	
			1677년[264] 4월	상주	
5	노진	1552년	1558년 5월	김천 지례	
6	허세린	1552년	1556년	청도	
7	심희수[265]	1605년(추정)	1607년 4월	금산 향교	
8	이기	1573년[266]	1583년(추정)	장성 향교	
9	민여임	1626년	1900년 10월	울산 동헌	
			1864년 11월	남원 광한루	

---

264) 비문에 보이는 정사년은 1617년과 1677년이 있으나 향인들이 1632년에 옥성서원에 배향
한 것으로 보아서 비석을 세운 연도를 1677년으로 본다.

265) 조선왕조실록에 보이는 심 희수의 졸기에는 "선조(宣祖)는 일찍이 그를 염근리(廉謹吏)
로 기록하고 홍문관과 예문관의 대제학으로 제수하였다."는 기록이 보여 대제학에 오른
시기를 찾아보니 1600년이어서 그렇게 추정하였다.

266) 나무위키에 나오는 년도를 참고하였다.

10	이안눌	1636년	1619년 10월	담양 향교	
			1621년 2월	강화 갑곶	
			1631년 7월	강화 갑곶	
			1891년	부산 임진의총	
11	이지온	1695년	1656년(추정)	삼척 죽서루	
12	이단석	1688년	1682년 3월	양주 동헌	
			1727년 11월(改立)	대구 다사읍	1830년 修立
			1859년[267] 6월		
13	이시백	1695년	1629년 5월	수원 박물관	
			1651년 8월	강화 갑곶	
14	김덕함	1636년	1630년 4월	여주 영월공원	
			1632년[268](추정)	춘천 소양정	
			1609년	파주 DMZ	
15	백인걸	1603년	1567년 7월	양주 동헌	
16	한익상	?[269]	1836년	삼척	
			1837년	울진신라비석박물관	
17	강유후	1694년	1684년(추정)	기장 읍성	
			1881년 7월	철마면 임기리	
18	김두남	1733년[270]	1703년 10월	칠곡 기산	
19	이상진	1695년	1705년	수원박물관	

267) 비의 명문은 근未년이라 되어 있지만 연호가 없어 1799년과 1859년인데 필자의 선택은 1859년으로 하였다.

268) 춘천부사 김덕함 선정비에는 건립 년도가 없으며, 1630년에 춘천부사에 도임하고, 1632년에 좌승지가 되기에, 설립 시기를 추정하는 것이다.

269) 한익상의 청백리 기록은 전고대방의 기록에 의거 여기 싣지만, 언제 청백리에 녹선되었는지 정확한 기록은 보이지 않는다.

270) 김두남의 청백리 녹선 시기는 정확하게 나오지 않으며, 청백이라는 기록이 1733년에 처

20	이세화	1695년	1714년 3월	남한산성 지수당	
21	이병태	1796년	1779년 9월	합천 대야성	
			1734년 5월	합천 해인사	
22	서기순[271]	?[272]			
23	심의신[273]	?[274]			
24	홍명하	1695년	?	화순 남산공원	
			신축년 개견	화순 향교	

음 보이기에 1733년으로 추정하였다.

271) 서기순의 선정비 위치와 세운 시기는 p. 167~p. 169에 자세히 나와 있다.

272) 서기순의 청백리 기록은 전고대방에 보이나, 녹선 시기는 보이지 않으며, 청선고에도 청백리 기록이 보이지 않는다.

273) p. 207~p. 209에 선정비 위치와 세운 시기가 자세히 나와 있다.

274) 심의신의 청백리 기록은 전고대방의 기록에 의거 여기에 싣지만, 청백리 녹선 기록은 보이지 않는다.

돌에 새긴 목민관 이야기 1

2장

영의정
이야기

"영의정(領議政)의 정원은 1인이다. 흔히 영상(領相)으로 불렸으며, 상상(上相)·수규(首揆)·원보(元輔)라고도 하였다. 영의정은 대개 좌의정을 역임한 원로대신이 임명되었으며, 좌의정·우의정과 함께 삼의정(三議政) 또는 삼정승이라 하였다.

고려의 제도를 이어받았던 조선은 점차 관제를 정비하면서 최고 정무기관인 도평의사사(都評議事司)를 1400년(정종 2년) 4월에 의정부로 개편하고, 그 최고 관직을 영의정부사라 하였다. 이후 의정부의 기능이 점차 강화되고 관제가 정비됨에 따라 영의정 부사는 다시 영의정으로 개칭되어 직제로서의 확립을 보게 되었다. 그리고 1466년(세조 12년)《경국대전(經國大典)》의 편찬에 따라 성문화되었다.

1436년(세종 18년) 4월까지는 좌의정이 판이조사(判吏曹事), 우의정이 판병조사(判兵曹事)를 각각 겸임해 문·무반의 인사를 관장하였다. 따라서 영의정은 외교문서의 고열(考閱)이나 사형수를 복심하는 정도의 업무를 관장하는 우대직으로 존속되었다. 그러나 1436년(세종 18) 세종은 황희(黃喜)가 영의정부사에 재직하자, 육조직계제(六曹直啓制)를 서사제도(署事制度)로 변경하였다. 6조의 업무를 의정부에 품의해 상의, 계문한 후 임금의 전지(傳旨)를 6조에 다시 하달하도록 하여 삼정승의 권한을 강화시켰다. 따라서 영의정은 의정부의 수상으로서 서사에 참여하게 되었다.

그 뒤 삼정승은 6조로부터 올라오는 모든 공사를 심의하고, 국왕의 재가를 얻어 6조에 회송, 시행하도록 하였다. 다만 이조와 병조의 인사권과 병조의 군사 동원, 형조의 사형수 이하의 죄수에 대한 것만은 각 조(曹)의 직계제로 시행되었다. 법제적으로는 국정의 최고 책임자로 규정되었지만, 실제의 기능은 왕권이 강하고 약함에 따라 상당한 변화가 있었다. 한 예로, 세조가 즉위하자 영의정은 실권 없는 무력한 지위로 전락하였다. 이는 단종 때 영의정 황보인(皇甫仁)과 좌의정 김종서(金宗瑞) 등이 세조의 행동을 크게 제약하였기 때문이다. 그 뒤 성종과 중종 때에 여러 번 의정부의 서사를 회복하자는 의논이 있었으나 회복하지 못하였다.

1555년(명종 10년) 비변사가 설치되고 나라의 중대사를 여기서 심의하면서부터 삼정승은 도제조(都提調)로서만 참가하기도 하였다. 영의정의 권한은 위에서와 같이 왕권의 강약, 의정부와 6조의 역학관계, 비변사의 설치, 그 뒤의 규장각의 운영, 당쟁과 세도정치의 진행, 각종 변란으로 인한 정치 분위기 등과 연관되면서 부침을 계속하였다.

영의정은 정부의 수반인 최고 관직으로 조선시대를 통해 존속되어 왔다. 마침내 1894년(고종 31) 갑오경장 때 의정부의 총리대신으로 명칭이 바뀌었고, 이후 내각총리대신·의정(議政) 등으로 개칭되었다. 영의정은 오늘날의 국무총리에 비견되는 법제적·실권적 기능을 수행해 왔다."[275]

조선시대의 벼슬의 으뜸은 "일인지하 만인지상(一人之下 萬人之上)"의 자리인 영의정이다.

---

275)　한국민족문화대백과사전에서 발췌하였다.

많은 인물들이 영의정을 역임하였으며, 그중에 선정비가 남아 있는 인물만 소개하기로 하며, 그중에 앞서 소개 한 청백리와 중첩되는 경우는 주석을 달아 놓는다.

남아 있는 선정비 중에는 영의정 재임 당시에 세운 것도 있고, 영의정이 되기 前의 벼슬을 할 때 세운 비석이 존재하는데, 이러한 것을 가리지 않고 선정비를 소개하기로 한다.

1. 채제공

채제공 蔡濟恭(1720년~1799년)[276]

조선 후기의 문관이다. 영조와 정조 때 살았고 당색은 남인이며 시파에 속한다.

조선 후기 내내 탄압받는 야당 이미지였던 남인 중에서는 최고이자 최후의 거물 정치가라고 할 수 있다.

아버지는 지중추부사 채응일(蔡膺一)[277]이며 어머니는 연안 이씨 현감 이만성(萬成)의 딸이고, 충청도 홍주목에서 태어나 강박, 오광운과 이익 문하에서 수학했으며 스스로 남인의 학통을 이황 - 정구 - 허목 - 이서우(李瑞雨) - 이익으로 규정했다.

숙종 초반 각각 탁남과 청남의 영수였던 허적과 윤휴에 대해선 부정적인 견해를 가지고 있었다.

1753년에 호서암행어사로 관직에 돌아와 균역법 조사 및 폐단과 문제를 파악한 뒤 보고했다.

이후 홍문관 수찬, 사간원 헌납, 홍문관 교리, 사헌부 집의를 역임하다 사도세자의 스승으로써 그를 가르쳤다.

한편, 나주 괘서 사건 당시 조정에 얼마 안 남은 소론과 남인을 지키려

---

276) 나무위키에서 발췌하였다.
277) 채응일의 마애비가 의성에 남아 있다.

노력했고, 본인을 비롯한 소수 남인은 조정에 남아있을 수 있었다.

또한, 동부승지 시절엔 사도세자의 후견인이 되어 사도세자가 영조와의 갈등이 심각해졌을 때 이를 중재해 주는 역할을 주로 했다.

채제공의 불망비는 경기도 광주 분원리에 있으며, 그곳은 조선시대에 왕실 磁器를 생산했던 곳이었다.

원래 이 비석은 우천리 마을 입구에 있었으나, 1970년 팔당댐 건설로 인해 마을이 물에 잠기면서, 현재의 자리에 옮겼다.

그림 88. 사옹원 도제조 채제공 비 – 경기 광주 분원리

비제는 "司饔院都提調蔡公濟恭(사옹원도제조채공제공)"이라 되어 있고, 좌우에 頌詩가 있다.

거의 보이지 않아 보이는 명문만 소개한다.

侵漁[278]**永**■

進獻[279]**合**■

뒷면에는 "道光五年乙酉四月日立(도광오년을유사월일립)" "1825년 4월에 세우다."라고 되어 있다. 채제공 사후(死後) 26년이 지난 후 선정비가 세워졌다.

그리고 송시는 풀이는 하지 않고 그대로 놔둔다. 체제공의 관련 일화가 전해 내려오고 있기에 다음과 같이 소개한다.

"당시 한양에[280] **살고 있던 채제민(蔡濟民)이라는 젊은이가 사업을 하기 위해 평양으로 이사를 했다.**

그런데 돌아갈 노자(路資)마저 못 챙기고 사업이 쫄딱 망해 발이 묶이고 말았다.

그때 그가 묵고 있던 집의 주인이 자신의 딸과 채제민이 서로 사랑하는 사이임을, 눈치채고는 한양 출신 양반이니 뭐 있겠거니 싶어 그를 데릴사위로 삼았다.

---

278)   어부가 고기를 잡듯이 함부로 남의 것을 빼앗는 것
279)   조선시대, 임금에게 예물을 바치던 일
280)   나무위키에서 발췌하였다.

그러나 결혼 후 채제민은 하는 일 없이 빈둥빈둥 지냈고, 당연히 그의 장인·장모는 그를 구박했다.

그러다가 '채제공'[281]이란 감사가 새로 부임해 오자 채제민의 장인은 '혹시?' 싶어 "채제공이란 사람을 아느냐?"고 물었다.

장인·장모의 괄시가 너무 심했던 나머지 채제민은 장인에게 채제공이 자신의 4촌 형님이라고 거짓말을 하고야 말았다.

쾌재를 부른 장인은 사위에게 얼른 4촌 형님인 채제공에게 인사 한 번 드리러 가자고 한다.

구박은 뚝 끊겼지만 장인이 '평안 감사 채제공이 자기 사위의 4촌 형님'이라고 자랑을 하고 다니자, 속이 타기 시작한 채제민은 장인·장모 몰래 홀로 채제공을 찾아간다.

채제공은 그의 이름을 듣자

'어라? 나와 항렬이 같지 않은가?'

하더니, 자초지종을 듣고는 "내가 너의 4촌 형 노릇을 해 주면 될 것 아니냐?" 하고, 자신의 처자식에게 채제민을 간만에 본 4촌 동생이라고 소개해 주며 그를 안심시켰다.

그리고 나중에 사돈 앞에서도 천연덕스럽게 "애(채제민)와 연락이 끊긴지 오래여서 어떻게 사나 했는데, 댁내에 거두어 주시니 얼마나 고마운지 모르겠습니다." 하고 잘 맞아주었다.

그리고 채제민은 채제공의 평안 감사 임기가 끝나자 그와 함께 한양으

---

281)　1774년 4월 14일 평안감사에 제수되었다.

로 돌아왔다.

그리고 현재 서울 종로구 돈의동에 아래채와 위채 두 집을 짓고서 위채에는 채제민이 살고, 아래채에는 채제공이 살아 의(義)를 두텁게 했다.

서울특별시 종로구 돈의동의 원래 명칭은 정말 따로 있었지만 이 둘이 이곳에 살기 시작하면서 돈의촌~돈의동으로 바뀌었다고 전해진다."

채제공이 영의정에 제배되는 기록을 소개하면 다음과 같다.

"정조[282] 실록 37권, 정조 17년 5월 25일 병진

채제공을 의정부 영의정에, 김종수를 좌의정에 제배[283]하다"

채제공이 영의정에 임명되는 기록은 너무 간단하여, 정조가 채제공을 하유하는 글이 있어 소개한다.

"영의정 채제공에게 화성부에서의 임무 수행을 치하하고 곧 올라올 것을 하유하다

영의정 채제공에게 하유하였다.

"금구(金甌)에 점쳐진[284] 사람은 모두 3백 3인이었으나 영의정에 오른

---

282) 고전번역원 데이터베이스(DB)에서 발췌하였다.

283) 除拜하다는 천거의 절차를 밟지 아니하고 임금이 직접 관리를 임명하는 것을 말한다.

284) 정승에 천거된 사람을 이르는 말. 당 현종(唐玄宗)이 재상을 가리면서 먼저 의중에 있는 사람 이름을 써서 금으로 만든 주발로 덮어놓고 다른 사람들의 의견을 들어 참작한 데서 유래된 말이다. 《당서(唐書)》 최림전(崔琳傳).

사람은 경까지 합해서 대략 1백여 인이다.

대체로 재상이란 막중한 직임인데, 그중에도 영의정은 더욱 막중하다.

그 적임자를 중난하게 여겨 그 자리를 채우지 못한 때가 있음은 예전부터 이미 그러했었다.

그런데 더구나 지금은 인재 얻기 어려움이 예전보다 갑절이나 더한데 내가 어떻게 자세히 살피고 또 신중히 하지 않을 수 있겠는가.

내가 경에게 뜻을 기울여온 지 여러 해이다.

그러면서도 화성(華城)은 바로 선침(仙寢)을 받들어 모신 지방이며 부(府)로 승격된 초기이기에 원로를 얻어 그의 성망(聲望)을 빌어 그곳을 격상시키려는 생각에서 부득불 번거롭게 경을 한번 내보냈던 것이다.

그런데 경이 직임을 맡은 이후로 큰 강령을 정돈하고 곁으로 자잘한 일들에까지도 밤낮으로 힘을 다하니,

도리어 경을 위해 염려스러운 마음이 간절하였다.

그러던 차에 경이 올린 축성 방략(築城方略)을 보니 늙은 재상의 정신을 쓴 것이 더욱 마음에 감동되었다.

백 리를 갈 때에는 90리가 반이라고 말하지 않던가.

이것은 바로 시작이 반이라는 것이다.

이미 이같이 경영하여 시작하였으니, 이루어내는 공은 오직 감독을 얼마나 열심히 하느냐에 있는 것이다.

그런데 또 어찌 몸으로 노력하는 일까지 거듭 수고할 필요가 있겠는가!

경에게 영의정을 제수하고 이에 사관을 보내어 속히 돌아오기를 권면하노니 경은 모름지기 당일로 길을 나서도록 하라.'"

　　　　　　　　　돌에 새긴 목민관 이야기 1

2. 이유

이유 李濡(1645년~1721년)[285]

본관은 전주. 자는 자우, 호는 녹천. 아버지는 금산 군수 중휘이다.

1668년(현종 9년) 별시문과의 병과에 급제한 뒤 정언·지평·수찬·교리를 거쳐 승지·경상도관찰사·전라도관찰사 등을 지냈다.

호조판서·형조판서 등을 역임한 뒤 1702년 병조판서로 호포보다는 구포가 양역을 변통하는 데 합당하다고 주장했다.

이조판서를 거쳐 1704년 우의정에 올라 양역 업무를 주관하면서 민진후·유집일(兪集一) 등과 함께 〈오군문개군제급양남수군변통절목 五軍門改軍制及兩南水軍變通節目〉·〈교생낙강자징포절목 校生落講者徵布節目〉을 만들었다.

1710년 판부사로 북한산성의 수축을 주관했고, 경리청을 창설하여 성역의 경비를 조달했다.

1712년 영의정이 되었다. 시호는 혜정이다.

경기도 양주 동헌지에는 많은 선정비들이 남아 있으며, 그중에 이유 선생의 비도 있다.

---

285) 다음백과 사전에서 발췌하였다.

이유 선생이 양주 목사에 제수되는 시기는 1682년 (숙종 8년)이고, 선정비를 세운 시기는 1701년으로 나타났다.

이유 선생이 영의정에 오르는 시기는 1712년(숙종 38년)이므로, 양주목사에서 30년 후에 "일인지하 만인지상"의 자리에 올랐다.

"연려실기술[286]"에는 이유 선생이 영의정으로 활동한 기록이 보이며, 소개하면 다음과 같다.

"숙종 임진년에[287] 영의정 이유(李濡)가 아뢰기를, "방백(方伯)은 곧 한 道의 중한 직임인지라, 잠시라도 비워놓을 수는 없으므로 혹 監司를 잡아오라는 命이 있으면 그 후임을 15일 내로 보내도록 일찍이 법으로 정하였습니다.

감사가 그 道에서 죽었을 때의 후임은 잡혀 오는 것에 비하여 더욱 긴급히 해야 마땅한데, 여기에는 아직 법식을 정한 일이 없습니다.

혹 잡혀 오는 예에 의하여 기한을 두기는 하나,

근래에 와서 조정의 영이 시행되지 않아 기한이 지나도 가지 않는 자가 혹 있으니, 이는 문책하는 벌칙이 없어서 그런 것에 지나지 않습니다.

臣이 일찍이 전라 감사가 되었는데

그때에, 마침 긴급한 일로 인하여 제수 받은 후 2일 만에 조정을 하직하였고, 출발한 지 6일 만에 도계(道界)에 도착하였습니다.

그런데도 성상으로부터 오히려 지체했다고 특히 추고(推考)를 명하셨으니,

---

286) 조선 정조 때 이긍익이 지은 역사책
287) 고전번역원 데이터베이스(DB)에서 발췌하였다.

이 어찌 그 일을 중하게 여기시는 뜻이 아닙니까." 하였다.

임금이 이르기를,

"잡아 온 사람의 후임을 15일 안으로 보낼 것 같으면, 사망한 사람의 후임은 더 긴급하니 10일로 한정하고, 만일 기한이 지나도 부임하지 않는 자가 있으면,

의정부에서 논하여 문책하는 것이 옳다." 하였다."

그림 89. 양주목사 이유 비 - 경기 양주 관아지

경기 양주 관아지에 있는 이유 선생의 선정비에는 비제와 세운 시기는

남아 있으나, 그를 칭송하는 頌詩는 보이지 않는다.

비제는 "목사이공유애민선정비(牧師李公濡愛民善政碑)"라 되어 있고, 세운 시기는 "강희사십년신사시월일립(康熙四十年辛巳十月日立)" "강희 사십년"은 1701년이다.

돌에 새긴 목민관 이야기 1

3. 이광좌

이광좌 李光佐(1674년~1740년)[288]

조선 경종~영조 때의 문신. 소론의 영수. 본관은 경주 이씨. 오성부원군 영의정 이항복의 현손이다.

1694년(숙종 20) 별시문과에 장원급제했다.

지평, 정언, 보덕, 수찬, 사서, 헌납 등을 거쳐 부제학, 대사간, 이조참의, 형조참의, 상주목사를 거쳐 도승지, 호조참판, 이조참판, 예조참판, 홍문관 제학, 한성부 우윤을 거쳐 형조판서, 수어사, 예조판서, 판의금부사, 예문관 제학, 대제학, 이조판서, 병조판서를 지내고, 전라도관찰사와 병조판서를 거쳐 우의정, 좌의정, 영의정을 역임하였다.

노론 집권 후 물러났다가 다시 영중추부사, 봉조하 직위에 있다가 다시 영의정이 되었다.

그는 소론 완론[289]의 지도자로, 소론 강경파인 준론[290]의 이인좌의 난에

---

288) 나무위키에서 발췌하였다.

289) 영조(英祖)의 탕평책(蕩平策)으로 붕당의 옳고 그름을 가리지 않고 어느 당파든 과격한 인물을 배제하고 온건한 인물을 등용하여 극심한 정쟁과 옥사를 막고 붕당 간 타협을 통한 정국 안정을 도모하는 정치.

290) 정조(正祖)의 탕평책(蕩平策)으로 영조 재위 시 완론 탕평에 참여한 관료들이 탕평의 근본을 부정했다며, 비판한 청류 및 남인 계열 인물을 등용하고 임금과 신하 간 의리를 중시하며 당파의 옳고 그름을 명백히 가리려 한 적극 탕평을 말한다.

반대하여, 소론의 당원에게 난에 가담하지 말 것을 권고하였고, 난의 진압에 참여하였다.

1728년(영조 5) 이인좌의 난 진압 직후 분무 원종공신 1등(奮武原從功臣一等)에 책록되었으며, 동시에 1728년 4월부터 1728년 6월까지 영조 임금을 보좌하여, 두 달간 대리집정을 맡았다.

그러나 노론은 그를 이인좌의 난 관련자 및 소론 5대신에 연루시켜서 추탈을 청하였다. 죽은 후 추탈되었으나, 순종 때 복권되었다.

시호는 문충(文忠)이다.

이광좌 선생의 선정비는 논산과 상주에 남아 있으며, 논산 노성면에 있는 선정비부터 소개하기로 한다.

논산은 대전에서 버스를 타고 논산 시내에 내려서 택시를 타고 노성면까지 가서, 비석을 보았으며, 노성면사무소 부근에 비석군이 있으며, 그중에 이광좌 선생의 비가 있었다.

선정비는 비제와 세운 시기를 새겼으나 송시는 없었다.

비제는 "참판이공광좌애휼군민영세불망비(參判李公光左愛恤軍民永世不忘碑)"라 되어 있으며, 비의 뒷면에 새겨져 있는 건립 시기는 "숭정기원후세재병신삼월일견립(崇禎紀元后歲在丙申三月日堅立)"이라 되어 있어 1716년에 세운 것이다.

안내문에는 예조참판 이광좌가 노성 지역을 지나면서 군민을 구휼하였기에, 노성현감 윤임생이 이광좌 선생의 공을 기리기 위해 불망비를 세웠다고 한다.

돌에 새긴 목민관 이야기 1

그림 90. 참판 이광좌 비 - 논산 노성면

안내문에 나타나는 예조참판 이광좌의 설명문이 오류가 있는 것 같아
서 살펴보기로 한다.

이광좌 선생의 벼슬 중 참판에 대한 기록을 보면, 1715년 8월 5일에 형
조 참판으로 제수되고, 며칠 뒤에 사직하고, 1715년 10월 9일에 병조참판
에 임명된다.

그리고 1716년 4월 8일에 이조참판에 임명되고, 1718년에 예조참판의 기록이 보이는데, 노성면에 있는 참판 이광좌의 비가 1716년에 세워졌으면, 필자의 생각으로는 병조참판에 있을 때 노성면에 들린 것으로 안내문에 적어야 될 것으로 보인다.

지금의 안내판에는 예조참판이라 되어 있기에 수정을 하였으면 한다.[291]

그리고 노성현감 윤임생의 기록을 찾아보니, 조선왕조실록과 "승정원일기"에는 나오지 않는 인물이었다.

다만 현감 윤임생의 기록이 노성읍지나, 선생안에 있을 것으로 생각된다.

그다음의 이광좌 선생의 선정비는 상주 공성면사무소에 있으며, 상주목사는 1705년에 임명되어, 1706년 이임한 것으로 나타났다.

그런데 재미있는 것은 그 당시 암행어사가 이태좌인데, 이태좌와 이광좌는 재종간[292]인데도 암행어사로 갔다는 것이다.

그 내용은 다음과 같다.

"숙종 32년[293] **병술(1706년) 5월 13일(경오)**

어사 이태좌와 유태명 등이 복명하다

어사(御史) 이태좌(李台佐)·유태명(柳泰明) 등이 복명(復命)하기를,

"대구 판관(大丘判官) 이징해(李徵海)와 상주 목사(尙州牧使) 이광좌(李光佐)는 치정(治政)을 잘한 이유로써 가자(加資)하였고, 울산 부사(蔚

---

291) 필자의 연구 결과이지만 정확하다고 생각하지는 않는다.

292) 육촌형제이다.

293) 고전번역원 데이터베이스(DB)에서 발췌하였다.

山府使) 박두세(朴斗世), 칠곡 부사(漆谷府使) 정상주(鄭翔周), 경주 부윤
(慶州府尹) 허윤(許玧), 개령 현감(開寧縣監) 이명상(李命相), 초계 군수
(草溪郡守) 이홍철(李弘喆)은 탐오(貪汚)하여 다스리지 못한 이유로서 죄
를 받았습니다.”'"

상주 목사 이광좌가 치정을 잘 하였다는 것을 임금에게 보고하는 기록
인데, 재종간이라도 목사의 업무를 제대로 평가를 하였을 것으로 생각되
지만, 한편으로는 의문이 들기도 한다.

목사 이광좌는 비의 원래 자리는 상주시 거창 2리에 있었으나, 2008년
도에 현재의 자리에 옮겨 놓았다.

선정비는 비제와 세운 시기 그리고 그를 칭찬하는 송시가 있다.

비제는 “목사이후광좌청덕선정비(牧使李侯光左淸德善政碑)”라고 되어
있으며, 세운 시기는 “정해팔월일(丁亥八月日)”이라 되어 있어, 1707년에
세웠다고 본다.

그를 칭송하는 송시는 다음과 같다.

仁兼召杜[294] 소백과 두시 같이 어질었으며

政幷龔黃[295] 공황과 같이 정치를 잘 하였도다.

---

294) 소(召)는 소신신(召信臣)이며 두(杜)는 두시(杜詩)로, 모두 한나라 때 전후로 남양 태수
     (南陽太守)가 되어 선정을 베풀었다. 당시 백성들은 이들을 칭송하여 “전에는 소부(召父)
     가 있었는데 뒤에는 두모(杜母)가 있었다.” 하였다. 《漢書 卷89 循吏傳 召信臣》《後漢書
     卷31 杜詩列傳》
295) 한나라 때 지방 장관으로 선정을 베풀어 치민(治民)이 으뜸으로 꼽혔던 발해 태수(渤海
     太守) 공수(龔遂)와 영천 태수(潁川太守) 황패(黃霸)를 아울러 일컫은 말이다.

그림 91. 상주목사 이광좌 비 - 상주 공성면

이광좌 선생은 영의정을 4번이나 역임하는데 그에 대한 기록을 찾아보았다.

첫 번째 영의정 역임 기록은 다음과 같다.

"영조 즉위년[296] 갑진(1724년) 10월 3일(계유)

---

296) 고전번역원 데이터베이스(DB)에서 발췌하였다.

                                      돌에 새긴 목민관 이야기 1

이광좌·유봉휘·조태억·심수현 등에게 관직을 제수하다

이광좌(李光佐)를 영의정(領議政)으로, 유봉휘(柳鳳輝)를 좌의정(左議政)으로, 조태억(趙泰億)을 우의정(右議政)으로, 심수현(沈壽賢)을 병조 판서(兵曹判書)·판의금(判義禁)·지경연(知經筵)으로, 이삼(李森)을 형조 참판(刑曹參判)으로, 이봉상(李鳳祥)을 한 성 우윤(漢城右尹)으로 삼았다."

두 번째 영의정 역임 기록은 다음과 같다.

"영조 3년[297] 정미(1727년) 7월 1일(을묘)
특별히 이광좌를 영의정으로, 이태좌를 호조 판서로 삼다

특별히 이광좌(李光佐)를 서용(敍用)[298]하여 영의정(領議政)으로 삼고, 이태좌(李台佐)를 호조 판서(戶曹判書)로 삼았다."

세 번째 영의정 역임 기록은 다음과 같다.

"영조 3년[299] 정미(1727년) 10월 7일(기축)
이광좌·심수현·이태좌 등에게 관직을 제수하다

---

297) 고전번역원 데이터베이스(DB)에서 발췌하였다.
298) 죄가 있어 벼슬을 박탈했던 사람을 다시 임용함
299) 고전번역원 데이터베이스(DB)에서 발췌하였다.

다시 이광좌(李光佐)를 영의정(領議政)으로 삼고, 심수현(沈壽賢)을 발탁하여 우의정(右議政)으로, 이태좌(李台佐)를 병조 판서(兵曹判書)로, 오명항(吳命恒)을 판의금(判義禁)으로 삼았다."

네 번째 영의정 역임 기록은 다음과 같다.

"영조 13년[300] 정사(1737년) 8월 11일(정묘)

봉조하 이광좌를 영의정으로 삼았다. 하교하기를,

"근년에 휴치(休致)하였을 때 이미 헤아린 바가 있었다.

여러 신하들이 모르고서 오히려 소란을 빚었었는데, 마음이 같아서 아울러 허락하였으나, 마음에 괴로운 바가 있었다.

어려운 때를 만나면 가려 쓰고자 하였는데, 아! 민봉조하(閔奉朝賀)가 이제 이미 구천[九原]에 있으니, 어쩔 수가 없다. 옛날 사마광(司馬光)이 여러 해 동안 휴치하고 있다가 다시 들어와 상신이 되었는데, 개혁하여 면려하게 하려면 이 사람이 아니고 누구이겠는가?

봉조하 이광좌를 영상(領相)에 제배하라."

하니, 이광좌가 명을 듣고 돈화문(敦化門) 밖에서 관(冠)을 벗고 석고대죄(席藁待罪)하였는데, 임금이 서명(胥命)하지 말라고 명하였다."

---

300)　고전번역원 데이터베이스(DB)에서 발췌하였다.

이광좌와 그의 종형 이성좌의 관련된 일화가 있어 소개하면 다음과 같다.

"진제수영리기이반(進祭需嶺吏欺李班)[301]

이성좌[302]는 이광좌의 종형으로[303] 천성이 지나치게 곧아 일찍이 광좌를 역적으로 지목하여, 연을 끊고 왕래를 하지 않았다.

이광좌가 경상도 관찰사[304]로 있을 때 종가에 매년 제사가 있으면, 필요한 물품을 보냈는데, 그곳에 간 관찰사 아전을 갈 때마다 아주 심하게 곤장을 때려, 돌려보내니, 제사에 필요한 물품을 보낼 때가 되면 모두 피하였다.

그런데 한 아전이 자원하여 물품을 가지고 가겠노라 하니, 모두가 의아하게 생각하였다.

그 아전이 제물을 가지고 상경하여, 새벽에 그 집에 도착하니, 이성좌는 일어나지 아니하고, 자리에 누워서 하인으로 하여금 물품을 확인하고 받아 두어라 하였다.

그러자 아전은 가져온 제수 물품을 드리지 아니하고, 어디론가 가버리니, 사람들이 괴이하게 여겼다.

그러한 일을 내일도 하고 그다음 날도 하니, 이성좌가 대노하여 그 아전을 잡아들여 문책하며 말하였는데, "네놈이 어떤 놈이길래 제수물품을 가

---

301) 풀이하면 '제수물품을 가져온 영남의 아전이 이공을 속이다'이다.
302) 경주이씨 족보나 여러 자료에는 나오지 않는 미상의 인물이다.
303) 청구야담에서 발췌하였다.
304) 이광좌는 경상도 관찰사의 역임하지 않았다.

져왔으면 냉큼 내어놓을 것이지, 연 3일을 잠깐 왔다가, 돌아가는 것은 나를 조롱 하는 듯하는 것이 경상도 관찰사 아전들이 습관이냐 아니면 너의 상관 巡相이 시키더냐 하면서 너의 죄는 죽어 마땅하다” 하였다.

그러자 아전이 엎드려 말하기를 한 마디만 하고 죽여주소서 하니, 이성좌가 뭔 말인지 하여 보라 하니,

아전이 이성좌 에게 말하기를 소인의 순상께서 제수를 捧 하실 때는 도포를 입으시고, 자리를 깔고 무릎을 꿇어 제수 물품을 확인하십니다.

그리고 물품을 싸서 봉한 후 그것을 말에 실어 보낼 때 절을 하고 보냅니다.

이는 다름이 아니고 소중하기에 그렇게 하는 것인데, 나으리는 낯을 씻거나, 머리도 빗고 아니하고 누워서 받으시니, 소인이 義에 욕되게 하니 삼 일 동안 제수를 드리지 아니하였습니다. 하고

나으리께서는 이 제수 물품이 선조의 제사를 위하여 쓰려고 하면서, 무례하게 하시니, 영남의 풍속은 비록 禮를 모르는 하인이라도 제수 물품의 소중함을 알고 있습니다.

하물며 예를 모르는 분이 서울에 사시는 사대부라 할 수 있습니까?

원하건데 나으리께서는 의관을 정제하시고 자리를 깔아 뜰에 내려오시어, 서 계시면 소인이 마땅히 제수 물품을 드리오리다.

이성좌가 그의 말을 듣고 그리하니, 아전이 가져온 물품을 바쳤다고 한다.

이성좌가 禮로서 공수하고 나서, 그 아전을 착하게 여겨 돌아갈 때 답서를 보냈는데, 내용은 그 아전이 禮를 알고 사리를 해결하는 능력이 있다고 하였다.

이광좌가 그것을 알고 크게 웃으며, 좋은 자리로 임명하여 보냈다고 한다.”

　　　　돌에 새긴 목민관 이야기 1

성대중 선생이 지은 "청성잡기"에는 이광좌 선생과 관련된 일화가 있어 다음과 같이 소개한다.

"청성잡기 제5권[305] / 성언(醒言)
방백(方伯)이 수령의 절을 앉아서 받게 된 유래

송나라 때에는 대신들이 앉아서 백관의 절을 받았다.

그러나 부 정공(富鄭公 부필(富弼))만은 그들과 똑같이 답배를 하였고 그들이 떠날 때에는 대문까지 전송하였다.

부공(富公)처럼 엄격하고 강단 있는 사람이 어찌 관료들에게 공손하였 겠는가.

우리나라는 방백들이 휘하 수령에 대해 처음에는 앉아서 절을 받지 않 았다.

이광좌(李光佐)가 28세에 전라도 관찰사[306]가 되어 임금에게 하직 인사 를 할 때에 외직(外職)의 체통을 높여 줄 것을 청하여, 수령이 절할 때에 방백이 앉아서 읍으로 답례하도록 해 달라고 하였는데 그것이 마침내 팔 도(八道)의 규칙이 되었다.

그러나 이익저(李益著)는 이광좌 부친의 벗이었다. 이익저가 능주 목사 (綾州牧使)로 부임해 왔다가 이광좌가 일어나 맞이하지 않는 것에 화가 나서 심하게 욕을 하고는 관모를 부수고 관직을 떠나 버리니, 세상 사람 들이 대부분 이광좌의 거만함을 비난하였다.

---

305)　고전번역원 데이터베이스(DB)에서 발췌하였다.
306)　이광좌가 전라도 관찰사가 된 것은 34세이므로 위의 기록은 오기로 보인다.

그러나 그 법은 아무도 없애지 않아서 이광좌를 원수처럼 여겨 역적으로 몰았던 자들도 그 법을 따르고 어기지 않았으니, 이는 그 법이 자신들을 높이는 것이었기 때문이다.

나이 서른이 되기도 전에 한 지방의 방백이 되어 자신을 높이는 데만 급급하였으니, 그가 권력으로 인해 패망한 것이 당연하다.

지금은 병사(兵使)와 수사(水使)도 모두 방백의 행위를 따라 하지만 그 법이 이광좌에게서 비롯된 것인지는 알지 못한다."

돌에 새긴 목민관 이야기 1

4. 김병학

김병학 金炳學(1821년~1879년)[307]

본관은 안동(安東). 자는 경교(景敎), 호는 영초(潁樵). 아버지는 이조판서 김수근(金洙根)이며, 어머니는 조진택(趙鎭宅)의 딸이다.

철종의 장인인 영은부원군(永恩府院君) 김문근(金汶根)의 조카이다. 김준근(金浚根)에게 입양되었다.

1853년(철종 4년) 현감으로 정시 문과의 병과로 급제, 장령(掌令)·사간이 되었다.

공조판서가 되었다가 좌찬성을 거쳐 좌의정에 올랐다.

보수적인 척화론자로서 1866년 병인박해 때 천주교의 탄압을 적극적으로 주장하였다.

또한 병인양요로 민심이 흉흉해지자 흥선대원군을 권고해 당시 척화론을 주장하던 이항로(李恒老)를 승정원동부승지로 등용하도록 천거하였다.

영의정[308]을 거쳐 1875년 영돈녕부사가 된 뒤 조일수호조약(朝日修好條約)의 체결에 극렬하게 반대하였다.

1879년 사망하기 직전에도 판부사 홍순목(洪淳穆)·한계원(韓啓源), 영의정 이최응(李最應), 좌의정 김병국(金炳國) 등과 함께 연차(聯箚: 연맹

---

307)　한국민족문화대백과 사전에서 발췌하였다.

308)　1867년(고종4년)5월에 영의정에 임명되었다.

으로 왕에게 쓴 건의문)를 올려 일본이 요구하는 인천·원산의 개항 가운데 인천만은 서울의 백 리 안에 있으므로 결코 허락해서는 안 된다고 주장하였다. 시호는 문헌(文獻)이다.

영의정 김병학의 선정비는 통영 충렬사에 있으며, 필자가 충렬사를 여러 번 답사를 갔는데, 영의정 김병학의 비는 인지를 못 하여 시간을 내어 사진 촬영을 하였다.

영의정 김병학 비가 충렬사에 왜 세워져 있는 것일까 하는 의문이 들어, 여러 자료를 찾아보아 결론은 내린 것은 서원 철폐령과 관계되는 것이 아닐까 하는 생각이 들었다.

서원철폐령은 조선 후기에서 말기까지 많은 폐단을 낳은 괴산에 있는 만동묘를 시작으로 1865년부터 1871년까지 조선의 서원을 철폐하였는데, 특히 충무공 이순신을 배향하는 충렬사 중 아산의 충렬사는 훼철이 되었지만, 통영의 충렬사는 훼철이 되지 않았기에 영의정 김병학의 영세불망비가 세워진 것으로 필자는 추정한다.

그 이유는 당시의 정치의 실권자가 흥선대원군이었고, 영의정은 김병학이었으며, 이 두 사람이 모의에 의해서 충렬사를 보존 조치되었기에, 통영의 백성들이 불망비를 세운 것으로 생각된다.

영의정 김병학의 비에는 비제와 세운 시기 그리고 송시가 있다.

비제는 "대광보국숭록대부의정부영의정김공휘병학영세불망비(大匡輔國崇祿大夫議政府領議政金公諱炳學永世不忘碑)"라 되어 있고, 세운 시기는 "숭정후사무진사월일(崇禎后四戊辰四月日)"이라 되어 있어 1868년에 세운 것으로 보인다.

영의정 김병학의 영세불망비에 새겨진 송시는 다음과 같다.

家昇敬梓[309] 가문의 위상이 오르니 공경하였고

國衛喬木[310] 나라를 위하는 명가 이었네

五載調鼎[311] 오 년 동안 국정을 다스리니

八州照福 팔도에 복이 두루 비치네

克贊廟筭[312] 나라를 다스린 데 있어 최선을 다하니

先畛海胏 먼저 진휼하여 바다를 살찌우셨도다.

兵慮惑鈍 병사를 위해 둔전을 설치하여

餉圖預畜 군량을 비축하였네

相甬農畔 농사를 짓게 하였으며

求皮芻牧[313] 지방관 임무를 다하여 백성을 구하였네

---

309) 가래나무와 뽕나무 공경함 : 대대로 선조가 살던 고향에서 거주함을 말한 것이다. 가래나무와 뽕나무[梓桑]는 쓰임새가 많은 나무로, 《시경》〈소아(小雅) 소반(小弁)〉에 "뽕나무와 가래나무도 반드시 공경하니 우러러볼 것은 아버지 아님이 없으며 의지할 것은 어머니 아님이 없도다.[維桑與梓, 必恭敬止, 靡瞻匪父, 靡依匪母.]"라고 보이는데, 이는 부모가 심은 나무여서 공경하지 않을 수 없음을 말한 것이다. 이후 상재(桑梓)는 고향을 가리키는 말로 쓰이게 되었다.

310) 몇 대에 걸쳐서 크게 자란 나무라는 뜻으로, 누대에 걸쳐 경상(卿相)을 배출한 명가(名家)를 비유할 때 쓰는 말이다.

311) 조갱(調羹)과 같은 뜻이다. 음식을 조리할 때 쓰이는 소금과 매실로 재상으로서 국정을 다스림을 뜻한다. 《서경(書經)》〈열명 하(說命下)〉에 고종(高宗)이 부열(傅說)에게 "내가 국을 요리하거든 네가 소금과 매실이 되라." 한 데서 유래하였다.

312) 나라를 다스리는 계략

313) '추목(芻牧)'은 꼴을 베어 짐승을 친다는 뜻인데, 여기서는 지방관의 임무를 말한다. 《맹자》〈공손추 하(公孫丑下)〉에 맹자가 제(濟)나라 하읍(下邑) 평륙(平陸)에 갔을 때 백성

그림 92. 영의정 김병학 비 - 통영 충렬사

琢玉揭誦 돌에 새겨 높이 들어 칭송하니

淸風之穆 맑은 바람처럼 화목하네.

들 가운데 기근에 굶어 죽고 사방으로 유리걸식하는 자들이 많은 것을 보고 그곳 수령인 거심(距心)에게 비유하여 이르기를 "지금 남의 소와 양을 받아다가 기르는 자가 있으면, 반드시 그 주인을 위해 목장과 꼴을 구할 것이니, 목장과 꼴을 구하다가 얻지 못하면 주인에게 되돌려 주어야 하겠는가, 아니면 또한 소와 양이 죽어 가는 것을 가만히 서서 보아야 하겠는가?[今有受人之牛羊而爲之牧之者, 則必爲之求牧與芻矣. 求牧與芻而不得, 則反諸其人乎? 抑亦立而視其死與?]"라고 한 데서 온 말이다.

돌에 새긴 목민관 이야기 1

監董 廉之衡 감동 염지형

色吏 金志旼 색리 김지민

崇貞紀元 四 戊辰 四月 日 숭정기원 후 4 무진(1848년) 4월 일

校吏軍民等 立 교리 군민 등 세우다

民所公員 李祥沃 민소공원 이상옥

5. 조인영

조인영 趙寅永(1782년~1850년)[314]

본관은 풍양(豊壤). 자는 희경(羲卿), 호는 운석(雲石). 할아버지는 조엄(趙曮)이고, 아버지는 이조판서 조진관(趙鎭寬)이다. 어머니는 홍익빈(洪益彬)의 딸이다. 형은 국구(國舅) 조만영(趙萬永)이다.

819년(순조 19년) 식년문과에 장원급제, 바로 응교에 임명되었다.

그해 형의 딸이 세자빈이 되면서 홍문록(弘文錄: 홍문관의 제학이나 교리를 선발하기 위한 제1차 인사기록)·도당록(都堂錄)에 선입되었다.

1822년 함경도암행어사로 복명 후 대사헌에 특진하였다.

1826년 경상도관찰사를 역임한 뒤 이조참의·대사성·세손좌유선(世孫左諭善)·제학·예조참판 등의 요직을 두루 거쳤다.

1830년 세자[익종(翼宗)으로 추존]가 죽자 세손부(世孫傅)·우부빈객으로서 나이 어린 세손의 보호에 힘썼다.

1834년 세손이 헌종으로 즉위하자 바로 이조판서에 기용되고, 이어 대제학, 호조·형조의 판서를 두루 역임하면서 훈련대장 등 군사권을 장악한 형 조만영과 함께 풍양 조씨 세도의 기반을 구축하였다.

1839년 천주교에 대한 대대적인 탄압[기해사옥(己亥邪獄)]을 주도, 그

---

314) 한국민족문화대백과 사전에서 발췌하였다.

돌에 새긴 목민관 이야기 1

해 우의정에 올라《척사윤음(斥邪綸音)》을 찬진(撰進)하였다.

1841년(헌종 7년) 영의정이 되어 안동 김씨를 압도하고 풍양 조씨의 세도를 확립했으나 1846년 형이 죽자 실세(失勢), 벼슬에서 물러났다.

1849년 철종 즉위 후 민심 수습의 일환으로 다시 영의정에 임명되었으나 곧 죽었다.

조인영 선생의 선정비는 4좌가 남아 있으며, 2좌는 전라관찰사와 경상관찰사 선정비가 남아 있으며, 강원도 영월에 영의정 명칭이 새겨진 비가 1좌 있다.

그중에 밀양에 있는 경상관찰사 조인영의 비는 鐵로 만든 비석이다.

국내에 남아 있는 철로 만든 선정비는 96좌[315]로 나타났지만, 최근에 제천에서 墓碑를 철로 만든 것이 발견되어, 철비는 97좌가 되는 것으로 생각된다.

밀양 삼랑진에 있는 철비는 후조창[316]과 관계되는 것으로, 보이는데, 조창 운영과 관련된 폐단을 없애고 배도 규정대로 만들어 세곡을 싣는 데 많은 도움을 주었기에 철로 만든 불망비를 세운 것으로 추정된다.

비석에는 비제와 세운 시기 그리고 송시가 있다.

비제는 "관찰사조상국인영조폐리정영세불망비(觀察使趙相國寅永漕弊釐正永世不忘碑)"라 되어 있고 세운 시기는 "도광이십삼년계묘이월일선청립(道光二十參年癸卯二月日船廳立)"이라 되어 있어 1843년에 세운 것으로 보인다. 조인영 선생이 영의정에 오른 시기는 1841년이므로 영의정

---

315)　이희득 著《한국의 철비》

316)　조선 후기에, 경상남도 밀양시 삼랑포에 설치된 조창. 영조 41년(1765)에 우참찬 이익보(李益輔)의 주장으로 설치되었다.

재임 당시에 세운 것이다.

송시는 다음과 같다.

追家述謨 조정의 계책을 따라 일을 도모하니

克廣遺惠 능히 은혜가 널리 퍼졌네

刊[317]之恒規 규정대로 하나 항규가 되며

永草[318]洗弊 오랜 시간의 폐단을 깨끗이 씻었네.

船旣完葺 배를 수선하여 준비하고

糧又餘積 양식은 남을 만큼 모았네.

愈久愈思 오래될수록 더욱 생각나니

可語片石 이에 비에 새기노라

道光 二十三年 癸卯 二月 日 船廳 立

도광 이십삼년(1843년) 계묘 이월 일 선청(삼랑창) 립

임하필기에는 조인영 선생에 대한 이야기가 실려 있어 소개하면 다음
과 같다.

"운석(雲石 조인영(趙寅永))[319] 상공(相公)이 바둑을 잘 두는 어떤 참판

---

317) 刊이라는 것은 책을 펴낸다는 뜻으로 여기서는 법이 새겨진 책으로 보았다.
318) 永草라는 것은 쉽게 뽑히지 않는 잡초처럼 생각되며, 오래된 폐단을 비유한 것으로 생각
된다.
319) 고전번역원 데이터베이스(DB)에서 발췌하였다.

과 종종 대국을 하는데, 대국을 할 때마다 상공이 몇 집씩을 이겼다.

하루는 나라 안에서 바둑 잘 두기로 유명한 한 명관(名官)이 찾아와 뵈었다. 상공이 앞서 대국하던 자더러 그 바둑 솜씨의 고하를 시험해 보게 하였더니, 뒤에 온 자는 그 솜씨도 물어보지 않고 자신을 낮추어 치선(置先)[320]을 하였다.

상공이 깜짝 놀라며 말하기를, "나는 영공(令公)과 바둑을 둘 때 항상 굽혀 치선을 하는 사람인데, 영공은 어째서 저분한테 스스로 굽히오?" 하니, 명관이, "본래 우리 두 사람은 이렇게 둡니다."라고 말하였다.

그러자 상공은 비로소 깨닫고 앞서 대국하던 자를 나무라기를, "대감께서 잘못하셨습니다.

어째서 노부(老夫)를 그처럼 속일 수 있단 말이오?" 하였다.

그리고 상공은 그 참판과 평생 다시는 대국을 하지 않았다.

춘산(春山 김홍근(金弘根)) 상공이 어떤 고수와 대국을 하였는데, 계속 졌다. 그러자 상공이 바둑판을 밀쳐놓고 말하기를, "그대의 바둑 솜씨가 뛰어난 것은 온 나라 사람이 다 아는 바이네. 나를 계속 지게 하면 그대에게 무슨 빛이 나는가. 실로 기가(棋家)의 심심풀이하는 법이 아닐세."라고 하였으며, 그 뒤로 다시는 그와 더불어 대국을 하지 않았다.

두 상공의 규모는 비록 다르나, 선배들의 일로서 흠모할 만하다."

조인영 선생이 경상도 관찰사로 임명되는 시기는 1825년(순조 25년)이며, 임하필기에는 관찰사 조인영과 범어사와 관련된 이야기기 전해지고 있다.

---

320)　바둑에서, 판의 한가운데에 먼저 한 점을 놓은 사람이 먼저 둠

그림 93. 관찰사 조인영 비 – 밀양 삼랑진

소개하면 다음과 같다.

"임하필기 제27권[321] **/ 춘명일사(春明逸史)**

범어사(梵魚寺)의 제역(除役)

---

321)　고전번역원 데이터베이스(DB)에서 발췌하였다.

동래(東萊)의 범어사는 교남(嶠南)[322]의 고찰(古刹)이다.

그 절에 낭백(朗伯)이라는 스님이 있었는데, 계행(戒行)이 매우 엄격하였다.

하루는 글을 남겨 이르기를, "홍문(紅門) 밖에서 가마를 내려 절에 들어오는 자가 절의 역(役)을 없애 줄 것이다." 하고는, 곧이어 귀적(歸寂)하였다.[323]

그로부터 몇 년 뒤에 운석(雲石) 조인영(趙寅永)이 도백(道伯)이 되어 관내를 두루 시찰하러 다니다가 절문 밖에서 가마를 내려 걸어 들어갔는데, 그 누적된 폐단을 모두 덜어 주었으니, 과연 글로 남긴 얘기가 들어맞은 셈이다."

덧붙이면 부산 범어사에는 조인영 선생의 조부인 조엄[324]의 선정비가 있다.

조엄 선생은 통신사로 가서 일본에 갔을 때 대마도에서 고구마 종자를 가져오고, 그 보장법(保藏法)과 재배법을 아울러 보급, 구황주의 재료로 널리 이용되게 했던 점은 후세에 공덕으로 크게 기려지고 있으며, 특히 경상도관찰사 재임 시 창원의 마산창(馬山倉), 밀양의 삼랑창(三浪倉) 등 조창을 설치, 전라도에까지만 미치던 조운을 경상도 연해 지역에까지 통하게, 하여 세곡 납부에 따른 종래의 민폐를 크게 줄이고, 동시에 국고 수입을 증가하게 하였다.

---

322) 영남의 다른 표현이다.
323) 스님의 입적을 다른 말로 표현한 것이다.
324) 조엄(1719년~1777년)

조부는 삼랑창을 설치하고 손자는 그 폐단을 없애는 일을 하였으니, 아주 재미있는 일이다.

조인영의 선생의 선정비가 전라도 옥과에 1좌 있는데, 그것은 전라도 관찰사 역임할 때 세운 것으로 보이며, 이 선정비는 임실을 1박 2일로 답사를 할 때 촬영한 것이다.

조인영 선생이 전라도 관찰사로 임명되는 시기는 1829년(순조 29년)이다.

전라도 관찰사 조인영의 장달(狀達)[325)의 내용이 있어 소개하면 다음과 같다.

"全羅監司 趙寅永의[326) 狀達에 대해 溺死하거나 壓死한 興陽 등지의 사람들에게 원래의 恤典 외에 더 보살펴 주라는 下令

순조 29년 1829년 07월 27일(음)

○ 전라감사 조인영(趙寅永)의 장달(狀達)에서 홍양(興陽)[327) 등 고을에서 사람이 물에 빠져 죽었거나 압사(壓死)한 일에 대해, 영하기를

"들으니 매우 불쌍하고 측은하다.

---

325) 지방 감사나 임금의 명령으로 지방에 파견된 관원이 섭정하는 왕세자에게 서면으로 보고하던 일이나 그런 보고를 이르던 것.

326) 국역 비변사 등록에서 발췌하였다.

327) 지금의 전남 고흥이다.

원래의 휼전 이외에 특별히 더 도와주고, 만약 생전의 신역·환곡·군포가 있으면 모두 탕감하며, 매장할 방법을 또한 당해 수령이 마음을 기울여. 거행하도록 분부하는 것이 좋겠다.”

하였다.”

임하필기에는 조인영 선생과 관련된 이야기가 있으며 소개하면 다음과 같다.

임하필기 제29권 / 춘명일사(春明逸史)

조복(朝服)을 바꿔 입은 일

헌묘(憲廟) 때에 조회(朝會)에서 운석(雲石) 조인영(趙寅永)이 입은 조복은 새것이고, 경산(經山) 정원용(鄭元容)이 입은 것은 매우 낡은 것이었다.

온 조정이 그의 검소한 덕을 거론하자,

운석이 입고 있던 것을 벗어 경산과 바꾸어 입으니, 그 검소와 사치가 순식간에 뒤바뀌었다.

이에 모든 사람들이 두 분이 어질면서도 희학(戱謔)을 잘한다고 일컬었다.

하나 더 소개하면 다음과 같다.

그림 94. 전라 관찰사 조인영 비 – 전남 옥과

"임하필기 제32권 / 순일편(旬一編)[328]

사치 풍조의 성행

예(禮)에 50세가 된 자는 비단옷이 아니면 따뜻하지 않다고 하였지만, 검소한 사람은 비록 50세가 되었더라도 비단옷을 입지 않는다.

---

328)   국역 비변사 등록에서 발췌하였다.

운석(雲石) 조공(趙公 조인영(趙寅永))은 상경(上卿)의 지위인데도 무명베 바지를 입었다.

하루는 물에 젖어 그의 백씨인 충경공(忠敬公 조만영(趙萬永))의 바지를 빌려 입었는데, 명주로 만든 것이었다.

公이 그것을 입고서 말하기를, "가볍고 따뜻하기가 이만한 것이 없구나." 하였다. 그런데 근래에는 당상관이면 빈부를 가리지 않고 모두 명주 옷을 입으며, 심지어는 백색 깁으로 적삼을 만드는 경우도 있다.

내가 의주(義州)에서는 성성이 털로 만든 깔개를 보지 못하였는데, 지금은 세상에 흔하게 있다.

불과 20년 사이의 일이다."

그다음으로 소개하는 조인영 선생의 선정비는 경기 광주 "조선분원백자자료관"에 있는 것으로 사옹원도제조를 역임할 때 세운 것으로 보인다.

조인영 선생의 도제조 기록은 1840년이며, 약방도제조로 되어 있어, 이 시기는 조인영 선생이 우의정이므로 겸직을 한 것으로 보인다.

선정비에는 비제와 세운 시기는 있으나 송시는 없으며, 세운 시기는 向좌측면에 새겨져 있어 눈길이 간다.

비제는 "사옹원도제조조공인영선정비(司饔院都提調趙公寅永善政碑)"라 되어 있고, 세운 시기는 "도광이십칠년정미이월일립(道光二十七年丁未二月日立)"이라 되어 있기에 1847년에 세운 것이다.

조인영 선생은 금석문에 조예가 깊었는데 그에 대한 일화가 있어 소개하면 다음과 같다.

그림 95. 사옹원 도제조 조인영 비 – 경기광주 분원리

"임하필기 제30권[329] / 춘명일사(春明逸史)

삼한(三韓)의 고비(古碑)

신라 진흥왕(眞興王)의 북수비(北狩碑)는 지금의 함경도 황초령(黃草嶺)에 있던 것인데, 침계(梣溪) 윤정현(尹定鉉)[330]이 본도 관찰사로 있을 때 창고 속에 옮겨 두었다.

---

329) 고전번역원 데이터베이스(DB)에서 발췌하였다.

330) 윤정현(1793년~1874년) 삼학사 윤집의 후손이며, 호는 침계로 추사의 제자이다.

돌에 새긴 목민관 이야기 1

그러나 비석에 마모된 곳이 많은데 온전한 곳을 판독해 보면, 서체는 위(魏)나라 사람의 서체와 비슷하고, 글 내용은 경계를 정한 사실과 호종인(扈從人)[331]의 성명 등으로서 겨우 118, 9자 남짓하다.

또 한강 북쪽 승가산(僧伽山)에 비석 하나가 있으니, 역시 그때 함께 세운 것이다.

이는 봉우리 꼭대기에 우뚝 서 있어 비바람에 깎여 더욱 닳아 없어졌다.

운석(雲石) 조인영(趙寅永) 상공이 일찍이 오십 년 전에 몸소 보고 어루만졌는데, 92자만 판독하였다고 한다.

그러나 지금은 거의 글자가 없는 비석이 되고 말았다.

이것은 우리나라 금석(金石) 중에서 가장 오래된 것인데, 아끼고 보호하지 않아 저렇게 마멸되어 탑본(榻本)[332] 속에서나 그 자취를 찾아볼 수 있을 뿐이니, 안타까움을 이루 다 말할 수 있겠는가."

그다음으로 조인영 선생의 선정비는 영월에 있으며, 碑의 명문에 "영의정"이라 되어 있어, 영의정 재임 시절에 영월과의 인연이 있는 것으로 보인다.

선정비가 있는 이곳은 1906년 이전에는 강원도 감영이 있는 원주에 속하였으며, 철종의 태실이 있는 곳이다.

그러나 철종 태실과는 연관이 있는 것으로 보이고, 또 한 원주 감영에서 해결하기 어려운 일을, 영의정으로서 해결해 주었을 가능성이 있고, 영월 주천은 영서지방의 교통 요충지였고, 영월, 제천 등지와 연결되어 배가

---

331)　예전에, 임금이 탄 수레를 호위하여 따르는 일이나 그 사람을 이르던 말.
332)　탁본의 옛 표현이다.

닿아서 주천창에 모인 세곡(稅穀)을 원주의 흥원창(興原倉)까지 보낼 수
있었기에 오래된 폐단을 해결해 주었기에, "만세불망비"를 세웠을 것으로
생각된다.

그림 96. 영의정 조인영 비 - 영월 주천

비에는 비제와 세운 시기만 남아 있다.

비제는 "영의정조공인영만세불망비(領議政趙公寅永萬世不忘碑)"라 되
어 있고, 세운 시기는 "계묘십월일립(癸卯十月日立)"이라 되어 있어, 1843
년 10월에 세운 것이다.

                          돌에 새긴 목민관 이야기 1

1843년이면 조인영 선생이 1차로 영의정에서 물러나고, 영부사(領府事)[333]로 재임 중일 때이기에, 그전에 영월 주천에 많은 도움을 주거나 해결해 준 것으로 생각된다.

선정비가 있는 주천(酒泉)은 술샘 마을이라 해서 관련해서 오래전부터 전해지는 설화가 있다. 소개하면 다음과 같다.

영의정 이야기를 하다 뭔 주천 이야기라 하겠지만, 계속 비석의 인물만 이야기하면 지루할 것 같아서 사족으로 넣었다.

"신분에 따라 다른[334] 술이 나오던 술샘"

옛날 술샘에서는 물이 아니라, 술이 나왔다고 한다.

그런데 이 술샘은 사람 신분에 따라서 나오는 술의 종류가 달랐다. 신분이 낮은 사람이 가면 탁주가 나오고, 신분이 높은 사람이 가면 약주가 나왔다.

신분이 낮은 젊은이가 공부를 열심히 해서 과거시험에 장원급제를 하였다.

그는 고향으로 내려와 술샘 앞에 서서, 많은 사람들이 지켜보는 가운데, "나도 이제 신분이 높아졌으니 약주가 나올 것이야."라고 큰소리를 치고 물을 떴다.

---

333) 조선시대 돈녕부에 소속된 정1품 관직이며, 원래 명칭은 영돈녕부사 이고,, 돈녕부에서 서열이 가장 높은 정1품이며, 왕비부(王妃父)는 국구(國舅)로서 가장 존대하여야 할 위치에 있었다.

334) 지역n문화에서 발췌하였다.

그런데 탁주가 나왔다.

당황한 젊은이는 몇 번이고 술샘의 물을 떠 보았다.

그래도 계속해서 탁주만 나왔다.

화가 난 젊은이는 옆에 있던 커다란 돌을 술샘을 향해 던졌다.

그 후 술샘은 젊은이가 던진 돌에 막혀 아무것도 나오지 않고 메말라 버렸다고 한다.

"술타령만 하던 사람을 깨우치게 한 술샘"

술샘과 관련해서 전해지는 다른 설화도 있다.

옛날 술샘 인근 마을에 부인을 잃고 상심해서 매일 술타령만 하던 사람이 있었다. 그는 돈이 없어도 자식들에게 술을 받아오라고 하였다.

그러던 어느 날 아버지가 돈이 없는데 술을 받아오라고 하자, 막내는 할 수 없이 술샘의 물을 퍼다 주었다.

그랬더니 아버지가 마시고는 더 가져오라고 하였다. 그럴 때마다 막내는 술샘에서 물을 떠다 드렸다.

그러던 중 돈이 없는데도 아이들이 술을 가지고 오는 것이 의아해서 하루는 아이들 몰래 뒤따라가 보았다.

그랬더니 아이들이 주막으로 가는 것이 아니라, 술샘으로 향하는 것이었다. 그리고는 물을 떠가지고 왔는데, 그것이 물이 아니고 술이었다.

이것을 보고 나서 마음을 고쳐먹고 아이들을 잘 돌보았다고 한다.

그러자 그 후부터는 술이 나오지 않고 물만 나왔다고 한다.

     돌에 새긴 목민관 이야기 1

“아전의 귀찮음으로 깨진 술 바위”

또 다른 이야기가 있다.

주천 서쪽 강가에 샘이 나오는 바윗돌이 있었다.

신기하게도 그 물을 떠서 마시면 술맛이 났다.

이 소문이 퍼져서 술 좋아하는 사람들이 술샘을 찾아왔다.

아무리 마셔도 줄지를 않아 풍족하게 마실 수 있었다.

주천마을에는 술을 좋아하는 아전이 한 명 있었는데, 술을 너무나도 좋아해서 항상 술샘을 생각하였다.

그런데 그 바위가 있는 곳까지 가야 하는 것이 귀찮았다.

그래서 하루는 술이 솟는 바위를 아예 가까운 고을 안으로 옮기기로 하였다.

그래서 여러 사람들을 동원하여 바위를 옮기려고 하는데, 하늘에서 천둥번개가 치더니 벼락이 바위를 때려 바위가 세 동강 났다.

한 동강은 물속으로 가라앉아 버리고, 다른 한 개는 온데간데없이 사라지고, 나머지 한 동강만 남아 있었다.

그러나 이미 깨져 버려서 그 이후에는 아무것도 나오지 않았다고 한다.

마지막으로 조인영 선생이 영의정 임명되는 기록은 다음과 같다.[335]

“헌종 7년(1841년 道光(淸/宣宗) 21년 헌종 7년 4월 헌종 7년 4월 22일

---

335)　고전번역원 데이터베이스(DB)에서 발췌하였다.

헌종 7년 4월 22일

吏批[336]의 관원현황

○ 有政。吏批, 行判書權敦仁進, 參判李穆淵在外未肅拜, 參議金箕晩牌不進, 右承旨金景善進。領議政單趙寅永 (생략)

풀이:

정사가 있었다.

이비 행판서 권돈인, 참판 이목연, 참의 김기만, 우승지 김경선, 영의정 조인영 (생략)"

---

336)　이조(吏曹)에서 주청하여 임금의 비답(批答)을 받은 벼슬

6. 김재로

김재로 金在魯(1682년~1759년)[337]

본관은 청풍(淸風). 자는 중례(仲禮), 호는 청사(淸沙) 또는 허주자(虛舟子). 아버지는 우의정 김구(金構)이며, 어머니는 이몽석(李夢錫)의 딸이다.

1702년(숙종 28년) 진사시에 합격하고, 1710년 춘당대문과(春塘臺文科)에 을과로 급제해 설서(說書)·검열(檢閱)·지평(持平)·수찬(修撰) 등을 지냈다.

1716년 부수찬으로 선현(先賢)을 무고한 소론의 유봉휘(柳鳳輝)·정식(鄭栻)을 탄핵해 물러나게 하였다.

1718년 헌납(獻納)·동부승지·대사간을 지내고, 이듬해 전라도관찰사·대사성·승지를 거쳤으며, 전라도균전사(全羅道均田使)로 양안(量案: 토지 대장)의 개정을 요구하였다.

1720년 경종이 즉위하자 호조참의·승지·부제학·이조참의 등을 거쳐, 이듬해 대사간 및 병조참판과 예조참판을 지내고 개성유수가 되었다. 1722년 신임사화로 파직되고 이듬해 울산으로 귀양 갔으나, 1724년 영조가 즉위하자 풀려나 이듬해 대사간에 기용되었다.

---

337) 한국민족문화대백과사전에 발췌하였다.

1740년 영의정에 올라 1758년 관직을 떠나기까지 여러 차례에 걸쳐 10여 년간 영의정을 지냈고, 그 밖에도 영중추부사를 역임해 세도가 매우 컸다.

1741년 신유대훈(辛酉大訓)이라 하여 임인옥안(壬寅獄案)을 불사르고 특사하도록 하고, 5인의 역안(逆案: 반역 죄인들의 죄를 기록한 문서)을 그대로 두도록 주장한 박문수와 이종성(李宗城) 등을 파직하게 하였다.

김재로 선생의 선정비는 제천 청풍 문화재 단지 내에 있으며, 원래 자리는 제천 향교이다.

청풍문화재 단지 외에도 김재로 선생의 선정비가 단양과 영춘에 있다 하지만, 아직 발견되지 않고 있다. 추정으로는 선정비가 존재하였지만, 멸실이나 훼손에 의하여 소실되었을 가능성이 있다고 본다.

김재로 선생은 영의정 세 번이나 역임하는데 그 내용은 다음과 같다.

"영조 16년[338] 경신(1740년) 9월 28일(병신)

김재로·송인명을 불러 복상하라고 하고, 병조 판서 조현명을 우의정으로 삼다

좌의정 김재로(金在魯), 우의정 송인명(宋寅明)을 불러서 복상(卜相)하라고 명하고, 또 가복(加卜)하게 하여 병조 판서 조현명(趙顯命)을 우의정으로 삼았다. 이날 개정(開政)하여 김재로(金在魯)를 영의정으로, 송인명(宋寅明)을 좌의정으로, (생략)"

---

338) 고전번역원 데이터베이스(DB)에서 발췌하였다.

1740년에 처음으로 영의정에 올라 1745년에 면직하고, 1751년에 두 번째로 영의정에 올랐다가 1752년에 사직하였으며, 세 번째는 1753년에 영의정에 올랐다.

"영조 29년 계유(1753년) 9월 3일(을묘)

김재로를 영의정에 제수하다[339]

김재로(金在魯)를 다시 영의정(領議政)에 제배(除拜)하라고 명하였다.

사관(史官)을 보내어 하유(下諭)하기를,

"나이 일흔인 기구(耆舊)로서 휴치(休致)한 신하를 이제 다시 제배하는 것이 어찌 즐거워서 하는 것이겠는가?

한편으로는 나랏일을 위한 것이고, 한편으로는 사체(事體)를 중히 여기는 것이다.

경(卿)의 나이가 비록 많기는 하더라도 신기(神氣)는 쇠약하지 않았거니와, 대례(大禮)가 내일 있으니 곧 일을 돌보아야 한다."

하였다."

김재로 선생의 송덕비의 명문은 비제와 세운 시기가 새겨져 있으며, 다른 곳과 달리 "按撫使"라 되어 있다.

비제는 "호서안무사김공재로송덕비(湖西按撫使金公在魯頌德碑)"라 되어 있고, 세운 시기는 "숭정백유이년2월제영단3읍군졸송립(崇禎百有二

그림 97. 호서안무사 김재로 비 – 제천 청풍 문화재 단지

年[340] 二月堤永丹[341] 三邑軍卒頌立)"이라 되어 있다. 1730년에 세운 것이다.

김재로 선생의 비에는 왜 안무사라 되어 있을까 하여 자료를 찾아보니, 충주 목사시절에 1728년 무신란[342]에 안무사가 되었기에, 그러한 명칭이 비석이 새겨진 것으로 보인다.

---

340) 102년이라는 뜻이다.

341) 제천, 영춘, 단양 3개 읍을 말한다.

342) 1728년 조선 시대 영조 집권 시기에 일어난 반란 사건으로 무신년에 일어나 무신란(戊申亂)이라고도 한다.

　　　　　　　　　　돌에 새긴 목민관 이야기 1

조선왕조실록의 기록을 보면 1728년(영조 4년) 3월에 충주 목사 김재로에게 안무사를 겸하라는 기록이 보인다.

조선왕조실록에는 안무사로 활동한 기록이 보이며 소개하면 다음과 같다.

"영조 4년[343] 무신(1728년) 4월 6일(병술)
***안무사*가 한세홍을 잡았음을 장계하다**

호서안무사(湖西*按撫使*) *김재로(金在魯)*의 장계(狀啓)에 이르기를,
"역적 한세홍(韓世弘)이 이름을 바꾸어 한종백(韓宗白)이라 일컫고 보행(步行)으로 산을 넘어 충주(忠州) 땅에 도착하였으므로, 진사(進士) 이정(李瀣)이 비밀리에 면임(面任)을 불러 결박시키고 관아(官衙)에 바쳤는데, 그 주머니를 뒤지니 은(銀) 1봉(封)이 있었습니다."
하니, 잡아 오라고 명하였다.
한세홍은 평안 병사(平安兵使) 이사성(李思晟)의 영문(營門)에 갔다가 돌아오는 길에 변고를 듣고 망명한 것이다.
이정은 뒤에 상전(賞典)으로 6품직에 올랐다."

김재로 선생이 어사로 활동할 때 이인(異人)을 본 이야기가 전해지며, 그것은 다음과 같다.

---

343)   고전번역원원db에서 발췌하였다.

"김승상과[344] 전견[345] 이인(金丞相瓜田見異人)

淸沙[346] 김상공이 수의로서 영남지방을 나갔더니, 마침 오뉴월이라 날이 심하게 더웠다. 태백산에 도착하니 목이 많이 말라서 물을 찾으니, 깊은 산중이라 사람 사는 집도 없고, 우물이나 샘물도 보이지 않아, 일행과 더불어 산속에서 방황하였다.

마침 고개를 하나 넘었더니, 길가에 참외밭이 있지만, 원두막 없고 참외를 보니 잘 익어서 갈증이 더 심하였다.

그래서 신발을 들쳐 메고는 갈증에 義를 찾으리오! 하면서, 일행으로 하여, 입구에 보이는 콩가지에 두 푼 걸어 놓고, 참외를 따오라고 하였다.

일행 중 한 명이 밭에 들어가더니 불과 몇 발자국에 즉시 혼미하여 밭 가운데 넘어져, 살려 달라 소리를 지른다.

그리고는 다른 소리가 없어 김 상공이 두려워 들어가지 못하고 있으니, 홀연히 한 노인 나타났는데, 머리에 삿갓을 쓰고 산에서 내려오며 부르며 말하기를 어찌 남의 참외밭에 함부로 들어갔느냐 한다.

김 상공이 보니 걸음걸이가 느릿느릿하고 말투가 부드럽고 조용하여, 경거망동 하지 않는 모습이었다.

김 상공이 말하기를 갈증이 심하여 입구 콩가지에 돈을 걸어두고 참외를 따러 들어갔다고 하였다.

늙은 농부가 말하기를 여기는 비록 원두막과, 지키는 사람은 없으나, 밭 주위에 白麻를 심어 둔 것을 보지 못하였느냐 하면서, 이것은 도적을 막

---

344)   청구야담에서 발췌하였다.

345)   풀이하면 "김승상이 오이밭에서 만난 이인이다."

346)   김재로의 號이다.

기 위함이라 하며 웃으며, 밭에 들어가 일행의 손을 잡고 나오니, 아까 살려 달라 하던 일행은 금시 무탈하였다.

그리고 참외를 얻어먹고 나서는 김 상공이 자세히 참외밭 주위를 살펴보니 백마가 사면에 둘러 심어져 있었다.

그 백마를 심은 방법이 아주 빽빽하게 되어 있어, 팔진도[347] 형상이 보였다.

그래서 일행에게 그 모습을 물으니 일행이 말하기를 참외밭에 들어가려고 한 발을 들어서는 순간 정신이 이상하고, 혼미하여 눈이 보이는 것이 없고, 지척을 분간하지 못하여, 넘어졌다고 한다.

아까 그 노인이 손을 잡고 일으켜 세우니 비로소 정신이 돌아왔다 한다.

김 상공이 괴이하게 여기고 있는데, 늙은 농부는 산을 향하여 가기에 김 상공이 "神人"이라 하여, 일행은 근처 집에 묵게 하고, 노인을 따라가니, 고개를 넘어 노인 기거하는 곳에 가니 나무로 만든 초가이며, 방은 하나였다.

김 상공이 하룻밤 묵게 해 달라 하니 노인이 웃으면서 방으로 안내했다.

그리고 아내로 하여금 조용히 이야기하여 조밥 한 그릇을 가지고 부엌으로 오라 하여, 같이 먹고 나서 자리를 펴더니, 앉기를 권하고는 산중에 사는 늙은이라 인사가 무례하니 나무라지 말라 한다.

그리고는 누워 자면서 코 고는 소리가 우레와 같았기에 서로 말할 기회가 없었다.

잠깐이 지나 날이 새고자 하기에 김 상공이 늙은 농부를 깨워 말하기를,

---

347)   중국 제갈공명이 만든 군사 진법

주인은 어찌 곤히 주무십니까? 하니, 늙어서 정신이 흐려져서 그렇다고 한다.

손님 접대를 소홀히 하였으니, 죄송하다 하였다.

김 상공이 말하기를 내가 지금 하는 일이 있어, 어디로 가는데, 앞일을 알 수 없고, 하는 일이 잘될지를 물었다.

그러자 늙은 농부가 웃으며 말하기를

내가 이미 어사가 내 집에 온 것을 알았는데 속이지 말라 한다.

공이 놀라 말하기를 이 무슨 말이오, 촌구석의 궁한 선비이거늘 어찌 어사로 본단 말이오, 하니,

노인 말하기를 나를 속이지는 못할 것입니다.

하늘을 가리키며 처마 끝의 별을 가리키며 말하기를

이 별은 繡衣를 가리키는 별인데, 어찌 나를 속일 수 있겠느냐 한다.

김 상공이 이 말을 듣고 숨길 수가 없어 실상을 말하고, 나의 벼슬 운과, 자손의 출세는 어떠한지 물었다.

노인은 자세히 앞날과 자손의 앞날을 이야기하는데, 어느 날에 어떤 벼슬을 하고, 그 뒤로는 감사[348]를 하고, 나중에 벼슬이 영상에 오를 것이며, 문묘배향 하고, 제사가 오래도록 끊이지 않을 것이고, 아들을 세 명 두는데, 그중에 한 명이[349] 영의정이 된다고 하였다.

그래서 김 상공이 이러한 것을 기록하였더니, 나중에 일어나는 일이, 노인이 말한 것과 일치하더라.”

---

348) 경상도 관찰사에 이르렀다.
349) 김재로의 아들인 김치인이 영의정에 오른다.

7. 심상규

심상규 沈象奎(1766년~1838년)[350]

본관은 청송. 초명은 상여. 자는 가권·치교, 호는 두실·이하. 아버지는
규장각직제학 염조이다.

1789년(정조 13) 문과에 급제해 강제문신에 임명되었고, 이어 교서관정
자·규장각대교를 역임했다.

1832년 다시 우의정으로 기용되어 공시 규제정책을 시행했으며, 1834
년 영의정이 되었다. 그해 순조가 죽자 원상으로 헌종대 초기의 정사를
관장했다.

순조의 명으로 국왕의 정무 지침서인 〈만기요람 萬機要覽〉을 편찬했다.
저서로는 〈두실존고 斗室存稿〉가 있다. 시호는 문숙이다.

심상규 선생의 선정비는 남한산성에 있으며, 여러 좌의 비석과 함께 있
으며, 비제는 "유수겸수어사심공상규거사비(留守兼守禦使沈公象奎去思
碑)"라 되어 있다. 뒷면에는 세운 시기를 새겼는데, "숭정후삼무인이월
일립(崇禎後三戊寅二月日立)"이라 되어 있으며 칭송하는 송시는 없다.
1818년에 세운 것이다.

---

350) 다음백과사전에서 발췌하였다.

심상규 선생이 광주 유수에 임명되는 시기는 순조 16년(1816년)이므로, 임기를 마치고 세운 것으로 생각된다. 1818년에 심상규 선생이 이조판서에 임명되기에, 그렇게 생각하는 것이다.

이유원[351] 선생이 지은 "임하필기"에는 개고기와 심상규 선생과의 일화가 있어 소개하면 다음과 같다.

"임하필기[352] 제27권 / 춘명일사(春明逸史)

심상(沈相)이 개장국[狗羹]을 즐긴 일

연경(燕京) 사람들은 개고기를 먹지 않을 뿐 아니라 개가 죽으면 땅에 묻어 준다. 두실(斗室) *심상규(沈象奎)*가 연경에 들어갔을 때 경일(庚日)[353]을 만나 개고기를 삶아 올리도록 하였는데,

연경 사람들이 크게 놀라면서 이상히 여기고는 팔지 않았으며, 이에 그릇을 빌려다가 삶았는데, 그 그릇들을 모조리 내다 버렸다.

내가 북쪽에 갔을 때에 들으니, 예전에 장단(長湍) 상공(相公) 이종성(李宗城)[354]은 남의 연회(宴會)에 나아갔다가 개장국을 보고서 먹지 않고 돌아와 말하기를, "손님에게 대접하는 음식이 아니다."

하였다고 한다.

두 공의 규모(規模)가 각기 달랐다 하겠다."

---

351) 조선 말기의 관료. 본관은 경주. 자는 경춘, 호는 귤산·묵농.
352) 고전번역원 데이터베이스(DB)에서 발췌하였다.
353) 절기로 삼복 중의 하나
354) 조선후기 예조판서, 좌의정, 영의정 등을 역임한 문신.

그림 98. 유수 겸 수어사 심상규 비 - 광주 남한산성

심상규 선생이 영의정에 임명되는 시기는 다음과 같다.

"순조 34년[355] 갑오(1834년) 7월 9일(임신)

홍석주를 의정부 좌의정 겸세손부로, 박종훈을 우의정으로 삼다

정승을 가리고 더 가려 홍석주(洪奭周)를 의정부 좌의정 겸세손부(兼世

孫傳)로 삼고, 박종훈(朴宗薰)을 우의정으로 삼았으며, 심상규(沈象奎)를 올려서 영의정 겸세손사(兼世孫師)로 삼았으며, 김난순(金蘭淳)을 예조 판서로, 남석규(南錫奎)를 황해도 수군 절도사로 삼았다."

8. 권돈인

권돈인 權敦仁(1783년~1853년)[356]

본관은 안동(安東). 자는 경희(景羲), 호는 이재(彛齋), 우랑(又閬), 우염(又髥), 번상촌장(樊上村庄), 과지초당노인(瓜地草堂老人). 시호는 문헌(文獻)이다. 우의정을 지낸 권상하(權尙夏)의 5대손이며, 군수를 지낸 권중집(權中緝)의 아들이다.

1813년(순조 13년) 증광시에 병과로 급제하고 정자(正字: 조선 시대 홍문관·승문원·교서관에 속한 정구품 벼슬)와 헌납(獻納: 조선 시대 사간원의 정오품 벼슬)을 거쳐, 1819년과 1835년(헌종 2)에 동지사(冬至使)의 서장관과 진하 겸 사은사(進賀兼謝恩使)로 청나라에 다녀왔으며, 이조판서, 우의정, 좌의정 등을 역임한 뒤 1845년에 영의정에 올랐다.

1851년 철종의 증조인 진종(眞宗)의 조천례(祧遷禮)에 관한 주장으로 인해 파직당하고 순흥으로 유배되었다.

1859년 연산으로 이배(移配)되었다가 그곳에서 76세로 일생을 마쳤다.

서화에 능하여 일생을 친밀히 지냈던 김정희(金正喜)로부터 뜻과 생각이 뛰어나다는 평을 들었다.

예서체(隷書體) 비문에 관해서는 동국(東國)에 전혀 없었던 신합(神合)

---

356)　한국민족문화대백과사전에서 발췌하였다.

의 경지라는 칭찬을 받았다.

그리고 중국의 서화를 얻으면 김정희와 연구하여 감식안을 높이기도 하였다.

유작으로 〈세한도(歲寒圖)〉가 국립중앙박물관에 소장되어 있는데, 김정희의 〈세한도〉와 화풍상 밀접한 관계를 보이고 있다. 김정희의 〈세한도〉가 갈필(渴筆)로 다루어져 싸늘한 느낌을 자아내는 데 비하여, 그의 〈세한도〉는 안온한 느낌을 주고 있지만, 간단명료한 구도라든가 넘치듯 배어 있는 농축된 문기(文氣) 등은 사의(寫意)를 지향하여 남종문인화풍(南宗文人畫風)을 크게 진작시켰던 김정희의 화풍과 상통한다.

권돈인 선생의 선정비는 3좌가 있었으나 문경새재에 있었던 관찰사 선정비는 행방이 묘연하고, 전라도암행어사로 활동하여 선정비를 남겼는데, 전북 정읍에 있고, 또 하나는 양산 통도사에 있다.

먼저 정읍에 있는 암행어사 권돈인의 碑(사진 99번)부터 소개한다.

어사 권돈인의[357] 비는 입암면 경로당에 있으나 원래는 왕심원이 있었던 거슬막, 또는 거사막이라 불리던 곳에 있었으나, 1973년 호남고속도로 공사로 인해 현재의 자리로 옮겨졌다.

비제는 "어사권공돈인영세불망비(御史權公敦仁永世不忘碑)"라 되어 있고 건립 시기는 丁亥 8월이라 되어 있다.

불망비로 보아서는 어사 권돈인이 어떠한 선정을 하였는지 알 수 없다.

---

357) 이희득 著《암행어사선정불망비》에서 발췌하였다.

  돌에 새긴 목민관 이야기 1

순조 22년 임오(1822년) 7월에 임금에게 올린 서계에도 정읍에 관한 내용은 있으나, 그 내용은 정읍 태인 현감에게는 치적이 있다 되어 있었다.

그리고 세운 시기를 丁亥 8년이라 되어 있어 1827년으로 생각되지만, 그를 뒷받침할 연호가 없어 정확하게 언제인지는 알 수 없다.

조선후기에는 院은 관리의 숙박과 필요한 말을 제공하고, 그곳을 관리하는 찰방은 상당한 권력을 가졌는데, 어사 권돈인이 와서 여러 가지 폐단을 없앴는지, 아니면 단순히 왕심원에 머물러서 기념으로 비를 세웠는지 기록이 없어 추정만 가능하다.

어사 권돈인이 올린 서계가 있어 소개하면 다음과 같다.

"순조 22년 임오(1822) 7월 11일(계미)

전라우도 암행어사 권돈인이 권익 등의 다스리지 못한 것을 서계로 올리다

전라우도 암행어사 권돈인(權敦仁)이 서계를 올려,

장성 전 부사(長城前府使) 권익(權), 영암 전 군수(靈巖前郡守) 이정식(李禎植), 옥구 전 현감(沃溝前縣監) 박명화(朴鳴和), 고산 전 현감(高山前縣監) 김영석(金永錫), 김제 군수(金堤郡守) 이면충(李勉沖), 고부 군수(古阜郡守) 이익수(李益秀), 무장 현감(茂長縣監) 박명화(朴鳴和), 삼례 찰방(參禮察訪) 복내정(卜來禎), 전주 전 판관(全州前判官) 홍희경(洪羲敬), 진도 군수(珍島郡守) 최응현(崔應鉉), 만경 전 현령(萬頃前縣令) 임응순(林應淳), 해남 전 현감(海南前縣監) 김노철(金魯哲) 등의 다스리지 못한 정상을 논하니,

모두 경중에 따라 처벌하게 하였다.

또 금구 전 현령(金溝前縣令) 정구용(鄭久容), 태인 현감(泰仁縣監) 민원용(閔元鏞)은 치적이 있다고 논하니, 모두 승서(陞敍)의 은전(恩典)을 시행하라고 하였다.

별단에 묵은 전답에 백지 징세(白地徵稅)하는 것과 군정(軍丁)의 정원이 비어 있는 것과 조창(漕倉)에서 지나치게 받고, 둔전(屯田)에 빈 결수(結數)가 있는 폐단을 개진하였는데, 모두 묘당으로 하여금 제일 좋은 방편을 채택하여 시행하라고 하였다."[358]

그림 99. 어사 권돈인 비 - 정읍 천원리

---

358)　조선왕조실록에서 발췌하였다.

　　　　　돌에 새긴 목민관 이야기 1

통도사에 있는 권돈인 선생의 비는 경상도 관찰사로 활동할 때 통도사의
어려움을 해결해 주어 선정비를 세운 것으로 생각되며, 특이하게도 빗면
에는 3명의 관리가 3行으로 새겨져 있다. 가운데는 권돈인 관찰사이고, 向
오른편은 水使道 윤영배[359]이며, 向 왼편은 郡守 오하철[360]로 새겨져 있다.

통도사에 있는 권돈인 선생의 비에 보이는 명문은 다음과 같다.

그림 100. 도순상국 권돈인 비 - 양산 통도사

---

359)　　1838년(헌종4년)에 경상좌도수군절도사에 임명되었다.

360)　　1837년(헌종3년)에 양산군수에 임명됨

水使道　尹公永培　　수사도　윤공영배

都巡相國　權公敦仁永世不忘碑　　도순상국　권공돈인영세불망비

　　　　　　　紙與雜役　一切蠲除

郡守　군수　吳公夏哲　오공하철

　　　　　其恩其德　如山如海

紙與雜役　종이에 대한 여러 일을
一切蠲除　일절면제 하여 주시니
其恩其德　그 은혜와 그 덕은
如山如海　山처럼 높고 바다와 같이 넓다네.

그림 101. 도순상국 권돈인 비 명문 전면

吏房營吏　尹誠彬　刑房營吏　申維禎
이방영리　윤성빈　형방영리　신유정

佐幕　尹協時　紙色　徐有坤
좌막　윤협시　지색　서유곤

水吏房　李仁五　金■
수이방　이인오

紙倉色　金相坤
지창색　김상곤

同年月日　동년 월일

座首　崔齊碩　좌수　최제석

吏房　鄭文周　이방　정문주

그림 102. 관찰사 권돈인 비 뒷면

　　　돌에 새긴 목민관 이야기 1

　수군절도사와 양산군수 그리고 관찰사가 통도사의 여러 가지 어려운 일 중에 종이에 대한 부역을 면제해 줌으로 "영세불망비"를 세웠다고 생각되며, 뒷면에는 세운 연도가 보이지 않아 필자가 추정하여 보면, 경사좌수사 윤영배는 1838년에 임명되고, 양산군수 오하철은 1837년에 임명되었다.

　관찰사로 권돈인은 1838년에 임명된다. 그러므로 통도사 부도전에 있는 불망비의 세워진 시기는 1838년으로 추정된다.

　그리고 관찰사 권돈인은 글씨 중에서 예서에 능하였으며, 통도사에 해장보각에 편액을 남겼다.

　"해장보각이라는[361] **이름은 경전이 용궁 속에 보관되어 있었다는 인도 고대의 전설을 따서 지은 것이라 하며, 또한 대장경의 내용이 바다 속의 수많은 보배와 같이 무궁무진하다는 의미도 지닌다고 한다. 그러므로 이곳 도서관에 소장되어 있는 방대한 경전과 자료들의 무한가치가 해장보각이라는 현판의 의미에 걸맞다 할 것이다."**

　편액의 글씨는 "해장보각(海藏寶閣)" 그 옆으로 "신해국추이수(辛亥菊秋彝叟)"라 되어 있고, 풀이는 "신해년 국화 핀 가을 이수"이다. 이수는 권돈인의 별호이다.

　신해년은 1851년이고 영의정을 역임할 당시지만, 그해 가을은 영의정에서 물러난 때라 글씨를 직접 썼을까 하는 의문도 든다.

---

361)　통도사 홈페이지에서 발췌하였다.

그림 103. 통도사 해장보각 편액 – 권돈인 書

그다음으로 문경새재에 있었던 관찰사 권인돈의 선정비는 2006년까지 부러진 채로, 있었다는 기록이 있으나, 필자가 2번의 방문을 하여 찾았지만, 행방이 묘연하고. 문경문화원, 시청에 문의하여도 알지 못한다고 하였다.

그래서 비석의 명문과 세운 시기를 간단하게 적어 놓는다.

"관찰사권상국돈인불망비(觀察使權相國敦仁不忘碑)"와 "기해년 이월(己亥年 二月)"이라 되어 있었다고 한다. 기해년은 1839년이다.

문경새재는 조선시대에 관찰사가 새로 부임할 때 도계지역에서 떠나는 관찰사가 관인과 병부를 인수인계하는 교인행사를 하였는데, 이곳 문경은 경상도의 도계지역으로 문경새재에 위치한 교귀정에서 교인식을 거행하였다는 기록이 〈신증동국여지승람〉과 〈동경유록〉 등에 전하여 오고 있다.

문경새재의 불망비는 관찰사 임기를 마치고 나서 교귀할 때 세운 것으로 추정된다.

마지막으로 권돈인 선생이 영의정에 임명되는 기록이다.

돌에 새긴 목민관 이야기 1

"헌종 11년[362] (1845년) 3월 26일(정해)

전 형조 판서 김영이 죄인 정쾌성을 혼자 형신하다 죽게 했으므로 견삭하도록 하다

임금이 희정당(熙政堂)에 나아가 대신(大臣)과 비국 당상(備局堂上)을 인견(引見)하였다. 영의정 권돈인(權敦仁)이 아뢰기를,

"살옥(殺獄)의 죄인을 신추(訊推)[363]하는 것은 법의(法意)가 매우 엄하여, 일차(日次)에 본디 정해진 것이 있습니다.

따라서 한 당상(堂上)으로는 거행하지 못하는데, 전 추판(秋判) 김영(金煐)은 접때 본조(本曹)의 좌기(坐起)하는 날에 회추(會推)하는 죄인 정쾌성(鄭快成)을 엄히 형신(刑訊)하여 지레 죽게 되었다 합니다.

그 죄수가 범한 것은 단안(斷案)에 이미 갖추어졌다 하더라도 동추(同推)할 일차가 아니고 차당(次堂)의 회좌도 없는데, 뭇 죄수 가운데에서 정가 하나를 뽑아내어 형신해서 죽게 하였으니, 법례(法例)에 어긋나고 뒷폐단에도 관계됩니다.

견파(譴罷)[364]하는 법을 시행하소서."

하니, 하교하기를,

"어찌 파직(罷職)하고 말 수 있겠는가? 매우 놀라우니, 견삭(譴削)으로 시행하라."

하였다."

---

362) 고전번역원 데이터베이스(DB)에서 발췌하였다.
363) 조선시대에 범죄 혐의가 있는 자에게서 자백을 얻어내기 위해 실시한 고문제도
364) 관원의 실수를 꾸짖어 벼슬에서 쫓아냄

9. 심순택

심순택 沈舜澤(1824년~1906년)[365]

본관은 청송. 자는 치화. 아버지는 진사 의린이다.

1850년(철종1년) 증광문과에 급제해 예조참의·예방승지·충청도관찰사를 거쳐 1878년 예조판서·형조판서·이조판서 등을 역임했다.

1881년 통리기무아문의 경리통리기무아문사가 되었고, 기계군물함선당상으로 있으면서 청나라에 신식무기 제조와 군사훈련을 의뢰하고 일본 군사시설의 시찰을 장려했다.

1882년 임오군란이 일어났을 때 군란의 책임을 지고 도봉소[366] 당상에서 파면되었다.

1884년 우의정으로 총리군국사무가 되고 이어 좌의정에 올랐다.

갑신정변 실패 이후 새롭게 구성된 민씨 정권에서 영의정이 되었으며, 1894년 갑오 농민전쟁 발발을 계기로 조선침략의 명분을 찾기 위해 조선 주재 공사 오토리 게이스케[大鳥圭介]가 강압적으로 내정개혁을 요구하자 사표를 제출했다.

1896년 아관파천으로 친일개화정권이 무너지고 성립된 보수적인 친러 정부에 참여하여 주도적 역할을 담당했으며, 1897년 대한제국이 수립되

---

365)　다음백과사전에서 발췌하였다.

366)　1882년(고종 19년) 6월 무위영(武衛 營) 소속 구식 군병들이 일으킨 군란.

자 의정에 임명되었다. 공홍식(孔洪植) 옥중살해사건으로 독립협회로부터 탄핵을 받았다. 시호는 문충이다.

심순택 선생의 선정비는 용인민속촌과 김해 생림면에 남아 있으며, 그리고 울릉도에 마애각석이 남아 있다.

3좌의 명문 모두 영의정이라는 명문이 있으며, 울릉도 마애 각석을 직접 가지 못하여 지인을 통해 사진 촬영을 부탁하였더니 사진을 보내왔는데 마음에 들지 않지만, 직접 가지 못하는 어려움이 있기에 그대로 쓰기로 한다.

그림 104. 영의정 심순택 비 – 용인민속촌

용인 민속촌 내부에 있는 영의정 심순택의 비로 비제와 세운 시기만 새겨져 있으며, 송시는 없었다.

조선 시대 용인 기흥 지역에 어떠한 이유로 불망비를 세웠는지 알 수 없었다.

자료를 찾아도 보이지 않았다.

비제는 "영의정심공순택영세불망비(領議政沈公舜澤永世不忘碑)"라 되어 있고, 세운 시기는 "병술3월일(丙戌三月日)"이라 되어 있다. 병술년은 1886년이다.

그다음은 김해 생림면사무소에 있는 것으로, 세운 시기는 없으나 비제와 송시가 남아 있다.

비제는 "영상국심공휘순택영세불망비(領相國沈公諱舜澤永世不忘碑)"라 되어 있으며, 그를 칭송하는 송시는 다음과 같다.

靑陽[367]古宅 청송 심씨는 오래된 명문가이니

黃扉[368]重望 중망의 정승을 배출하였네

先憂後樂 먼저 근심을 생각하며 나중에 즐거움을 찾으니

廟籌克壯 조정의 일은 항상 장대하였도다.

玉墀[369]獻議 조정에 건의하여

金州蘇病 김해 땅을 병에서 소생시키시니

海上烟花 바닷가는 봄꽃이 활짝 피고

---

367)　　청양군 심의겸의 후손을 지칭하는 뜻으로 보이나, 여기서는 청송 심씨를 나타낸다.

368)　　정승을 뜻한다. 옛날 승상이나 삼공(三公) 등 고관(高官)의 집 문에는 황색 칠을 하였다.

369)　　궁궐의 뜰.

士女歌詠 남녀는 덕을 노래하였네.

생림면에는 5좌의 비석이 있고, 그 가운데 비석의 하나인 선은대(宣恩臺)[370]는 생림 사촌리 출신인 "이유인"이 고종의 生民之德을 널리 알리기 위해 臺를 쌓은 것으로, 그 당시 경상도 관찰사인 이호준의 선정비를 세운 날과 같다.

그리고 김해부사 조병갑의 선정비와 영의정 심순택의 비(사진 105번)도 같이 있다.

여기에 비석들이 있는 이유를 김해문화원에 문의한 결과 답을 얻었다.

1884년(고종 21년)에 김해시 생림면 지역에 극심한 가뭄이 들어 백성의 삶이 도탄이 빠질 지경이었는데, 그 당시 김해부사 조병갑에게 피해 지역의 세금 면제를 건의하였고, 부사 조병갑이 경상도 관찰사 이호준에게 다시 上申을 하여, 관찰사가 이 지역을 순찰을 하고, 그 내용을 조정에 보고하였다.

그리고 그 당시 영의정이었던 심순택 주선으로 세금을 전면 면제받았다. 그리고 그 뒤에 생림면 사람들이 성금으로 선은대와 영의정 심순택, 관찰사 이호준[371], 김해부사 조병갑의 선정비가 세워진 것이다.

그러면 영의정 심순택의 불망비는 언제 세워졌을까 하는 것인데, 조선왕조실록에는 심순택 선생이 영의정에 제수되는 기록이 보인다.

---

370) 무자 9월(1888년) 쌓았다.
371) 을사오적인 이완용의 양부이고, 전라도, 경상도 관찰사를 역임하였다.

"고종 21년[372] 갑신(1884) 10월 21일(임진) 맑음

21-10-21[35] 이중덕 등에게 관직을 제수하였다

○ 정사가 있었다. 이비(吏批)에, 판서 이중덕(李重德)을 장령으로, 윤귀영(尹龜永)을 형조 참의로 삼았다.

영의정에 *심순택(沈舜澤)*을 단부[373]하고, 좌의정에 김홍집(金弘集)을 단부하고, 우의정에 김병시(金炳始)를 단부하였는데, 정승을 임명하라는 전지를 받든 것이다.

세자 사(世子師)에 *심순택*을 단부하고, 세자 부(世子傅)에 김홍집을 단부하고, 개성 유수(開城留守)에 조준영(趙準永)을 단부 하였다."

위의 기록에는 1884년 10월에 영의정에 제수되기에, 4년 후에 불망비가 세워진 것으로 보인다.

다만 그러한 내용이 조선왕조실록에는 김해 생림면에 대한 세금 면제에 관한 정사가 보이지 않는다.

그리고 여기서 재미있는 일은 심순택 선생의 벼슬이 바뀌는 과정이 의아한 부분이 보인다. 1884년 8월 19일에 우의정이 되고, 1884년 10월 20일에 좌의정이 되며, 하루 뒤인 1884년 10월 21일에 영의정에 되는 것이다.

왜 그렇게 빨리 좌의정에서 영의정으로 제수되는지에 대한 기록이 전무하여, 왜 그리 승진이 빨리 되었는지 알 수 없었다.

여기서 중요한 것은 1884년에 가뭄이 들어 당시 부사, 관찰사에게 상황

---

372)　고전번역원 데이터베이스(DB)에서 발췌하였다.
373)　단독으로 추천되는 것이다.

　　　　돌에 새긴 목민관 이야기 1

을 보고 하였다 하는데, 이것은 시대적으로 맞지 않다.

　조병갑이 1887년(고종 24년)에 김해부사로 제수되고, 이호준은 1886년(고종 23년)[374]에 경상도 관찰사에 제수되었다. 그러므로 1884년의 가뭄이 아니고, 김해부사 조병갑이 부임하는 시기는 1887년이기에 선정비가 세워진 1888년 여름의 가뭄인 것으로 추정된다. 전해오는 이야기를 년도적으로 조금 수정 하여야 할 것으로 생각된다.

　그다음으로 울릉도에 있는 마애 각석이다.

　울릉도는 필자가 직접 가지 못하여, 여러 경로를 통해 울릉도에 사시는 지인에게 부탁하여 사진을 얻었으나, 사진 상태가 별로 좋지 못하지만, 직접 가지 못하는 어려움으로 인해 그대로 쓰기로 하였다.

　울릉도 태하리 광서명 각석문으로 불리며, 심순택 외에도, 조종성, 이규원, 손주영의 각자가 보이고 있다.

　바위에 새겨진 명문은 다음과 같다.

"光緒十九[375]年 癸巳[376] 五月日

聖化東漸 我侯西來 誠功祝華 惠深求蕩

---

374)　1887년 12월에 경상감사 이호준이 김해의 어려운 사정을 의정에 보고하는 것이 승정원일기에 보인다.

375)　[출처] 한국학중앙연구원 - 향토문화전자대전

376)　1893년이다.

그림 105. 영의정 심순택 비 – 김해 생림면

行平海郡守兼鬱陵島僉使趙公鍾成永世不忘碑

　위의 명문은 1893년 당시 울릉도 첨사를 지낸 조종성(趙鍾成)의 공적을 기리는 글이 새겨져 있다.

參判前檢察使行開拓使李公奎遠[377]

領議政沈公舜澤恤賑永世不忘臺

主事行越松萬戶兼島長檢察官徐敬秀[378]

光緒十六年 庚寅[379] 四月日 前五衛將 孫周瑩[380] 誌"

위의 명문은 前 수토관 이규원(李奎遠), 영의정 심순택(沈舜澤) [1824~1906] 등이 울릉도에 이주한 주민들의 기아를 진휼(賑恤)한 것에 고마움을 표시하며 새긴 글이며, 전 오위장 손주영이 기록하였다고 되어 있다.

울릉도 도장 서경수가 울릉도의 가뭄으로 인해 기아가 있으니, 진휼해 달라 하여 영의정 심순택이 조정에 건의하여 울릉도의 어려움을 해결해 주었다는 명문이지만, 위의 명문에서 기아와 진휼의 기록은 조선왕조실록, 승정원일기에는 보이지 않았다.

전해오는 이야기와 명문은 있지만, 史料에는 보이지 않는 것이다.

필자가 저술한 "암행어사선정불망비"에서도 조선왕조실록과 승정원일기에는 보이지 않았지만, 암행어사 선정비가 남아 있는 경우가 있었으며, 울릉도에 있는 "광서명 각석문"은 그러한 경우로 생각된다.

많은 기록이 정확하게 사료에 남아 있으면 도움이 되겠지만, 없으니 이러한 각석문에서 옛 기록을 엿볼 수 있다고 생각된다.

---

377)   1884년에 울릉도 개척사로 임명되었다.
378)   1889년에 월송만호 겸 울릉도 도장으로 활동한 기록이 보이고 있다.
379)   1890년이다.
380)   승정원일기, 조선왕조실록에는 기록이 보이지 않는다.

종이에 남이 있는 것이 더 중요하다고 하겠지만, 바위에 새긴 기록도 중요하다고 생각되며, 세월이 지나도 남아 있으면, 보존에 힘써야 하고, 가치를 더욱 높게 평가하여야 할 것으로 생각된다.

그림 106. 영의정 심순택 마애명문 – 울릉도 태화리

마지막으로는 영의정 심순택 부인에 관한 일화가 있어 소개한다.

평택시 진위향교에는 선정비 群이 있으며, 그 많은 비석 중에 심순택 선생의 부인의 송덕비(사진 107번)가 있다.

진위향교는 2018년에 하마비와 철로 만든 불상을 촬영하기 위해 1박 2일로 답사를 하였는데, 그 당시 진위향교 앞에 있는 여러 비석을 촬영을 하였는데, 정경부인 능성구씨 송덕비는 관심이 덜 하였지만, 나중을 위해 촬영을 해 두었는데, 나중에 보니 심순택 선생의 부인이었으니, 하나의 碑라도 쉽게 생각하지 않은 것이 다행이라 생각한다.

　　　　　　　　　　　돌에 새긴 목민관 이야기 1

아니면 송덕비 1좌를 보러 다시 가야 하는 어려움이 생기기 때문이다.

그곳에 왜 송덕비가 세워졌는지 다음과 같이 소개한다.

"심순택의 부인 정경[381]부인 능성구씨는 구태화의 딸이며 이름은 '택희'이다. 1849년생으로 1824년생인 심순택과는 25세[382]나 차이가 난다.

청령공이 별세하자 정경부인은 평택시 진위면 봉남리에 공의 묘소를 마련하고, 정사(精舍)를 지어 본격적으로 거주하였다.

정경부인은 청령공이 남긴 유산으로 구씨학원을 세우고 이것이 금릉(金陵)학원으로 변했으며, 이후 진위국민학교로 편입되었다.

이후 학원 터에 고등공민학교가 만들어져 운영되다가 진위중고등학교로 합해진 것으로 전해진다.

정경부인은 청령공의 유산을 이웃을 위해 썼다.

먼저 가난하여 음식을 먹지 못하는 자와 의탁할 곳이 없는 사람들에게, 두루 시혜를 베풀었으며, 다리를 놓고 도로를 보수하였다.

그리고 소작인들에게 조합을 만들어 근면을 권장하고 춘궁기에 무이자로 곡식을 빌려주었다.

연말에는 쌀과 반찬을 이웃의 가난한 사람들에게 나누어 주었다.

청령공의 사후 그 엄청난 재산을 사회에 환원한 정경부인은 사후 주민들이, 쓰러져 가는 사람들을 바로 세우신 活佛이요, 만인의 길한 별이라고 칭송해 마지않았다."

---

381) 능성구씨대종회 홈페이지에서 발췌하였다.
382) 심순택의 계배이기에 나이 차이가 난다.

이 같은 선행에 감동한 진위면민들은 진위면 봉남리에 송덕비를 건립
하고, 은혜를 기렸다.

여성의 송덕비는 드물고 심순택 선생과 직접적인 관련이 있어 소개하
며, 정경부인 능성구씨 송덕비의 명문은 다음과 같다.

비제는 "정경부인능성구씨송덕비(貞敬夫人綾城具氏頌德碑)"라 되어
있고, 碑에 보이는 명문은 다음과 같다.

"貞敬夫人綾城具氏故領議政靑寧公沈舜澤之配也

粤自甲寅春築精舍於本部北面鳳南里靑寧公墓下

而始居焉其仁厚慈善之心孰不欽仰讚頌也親戚鄕

黨之貧不能飮食者與無依無家者及生產者皆黽勉有

無懇切周惠設黌舍而選靑後聘師以敎之捐補重金架橋

修路及若所有土地設小作組合考其勤怠施賞勸獎每年

春無利貸穀於洞民以助農糧陰曆歲除擇其極貧者分給

米饌如此盛德美事不可泯黙故萬口同聲勒石必■■■■■

閨閣施惠賑貸蔀室濟因扶危恒若靡建千家活佛萬戶福星土人

■■■■■爲其紀念磨石以刻山礪海帶永垂無窮

己未 八月 日立

풀이:

정경부인 능성 구씨는 영의정 심순택의 부인이다.

부군이 타계하여 그의 묘를 진위군 봉남리의 북쪽에 쓰고, 갑인년(1914

　　　　　　　　　　　　　　돌에 새긴 목민관 이야기 1

년) 봄에 묘소 아래 精舍를 짓고 살기 시작하였다.

그 부인의 인자하고 후덕하며 자애롭고 선한 마음을 그 누가 우러르고 찬양치 않으리오.

친척이나 이웃 중에 가난하여 음식을 못 먹는 자와 의탁할 곳이 없고 집이 없는 자 그리고 소득이 없는 자는 모두 그 부지런함을 막론하고 간절하게 두루두루 시혜를 베풀었다.

학교(黌舍)를 세워 교사를 초빙하고 돈을 내어 다리를 놓으며 도로를 보수하였다.

그리고 자기 소유 토지의 소작인 조합을 만들어 그들의 근면하고 게으름을 평가하여 시상하였다.

매년 봄에는 무이자로 곡식을 빌려주어 이웃들이 먹고 사는 데 도움을 주었다.

음력 12월에는 극빈자를 택하여 쌀과 반찬을 나누어 주었으니, 그 거룩하고 아름다운 일들을 어찌 입 다물고 말을 하지 않을 수 있겠는가.

이에 만구동성으로 이 사실을 돌에 새겨 ○○○○ 대감마님(閨閤)께서 가난한 집(蔀屋)에 곡식을 무이자로 대여하고, 곤란한 사람을 건져주고 위태로운 사람을 붙들어 주었으니(濟困扶危), 쓰러져 가는 사람들을 바로 세우신 活佛이요, 만인(萬戶)의 길한 별(福德星)이시다

이에 지역 주민들이 ○○○○○ 기념하여 돌에 새기어 영원히 전해지도록 하는 바이다.

기미년(1919년) 8월 일"

여성으로써 많은 일을 한 것이 기록에 보이는데, 정말 대단하다는 것으

로 생각되며, 다행히 비석이 있는 곳이 碑閣을 조성하여 보존되고 있어,
여러 비석과 같이 오래도록 보존되었다고 생각된다.

그러나 정경부인 능성 구씨의 碑의 명문은 군데군데 마멸의 흔적이 보
이고 있어, 안타까운 마음이 든다.

그림 107. 정경부인 능성 구씨 비 – 평택 진위향교

　　　　　　　　　돌에 새긴 목민관 이야기 1

10. 이최응

이최응 李最應(1815년~1882년)[383]

본관은 전주(全州). 자는 양백(良伯), 호는 산향(山響). 남연군(南延君) 이구(李球)의 아들이고, 흥선대원군 이하응(李昰應)의 형으로 흥인군(興寅君)에 봉해졌으며 민씨 정권의 주요 인물이다.

경복궁 중건 당시 1865년(고종 2) 4월 영건도감제조(營建都監提調)를 지냈으며, 9월에는 판의금부사·호위대장 등에 임명되었다.

대원군 정권에서는 요직에 등용되지 못하다가, 1873년 대원군이 실각한 뒤에 비로소 같은 해 12월 좌의정이 되었다가 몇 년 뒤 영의정이 되었다.[384]

1880년 12월 통리기무아문의 설치로 영의정이 총리대신으로 바뀜에 따라 총리대신이 되었으나, 1881년 유림들의 반대로 사직하고 한직인 영돈녕부사를 지냈다.

1882년 잠시 광주부유수를 지낸 뒤 다시 영돈녕부사가 되었다.

그러나 그해 6월 10일 임오군란 때 폭동 군인들에 의해 살해되었다.

이최응 선생의 선정비는 포항과 정읍 무성서원, 그리고 제주도에 있다.

---

383) 한국민족문화대백과사전에서 발췌하였다.

384) 필자가 찾은 이최응의 영의정 제수 기록은 1875년, 1880년, 1881년으로 나타났다.

이 선정비 들은 영의정이라는 명문이 있는 것으로 나타나, 영의정 재임 시기에 세운 것으로 보인다.

먼저 포항 동해면 홍환리에 있는 선정비부터 소개하기로 한다.

홍환리는 말을 기르는 목장과 관계되는 곳으로 울산은 남쪽의 목장, 포항은 북쪽의 목장으로 불리는 곳으로 알려졌다.

홍환리에 있는 영의정 이최응의 선정비는 목관 선정비와 같이 있고, 비각으로 보호되고 있다.

영의정 이최응의 비에는 비제와 뒷면에 송시가 새겨져 있으며, 필자는 전면만 확인하여, 뒷면은[385] "돌에 새긴 시대의 속내 포항의 선정비"라는 책에서 발췌하였다.

비제: 일제조흥인군이영상공최응영세불망비(一提調[386]興仁君李領相公最應永世不忘碑)

후면:

以延日之壤 而屬乎鬐之牧者 凡七坊 坊之民總若干戶

以維錯之貢出焉姦猾輩固黃監斂者 殆幾千數民莫能聊生

我興仁大監特軫黎情燭微奸而蠲其濫祛痼弊而塞其源

於是乎 流散還集闔境晏然噫靡我大爺之深恩厚德 烏能保

---

385) 《돌에 새긴 시대의 속내 포항의 선정비》 저자이신 김운규 선생께 2025년 4월 4일 통화하여 발췌 허락을 받았다.

386) 일제조(一提調)는 조선시대 말을 관장하던 사복시에는 제조 2인을 두었는데, 일제조는 의정(議政)으로 겸보하도록 했었다.

有今日乎 玆庸伐石 而紀其績 以示不忘係之以

銘曰

海隅編壤 弊痼僞滋

傒公其蘇 流民畢歸

深思巍德 瞻彼溟嶽

用鐫于珉 億世不泐

光緒 八年 壬午 五月 日

監役 李 啓東

邑吏 徐■■ ■■■ ■■■

正足 ■■■ 九萬 ■■■ 眞興 ■■■ 大冬 ■■■ 余士

■■■ 鉢山 ■■■ 稷串 ■■■

풀이:

연일현의 땅이면서 장기목장에 속해 있는 것이 모두 일곱 방이고 방 백성이 모두 여러 戶이다.

그런데 얽히고 뒤섞인 공물이 간사하고 교활한 무리에게서 나오니 진실로 연관되어 감독하고 거두어들이는 것이 거의 수천 냥 이어서 백성이 생활을 이어갈 수 없었다.

우리 홍인 대감께서 특별히 백성의 사정을 살피셨으니 미세한 간사함도 통촉하시어 마구 징수하는 것을 없애 주시고, 고질적인 폐단을 없애고 그 근원을 막으셨다.

이렇게 하자 흩어져 떠돌던 백성들이 다시 모이고 온 지경이 평안해졌다.

아아, 우리 큰 어른의 깊은 은혜와 두터운 덕이 아니었으면 오늘날까지 어떻게 능히 존전할 수 있었겠는가.

이에 돌을 꺼내어 그 사적을 기록하여 잊지 않음을 보이고, 이에 銘을 짓는다.

海隅編壤　　바닷가 구석의 좁다란 땅에

弊痼僞滋　　폐단이 굳어지고 거짓이 자랐네

溪公其蘇　　기다리던 공께서 소생시키시니

流民畢歸　　떠돌던 백성이 다 돌아왔네

深思巍德　　높으신 덕을 깊이 생각하니

瞻彼溟嶽　　저 바다와 산악을 우러르는 듯

用鐫于珉　　여기 깨끗한 돌에 새기노니

億世不泐　　억년까지도 깨어지지 않으리

광서 8년 임오(1882년) 오월 어느 날

감역 이 계동

색리 서■ ■ ■ ■ ■ ■ ■

정족 ■ ■ ■ 구만 ■ ■ ■ 진홍 ■ ■ ■ 대동 ■ ■ ■ 여사

■ ■ ■ 발산 ■ ■ ■ 직곶 ■ ■ ■

그림 108. 영의정 이최응 비 - 포항 동해면 흥환리

비문을 내용으로 보아 그 당시 무뢰배들의 착취가 심하여, 백성이 살아가기 힘들기에 영의정 이최응이 그러한 고질적인 폐단을 없애 버리니, 떠났던 사람들이 다시 모이고, 목장 전체가 편안하게 되니 7방 사람들이 마음을 모아 공덕비를 세운 것으로 보인다.

그다음은 정읍 무성서원에 있는 것으로 무성서원은 몇 번이나 갔으나, 이최응이라는 인물에 관심이 덜 한 터라 터부시하였다가, 이최응 불망비

1좌를 보러 멀리 갔던 기억이 있다

이 무성서원은 고운 최치원, 신잠을 배향하는 곳으로 숙종 22년(1696년)에 사액을 받은 곳이다.

이곳에 영의정 이최응의 불망비가 있는 이유는 무성서원의 복호(復戶)를 다시 환원하여 준 공으로 세운 것이다.

이러한 기록을 찾아보니 조선왕조실록에나 승정원일기에는 없었다.

무성서원을 기록하는 "무성지원지"에는 복호에 관련된 자료가 보이나 많은 분량으로 인해 간단하게 소개한다.

"복호와보노환복기[387]"에는 그 지역 유림들이 정읍현감 김익건, 순찰사 심이택에게 품의를 올리고, 몇몇 사람은 한양으로 가서 서원의 모습이 새로워질 수 있도록 완문을 청하니, 당시 영의정 이최응이 한결같이 서원의 전례대로 시행하라 하였고, 누군가가 중간에서 농간을 부린다면 어긋나는 것이다 하였다.

그리하여 무성서원에 영의정 이최응의 불망비가 세워지고, 그 당시 정읍현감으로 재임 중인 이정직의 불망비도 세워졌다.

영의정 이최응 불망비는 무성서원 누각 아래에 있으며, 비제와 그를 칭송하는 송시도 있는 碑이다.

비제는 "영상이공최응불망비(領相李公最應不忘碑)"라 되어 있다.

송시는 다음과 같다.

尊賢尙德   어진 이를 높이고 덕을 숭상하였네

---

387)　무성서원 "복호와보노환복기" 외에도 여러 자료가 있으며, 1878년~1882년 동안 환복을 위한 노력의 자료가 있다.

豊功盛熱　　　성대한 공적은 성심과 열정이 있었으며

保復重刱　　　보인과 복호를 중창하니

資性愈潔　　　원래의 자성이 더욱 깨끗하여졌도다.

후면:

壬午 三月 日(1882년) 有司 丁世基 宋程淳 정세기 송정순

그림 109. 영의정 이최응 비 - 정읍 무성서원

이최응의 일화를 더 소개하면 다음과 같다.

"대원군이 시행[388]한 당백전 제도에 대해 "일문전(一文錢)이 어찌 백문전(百文錢)으로 쓰이겠는가?

다만, 일문의 가치로만 쓰일 뿐이다"라고 비판하였다.

물건값을 치를 때에도 그런 식으로 계산하였기 때문에 이익을 얻은 상인이 많았다고 한다.

1881년 영남만인소(嶺南萬人疏) 때 유림들로부터 비판을 받았는데, 특히 홍재학(洪在鶴)은 이최응의 처형을 주장하는 상소를 하기도 하였다.

그 뒤 만인소에 대한 취조관(委官)이 되어 홍재학의 교수형을 집행하였다.

뿐만 아니라 미국과의 조약체결 때에도 큰 역할을 하였다. 일본에 갔던 김홍집 일행이 《조선책략》을 가져와 미국과 외교관계를 수립해야 한다는 논의(聯美論)를 펼치자, "미국은 본래 원수의 나라가 아니니 서계(書契)를 가져오면 받아야 할 것"이라고 하여 1880년 9월 8일 연미론을 적극 수용하였다.

이어 1881년 1월 지난해 6월 자신이 미국 사신을 거부한 것을 후회하는 문서를 톈진[天津]으로 가는 영선사 유학생을 통해 중국에 보냈다.

그런데 주화·척화·개국 등에 관해 뚜렷한 주관이 없이 모두 옳다고만 한다 하여 당시 사람들로부터 '유유정승(唯唯政丞)'이라고 불렸다.

시호는 충익(忠翼)이었으나 1905년 문충(文忠)으로 다시 내려졌다."

마지막으로 멀리 제주도에 있는 영의정 이최응의 선정비이다.

제주도는 2017년도에 2박3일 일정으로 답사를 갔으며, 영의정 이최응

---

388)　한국민족문화대백과사전에서 발췌하였다.

의 비는 제주 관아에 여러 비석과 남아 있으며, 비석을 소개하는 안내문
에 명문과 풀이를 해 두어서 쉽게 자료를 얻을 수 있었다.

"聖上卽阼之初載 公爲大冢宰[389] 對揚洪休 總理庶務 靡不庸極 而於吾土
尤加意焉

頃於丁戊之兩歉也 三州人民 殆將盡劉 而公稟裁筵席 量運湖南社倉米
以活之

又選良守 先意承膺 遇事必濟 至今吾鄉之向保食息安 此田里者 伊誰之
力若其

庭試之別書州號也 科榜冒籍之嚴覈也 蓮榜之優選也 西班之宣薦創始也
武擧人之榜尾特付也 纖悉畢擧皆出籌劃 而斷白宸衷焉 州人德之咸願記蹟
以圖不朽 爰屬貞珉 竪之通衢 使後世子孫 目存而心不忘之爾

系之以詩曰

飢誰爾嘯 惠誰爾施 我叡在上 賢相輔之

崇禎紀元 後 五 庚辰 孟秋 上澣

判官 宋祥淳 撰 進士 金亮洙 書"

---

389) 이조판서의 별칭이다.

풀이:

성상(聖上)[390]이 즉위 하던 첫 해 공(公)은 이조판서(吏曹判書)로 있으면서, 임금의 큰 福을 널리 백성들에게 알렸으며, 총리대신(總理大臣)으로 있으면서는 쇠퇴한 적이 없고, 극히 한결같았다. 더욱 우리 제주도를 위해서는 각별한 배려가 있었고, 정무[391]의 두 번의 흉년에는 세 마을[392]의 백성이 위태로움에 처하여 죽을 지경이었는데, 연석(筵席)에서 임금에게 품재[393] 하여, 호남(湖南) 사창미(社倉米)를 보내어 굶주린 우리 백성을 살리셨다.

또 어진 수령을 골라 보내어 뜻을 미리 알고 일을 실행하였으니, 지금은 우리 제주가 오히려 먹는 것, 쉼과 편안함이 있었다.

이 마을이 이처럼 편안해진 것이 누구의 덕인가! 과거(科擧)에는 제주(濟州)의 제주도의 호칭을 별도로 기록하도록 하여, 특전을 베풀었으며, 이를 악용하여 타 도인이 제주를 모칭(冒稱)하는 자가 있으면 엄밀히 조사 처벌하였다.

생원(生員) 진사시(進士試)는 우선 뽑도록 하고, 서반(西班)은 선전관(宣傳官)을 천거(薦擧)하는 제도를 만들고, 무과(武科)의 榜(방)[394]의 끝에는 사소한 내용을 붙여 제주인들에게 큰 덕을 베풀었다.

이 모든 것을 기록하여 비(碑)에 새기고 관아(官衙)의 앞뜰에 세워, 후

---

390) 1863년 고종이 즉위하던 날이다.
391) 정축년(1877년), 무인년(1878년)을 말한다.
392) 제주, 대정, 정의 삼읍을 말한다.
393) 稟議(품의), 裁決(재결)이라는 뜻으로 어떠한 일을 상급 기관에 보고하여, 가부를 결정하는 것이다.
394) 벽에 붙인 합격자 명단

세 사람으로 하여금 눈으로 보고 마음으로 잊지 못하게 하는 것이다.

이어 詩를 짓기를

굶주린들 누가 휘파람을 불 것이며 은혜를 누가 베풀 것이냐!
우리의 임금은 사리에 밝으시고 어진 재상이 보필하시네.

숭정 기원후 오 경진 맹추 상한(崇禎紀元後五庚辰孟秋上澣)
[1880년(고종 17년) 음력 7월 상한]
제주판관(濟州判官) 송상순(宋祥淳) 글을 짓고,
진사(進士) 김양수(金亮洙)가 글을 씀.

일반적으로 선정불망비는 그 지역의 사또의 선정을 칭송하기 위해 세우는 것이 보통이지만, 조정과 빠른 소통이 어려운 제주도에서 영의정 불망비를 세우는 것은 이례적으로 보인다.

영의정 이최응이 재임하는 시기는 이최응의 동생 홍선대원군이 실각 이후이며, 그 당시는 조선이 정치적으로 정권이 바뀌고, 나라 안팎으로 어수선할 때이다.

그래서 지방의 목민관들은 벼슬을 얻거나, 자리를 보존하기 위하여 선정불망비를 세웠기에, 제주도에 있는 영의정 이최응의 碑도 그러한 맥락으로 추정하여 보지만, 어디까지나 필자의 추정이다.

그림 110. 영의정 이최응 비 – 제주도 관아

마지막으로 이최응이 영의정 제수되는 기록이다.

"고종 12년[395] 을해(1875년) 11월 20일

돈녕부 도정에 박공진을 제수하였다

박공진(朴公鎭)을 돈녕부 도정으로 삼았다.

---

395)   고전번역원 데이터베이스(DB)에서 발췌하였다.

     돌에 새긴 목민관 이야기 1

영의정에 이최응(李最應)을 단부하였는데, 이는 영의정에 올려 제수하라는 전지를 받든 것이다.

세자사에 이최응을, 세자부에 김병국(金炳國)을, 훈련도감 도제조에 이최응을, 함경 감사에 민영위(閔泳緯)를 단부하였다."

11. 권대운

권대운 權大運(1612년~1699년)[396]

본관은 안동(安東). 자는 시회(時會), 호는 석담(石潭). 아버지는 사어(司禦) 권근중(權謹中), 어머니는 이유혼(李幼渾)의 딸이다.

1642년(인조 20)에 진사가 되고, 1649년에 별시문과에 을과로 급제해 정언이 되었다. 이후 지평(持平)·헌납(獻納)·이조정랑·응교·사간 등의 청요직을 거쳐 승지가 되었다. 그 뒤 형조·병조·예조의 참의와 좌승지·한성부우윤·형조참판·개성유수 등을 거쳐 1666년(현종 7년)에 평안도관찰사가 되었다.

이어 대사간·함경도관찰사를 거쳐 1670년 호조판서로 발탁되었으며, 그 뒤 형조판서를 거쳐 우참찬이 되고 판의금부사를 겸임했다.

1674년 숙종이 즉위하자 예조판서가 되고, 이듬해 병조판서를 거쳐 우의정으로 승진했다.

1680년(숙종 6년) 경신대출척(庚申大黜陟)으로 남인이 실각하고 서인이 득세하자, 판중추부사(判中樞府事)로 밀려났다가 파직당하고 영일에 위리안치(圍籬安置)되었다.

그 뒤 1689년에 기사환국으로 남인이 재집권하자 다시 등용되어 영의

정에 올랐다.

이때 유배 중인 서인의 영수 송시열(宋時烈)을 사사하도록 했다.

권대운 선생의 선정비는 김포 통진에 있으며, 군하리 선정비 群이라 불리고 있다.

권대운 선생의 선정비는 여러 비석과 함께 비각 내부에 있으며, 영의정으로 있을 당시가 아니고, 통진 현감을 지내고 난 뒤에 세운 선정비이다. 권대운 선생이 통진 현감에 제수되는 기록이 승정원일기에 보이고 이으며, 소개하면 다음과 같다.

"승정원일기[397] **효종 5년 10월 9일 / 1654년 順治(淸/世祖) 11년**

許東岦 등에게 관직을 제수함

○ **有政。吏批**[398]**, 以許東岦爲肅川府使, 李泰亨爲珍島郡守, 李敏敍爲禮曹佐郞, 盧文漢爲司藝, 柳俊昌爲掌樂正, 李行進爲大司憲, 洪興祉爲高城郡守, 權大運爲通津縣監, 尹鑠爲輔德, 金堯欽爲奉禮, 典籍單李英馧, 水原教授〈單〉崔俊彥, 兼漢學教授單金壽恒・權大運.**

풀이: 정사가 있었다.

이비에서 허동립을 숙천부사, 이태형을 진도군수, (중략) 권대운은 통진현감으로 삼았다. "

선정비에는 비제와 세운 시기는 보이지만, 그를 칭송하는 송시는 없었다.

비제는 "현감권공대운청덕선정비(縣監權公大運淸德善政碑)"라 되어 있고, 세운 시기는 "병신8월일립(丙申八月日立)"이라 되어 있어, 1656년 8월에 세운 것이다.

그림 111. 통진현감 권대운 비 - 김포 군하리

권대운 선생이 영의정에 제수되는 시기는 언제인가를 찾아보니 1689년

돌에 새긴 목민관 이야기 1

이다.

그 내용을 소개하면 다음과 같다.

"숙종 15년[399] 기사(1689년) 2월 10일(무신)

권흠·목임일·신후명·이식·이후정·민종도·민암·권대운 등에게 관직을 제수하다

권흠(權欽)·목임일(睦林一)을 이조 좌랑(吏曹佐郞)으로, 신후명(申厚命)을 강춘도 관찰사(江春道觀察使)로, 이식(李浞)을 교리(校理)로, 이후정(李后定)을 응교(應敎)로, 민종도(閔宗道)를 대사헌(大司憲)으로, 민암(閔黯)을 좌참찬(左參贊)으로 삼고, 인하여 판의금(判義禁)을 탁용(擢用)하였으며, 권대운(權大運)을 제배하여[400] 영의정(領議政)으로 삼았다."

영의정 권대운이 활동하던 시기는 조선의 임금인 영조 때인데, 그 당시는 환국정치와 당파싸움이 치열한 때였으며, 그중에 청남(淸南)[401], 탁남(濁南)[402]이라는 南人의 분열이다.

---

399) 고전번역원 데이터베이스(DB)에서 발췌하였다.

400) 천거의 절차를 밟지 아니하고 임금이 직접 관리를 임명하는 것이다.

401) 숙종 초에 김석주(金錫胄)의 주도로 이루어진 갑인환국(甲寅換局)으로 남인이 정권을 잡게 되자 청남(淸南)과 탁남(濁南)으로 분열하게 되는데, 청남은 사림에서 진출한 허목(許穆)과 윤휴(尹鑴)를 추종하는 세력으로 오정창(吳挺昌), 오정위(吳挺緯), 오시수(吳始壽), 조사기(趙嗣基), 이수경(李壽慶), 이하진(李夏鎭), 이옥(李沃), 이담명(李聃命), 장응일(張應一) 등이다.

402) 탁남은 탁월한 행정력과 원만한 처신을 갖춘 허적과 권대운(權大運)을 추종하는 세력으로 민희(閔熙), 민암(閔黯), 목내선(睦來善), 이관징(李觀徵), 유명천(柳命天), 유명현(柳

그 내용이 조선왕조실록에 나오면 다음과 같다.

"숙종 1년[403] 을묘(1675년) 6월 4일(신유)

남인이 허목·윤휴를 수반으로 한 청남과 허적·권대운을 수반으로 한 탁남으로 갈리다

부응교(副應敎) 오정창(吳挺昌)이 상소(上疏)하기를,

"대신(大臣)의 직임은 그 지위가 대단히 높고 그 세력이 아주 무거워서 비록 잘못이 있더라도 오직 대간(臺諫)만이 이를 말합니다.

이러하므로 〈대간은〉 반드시 고고(孤高) 결개(潔介)하고 항직(抗直)한 사람을 언론(言論)하는 자리에 두고 절연(截然)히 서로 보지 않게 함은 그 뜻의 소재(所在)가 있는 것입니다.

이제 삼사(三司)가 서로 호창(呼唱)하면서 재상[宰揆]의 문(門)에 함께 출입하고 연소(年少)한 사람들의 논의(論議)가 간혹 정승의 자리에 관계된다면, 이는 곧 나라의 체통(體統)과 조정의 기강(紀綱)을 엄숙하게 하는 것이 못 됩니다.

옛 말에 이르기를 '군자(君子)는 서로 화(和)하면서도 〈소견(所見)은〉 같이 하지 않고 소인(小人)은 〈소견은〉 같이 하면서도 서로 화(和)하지 아니한다.' 하였습니다. (중략)"

처음에 서인(西人)들이 이미 패하여 물러섰을 적에, 허적(許積)이 맨 먼저 권대운(權大運)을 정부(政府)에 끌어들여 허목(許穆)·윤휴(尹鑴) 등과

命賢) 등이다.
403) 고전번역원 데이터베이스(DB)에서 발췌하였다.

  돌에 새긴 목민관 이야기 1

합류하여 하나가 되었는데, 두 복(福)이 실지로는 종주(宗主)가 되었다.

대개 변국(變局)하려는 계모(計謀)에 어려 남인(南人)들이 힘을 모아 양성(釀成)하였지마는, 그러나 허목과 윤휴(尹鑴)와 오씨(吳氏)와 복(福)의 힘이 가장 많았기 때문이다.

그때에 환관들은 궁 안에서 〈변국의 일〉을 주도하였는데, 복(福)은 환관들과 결합하고, 여러 오씨(吳氏)들과 허목과 윤휴 등은 복(福)과 연결을 지었는데, 여러 오씨(吳氏)들은 주로 중간에서 전하여 주는 역할을 하였고, 허목과 윤휴 등은 주로 논의를 지시하고 사주하는 일을 하였는데, 윤휴 등이 세력을 떨치어 조정의 정사를 전천(專擅)하려는 데 급급하였기 때문에 허적(許積) 등은 그 세력이 너무 커져서 자기의 권세를 뺏을 것을 두려워하여 드디어 서로 시기하고 의심하게 되었고, 이로 말미암아 청남(淸南)·탁남(濁南)의 명목(名目)이 있게 되었다.

그래서 한편에서는 허목과 윤휴가 괴수(魁首)가 되고 오정창(吳挺昌)이 모주(謀主)가 되고, 오정위(吳挺緯)·오시수(吳始壽)·이무(李袤)·조사기(趙嗣基)·이수경(李壽慶)이 골자(骨子)가 되었으며, 장응일(張應一)·정지호(鄭之虎)·남천한(南天漢)·이서우(李瑞雨)·이태서(李台瑞)·남천택(南天澤)의 무리들이 매와 사냥개[鷹犬]의 구실을 하였다. (중략)

한편으로는 허적(許積)·권대운(權大運)이 우두머리가 되고 민희(閔熙)·김휘(金徽)·민점(閔點)·목내선(睦來善)·심재(沈梓)·권대재(權大載)·이관징(移觀徵)·민종도(閔宗道)·이당규(李堂揆)·이우정(李宇鼎)·최문식(崔文湜) 등이 우익(羽翼)이 되었으며, 오시복(吳始復)·유명천(柳命天)·유명현(柳命賢)·권유(權愈)·목창명(睦昌明)·박신규(朴

信圭)·김환(金奐)·민암(閔黯)·유하익(兪夏益)·윤계(尹瑎)·권환(權瑍)·이항(李沆)·김해일(金海一)·안여석(安如石)·이덕주(李德周)·우창적(禹昌績)·김빈(金賓) 등이 조아(爪牙)가 되니, 달라붙는 자가 매우 많았다.

유명천(柳命天)의 형제(兄弟)는 나이가 젊으면서도 영수(領袖)가 되었다.

유명천은 성질이 음흉하였으며 허적(許積)의 세력에 의존했기 때문에 그 무리들 가운데서 추중(推重)되어 오정창(吳挺昌)과 더불어 서로 겨루었다.

윤휴(尹鑴) 등은 스스로 청남(淸南)으로 일컬었고, 허적(許積)과 권대운(權大運) 등의 무리는 선조(先朝)에 높은 벼슬을 한 자가 많았다 하여 이를 탁남(濁南)이라 하였는데, 사람들은 양쪽을 모두 매우 혼탁(混濁)하게 여겼으니, 마치 까마귀 암수를 알 수 없고 가마솥 밑바닥을 알 수 없는 것과 같다.

허목(許穆)은 늙었으면서도 교묘하고 치밀(緻密)하여 혹은 좌(左)로 혹은 우(右)로 하였으며, 허적(許積)은 더욱 세상을 살아가는 데 노숙(老熟)하여 신축(伸縮)하는 데 기술이 있었으므로 안으로는 권대운 등을 부호(扶護)하면서도 겉으로는 중립(中立)인 양 하였다.

홍우원(洪宇遠)은 처음에는 윤휴·허목과 당(黨)이 되었다가 나중에는 권대운의 당(黨)으로 돌아갔다." (생략)

     돌에 새긴 목민관 이야기 1

12. 조두순

조두순 趙斗淳(1796년~1870년)[404]

본관은 양주. 자는 원칠, 호는 심암. 아버지는 목사 진익이며, 어머니는 박종악의 딸이다.

1826년(순조 26년) 황감제시(매년 제주도에서 진상한 밀감을 왕이 성균관 유생들에게 하사하면서 거행하는 일종의 과거시험)에 장원하고, 같은 해 증광문과에 급제했다.

이듬해 규장각대교로 뽑힌 뒤, 겸사서·승지·대사성을 지냈다.

1834년 헌종이 즉위한 후 동지부사로 청나라에 다녀왔다.

이후 이조참판·황해도관찰사·공조판서·형조판서·한성부판윤 등 중앙요직을 지낸 후 1848년 평안도관찰사로 나갔다.

1849년(철종 즉위) 대제학에 이어 이조판서·지중추부사를 지냈고, 1853년(철종 4년) 우의정을 거쳐 1858년 좌의정에 올랐다.

1863년(철종 14년) 철종이 죽자 명복의 추대를 적극 주장하여, 조대비[405]로 하여금 즉위전교를 내리게 함으로써 고종 즉위에 중요한 역할을 했다.

1865년(고종 2년) 영의정에 올라 조대비와 흥선대원군의 전적인 신임을 받으며 국정에 참여했다.

---

404)　한국민족문화대백과사전에서 발췌하였다.
405)　효명세자의 세자비이고, 헌종의 어머니이다.

1866년 벼슬을 그만둔 후 기로소에 들어갔으며, 1869년에 봉조하가 되었다.

조두순 선생의 선정비는 2좌가 남아 있으며, 1좌는 우의정, 1좌는 광주유수겸수어사이다.

공주 공산성에 있는 우의정 불망비는 비제는 있지만 세운 시기는 새겨져 있지 않다.

조두순 선생의 우의정 기록은 정확하게 보이지 않으나 상신(相臣)[406]으로 제배하라는 기록 다음에, 우의정이라는 직책의 기록이 보여 1853년(철종4년)으로 생각된다.

조두순 선생을 칭송하는 명문이 보이지 않고, 1853년에서 1858년까지 우의정을 역임하는데, 선정비를 세운 이유를 찾아보니, 충청감사 심의면의 장계에 공주와 관련된 것이 보여 그 내용이 가능성이 있는 것으로 추정하여 본다.

그 내용은 다음과 같다.

"忠淸監司 沈宜冕의[407] 狀啓에 대해 漂失된 公州의 民家와 澟死한 天安 백성에게 恤典을 거행하라는 傳敎

철종 5년 1854년 07월 20일 (음)

---

406)   예전에, 영의정(領議政), 좌의정(左議政), 우의정(右議政)을 합하여 이르던 말.
407)   국역비변사등록에서 발췌하였다.

○ 공주(公州) 등의 고을에서 민가가 물에 떠내려가거나 무너지고, 천안(天安) 등의 고을에서 사람이 물에 빠지거나 깔려 죽었다는 일로 올린 충청감사 심의면(沈宜冕)의 장계에 대해 전교하기를,

"여러 고을에서 재해를 입어 걱정을 하였는데 물에 떠내려가거나 무너진 민호가 이와 같이 많고, 물에 빠지거나 깔려서 죽은 사람도 40이나 되니, 너무나 놀랍고 참담하다.

원래의 휼전 외에 따로 더 돌보아 주고, 즉시 집을 지어 전과 같이 편히 살게 하여 한 사람도 떠돌게 되는 걱정이 없게 하며, 물에 빠져 죽거나 깔려 죽은 사람에게 생전에 신역과 환자, 군포가 있으면 모두 탕감해 주도록 묘당에서 각별히 말을 만들어 관문으로 신칙하도록 하라."

하였다."

충청감사 심의면의 장계에는 공주와 여러 지역의 물난리로 인해, 民家가 떠내려가는 일이 발생하였고 그 당시 우의정 조두순이 많은 도움을 준 것이기에, 공주 공산성에 불망비를 세운 것으로 추정한다.

추정으로만 가능한 것이 조두순 불망비에는 세운 시기와 송시가 없고, 공주읍지 등에서도 우의정 조두순을 언급하지 않아 그렇게 하는 것이다.

임하필기에는 영의정 조두순에 관한 일화가 보이고 있으며 다음과 같다.

"임하필기 제26권[408] / 춘명일사(春明逸史)

숙성둔(宿城屯)에 대한 논변

경복궁(景福宮)의 역소(役所)를 살피는 일로 여러 대신들이 모두 모였을 때, 내가 비록 유수였으나 원임인 까닭에 함께 참석을 하였다.

유관(游觀) 김공(金公)이 화성(華城)의 일을 알아보려고 먼저 발언을 하였는데, 내가 미처 대답하기도 전에 영의정인 조공(趙公 *조두순(趙斗淳)*)이 주리(籌吏)를 불러 말하기를, "회계(回啓)를 아직 안에 들이지 않았느냐?" 하였다.

이에 내가 깜짝 놀라 말하기를, "무슨 일을 말씀하시오?" 하고는, 계초(啓草)를 가져다가 살펴보니, 충청도 관찰사의 장청(狀請)으로 인하여 화성이 관리하는 숙성둔을 평택(平澤)에 환속(還屬)하는 일이었는데, 그 말미에 "평택에서 돌려 달라고 추심(推尋)하는 것은 사리로 보아 마땅한 일이니, 영속(永屬)하게 하는 것이 옳습니다."라고 씌어 있었다.

이에 내가 조공에게 말하기를, "일이 수원에 관계된 것인 만큼 합하(閤下)께서 어찌 곧바로 단정할 수 있으며, 말씀하신 것 중에 어째서 해영(該營)에 관문(關文)을 보내 소견을 물어보았다는 등의 얘기가 없습니까?" 하니, 여러 재상들이 다들 내 말을 옳게 여겼다.

그 뒤에 공문이 내려왔는데, '관문을 보내 소견을 물어보았다[關問]'라는 구절을 더 써넣었으되, '영속시키는 것이 옳다'는 말은 예전과 같았다.

이에 내가 말하기를, "이미 관문을 하였으면 어찌 영속이라는 말을 할

수 있으며, 이미 영속을 하였다면 어찌 관문을 하는 것입니까?" 하였는데, 이 상소로 인하여 유수에서 체직되었고 심암(心庵 조두순(趙斗淳))도 상직(相職)에서 해임되었으니, 이는 곧 느닷없이 일어난 풍파인 셈이었다.

그러나 그 뒤에 심암[409]은 자신이 잘못한 것이라고 사과해 마지않았으니, 그의 허심탄회함을 알 수 있다."

하나 더 소개한다.

"임하필기 제31권[410] / 순일편(旬一編)

강희제(康熙帝)의 구경(九經)[411]

강희황제가 글씨를 잘 쓰는 관원에게 명하여 구경을 나누어 쓰도록 한 다음 인쇄하여 큰 보물로 여겼다.

심암(心庵) 조두순(趙斗淳)이 역관(譯官) 이상적(李尙迪)[412]에게 사 오도록 하였는데, 이 역관이 저자의 상점과 조사(朝士)의 집에 이르기까지 수소문하였지만 구할 수 없었다.

돌아오려고 할 때 한 사람이 팔기를 원하였는데, 완질(完帙)이 아닌데

---

409) 심암은 조두순의 호이다.

410) 고전번역원 데이터베이스(DB)에서 발췌하였다.

411) 중국 고전인 아홉 가지 경서. 《주례(周禮)》, 《의례(儀禮)》, 《예기(禮記)》, 《좌전(左傳)》, 《공양전(公羊傳)》, 《곡량전(穀梁傳)》, 《주역(周易)》, 《서경(書經)》, 《시경(詩經)》을 이르기도 하고, 《주역(周易)》, 《시경(詩經)》, 《서경(書經)》, 《예기(禮記)》, 《춘추(春秋)》, 《효경(孝經)》, 《논어(論語)》, 《맹자(孟子)》, 《주례(周禮)》를 이르기도 한다.

412) 본관은 우봉(牛峰). 자는 혜길(惠吉), 호는 우선(藕船). 한어역관(漢語譯官)집안 출신이다. 아버지는 이연직(李延稷)이다. 김정희(金正喜)의 문인이다.

도 700냥의 은을 달라고 하였다.

이 역관이 그러한 이유로 사 가지고 올 수 없었다고 고하니, 심암이 안타까워하면서 말하기를, "700냥의 은은 항상 있지만 그 책은 항상 있는 것이 아니다." 하였다.

문인이 책을 좋아하는 것이 이와 같았다.

내가 연전(年前)에 구경한 질을 얻었는데 선지(宣紙)에다 칠을 한 판으로 찍은 것이었고 장정이 매우 깨끗하였다.

이는 틀림없이 중국 고가(古家)에서 나온 물건으로 보였다."

그림 112. 우의정 조두순 비 – 공주 공산성

　　　　　　　　　　　　돌에 새긴 목민관 이야기 1

그다음은 남한산성에 있는 광주유수 조두순의 비이다.

조두순 선생이 광주유수에 재임한 시기는 1846년이며, 선정비를 세운 시기는 1851년이다.

그림 113. 광주 유수 조두순 비 – 남한산성

선정비에는 비제와 세운 시기만 있으며, 송시는 없으나 광주 유수로 있을 때 장계를 올렸는데, 그 당시 민가가 물에 떠내려가 백성의 삶이 어려워, 恤典 외에 신역·환곡·군포가 있으면 모두 탕감하여, 즉시 집을 지어 안정하여 살게 하는 방도를 마련하라는 조정의 지시가 있었는데, 그 당시 광주 유수로서 제대로 이행하여 선정비가 세워진 것으로 추정된다.

비제는 "유수겸수어사조공두순선정비(留守兼守禦使趙公斗淳善政碑)"라 되어 있고, 세운 시기는 "숭정기원후사신해사월일립(崇禎紀元後四辛亥四月日立)"이라 되어 있어 1851년에 세운 것으로 보인다.

광주유수로 재임할 당시의 장계는 다음과 같다.

"廣州留守[413] 趙斗淳의 狀啓에 대해 떠내려간 民家에 원래의 恤典 외에 더 보살펴 주라는 傳敎

헌종 13년 1847년 08월 11일(음)

○ 광주부(廣州府)의 민가가 물에 떠내려가 무너졌다는 광주유수 조두순(趙斗淳)의 장계에 전교하기를,

"들으니 매우 불쌍하고 측은하다.

원래의 휼전 이외에 더 보살펴 도와주고 물에 빠진 사람이 생전에 신역·환곡·군포가 있었으면 모두 탕감하며, 즉시 집을 지어 안정하여 살게 하는 방도를 묘당에서 말을 만들어 분부하라."

하였다."

그다음은 조두순 선생이 영의정에 제수되는 시기가 언제인지 알아보면 다음과 같다.

---

413) 국역비변사등록에서 발췌하였다.

    돌에 새긴 목민관 이야기 1

"고종 1년 갑자(1864년) 6월 15일(갑신) 비

이비[414]의 관원 현황

○ 정사가 있었다.

이비(吏批)에, 겸판서 김병학(金炳學)은 나왔고, 참판 성재옥(成載玉)과 참의 윤병정(尹秉鼎)은 패초[415]에 나오지 않았다.

김기만(金箕晩)을 대사헌으로, 윤자승(尹滋承)을 대사간으로, 이운익(李雲翼)을 집의로, 이승덕(李承德)을 사간으로, 김우동(金羽東)·김재환(金載瓛)을 장령으로, 이시하(李時夏)·배상규(裵相奎)를 지평으로, 한용교(韓龍敎)를 헌납으로, 한영조(韓永祖)·김태현(金泰顯)을 정언으로, 장응표(張膺杓)를 부교리로, 박창수(朴昌壽)를 수찬으로, 이혁준(李赫準)·유초환(兪初煥)을 부수찬으로, 이재원(李載元)을 예조 참판으로, 정류(鄭鎏)를 동지춘추관사로, 이양신(李亮信)을 사성으로, 박규수(朴珪壽)를 홍문관 제학으로, 홍종운(洪鍾雲)을 지의금부사로, 이태하(李泰夏)를 금성 현령(金城縣令)으로 삼았다.

*영의정*에 *조두순(趙斗淳)*을 단부[416]하고, 좌의정에 이유원(李裕元)을 단부하였는데, 이들은 재상에 제수하는 일로 전교하였고, 우의정에 임백경(任百經)을 단부하였는데, 이는 재상에 제수하는 일로 전교하였다.

병조 정랑에 조영하(趙寧夏)를 단부하였는데, 이는 잉임시키라는 전지를 받든 것이다."

---

414)   이조에서 주청하여 임금에게 可否를 받는 벼슬을 말한다.

415)   조선시대 왕이 필요한 신하의 입시(入侍)를 명할 때 패를 사용하던 제도

416)   단독 추천을 말한다.

위의 기록으로 보면 1864년에 영의정에 제수된다.

조두순은 동학농민혁명 일어나게 만든 조병갑, 그리고 탐관오리라는 명칭이 자연스러운 조병식[417]의 숙부이다.

조두순은 삼정[418]으로 인해 백성이 고통을 받자 *삼정이정청(三正釐整廳)*[419]을 설립하여, 삼정을 개혁하기 위해 많은 노력을 기울인 관료이지만, 조카들은 백성의 고혈을 짜는 탐관오리가 되어 많은 사람들로부터 원망을 듣는 인생을 살았으니, 족질 간의 삶의 차이가 확연히 다르게 나타났다.

---

417) 조병갑의 사촌 형이다.
418) 전정, 군정 , 환정
419) 삼정을 다스리고 조정할 임시 비상기구

13. 이유원

이유원 李裕元(1814년~1888년)[420]

선조 조 영의정 오성 부원군 문충공 백사 이항복의 9대손으로, 부친은 이조판서 이계조(李啓朝)이다.

1841년(헌종 7년) 문과에 급제하였다.

1850년(철종 1년) 1월 이조참의가 되었고, 동년 12월 전라도관찰사를 지냈다.

1851년(철종 2년) 성균관 대사성, 1855년(철종 6) 이조참판, 1858년(철종 9년) 사헌부 대사헌, 1859년(철종 10) 형조판서를 지냈다.

1860년(철종 11년) 1월 의정부 참찬, 동년 2월 한성부판윤을 지냈고, 동년 3월 다시 형조판서가 되었으며, 동년 11월 예조판서가 되었다.

1861년(철종 12년) 6월 형조판서, 동년 9월 공조판서를 지냈고, 동년 11월 황해도관찰사로 나갔다. 1862년(철종 13년) 12월 함경도관찰사를 지냈다.

고종 즉위 후 1864년(고종 1년) 6월 좌의정이 되었고, 동년 8월 좌의정으로서 실록 총재관이 되었다.

1873년(고종 10년) 영의정이 되었다.

영의정 시절, 호조참판 최익현과 함께 흥선대원군의 하야를 추진하였다.

---

420)　나무위키에서 발췌하였다.

1875년(고종 12년) 주청사로 청나라로 갔다가 인천의 개항을 요구하였다.

또한 이유원은 세금을 지나치게 거두는 폐단이 없지 않다고 고종에게 고하였고, 이로 인해 수구파의 큰 반발을 얻었다.

1881년(고종 18년) 만언척사소[421]로 인해 사직하였다.

이유원의 선정비는 전라도 관찰사를 역임하여 전라도에 4좌의 비가 있으나, 그중에 하나는 마애비이다.

그리고 양산향교에는 영의정 재임 당시에 세운 선정비가 있다.

그림 114. 전락관찰사 이유원 비 - 전남 지도읍

---

421)　만언척사소(萬言斥邪疏)는 1881년 조선의 유생 홍재학이 올린 척화(斥和) 상소(上疏)이다.

돌에 새긴 목민관 이야기 1

먼저 전라도 관찰사로 제수되는 시기는 철종 1년(1850년)이며, 1년이 채 안 되는 기간에 관찰사로 재임하였다.

먼저 전남 지도읍에 있는 선정비로, 지도읍 전망 좋은 곳이라 하여 조그마한 야산에 선정비 群이 있으며, 그중 하나가 관찰사 이유원의 碑이다.

지도읍은 鐵碑와, 석장승이 있어, 2박3일 일정으로 답사를 가서 촬영하였다.

불망비에는 비제와 세운 시기만 있으며, 비제는 "관찰사이공유원영세불망비(觀察使李公裕元永世不忘碑)"라 되어 있고, 세운 시기는 "■■원년신해5월일(■■元年辛亥五月日)"이라 되어 있어 1851년에 세운 것으로 보인다.

선정비가 있는 지도읍은 무안에서도 50여 분을 차로 가야 하는 지역인데, 조선시대는 이동 수단이 말(馬)이고, 섬으로 가는 것은 배이다. 그러므로 전주감영에서도 상당히 먼 거리라 관찰사의 순찰은 고난과 어려움의 연속이라는 생각이 든다.

특히 조선 후기의 관찰사는 유영제제[422]이기에 순력은 조선 초, 중기보다는 덜 하였다고 생각되나, 순력은 관찰사 혼자 가는 것이 아니고, 수행원과 같이 가는데, 많은 인원으로 인해 숙식의 어려움이 있었을 것으로 보인다.

그다음은 전남 옥과에 있는 영사비(永思碑)로 관찰사 재임 시기에 세운 것으로 보이며, 비제와 세운 시기 그리고, 송시가 새겨져 있다.

비제는 "관찰사이상공유원영사비(觀察使李相公裕元永思碑)"라 되어

---

422) 감영에서 다스리는 방식이다.

있으며, 뒷면에는 "함풍이년이월(咸豐二年二月)"이라 되어 있어, 1852년에 세운 것으로 보인다.

그를 칭송하는 송시는 다음과 같다.

士曰民曰　　선비와 백성들이 모두 말하기를
入則秉均[423]　법에 의하여 정치를 펼치셨고
惠我福我　　혜택과 복을 우리에게 내리셨으니
一國咸安　　온 나라에 평안함을 펼치셨네.

여담으로 이유원의 養子의 이야기가 전해오기에 소개하면 다음과 같다.

"본래 이유원은 이수영이라는 외아들이 있었는데 모 판서의 딸과 결혼한 지 얼마 되지 않아[424] 악성 종기로 인해 후사 없이 죽고 말았다.

이에 같은 문중의 판서 이주영의 둘째 아들을 죽은 이수영의 양자로 삼았다.

그런데 이렇게 들어온 양자는 효심이 깊어 이수영의 부인, 즉 양어머니의 잠자리 시중을 들곤 했는데, 서로 또래이다 보니 결국 연애로 변해 불륜까지 저지르게 된다.

이들은 자신들의 불륜 사실을 이유원에게 고하고 처분을 기다렸다.

이에 놀란 이유원은 은밀히 상소를 올려 과부 며느리와 그 양아들을 가문에서 끊어 버렸고, 이유승의 아들을 양자로 삼았으니 그가 이석영이다.

---

423)　'병균(秉勻)'은 균축(鈞軸)을 잡는다는 뜻으로, 국정을 관장하는 것을 말한다.
424)　나무위키에서 발췌하였다.

당대 어마어마한 갑부로, '임금이 있는 한양에서 사는 곳인 양주까지 남의 땅을 밟지 않고 오르내렸다'는 말이 전할 정도이다.

이 막대한 재산을 물려받은 양자 이석영은 이를 처분하여 형제들인 이회영, 이시영 등과 함께 만주로 넘어가 독립운동에 사용하였다.

이유원이 전권대신(全權大臣)으로서 제물포조약에 조인할 당시 전권부관(全權副官)이 김홍집이었다.

이유원은 12촌 형제인 이유승의 차남 이석영을 양자로 들였는데, 이석영의 친동생인 이시영은 김홍집의 사위가 되었다."

그림 115. 전라 관찰사 이유원 비 - 전남 옥과

한 가지 특이한 사실은 이유원은 본관이 경주이고, 갈래는 상서공 후예[425]이다.

경주 이씨 중에서 조선시대 영의정을 역임한 대부분은 백사 이항복[426]의 후손으로 나타나는데, 영조 때 영의정을 역임한 이광좌는 백사 선생의 현손이고, 이종성은 백사 선생의 후손이면서 영의정을 역임한다.

그리고 이광좌는 이종성의 재종숙이 된다.

이유원은 백사 이항복의 9대손이다.

그다음은 전주에 있는 마애비로 상관면 신리에 있으며, 그곳에는 많은 마애비들이 있으며, "上關"이라는 지명은 옛 전주부의 관문 역할을 하던 "만마관[427]"의 위쪽에 있다 하여 지어진 이름이다.

마애비에는 비제와 세운시기, 그를 칭송하는 송시도 있다.

비제는 "관찰사이공유원영세불망비(觀察使李公裕元永世不忘碑)"라 되어 있고, 세운 시기는 "함풍2년2월일(咸豐二年李月日)"이라 되어 있어, 1852년에 세운 것이다.

송시는 다음과 같다.

楮幣[428]**革罷　종이 지폐의 폐단을 혁파하니**
籥黎[429]**咸蘇　어둠에 있던 백성들이 소생하네.**

---

425)　고려시대 상서를 지낸 이과(李薖)이다.

426)　선조33년 1600년에 영의정에 임명되었다.

427)　잦은 왜구 침략으로 전주부성 보호와 만경강 일대 호남평야 곡물 수탈을 막기 위해 순조 11년 (1811년)때 축성되었다.

428)　닥나무로 만든 종이 지폐이다.

429)　'려(黎)' 역시 중인(衆人)이나 보통 백성을 표시 한다. '여민(黎民)'의 뜻은 안색(顔色)에서

捐財補抌　　재물을 덜어 손해를 보충하고

防禍立規　　화를 막고 법을 세웠다네.

그림 116. 관찰사 이유원 마애비 – 전주 신리

마지막으로 양산향교에 있는 이유원 선생의 불망비로 여기는 "領相"이라는 명칭이 있어, 영의정 재임 당시에 세워진 것으로 보인다.

유래한다. 려(黎)는 청흑색(靑黑色)이다. 고대에는 의복의 색깔에도 신분에 따라 차별이 현저(顯著)하여, 일반 평민들은 오로지 청색이나 흑색만 사용할 수 있었으므로 '려(黎)'색의 수건으로 머리를 묶어서 서민의 특징을 나타냈다.

여기에 있는 불망비는 부산의 구포와 관련된 것으로 알려져 있으며 그
내용은 다음과 같다.

"조선 고종 6년(1869년)[430] 양산군 소속이었던 구포(좌이면)가 동래군
에 빼앗기게 되었을 때, 양산의 유림에서 유석규, 서상로, 이기수 세 사람
의 공의로 추대하여, 서울로 보내었다.

서울에 도착한 시골 선비들이 백방으로 수소문해도 임금을 배알 할 수
없어, 최후 수단으로 남산 봉수대에 올라가서 밤에 봉화를 올려 마침내
대궐에 잡혀갔다.

의금부에서 심문을 받으면서 이 세 사람은 구포가 오랫동안 양양산군
소속인데 인부족(人不足), 세부족(勢不足)으로 동래군에 빼앗겼으니, 이
를 바로 잡아 달라 하였다.

이러한 내용이 당시 영의정이었던 이유원에게 보고되자, 대감은 이 세
람의 의기(義氣)를 가상히 여겨 봉수대 사건을 면책불문하고, 고종12년
(1875년) 구포를 양산군에 환속 조치하였다.

이 비석은 구포를 되찾았다는 뜻으로 "구포복설비(龜浦復設碑)"라고
한다."

그리고 영상 이유원 碑 외에도 관련된 碑가 있으니, 군수 어윤중[431]과
군수 이능화[432] 이다.

---

430)　부산북구 낙동문화원에서 발해한《우리 고장의 역사와 문화》에서 발췌하였다.
431)　1874년에 양산군수로 임명되었다.
432)　1878년에 양산군수로 임명되었다.

위의 기록을 보면 1869년에 구포가 넘어갔고, 다시 복설한 시기는 1875년이므로, 약 6년간의 시기에 2명의 양산군수가 재임하면서 구포복설에 역량을 보여 준 그 당시 양산 군수의 공덕을 기린 것이다.

원래는 3좌의 비석 모두 양산 내원사 입구 도로변에 있었으나 현재는 양산 향교에 있다.

영상 이유원의 불망비에는 많은 명문이 있어 소개하면 다음과 같다.

비제:

영상대감이합유원영세불망비(領相大監李閤裕元永世不忘碑)

상지[433] 십육 년 기묘[434] 십이월 일 립(上之十六年己卯十二月日立)

猗我相公	아, 우리 상공이시여!
景仰遺澤	끼치신 은택을 우러러 사모한다네
邑支民存	읍이 유지되고 백성들이 생존하니
伊誰之力	이 누구의 공이더냐!
忘湖之魚	호수를 잊은 물고기요
躁柯之鹿	가지에서 벗어난 사슴이로다
咸聚境民	고을의 백성들 모두 모여
兹成片石	이에 한 조각 비석을 세웠다

---

433) 비석을 세울 당시의 임금을 말한다.

434) 1879년이다.

통훈대부 양산군수 겸 동래진관 병마동첨절제사 이능화 근찬

(通訓大夫梁山郡守 兼 東萊鎭管 兵馬同僉節制使 李能華 謹撰)

뒷면:

향약 장 鄕約 長 이경구 李慶球

향약 원 鄕約 員 정유각 鄭有珏

향 유사 鄕 有司 백동선 白東璿

좌수 座首 안평중 安平重

행수 行首 김우신 金瑀臣

이방 吏房 정지규 鄭志奎

구포복설장두 龜浦復設狀頭   우석규 于錫奎

                          서상노 徐相魯

                          이기목 李基沐

위의 명문으로 보아서는 구포가 상당히 중요한 자리로 생각되어 자료를 찾아보니.

"구포에는[435] 조선중기부터 개설되었던 구포장이 있으며, 여기에는 조선시대 낙동강 수운과 동래를 잇는 포구로 각종 물산이 집산되는 곳이었다.
그렇다 보니 자연스럽게 시장이 형성되었고, 1682년 세곡을 저장하던 '감동창(甘同倉)'[436]이 설치되면서 구포의 상권은 크게 성장하였다.

---

435)　지역n문화에서 발췌하였다.
436)　조선 후기 경상도 양산군에 설치되어 있었던 세곡 보관 창고.

구포장이 언제 개설되었는지는 정확히 알 수는 없지만,《동국문헌비고》(1770년)에는 "구포장"은 구포 안쪽으로 들어오는 공터와 골목에서 매월 3일과 8일 열렸다고 기록하고 있어 이때부터 이미 구포장이 활성화되었던 것으로 보인다."

시장이 형성이 되고 세곡창이 있다는 것은 물자의 이동과 사람이 모이는 곳이라, 세금을 더 받을 수 있고, 지역 경제가 활성화되는 곳이기에 양산 사람들이, 구포를 복설하기 위해 많은 노력을 기울였던 것으로 알 수 있다.

이러한 것은 중앙정부의 기록에는 보이지 않아 남아 있는 금석문에서, 찾을 수 있다는 것이 금석문의 소중함을 느낀다.

마지막으로 이유원이 영의정에 단부 되는 기록이 보이며 그 내용은 다음과 같다.

"고종 10년[437] 계유(1873년) 11월 13일(무오) 눈
서형순 등에게 관직을 제수하였다

서형순(徐衡淳)을 지경연사로, 황보연(黃普淵)을 좌통례로 삼았다.
영의정에 이유원(李裕元)을 단부하고, 종묘서 도제조에 이유원을 단부하고, 사직서 도제조에 이유원을 단부하고, 영희전 도제조에 이유원을 단

---

437)　고전번역원 데이터베이스(DB)에서 발췌하였다.

부하고, 경모궁 도제조에 이유원을 단부하고, 사용원 도제조에 이유원을 단부하고, 군기시 도제조에 이유원을 단부하고, 군자감 도제조에 이유원을 단부하였다."

그림 117. 영의정 이유원 비 – 양산 향교

　　　　　　　　　　　돌에 새긴 목민관 이야기 1

14. 이상황

이상황 李相璜(1763년~1841년)[438]

본관은 전주(全州). 자는 주옥(周玉), 호는 동어(桐漁) 또는 현포(玄圃).
태종의 둘째 아들인 효령대군(孝寧大君)의 14대손으로, 아버지는 승지 이
득일(李得一)이며, 어머니는 현감 유성모(柳聖模)의 딸이다.

1786년(정조 10) 사마시에 합격해 진사가 되고, 이 해 정시 문과에 병과
로 급제해 검열에 임명되었다.

1810년 전라도관찰사가 되고, 1812년 한성부판윤 · 형조판서를 거쳐 이
듬해 사은사로 청나라에 갔다가 돌아와서 호조판서가 되었다.

1816년 평안도관찰사로 나가 홍경래(洪景來)의 난 이후 마비된 장중위
(壯中衛)를 폐지하고, 별친기위(別親騎衛)를 설치하였다.

1820년 이조판서를 거쳐 홍문관제학 · 평시서제조(平市署提調) 등을 지
냈으며, 1824년 좌의정이 되어, 1828년 재용 절약이 백성을 사랑하는 근
본임을 강조하였다.

1829년 심양문안사로 청나라에 다녀왔으며, 1830년 세손사부(世孫師
傅)를 겸하였다. 이해 주청정사(奏請正使: 주청사(奏請使)의 우두머리)로
부사 이지연(李志淵), 서장관 윤심규(尹心圭)와 함께 다시 청나라에 다녀

---

438)　한국민족문화대백과사전에서 발췌하였다.

왔다.

1831년 서울과 지방의 무뢰배가 궁방과 아문을 빙자해 쌀·소금 등의 매매를 침탈하는 것을 금하도록 주장하였다.

1833년 영의정에 올라, 수령은 백성을 다스리는 근본이므로 선택을 신중히 할 것을 청하였다.

영의정을 역임한 이상황의 선정비는 멀리 진도에 있어, 필자가 있는 곳에서, 쉽게 가기는 어려운 곳이다.

그리고 진도를 몇 번 이고 답사를 갔다 왔지만 그 당시의 動線에 진도향교가 포함되어 있지 않아, 들리지 않았던 것이 다시 진도를 찾게 하는 계기가 되었다.

진도에 있는 암행어사 정만석의 비와 이상황의 비를 촬영하고자 새벽부터 고속열차를 타고, 오성역에서 환승하여, 목포역에 도착 후 차를 빌려서 진도에 갔는데, 마침 비가 오기에 오늘 사진 촬영은 틀렸구나 하였는데, 다행히 많은 비는 아니라 필자가 필요한 사진을 얻었다.

진도 향교에 있는 이상황 선생의 선정비는 명문의 마모로 인해 頌詩가 흐릿하여 판독의 어려움이 있었다.

이상황 선생이 전라도 관찰사로 임명되는 시기는 순조 10년 경오(1810년) 이며, 그 당시 관찰사인 이존수[439]가 시작하여 대임하게 되는 기록이 보인다.

---

439) 이존수(1772년~1829년) 본관 연안으로 월사 이정구의 후손이며, 전라도 관찰사, 경상도 관찰사,,황해도 관찰사, 경기도 관찰사를 역임하였다.

     돌에 새긴 목민관 이야기 1

그림 118. 전라도 관찰사 이상황 비 - 진도향교

진도향교에 있는 선정비는 비제와 송시가 있지만 세운 시기는 보이지 않아, 1811년 이후에 세운 것으로 추정된다.

비제는 '관찰사이공상황선정비(觀察使李公相璜善政碑)'라 되어 있고, 송시는 다음과 같다.

威行南服　　남방으로 오시어 위엄을 떨치시니

明察民隱　　백성의 고통을 명찰하시고

俵錢貿牛 　표전으로 소를 구입하여

俾民務稼 　백성들이 농사짓기를 힘쓰게 하였네.

耕[440]播以時 　제때에 밭을 갈고 씨를 뿌리니

是誰之力 　그게 모두 누구의 힘이었나!

勤茲貞珉 　노력으로 이에 빗돌을 세워

庶不忘德 　이러한 덕을 잊지 못하네

비석에 보이는 명문이 희미하여, 몇 자는 추정하여 송시를 풀이하였으며, 최대한 비슷한 글자를 넣었다.

이유원이 지은 임하필기에는 이상황 선생의 이야기가 나오며 소개하면 다음과 같다.

"임하필기[441] 제32권 / 순일편(旬一編)

감을 먹는 방법의 차이

낙서(駱西) 정공(鄭公)[442]이 하루는 동어(桐漁) 이공(李公 이상황(李相璜))을 찾아뵈었다가 함께 물감[水柿][443]을 먹게 되었다.

정공은 껍질을 벗겨서 먹는데 이공은 껍질째 먹었으므로 정공이 매우 부끄럽게 여겼다. 그래서 항상 이 일에 대해 이야기하며 말하기를, "이공

---

440) 　필자가 추정하여 넣은 글자이다.

441) 　고전번역원 데이터베이스(DB)에서 발췌하였다.

442) 　누구인지 알아내지 못하였다.

443) 　홍시이다.

 　돌에 새긴 목민관 이야기 1

이 먹는 방식은 순미(純味)를 취한 것이었고 나는 남에게 사치스러움을 보인 것처럼 하였으니, 이 때문에 부끄럽게 여긴 것이다." 하였다.

그러나 나는 늘 두 공의 일에 대하여 의아하게 여겼다.

먹는 것은 사람마다 특성이 있는 것으로서 벗겨서 먹을 수도 있고 껍질째 먹을 수도 있으니, 벗겨서 먹는 것을 부끄럽게 여길 것도 아니고 껍질째 먹는 것을 기이하게 여길 것도 아니다.

안평중(晏平仲)[444]이 임금 앞에서 귤을 먹을 때에 껍질을 벗기지 않고 먹은 것은 임금을 공경한 것이다.

그러나 지금 이공(李公)이 마주 앉아 감을 먹은 자리는 공경을 표하는 자리와는 차이가 있으니, 일반 상식을 따르지 않고 자신의 기호대로 한 것이다.

이는 그분의 습성이 아닌가 여겨진다."

이상황 선생이 좌의정에서 영의정에 제배되는 시기는 순조 33년 계사(1833년)이다.

대부분의 인물들이 좌의정에서 영의정에 임명되는 특징이 보이고 있으며, 그러한 것은 영의정에 되려면 기본적인 벼슬의 절차로 생각된다.

전국에 많은 선정불망비가 남아 있지만, 경기, 경상도, 등에서 관찰사를 역임한 이상황 선생의 선정비는 진도향교에 있는 것이 유일하다.

---

444) 춘추 시대 제(齊)나라 사람으로, 이름은 영(嬰)이다. 그의 아버지 환자(桓子)의 뒤를 이어 제나라 경(卿)이 되었고 나중에 제 경공(齊景公)의 정승이 되어 검소와 덕행으로 제후들 사이에 이름이 났다.

목민심서에는 조선시대 선정비의 폐단에 대한 글이 있으며, 그 이야기의 주인공이 이상황 선생이시다. 소개하면 다음과 같다.

"목민심서 해관(解官)[445] 6조 / 제6조 유애(遺愛)

목비(木碑)를 세워 덕정(德政)을 칭송하는 것은 찬양하는 것도 있고 아첨하는 것도 있으니, 세우는 대로 곧바로 없애고 엄금하여 치욕에 이르지 않게 하여야 한다.

《한암쇄화(寒巖瑣話)》에는 이렇게 말하였다.

"한 가지 정사가 조금 까다로우면 비방이 무더기로 일어나고, 한 가지 명령이 조금 편리하면 목비(木碑)가 여기저기에 서니, 이것이 백성을 피폐하게 한다는 것이다. 목비는 수령이 마땅히 금하여야 할 것이다.

비록 만민(萬民)이 모두 기뻐하게 된다 하더라도 반드시 한 사람은 원망을 품음이 있을 것이다.

오늘 새 비가 깨끗하다가도 명일에 지나가면서 더럽히는 자가 있다.

이루어짐도[446] 이지러짐도 없는 것은 옛날 소씨(昭氏)가 거문고를 타지 않고 있던 경우이다.

세우는 대로 없애고 여러 부락을 엄하게 단속하여 두 번 세우지 못하게

---

445)   고전번역원 데이터베이스(DB)에서 발췌하였다.

446)   《장자(莊子)》〈제물론(齊物論)〉에 나오는 말이다. 소씨(昭氏)는 거문고 잘 타기로 유명한 소문(昭文)을 말한다. 소문이 거문고를 탈 적에는 음계와 화음이 이루어지고 이지러짐의 의식을 바탕으로 하여 연주하지만, 그 거문고를 타지 않으면 그런 의식이 없어져 자연의 음 즉 오음(五音)이 온전해진다는 말이다.

해야 후회가 없을 것이다.”

판서(判書) 이상황(李相璜)이 충청도 암행어사(忠淸道暗行御史)가 되었을 때였다. 새벽에 괴산군(槐山郡)으로 가서, 고을 5리쯤 못 미쳤는데 아직도 컴컴하였다.

이상황이 보니, 멀리 미나리밭 가운데에 한 백성이 소매에서 나무 조각을 꺼내어 진흙 속에 거꾸로 꽂았다가 조금 뒤에 또 길옆에 세우고, 또 앞으로 수십 보를 가더니 또 소매에서 나무 조각을 꺼내어 진흙 칠을 하며 세우는데, 이렇게 하기를 다섯 번이나 하는 것이었다. 어사가 묻기를,

“그것이 무슨 물건인가.”

하니, 그 사람이 대답하기를,

“이것이 선정비(善政碑)인데, 나그네는 알지 못하오. 이것이 선정비라오.”

하였다. 어사가 말하기를,

“왜 진흙 칠을 하오.”

하니, 그 사람이 대답하기를,

“암행어사가 사방으로 돌아다니므로 이방(吏房)이 나를 불러 이 비 열 개를 주고 나를 시켜 동쪽 길에 다섯 개를 세우고, 서쪽 길에 다섯 개를 세우라고 하였는데, 눈먼 어사가 이것을 진짜 비로 알까 염려하여 그 때문에 진흙 칠을 하여 세우는 것이오.”

하였다. 어사가 그길로 군에 들어가서 일을 조사하여 먼저 진흙 비(泥碑)의 일을 수죄하고 봉고파직(封庫罷職) 시켰다.”

15. 재상희국매화족(宰相戲掬梅花足)

조선시대에 쓰여진 청구야담에는 재미있는 宰相의 이야기가 있다. 소개하면 다음과 같다.

"재상희국매화족(宰相戲掬梅花足)

제목을 풀이하면 매화의 발목을 잡고서 희롱한다는 뜻으로, 옛날 어느 재상이 부인의 성품이 엄하고 법도가 있어, 심히 어렵게 여겼는데, 부인에게는 업신여김을 당할까 두려워하였다. 그 집에는 女婢(여비)가 있으니 그 이름이 매화였다.

나이가 15세쯤 되니 얼굴이 심히 고우니 재상이 매양 뜻을 두었으나, 여비가 매양 부의 곁을 떠나지 않아 그 틈을 얻지 못하고, 오직 추파로써, 은근한 마음을 보냈지만, 여비가 냉랭함이 심하니 그것은 부인은 강직함을 두려워하였던 것이다.

하루는 재상이 방에 앉아 있을 때 부인이 대청에서 일을 보살피더니, 여비가 부인의 명에 따라 방안에 들어와 다락에 올라가 한발이 다락문 밖에 보이길래 재상이 그 발을 살펴보니, 흰 것이 서리 같고 조그마한 것이 떠오르는 달과 같은지라, 사랑스럽게 여김을 참지 못하고 손으로 움켜잡으니, 여비가 크게 놀라 소리를 지르니 부인이 정색하고, 쫓아와 말하기를 나이 든 대감이 어찌 자중하지 못하냐고 나무라니, 재상이 거짓으로 말하여, 내가 보기를 발발이 부인의 것으로 알고 그리하였다고 하였다.

이것을 보고 그 당시 사람들이 말하기를

"서로 생각하매 하룻밤에 매화가 피었으니

홀연히 창 앞에 이르매 의심하건대 바로 君이라[447]" 하였다."

---

447) 홀연히 여비의 창 앞에 온 사람은 재상이었다. 뜻으로 생각된다.

16. 이병모

이병모 李秉模(1742년~1806년)[448]

본관은 덕수(德水). 자는 이칙(彝則), 호는 정수재(靜修齋). 이단하(李端夏)의 현손으로, 아버지는 이연(李演)이며, 어머니는 남유상(南有尙)의 딸이다.

1773년(영조 49년) 진사시를 거쳐 증광문과에 병과로 급제하고, 당시 영의정 한익모(韓翼謨)의 주청으로 6품에 올랐다.

경기지방·관동지방을 암행하고, 1776년 정조가 즉위하자 김상로(金尙魯)의 죄를 탄핵하였다.

이조좌랑·대사간·예조참의를 거쳐 이조참의에 임명되었으나, 1779년(정조 3년) 운산에 유배되고, 1781년에는 사판(仕版)에서 제명되기도 하였다.

그러나 곧 특서(特敍)되어 국조보감찬집당상(國朝寶鑑纂輯堂上)·우부승지·동래부사·대사간 등을 거쳐, 경상도관찰사로 재임 중인 1784년에 《돈효록(敦孝錄)》을 간행하였다.

이어 대사성·이조참판·예조판서·형조판서·호조판서·병조판서·예문관제학·홍문관제학·함경도관찰사·평안도관찰사 등을 거쳐 1794년 우의정에 임명되고, 좌의정을 거쳐 1799년 영의정이 되었다.

---

448)　한국민족문화대백과사전에서 발췌하였다.

그림 119. 순찰사 이병모 비 - 양산 향교

이병모 선생의 선정비는 관찰사 재임 중에 세운 2좌가 있으며. 하나는 양산에 다른 하나는 마애비로, 안동에 있다.

이병모 선생의 경상도 관찰사 제수 시기는 다음과 같다.

"정조 6년[449] 임인(1782년) 11월 6일(기해)

정일상·오재순·홍병찬 등에게 관직을 제수하다

---

449)   고전번역원 데이터베이스(DB)에서 발췌하였다.

정일상(鄭一祥)을 공조 판서로, 오재순(吳載純)을 사헌부 대사헌으로, 홍병찬(洪秉纘)을 사간원 대사간으로 삼고, 조상진(趙尙鎭)을 홍문관 부제학으로 삼았다가 곧바로 체차하여 오재순으로 대임시켰다.

서유방(徐有防)을 규장각 직제학으로, 김재찬(金載瓚)을 규장각 직각으로, 이병모(李秉模)를 경상도 관찰사로 삼았다.”

양산향교에 있는 관찰사 이병모의 비에는 비제와 송시 그리고 세운 시기와 명문이 남아 있다.

비제는 “순찰사이상국병모유혜불망비(巡察使李相國秉模遺惠不忘碑)”라 되어 있고 송시는 다음과 같다.

    繼金公 김공[450]을 이으신 분이시니

    恩敢忘 은혜를 감히 잊을 수 없구나

    惟我公 아! 우리의 원님은

    前後同 전후가 같으시구나

후면:
乙巳 六月 立 (을사 1785년 6월 립)

감(監) 주일취(朱日就)

이(吏) 김용한(金龍翰)

---

450)   김공은 누군지 알아내지 못하였다.

색(色) 김의■(金義■)

이병모 선생이 영의정에 제수되는 시기는 1799년이고, 조선왕조실록의
내용은 다음과 같다.

"정조 23년[451] 기미(1799년) 10월 29일(갑인)
이병모를 영의정으로 삼다

차대(次對)[452]를 행하였다. 이병모(李秉模)를 특별히 임명하여 의정부
영의정으로 삼았다.

상이 병모에게 이르기를,

어제의 일은 경 때문에 조금 모양이 이루어져서 다행히 일찍 돌아올 수
있었다.

해마다 이런 일이 있을 때면 번번이 응수하느라 허비하곤 하는데, 아직
일이 행해지지 않았을 때에는 그 시기를 맞기 전부터 신경을 쓰다가 일단
일을 치르고 나면 피곤함을 가누지 못하겠다.

그런데 요즘에는 정력이 점점 예전과 같지 않으니 더욱 안타까운 느낌
만 들 뿐이다.

지금 이미 그를 돌려보냈는데도 경들이 아직 대궐에 있다고 들었기 때
문에 잠깐 이렇게 불러서 만나 보고 내 뜻을 유시하려고 하는 것이다.

---

451)　고전번역원 데이터베이스(DB)에서 발췌하였다.
452)　예전에, 매달 여섯 차례씩 의정, 대간, 옥당 등이 나라의 중요한 일을 임금에게 아뢰는 일
　　　을 이르던 말

대저 이번의 일에 대해서는, 당초 생각하기를 '유수(留守)가 너그럽게 잘 처리하고 그다지 힘들여 막지는 않을 것이다.' 하였는데,

유수가 엄하게 더 막는 바람에 빼내 올 길이 없어 하루를 지체하게 되었으므로 꽤나 애를 태웠다.

해(該) 유수야말로 엄하게 막아 지키면서도 분수를 뛰어넘어 예절을 무시하는 정도에는 또한 이르지 않았으니, 옛사람으로 하여금 이 일을 감당하게 하였다 하더라도 또 어떻게 이보다 잘할 수 있었겠는가.

경은 작년에 길을 떠났다는 확실한 보고를 받은 뒤에야 비로소 청대(請對)했었는데, 우상은 빈 수레가 내려갔다는 보고를 한 번 듣고는 곧장 경재(卿宰)를 이끌고 들어왔으니, 이것이 바로 우상이 경에게 미치지 못하는 점이라 할 것이다.

임금의 행차 때에 지영(祗迎)[453]하는 예로 말하더라도 그렇다." (생략)

이병모 선생이 영의정에 복상되는 데 대해 대사간 김후(金鏐)[454]가 상소하여, 이병모 선생의 평생을 낱낱이 열거한 기록이 보인다.

"순조(純祖)께서[455] 즉위하신 지 3년에 *이병모(李秉模)*를 원보(元輔 영의정)로 거듭 복상(卜相)하자, 대신(臺臣)인 연안(延安) 김공(金公)이 막 식사를 하다가 숟가락을 던지며 말하기를 "내가 명색이 간관(諫官)인데,

---

453) 백관이 임금의 환행을 공경하여 맞던 일

454) 김후(金鏐) 1765년~1821년 본관은 연안(延安). 자는 수민(秀民). 1803년 지평으로 있을 때 영의정 이병모(李秉模)를 몰염치한 자라 비난하였고 이에 홍문관수찬 이동환(李東煥)도 동조하자, 당시 수렴청정을 하고 있던 정순왕후(貞純王后)에 의하여 남해로 유배되었다.

455) 고전번역원 데이터베이스(DB)에서 발췌하였다

이 사람을 이 지위에 있게 하려는 일에 어찌 한마디 말이 없을 수 있겠는가." 하고는 당장에 수천 자로 된 상소문을 기초(起草)하여 *이병모*의 평생을 낱낱이 열거해서 염치가 없는 비부(鄙夫)이고, 명분과 의리를 잃은 간사한 사람이라고 배척하니, 강직한 명성이 조야(朝野)를 진동하였다."

이병모 선생의 다른 선정비는 안동에 있는 마애비로 2명의 관찰사 이름이 새겨진 것이다. 안동에서는 선정비, 공덕비 등을 세워 수령들의 치적을 알리고 드러내는 것을 禮스럽지 않다 하여 세우지 않았기에, 안동에서 보이는 선정비는 보기 드문 것이다.

지금은 안동민속박물관에 있지만 원래 자리는 이천동 154번지 국도변에 있었으나, 도로 확장으로 인하여 碑文 부분만 절단하여 현재의 자리로 옮겨 왔다고 한다.

마애비에 보이는 명문은 희미하여, 몇 번을 갔으나 판독을 어려움을 겪었으나, 검색하여 자료를 얻었으며, 내용은 다음과 같다.

"관찰사김상[456]국상철영세불망비(觀察使金相國尙喆永世不忘碑)

관찰사이상공병모영세불망비(觀察使李相公秉模永世不忘碑)

施德 ■ 公則感人也

遠公而敬者尤然安奇嶺南之敬邦也

---

456)　"국립문화유산연구원" 홈페이지에서 발췌하였다.

英宗壬午金相公尙喆■嶺鄙十有一■各給錢一千綠■‧‧‧‧‧‧■

上甲辰使相李公秉模又各給千■■■栗用贈■■■■■之■■施惠也

大矣■惠之也公而安奇獨若私惠何哉■甚故也

磨■道左■志公■以■一路先然■■可以■■■也

■■存■■上之 十年[457] 丙午 五月 日 安奇驛民■■

풀이:

은덕을 베풀어 사람들이 감동한 것이다.

원공(遠公)으로 하여 공경하는 자들이 더욱 그러하다.

안기(安奇)는 영남의 경방(敬邦)이다.

영종(英宗)[458] 임오년[459]에 김상공(金相公) 상철(尙喆)이 영비(嶺鄙)[460]
11가구에 ■ 각 1천 금을 주었다.

상 갑진년[461] 관찰사 이상공(李相公) 병모(秉模)는 또 각 천금을 주었다.

■■■율용섬■■■■지■■ 은혜를 베푼 것이 클 것이다.

이병모(李秉模)가 안기역에 홀로 사사로이 은혜를 베푼 것이 얼마겠는가!

매우 대단한 연고로 바위를 갈아서 왼쪽에 공의 뜻을 새긴다.

일로선연■■가이■■■야

■■존■■1786년 음력 5월에 안기역(安奇驛) 민(民)이 새김.”

---

457) 정조 임금 10년이다.
458) 영조를 말하며, 영조는 묘호가 영종이었으나 고종 때 영조로 바뀌었다.
459) 1762년이다.
460) 영남의 마을. 여기서는 안동을 말한다.
461) 1784년이다.

영조, 정조 시대에 안동 안기역에 어떠한 일이 있었기에 2명의 관찰사가 천금을 준 이유를 찾아보았으나, 조선왕조실록과 《승정원일기》에는 보이지 않았다.

다만 순조 때 경상도 관찰사 윤광안의 장계에는 안기역(安奇驛)은 예전부터 매우 쇠잔하여 근래 더욱 황폐해졌다는 기록이 있어, 이병모, 김상철 관찰사 재임 시에도 쇠잔하고 황폐하여 관찰사 사비로 천금을 준 것으로 추정하여 본다.

마애비에 보이는 명문이 마멸이 되지 않아서 제대로 보인다면, 조금 더 자세한 내용을 알 수 있겠지만 그렇지 못하기에 세월만 탓할 뿐이다.

그림 120. 관찰사 이병모, 김상철 마애비 – 안동민속박물관

17. 김상철

김상철 金尙喆(1712년~1791년)[462]

본관은 강릉(江陵). 자는 사보(士保), 호는 화서(華西). 아버지는 판돈녕부사 김시혁(金始爀)이며, 어머니는 이기정(李箕禎)의 딸이다. 아들이 김우진(金宇鎭)이다.

1757년 충청도관찰사에 이어 대사간·한성부판윤을 지냈고 이조·형조·병조의 판서를 역임하였다.

그 뒤 평안도관찰사를 거쳐 1766년 우의정에 이어 좌의정·영의정에 올랐다.

학덕이 뛰어나 영조의 신임을 받았다.

우의정 때 우리나라의 문물·제도를 부문별로 망라한 문헌의 필요성을 느껴, 왕에게 건의하여 찬집청(纂集廳)을 두어 1770년《동국문헌비고(東國文獻備考)》를 편찬하게 하였다.

한편, 1771년에는《명사(明史)》에 실린 강감합찬(綱鑑合纂)에 조선왕실의 계보가 잘못 올라 있다는 대간의 상소가 있자, 자진해서 선계변무사(璿系辨誣使)로 북경에 가서 그 책의 개인소장을 금하겠다는 청나라의 약속을 받고 돌아와《신묘중광록(辛卯重光錄)》을 편집, 간행하였다.

---

462)　한국민족문화대백과 사전에서 발췌하였다.

1781년(정조 5) 기로소(耆老所)에 들어간 뒤, 영중추부사(領中樞府事)가 되었다.

김상철 선생의 선정비도 앞서 소개한 이병모 선생의 마애비에 새겨진 돌에 있으며, 하나의 돌에 2명의 인명이 새겨진 것이다.

경상도 관찰사를 역임할 때 안기역민에게 천금을 주어 불망비를 세웠다.

경상도 관찰사를 역임한 기록을 보면 1762년 장계를 올린 기록이 있다. 다른 기록은 많지만 경상도 관찰사의 기록은 유일한 것으로 나타났다.

그리고 김상철 선생은 영의정 세 번이나 역임하기에 그 기록을 찾아보면 다음과 같다.

첫 번째 영의정에 제수되는 기록은 다음과 같다.

"영조 51년 12월 4일[463] 정미 1번째 기사 1775년 청 건륭(乾隆) 40년
김상철을 영의정에 이사관을 좌의정에 제수하다

김상철(金尙喆)을 영의정으로, 이사관(李思觀)을 좌의정으로 제배하였다. 하교하기를,
"이번의 기관(機關)은 만고에 처음 있는 일이다. 순감군(巡監軍)에 대한 하교를 청정(聽政)으로 잘못 알고 한바탕 성급하게 굴었도다."
충자(沖子)는 그 일을 모르고 역시 마음이 움직여 왔다가 영상과 좌상

이 아뢴 바를 듣고서 서당(書堂)에 나아가 상소문을 초(草)하였다.

그러나 그들이 아뢴 바를 들으니, 조금 도움이 되겠다고 여겼으므로 이처럼 상소문 가운데 첨입(添入)하였는데, 그 도움이 된다고 여겨 첨서 낙점(添書落點)한 것이 도리어 사부(師傅)의 일대 죄안(罪案)이 되었으니 내가 우습도다.

한때의 성급한 소란에 내 뜻도 진정되지 않았는데, 어린 나이에 어찌 마음이 진정되었겠는가?

그런데 상소문을 쓰면서 여러 행(行) 사이에 한 곳도 착오가 없었으니, 바로 내가 송(宋)나라의 태조(太祖)가 태종(太宗)에게 한 말을 인용하면, '이는 실로 뜻밖에 이처럼 숙성(夙成)하게 되었으니, 내 마음이 기쁘도다.' 라고 한 것과 같으니, 이러한 손자가 있는데, 내가 어찌 마음을 쓰겠는가?"

두 번째 기록은 다음과 같다.

"정조 원년[464] 정유(1777년) 5월 28일(임진)

정사가 있었다. 이조 판서 정홍순(鄭弘淳)이 나왔다.

권도(權導)를 이조 참판으로, 유언호(兪彦鎬)를 참의로, 이경양(李敬養)을 좌랑으로, 이복원(李福源)을 동지성균관사로, 정광헌(鄭光憲)을 전옥서 참봉으로, 유동형(柳東亨)을 예빈시 참봉으로 삼았다.

정광헌 이하는 모두 초사(初仕)이다. - 이윤희(李潤禧)를 삼화 부사(三和府使)로 삼았다. 영의정에 김상철(金尙喆)을, 좌의정에 정존겸(鄭存謙)

---

464)　고전번역원 데이터베이스(DB)에서 발췌하였다.

　돌에 새긴 목민관 이야기 1

을, 우의정에 서명선(徐命善)을 단부하였다.”

세 번째 영의정에 제수되는 기록은 다음과 같다.

“정조 4년[465] 경자(1780년) 1월 8일(정해)
영의정 김상철, 좌의정 이은, 영중추부사 서명선에게 돈유(敦諭)하였다.

“경에게 원보(元輔)의 직임을 제수하고, 경에게 나의 짐을 맡아 달라고 부탁하였는데, 평소에 충성스러웠던 경이 어찌하여 즉시 조정에 나와 국사(國事)를 맡아 해결해 주지 않는가.
더구나 지금 조의(朝儀)가 이미 베풀어져 있는데 정승의 자리는 모두 비어 있으니, 애타게 경을 기다리는 심정이 목마른 사람이 물을 찾는 정도일 뿐만이 아니다.
불러오고 싶은 마음이 급하여 길게 말할 겨를이 없으니, 경은 들어와 사은숙배하고 이어 조반(朝班)에 참여하라.’는 내용으로 도승지를 보내 영의정에게 전유(傳諭)하고 그와 함께 들어오라.”
하였다. 또 하교하기를,
“영상에게 돈유하는 전교에 이미 하교하였거니와, 지금 조참(朝參) 때를 만나 경이 들어오기를 기다리고 있으니, 경들이 들어온 뒤에야 모양을 이룰 수 있을 것이다. 경은 즉시 사은숙배하라.’는 내용으로 승지를 보내 좌의정에게 전유하라.”

---

465)　고전번역원 데이터베이스(DB)에서 발췌하였다.

하였다.”

그리고 경상도 관찰사 김상철의 마애비 명문은[466] 내용은 앞서 소개한 "이병모 마애비"를 참고 바라며, 사진도 마찬가지다.

---

466) p.395~p.396에 명문풀이가 있다.

돌에 새긴 목민관 이야기 1

18. 윤동도

윤동도 尹東度(1707년~1768년)[467]

본관은 파평(坡平). 자는 경중(敬仲), 호는 남애(南厓)·유당(柳塘). 아버지는 판서 윤혜교(尹惠敎)이며, 어머니는 이익수(李益壽)의 딸이다.

1733년(영조 9) 진사가 되고 이듬해 해주판관으로 정시문과에 을과로 급제하였다. 1745년 사서·부수찬·헌납·교리를 거쳐 1748년 부교리·수찬, 1750년 장령, 1751년 부응교·도승지·대사간 등을 역임하였다.

다음 해 경상도관찰사가 되었으나 그 이듬해 병으로 인하여 체개(遞改)되고, 1754년 대사성·대사간·부제학·승지를 거쳐 1758년 이후 대사헌·이조참판·부제학·청풍부사·호조판서를 역임하였다.

1761년에 우의정에 올라 이듬해 함경남도병마절도사 윤구연(尹九淵)의 처벌에 반대, 용서를 청하였다가 파직되고 다시 3일 만에 복직되었다.

1764년에 좌의정, 1766년에 영의정이 되었다.

윤동도 선생의 선정비는 대구 가창에 있으며, 관찰사를 역임하면서 백성을 구제하였다 하여 불망비를 세웠다.

선정비는 가창조등학교 내부에 4좌의 선정비가 있으며, 그중에 하나가

---

467) 한국민족문화대백과사전에서 발췌하였다.

관찰사 윤동도의 불망비이다.

윤동도 선생의 경상도 관찰사에 제수되는 시기는 1752년 5월이며, 1년 6개월 남짓 재임하였으며, 체직된 5년 후에 비가 세워졌다.

불망비는 비제와 세운 시기 그리고 그를 칭송하는 송시도 있다.

비제는 "관찰사윤상국휘동도영세불망비(觀察使尹相國諱東度永世不忘碑)"라 되어 있다.

세운 시기는 "무인년 오월(戊寅年 五月)"이라 되어 있어, 1758년 5월에 세운 것으로 보인다.

송시는 다음과 같다.

厚德深仁	두터운 덕과 인자함은 깊으시니
減蘇兆億	덜어 주고 소생은 억조로 구분되었네
永減柴瘼	장작 바치는 백성의 고통을 영원히 감해 주시니
恩及草木	그 은혜는 초목까지 미치네.

戊寅 五月 日 1758년 5월

上守 南, 下守 南 面立

비를 세운 시기가 1758년 5월이라 되어 있으나, 의문스러운 것은 4좌의 선정비 중에 관찰사 이익보[468]의 비와 같은 시기에 세워졌다.

비를 세우는 주체도 상수, 하수 面으로 되어 있으며, 왜 같이 세웠는지

---

468)　이익보(1708년~1767년) 본관 연안 1755년에 경상도 관찰사 기록이 보인다.

에 대한 이유를 알아내지 못하였다.

윤동도 선생의 영의정 제수시기를 알아보면, 영의정 홍봉한이 사임하고, 그 후에 제배되는 기록이 보인다.

"영조 42년[469] 병술(1766년, 건륭) 10월 21일(정사)

영부사 윤동도를 제배[470]하여 영의정으로 삼다

영부사(領府事) 윤동도(尹東度)를 제배(除拜)하여 영의정으로 삼았다."

그러나 같은 해 10월 24일 사임을 청하니 11월 5일에 免相되고, 11월 24일에 제배되었지만, 12월 9일에 서지수[471]가 영의정 제배되기에, 짧은 기간 동안 영의정으로 활동한 것으로 나타났다.

영의정 윤동도가 사직을 청한 이유는 1765년에 분의로 인하였는데, 그 내용은 다음과 같다.

"지평 최익남(崔益男)이[472] 상소하였는데, 대략 이르기를,

"상신(相臣)의 자리가 어떤 직임인데, 오늘날 의정부는 이에 얽매여 반식(伴食)[473]하는 장소가 되었으며, 나오고 들어가면서 양병(養病)하는 곳

---

469)　고전번역원 데이터베이스(DB)에서 발췌하였다.

470)　예전에, 천거의 절차를 밟지 아니하고 임금이 직접 관리를 임명하는 일을 이르던 말

471)　서지수(1714년~1768년) 본관 달성, 조선후기 대사헌, 이조판서, 영의정 등을 역임한 문신

472)　고전번역원 데이터베이스(DB)에서 발췌하였다.

473)　반식(伴食) : 실권(實權)이나 실력이 없이 어떠한 직(職)에 앉아서 자리만 지키고 있는 일.
　　　또한 그런 자리에 있는 벼슬아치를 놀려서 이르는 말. 당(唐)나라 현종(玄宗) 때 황문감

이 되었습니다.

망팔(望八)의 춘추인 우리 임금께서 원교(遠郊)에 동가(動駕)하는 데 있어서도 병이 나아 행공(行公)한 뒤에도 끝내 배종(陪從)하지 않았습니다.

대각(臺閣)에서 묘당(廟堂)을 배척함에 있어서도 누가 감히 어찌하겠느냐고 여기면서 여러 신하가 차자로서 인혐하였을 때에도 홀로 안연(晏然)히 있었습니다.

그리하여 자신의 보전(保全)만을 생각하고 자리에 연연하면서 조금도 도움이 되지 못하였으니, 이것이 과연 집에 누워서 도(道)를 논하는 일입니까?

분의와 염치에 있어서 아마도 이럴 수는 없는 것입니다.

알지 못하겠습니다만은 성명(聖明)께서 그 사람에게 무엇을 취할 것이 있기에 이와 같이 너그러이 용납하십니까?

지난번 대신(大臣)이 연석(筵席)에서 아뢴 것은 진실로 단단한 혈성(血誠)에서 우러나온 것이었고, 성상께서도 역시 밝게 굽어살핀 바인데, 한마디 말이 마음에 들지 않는다고 하여 갑자기 허부(許副)[474]하시니, 신의 어리석고 죽을죄를 진 자로서 그윽이 생각건대 이는 평일에 공충(公忠)을 의지하시던 성의(聖意)에 이미 너무나 격차(隔差)가 있지 않겠습니까?

신은 양상(兩相)에 대하여 실로 치우침은 없습니다.

그러나 눈앞에 관계되는 일이니, 신이 어찌 말하지 않을 수가 있겠습니까?"

(黃門監) 노회신(盧懷愼)이 자미령(紫微令) 요숭(姚崇)과 추밀(樞密)의 일을 맡게 되었는데, 노회신은 이도(吏道)에 있어서 요숭만 못하다고 스스로 생각하여 대사를 요숭에게 미루었으므로, 그 당시 사람들이 반식 재상(伴食宰相)이라고 불렀다는 고사에서 나온 말임.

474) 의정 대신(議政大臣)의 사임을 허락함

하였는데,

대개 반식한다는 지적은 좌의정 윤동도(尹東度)를 가리킨 것이고, 공충 (公忠)으로 추켜 준 것은 우의정 김상복(金相福)을 가리킨 것이었다."

그림 121. 관찰사 윤동도 비 - 대구 가창

19. 윤승훈

윤승훈 尹承勳(1549년~1611년)[475]

본관은 해평.[476] 자는 자술(子述), 호는 청봉(晴峰). 아버지는 사헌부감찰 홍언이다.

1573년(선조 6년) 진사가 되었고, 이해 식년문과에 급제했다.

1581년 정언의 자리에 있으면서 정철(鄭澈)은 심의겸(沈義謙)의 당(黨)이 아니라며 정철을 비호했던 이이(李珥)를 탄핵하다가 신창현감으로 좌천되었다.

1587년 황해도구황경차관 등을 거쳐, 임진왜란이 일어난 1592년부터 전쟁이 끝난 1598년까지 무유어사·충청도관찰사·호조참판·경상도관찰사 등을 역임하면서 군량의 조달과 송유진(宋儒眞)의 난에 연루된 자들의 체포에 공을 세웠다.

영의정 이항복 (李恒福)이 정철의 복심(腹心)이었다고 탄핵을 받게 되었을 때, 이항복을 옹호하다가 삼사의 탄핵을 받고 물러났다.

1604년 영의정이 되었으나, 선조의 존호(尊號)를 올리자는 공론을 정지시키려 했다는 양사(兩司)의 탄핵을 받아 물러났고, 그로 인해 오랫동안 유영경(柳永慶)의 배척을 받았다.

---

475) 한국민족문화대백과사전에서 발췌하였다.
476) 경북 선산지역에 있다.

윤승훈 선생의 선정비는 아산 신창에 있으며, 여러 비석과 같이 있으나, 보기 드물게 임진왜란 이전의 것이다.

윤승훈 선생이 신창현감으로 임명된 것은 좌천이었다.

1581년 정언의 자리에 있으면서 정철(鄭澈)은 심의겸(沈義謙)의 당(黨)이 아니라며, 정철을 비호했던 이이(李珥)를 탄핵하다가 신창현감으로 좌천된 것이다.

아산 신창에 있는 선정비에는 비제와 세운 시기만 있으며, 송시는 없었다.

비제는 "윤후승훈선정비(尹侯承勳善政碑)"라 되어 있고, 세운 시기는 "만력11년2월2십일(萬曆十日年二月二十日)"이라 되어 있기에 1583년에 세운 것이다.

한반도에 남아 있는 선정불망비는 추정으로 6000여좌가 있으나, 그중에 1600년 이전의 선정불망비는 100여좌 되며, 특히 임진왜란 이전의 선정불망비는 희귀한 작례로 생각된다.

필자가 가진 자료에는 임진왜란 이전의 비가 70여좌 되며, 그중에 하나가 영의정을 역임한 윤승훈의 碑이다.

윤승훈 선생이 영의정에 임명되는 시기의 기록은 다음과 같다.

"선조 37년[477] 갑진(1604년) 5월 22일(임신)

윤승훈을 영의정으로, 유영경을 좌의정으로, 기자헌을 우의정으로 삼다

---

477)　고전번역원 데이터베이스(DB)에서 발췌하였다.

임금이 대신이 오래 궐원(闕員)된 것을 들어 좌상(左相)과 우상(右相)에게 복상(卜相)하라고 명하였다.

윤승훈(尹承勳)을 영의정으로, 유영경(柳永慶)을 좌의정으로, 기자헌(奇自獻)을 우의정으로 삼았다.

[윤승훈은 정승이 된 지 이미 오래되었는데 자못 유능하다는 명성이 있었으므로 수상이 됨에 이르러서도 사람들이 이상하게 여기지 않았다.

그러나 성미가 조급하고 도량이 좁아 작은 일에 당해서도 성을 잘 내었으므로 자못 대신다운 도량이 없었다.]

사신은 논한다.

기자헌은 사당(私黨)을 심지 않고 마음가짐이 공평 정직했다.

(생략)"

부계[478] 기문[479]에는 윤승훈에 대한 기록이 보이고 있어 소개하면 다음과 같다.

"큰[480] 전란[481]을 겪은 뒤로 백관들이 다 담벽에 의지하고 감히 집을 수리하지 못하더니, 임인년에 정승 *윤승훈(尹承勳)*이 비로소 집을 지으매, 자못 크고 사치스럽다는 비난이 있었다. 그때에 돌이 옮겨지는 이변이 많았다.

이오성(李鰲城 이름은 항복(恒福))이 사람에게 말하기를,

---

478) 함경북도 종성의 다른 이름이다.
479) 김시양(1581년~1643년)이 지은 책이며, 본관은 안동(安東). 초명은 김시언(金時言), 자는 자중(子中), 호는 하담(荷潭). 예조정랑, 도원수, 판중추부사 등을 역임한 문신
480) 고전번역원 데이터베이스(DB)에서 발췌하였다.
481) 임진왜란과 정유재란을 말한다.

"남들이, 윤공이 사려가 많다고 하더니, 그렇지 못하군. 어찌 돌이 옮겨지는 이변이 있는 것을 모르고 주춧돌을 그렇게 크게 하는가?"

라고 하였는데, 그 당시 사람들은 서로 전하였다.

수년도 못 가서 토목 공사가 크게 일어나니, 유식자들 중에는 목요(木妖)[482]를 탄식하는 이가 있었다.

오성의 집이 윤승훈의 집에 비하여 더욱 사치하였으니, 진실로 말을 실천하기란 어려운 것이다."

그림 122. 신창현감 윤승훈 비 – 아산 신창 역사공원

---

482) 당(唐)나라 내신(內臣) 융수(戎帥)의 별명. 정자나 집을 세우는 것이 너무나 심하였기 때문에 나무의 요정(妖精)이라고 불리었다.

20. 홍순목

홍순목 洪淳穆(1816년~1884년)[483]

본관은 남양(南陽). 자는 희세(熙世), 호는 분계(汾溪). 서울 출신. 승지 홍종원(洪鍾遠)의 아들이며, 갑신정변을 일으킨 홍영식(洪英植)의 아버지이다.

1844년(헌종 10년) 증광별시 문과에 병과로 급제, 지평 · 수찬을 지내고, 1846년 초계문신(抄啓文臣)에 뽑혔다.

1849년 헌종이 죽자 빈전도감도청(殯殿都監都廳)이 되고, 부사과를 거쳐 1858년(철종 9년) 이조참의로 승진하였다.

1863년 대사헌이 되었으며, 이 해에 고종이 즉위하자 흥선대원군의 신임을 받아 1864년(고종 1년) 황해도관찰사가 되고, 1866년 이조판서 · 예문관제학 · 홍문관제학 · 한성부판윤 등 여러 관직을 거친 뒤 다시 이조판서가 되었다.

1867년 예조판서를 역임하고, 1869년 우의정에 올랐다.

수구 세력 강경파의 거두로서 대원군의 쇄국정책을 적극적으로 지지하여, 1871년 신미양요 때는 미국에 맞서 싸울 것을 주장하였다.

1872년 영의정을 거쳐 영돈녕부사가 되었다.

1882년 3월 재차 영의정이 되었으며, 같은 해 6월 임오군란으로 집권한 대원군 밑에서도, 그 직후 그가 실각했을 때도 계속 영의정을 맡았다.

이해 12월에 단행된 관제개혁 때 총리군국사무(總理軍國事務)를 겸임하였으며, 1883년 재정난을 타개하기 위한 당오전(當五錢)의 주조를 주장하여 이를 실현시켰다.

같은 해 5월 총리대신을 겸직했고, 9월에는 영중추부사가 되었다.

홍순목 선생의 선정비는 여주 영월공원에 있으며, 여주 금사면이 고향인 여주에 선정을 베풀어 이를 잊지 않기 위해 세운 것으로 알려졌다.

홍순목 선생이 영의정을 세 번을 역임하며, 제수되는 기록은 다음과 같다.

첫 번째는 다음과 같다.

"고종 9년[484] **임신(1872년) 10월 13일(갑자) 맑음**

이풍익 등에게 관직을 제수하였다

이풍익(李豐翼)을 대사헌으로, 김기문(金箕文)을 지평으로, 정건조(鄭健朝)를 공조 판서로, 남정익(南廷益)을 호조 참판으로, 신상흠(愼尙欽)을 공조 참판으로, 조제화(趙濟華)를 예조 참의로, 이현익(李玄翼)을 동지경연사로, 김익문(金益文)을 홍문관 제학으로, 민치상(閔致庠)을 군기시 제조로, 김용련(金用鍊)을 제용감 주부로, 이창환(李昌煥)·이현초(李賢

---

484) 고전번역원 데이터베이스(DB)에서 발췌하였다.

初)를 전적으로 삼았다.

*영의정*에 홍순목을 단부하고, 좌의정에 강노를 단부하고, 우의정에 한계원을 단부하였는데, 이상은 정승에 제수하라는 전지를 받든 것이다.”
(생략)

두 번째는 다음과 같다.

“고종 19년[485] 임오(1882년) 3월 3일(기축) 맑음
이비의 관원 현황

정사가 있었다.

이비에, 판서 민영위(閔泳緯)는 나왔고, 참판 오준영(吳俊泳)은 패초에 나오지 않았고, 참의 박성양(朴性陽)은 지방에 있어 아직 숙배하지 않았고, 동부승지 김만식은 나왔다.

(중략)

유진규(兪鎭奎)를 분병조 정랑으로 삼고, 임영상(林永相)을 좌랑으로 삼고, 안윤명(安潤明)을 군기시 판관으로 삼았다.

영의정 서당보의 면직을 허락하라고 전교하였다.

*영의정*에 홍순목을 단부하였다.

기로소 수직관에 이용일(李龍鎰)을 단부하였다.

돈녕부 도정 유징로(柳徵魯)·이하규(李夏圭)·이성모(李聖模)·한응인

(韓應仁), 이상을 감하(減下)하였다. (생략)"

세 번째는 다음과 같다.

"고종 19년[486] 임오(1882년) 10월 24일(정축) 맑음

영의정 홍순목을 서용하여 다시 영상 직에 제수하라는 전교

전교하기를,

"*영의정 홍순목을 서용[487]하여 다시 영상직에 제수하라.*"

하였다."

운양집[488]에는 임금을 대신하여 치제문[489]이 있어 소개한다.

"영의정 홍순목[490] 치제문 경술년(1910년, 융희4) (領議政洪淳穆致祭文庚戌)

아, 경이시여 / 惟卿

밝은 지혜는 한나라 재상이요 / 通明漢相

충성과 절개는 주나라의 재보로다 / 忠貞周輔

---

486) 고전번역원 데이터베이스(DB)에서 발췌하였다.
487) 죄가 있어 벼슬을 박탈했던 사람을 다시 임용함
488) 김윤식의 문집이며, 치제문은 운양집 9집에 있다.
489) 조선시대 신하가 죽으면 임금이 제물과 제문을 보내는 것이다.
490) 고전번역원 데이터베이스(DB)에서 발췌하였다.

전대의 아름다운[491] 전통을 계승하여 / 世濟其美

나라의 기둥이 되었네 / 爲國之柱

이른 나이에 관리가 되어 / 蚤歲釋褐

대각에서 빼어난 이름을 날리[492]고 / 蜚英臺閣

호서의 안절이 되어 / 按節湖西

오막살이까지 두루 은혜를 베풀었네 / 惠遍蔀屋

전형을 맡음에 오로지 공정함으로 하였기에 / 掌銓惟公

사사로이 청탁하러 찾아오는 이 없었네 / 門無私謁

늦게 재상[493]에 임명되어 / 晚膺甌卜

묘당의 계책에 부지런히 힘썼네 / 廟謨密勿

임금을 마땅한 도로 이끌어 / 引君當道

조정을 올바르게 세웠으되 / 立朝正色

관에서 퇴청하[494]여 밥 먹을 땐 / 退食自公

쓸쓸한 방 한 칸뿐이었네 / 蕭然一室

---

491) 《춘추좌씨전》 문공(文公) 18년에 보이는 표현이다. "후세가 그 아름다움을 이어 그 명성 떨어뜨리지 않네.(世濟其美 不隕其名)." 공영달(孔穎達)은 소(疏)에서 "세제기미란 후대가 전대의 아름다움을 잇는 것을 말한다.(世濟其美 後世承前世之美)"고 설명하였다.

492) 비영등무(蜚英騰茂)에서 나온 말이다. 비(蜚)는 비(飛)와 통하며, 영(英)은 명성을 뜻한다. 무(茂)는 실제 업적을 가리킨다. 이 네 글자는 곧 사람의 명성과 사업이 날로 창성하는 것을 뜻하는 말로 쓰인다.

493) 구복(甌卜)은 금구매복(金甌枚卜)의 준말로 새로 재상을 임명하는 것을 말한다. 당나라 현종(玄宗)이 재상을 뽑을 때 책상에 이름을 써서 금 사발로 덮고, 사람들에게 이를 맞추어 보게 하였다는 데서 유래하였다.

494) 《시경》〈고양(羔羊)〉에, "관에서 퇴청하여 밥 먹으니, 조용하고 자득하도다.(退食自公 委蛇委蛇)"라고 한 데서 온 말인데, 이는 남국(南國)이 문왕(文王)의 덕에 감화되어 모든 벼슬아치들이 검소하고 정직하게 사는 모습을 노래한 것이다.

노련하고 신중하여 / 老成持重

변란과 개혁을 좋아하지 않았네 / 不喜紛更

바라보면 우뚝한 태산북두라 / 望隆泰斗

보배로운 문장⁴⁹⁵⁾으로 명성을 떨쳤네 / 聲振瓊琚

지난 갑신년에⁴⁹⁶⁾ / 曩在甲申

갑자기 사변이 터졌네 / 事起倉猝

나라의 근본이 흔들리고 / 國是靡定

충신을 역적으로 여겼네 / 認忠爲逆

경은 늙어 시골에 있었기에 / 卿老在野

자세한 사정 알지 못했네 / 莫知其詳

갑자기 기미성을 탔다는⁴⁹⁷⁾ 소식 들리니 / 遽聞騎箕

애통하고 상심함을 어찌 감당하리요 / 曷任盡傷

을사년⁴⁹⁸⁾ 가을 / 乙巳之秋

아드님께서 살신성인⁴⁹⁹⁾하셨으니 / 哲嗣成仁

---

495) 원문은 '보배로운 구슬(瓊琚)'로 훌륭한 시문을 뜻한다. 《시경》〈목과(木瓜)〉에 "나에게 목 과를 주거늘 경거로써 갚는다. (投我以木瓜 報之以瓊琚)"라고 한 데서 유래하였다.

496) 갑신정변을 말하며, 홍순목의 아들인 홍영식이 관련되어 있다.

497) 정승의 서거(逝去)를 뜻한다. 은(殷)나라 무정(武丁)의 정승 부열(傅說)이 죽은 뒤 "기미 성을 타고 뭇별과 어깨를 나란히 하였다. (騎箕尾而比於列星)"라는 고사에서 연유한 것이 다. 《莊子 大宗師》

498) 1905년이다 을사조약을 말한다.

499) 홍순목의 아들 홍만식(洪萬植, 1842~1905)이 1905년 일제에 의하여 을사조약이 강제로 체결되자 음독자살한 일을 가리킨다. 이 소식을 들은 고종은 그의 충의를 높이 평가하여, 숭정대부 참정대신(崇政大夫參政大臣)에 증직하고, 장례를 후히 지내게 하였다. 시호는 충정(忠貞)이다.

충과 효를 다한 것은 / 忠孝不匱

가훈을 따름이라 / 庭訓是遵

선을 드러내고 공을 포상하는 것은 / 彰善褒功

법에서 정한 바 / 厥有彝章

이미 시호[500]를 내렸으니 / 旣擧易名

제사상을 차려 바치네 / 載致侑觴

조정에 임하여 거듭 탄식하나니 / 臨朝屢歎

죽은 이 일으켜 세우기 어려워라 / 九原難作

영혼이 깨어 있거든 / 靈如不昧

정성스런 제사 흠향하시라 / 庶歆洞酌"

영의정 홍순목의 불망비는 여주 영월공원에 있으며, 비제와 세운 시기 그리고 그를 칭송하는 송시가 있다.

비제는 "영의정홍공순목만세불망비(領議政洪公淳穆萬世不忘碑)"이고, 세운 시기는 "숭정기원후오갑신육월일립(崇禎紀元後五甲申六月日立)"이라 되어 있다. 1884년에 세운 것이다.

송시는 다음과 같다.

理順之政 사리에 맞게 정치를 하시니

偏及吾鄕 우리의 고향까지 두루 미치네

刻石頌德 돌에다 새겨진 송덕은

---

500)　시호는 문익이며 1909년에 贈諡(증시)되었다.

그림 123. 영의정 홍순목 비 – 여주 영월공원

21. 김홍집

김홍집 金弘集(1842년~1896년)[501]

김홍집의 본관은 경주(慶州), 초명은 굉집(宏集), 자는 경능(敬能), 호는 도원(道園)이다. 아버지는 대사헌을 지낸 김영작(金永爵), 어머니는 성혼(成渾)의 자손이다. 한마디로 명망 있는 가문이었다.

1867년(고종 4) 경과정시(慶科庭試)에 급제하고, 1868년(고종 5) 승정원 사변가주서(事變假注書)에 임명되면서 벼슬길에 나갔다.

그가 본격적으로 조정에서 활약하기 시작한 것은, 1880년(고종 17) 제2차 수신사로 일본을 방문하면서부터이다.

이때부터 그는 개화정책을 추진하며 조선 외교의 중요한 부분을 담당하게 되었다.

1884년(고종 21년) 김옥균(金玉均), 박영효(朴泳孝)를 중심으로 한 급진개화파들이 갑신정변(甲申政變)을 일으켰으나, 사흘 만에 실패로 돌아갔다.

이때 김홍집은 그 뒷수습을 맡으면서 우의정을 거쳐 좌의정에 올랐다.

그러나 이 과정에서 일본의 조선 침략 계기가 된 한성조약(漢城條約) 체결을 주도적으로 이끄는 우를 범했다.

---

501) 다음백과사전에서 발췌하였다.

이에 책임을 느낀 김홍집은 한동안 조정의 핵심 관직에서 물러나 있었다.

그러다가 1894년(고종 31) 갑오농민전쟁과 청일전쟁이 연이어 일어나며, 명성왕후 민씨가 실각하고, 흥선대원군(興宣大院君)이 다시 정권을 잡게 되었을 때, 중앙 정계로 돌아왔다.

그는 영의정 겸 군국기무처 총재관이 되어 갑오개혁을 주도했다.

이때부터 영의정 대신 총리대신으로서 내각을 이끌었다.

영의정 김홍집의 남아 있는 선정비는 용인과 수원 등에 남아 있고, 그중에는 김굉집 이라는 이름으로 남아 있어 눈길을 끈다.

먼저 포천에 있는 관찰사 김굉집의 선정비는 포천 영중리에 있으며, 그당시 사진을 촬영할 때 명문도 잘 보이지 않아 멀리 갔기에, 자료로 쓸려고 보이는 것은 다 촬영하였는데, 나중에 자료를 보니 김홍집의 선정비였다.

김홍집 선생이 경기 관찰사에 임명되는 기록은 다음과 같다.

"고종 19년[502] **10월 24일 정축 1882년 조선 개국(開國) 491년**

이병문 등에게 관직을 제수하다

이병문(李秉文)을 예조 판서(禮曹判書)로, 정범조(鄭範朝)를 판의금부사(判義禁府事)로, 홍우창(洪祐昌)을 수원부 유수(水原府留守)로, 김홍집(金弘集)을 경기 관찰사(京畿觀察使)로 삼았다."

---

502)　고전번역원 데이터베이스(DB)에서 발췌하였다.

그림 124. 관찰사 김굉집 - 포천 영중리

불망비에 보이는 비제는 "관찰사김공굉집영세불망비(觀察使金公宏集永世不忘碑)"이고, 세운 시기는 "갑신팔월일립(甲申八月日立)"이라 되어 있어, 1884년에 세웠다.

여기의 비제의 명문은 "홍집"이 아니고 "굉집"으로 되어 있어, 이에 대한 것은 나중에 다루기로 한다.

그 다음으로는 용인 마북리에 있는 관찰사 김홍집의 불망비로, 여러 비석과 같이 있다.

비제는 "관찰사김공홍집불망비(觀察使金公弘集不忘碑)"라 되어 있고,

                    돌에 새긴 목민관 이야기 1

세운 시기는 "갑신육월일립(甲申六月日立)"이라 되어 있다.

1884년에 세웠다.

그를 칭찬하는 송시는 다음과 같다.

"秉心至公 마음가짐은 지극히 공정하였으며

爲政以仁 정치는 인정으로 하였네"

용인 마북리는 예전에 한양으로 통하는 삼남대로 중 하나였으며, 비석군은 도로와 평행으로 세워진 것을 일제강점기 때 도로를 정비하면서 현재의 자리로 옮겼다고 한다.

여기에는 김홍집과 민씨 집안의 세력인 민영준의 불망비도 함께 있으며, 이 당시 용인 지역에 깊은 연고가 있거나 아니면 정치적으로나, 경제적인 혜택을 베풀었기에 불망비를 세운 것으로 추정된다.

반대로 생각하면 지방 세력이 이들의 비위를 맞추려고 세울 가능성도 있다고 본다.

김홍집 선생이 예조 참판으로 있을 때 사직의 상소를 몇 번 올렸는데, 여러 번의 상소를 올렸다고 해서, 경기 부근에 귀양을 보냈는데, 그곳이 "부평부"이다.

그런데 귀양 간 지 3일 만에 석방되는 기록이 있다.

그 내용은 다음과 같다.

그림 125. 경기 관찰사 김홍집 비 – 용인 마북리

"고종 18년[503] 신사(1881년) 4월 9일(경자) 비

이미 사신으로 가서 나라의 위엄을 훼손시켰으므로 사신 가는 일을 해면해 주기를 청하는 예조 참판 *김홍집*의 상소

예조 참판 *김홍집*(*金弘集*)이 상소하기를,

"삼가 아룁니다.

 돌에 새긴 목민관 이야기 1

신은 만 번 죽어도 무릅쓸 수 없다는 의리를 가지고 다시 기필코 사직하려고 간청을 드렸는데, 삼가 내리신 비지(批旨)를 받들어 보니, 규피(規避)하는 것 같은 점이 있다고 하유하시고 번거롭게 소를 하지 말라고 신칙을 하셨습니다.

신은 이에 더욱더 황송하고 두려워서 궁하여 돌아갈 곳이 없는 신세와 같아, 누워도 잠이 오질 않고 밥을 먹어도 밥맛이 달지가 않습니다.

여러 날 동안 움츠리고 엎드려서 백방으로 생각을 해 보고도 오히려 다시 머리를 들어 호소를 하고자 하니, 이것이 어찌 의분(義分)에 감히 할 바이겠습니까.

거기에는 반드시 부득이한 것이 있어서입니다. (중략)

걱정스럽고 조급한 마음이 극에 달하여 조리 있게 말씀드리지 못하겠습니다.

삼가 원하옵건대, 성상의 자애로우신 마음으로 신의 지극히 괴로운 심정을 헤아리시고 신의 말이 가식이 아니라는 것을 살피시어 빨리 면직시키시고, 이어 엄한 벌을 내리시어 공사 간에 낭패되는 일이 없게 하시기를 천만 번 간절히 축원합니다.”

하니 답하기를,

“상소를 보고 잘 알았다. 이와 같이 여러 번 상소를 올리는 것이 과연 당연한 도리인가? 경에게 경기 연변에 귀양 보내는 형전(刑典)을 시행하겠다.”

하였다.”

귀양지에서 석방되는 기록은 다음과 같다.

“고종 18년[504] 신사(1881년) 4월 12일(계묘) 맑음

경기 감사 김보현의 장계에 대해, 죄인 *김홍집*을 용서하여 석방하라는 전교

경기 감사 김보현(金輔鉉)이 죄인 *김홍집*(金弘集)을 부평부(富平府)에 귀양 보내는 일로 장계한 데에 대해 전교하기를,

“용서하고 풀어 주도록 하라.”

하였다.”

그다음으로는 수원 유수를 역임하였는데, 불망비는 2좌가 남아 있으나 같은 시기에 세운 것으로 나타나, 각각 수원의 다른 지역에서 세운 것이 현재의 자리인 수원 박물관 야외전시장에 옮겨진 것으로 보인다.

조선왕조실록에는 수원유수로 단부[505]되었는데, 고종이 그 지역을 잘 다스리라는 뜻으로 교서를 내린 기록이 보인다.

그 내용은 다음과 같다.

“고종 26년 기축(1889년) 4월 9일(갑신) 맑음

요충의 중용한 지역이므로 곤궁한 민생을 잘 다스리라고 겸 *수원유수*[506] *김홍집*에게 내리는 교서

---

504) 고전번역원 데이터베이스(DB)에서 발췌하였다.

505) 단독추천을 말한다.

506) 겸 유수는 수원부사를 겸직하는 것을 말한다. 대표적인 것이 원주목사겸강원도 관찰사와

왕은 이르노라.

조(趙) 나라 진양(晉陽)에서 견사(繭絲)를 하지 않고 보장(保障)을 한 것은 선주(先主)에게 부탁받은 것을 한 것이고,[507] 송(宋)나라 내공(萊公) 구준(寇準)이 북쪽 변방의 군사 요지를 굳게 진수(鎭守)하였으나 이 때문에 중서성(中書省)에 있지 못하였다.

경에게 번거롭게 가서 공경히 직임을 수행하게 하노니, 나의 지극한 뜻을 체득하라.

이 화남(華南)의 큰 고을은 우리 해서(海西)의 방어면에서 중요한 거대한 부(府)로서, 경기와 호남의 사이에 끼어 있고 서울에서 가까워 실로 요충의 중요한 지역이다. (중략)

예문관의 관원으로 선발되고 홍문관의 관원이 되어 직무 수행을 잘하여 순탄하게 지냈고, 규장각의 직임을 맡고 이조 참판이 되었는데 마음가짐이 공정하였다.

현감에 임명되어 선정을 베풀어 아직도 백성들이 사모하고 있으니, 삼보(三輔)를 다스림에 백성을 행복하게 하는 사람의 정치를 다투어 보게 되었다.

사신으로서 무겁고 힘든 책무를 맡아서는 자우(子羽 공손휘(公孫揮)를

강화부사겸 유수이다.

507) 견사(繭絲)는 누에고치에서 실을 뽑는 것처럼 백성들에게서 조세(租稅)를 가혹하게 거두는 정치를 말하고, 보장(保障)은 조세를 가볍게 거두어 백성들을 편안하게 하는 정치를 말한다. 조간자(趙簡子)가 윤탁(尹鐸)을 시켜 진양을 다스리게 하자, 윤탁이 청하기를, "견사를 해야겠습니까? 아니면 보장을 해야겠습니까?" 하니, 간자가 말하기를, "보장을 하라." 하였다. 이에 윤탁이 호구의 수효를 줄여 조세를 경감하여 백성들이 편안히 생업에 종사하며 살아가게 하였다. 그 뒤 조양자(趙襄子) 때 난리를 만났는데 진양에 의지하여 패망을 면하였다.《通鑑節要 卷1 周紀 威烈王》

말함)처럼 사방 나라의 사정을 잘 알았고, 나라가 위태로운 시기에 정승을
고를 때 위성자(魏成子)처럼 다섯 가지를 살펴보는 데서 만족스러웠다."[508]

그림 126. 겸 수원유수 김홍집 비 1. - 수원 박물관

김홍집 선생의 선정비는 수원 박물관 외부전시장에 있으며, 2좌의 비가

---

508)　위 문후(魏文侯)가 정승을 고르는데 위성자(魏成子)와 책황(翟璜) 중에서 누구로 할 것인
　　　지를 정하지 못해 이극(李克)에게 물었을 때, 이극이 "거처할 때는 그 가까이하는 사람을
　　　살펴보고, 부유할 때는 베풀어 주는 것을 살펴보고, 현달(顯達)할 때는 천거하는 사람을
　　　살펴보고, 곤궁할 때는 하지 않는 것을 살펴보고, 가난할 때는 취하지 않는 것을 살펴보는
　　　것이니, 이 다섯 가지면 충분히 정하실 수 있을 것입니다." 하였다.《史記 卷44 魏世家》

있으며, 나란히 있으나, 가첨석이 있는 비와 없는 비의 모습으로 나누어져 있다.

비제와 세운 시기는 같았다.

먼저 소개하는 비는 가첨석이 있는 선정비부터 소개한다.

비제는 "겸유수김공홍집청덕선정비(兼留守金公弘集淸德善政碑)"라 되어 있고 세운 시기는 "壬辰三月日立(임진삼월일립)"이라 되어 있다.

1892년 3월에 세운 것으로 보인다.

2좌의 선정비가 나란히 있지만 뒷면에 새겨진 명문이 약간의 차이를 보이고 있으며, 사진(126번)의 뒷면에는 "임진삼월일 차경린병근서(壬辰三月日車慶麟幷謹書)"라 되어 있다.

"차경린"이라는 사람이 비의 명문을 새긴 것이 차이가 나며, "차경린"이라는 사람은 누군지 알아내지 못하였다.

그 당시의 수원 지역의 선비였을 것으로 생각된다.

그리고 비의 머리에 가첨석이 있는 비는 사진(127번) 바로 옆에 있으며, 비제와 세운 시기는 같은 것으로 나타났다.

그다음으로는 멀리 고흥에 있는 김홍집 선생의 불망비이다.

지금은 고흥이라는 지명이지만 예전에는 홍양이었으며, 홍양현감에 제수되는 기록은 다음과 같다.

그림 127. 겸 수원유수 김홍집비 2. – 수원 박물관

"고종 12년[509] 을해(1875년) 7월 24일(무오) 비

홍종한 등에게 관직을 제수하였다

    홍종한(洪鍾漢)을 청양 현감(靑陽縣監)으로, 이호성(李鎬性)을 예빈시 주부로, 안필순(安必錞)을 조지서 별제로, 민치억(閔致億)을 장수 찰방(長水察訪)으로, 심의순(沈宜淳)을 장원서 별제로, 이호성(李鎬性)을 호

---

509)   고전번역원 데이터베이스(DB)에서 발췌하였다.

조 좌랑으로, 김홍집(金弘集)을 흥양 현감(興陽縣監)으로, 이응진(李應辰)을 초산 부사(楚山府使)로, (생략)"

그리고 그 당시 전라지역의 순시하던 관찰사 이돈상의 장계에는 이배된 국청 죄수를 단속하지 못하여, 다른 지역으로 제 멋대로 나가도록 하였기에, 파출[510]하고 품처[511]하는 기록이 보이며, 그 내용은 다음과 같다.

"고종 14년[512] 정축(1877년) 8월 3일(을유) 맑음
죄수를 단속하지 못한 능주 목사 김도근 등을 파출할 것을 청하는 전라 감사 이돈상의 장계

전라 감사 이돈상(李敦相)의 장계에, "능주 목사(綾州牧使) 김도근(金度根), 흥양 현감(興陽縣監) 김홍집(金弘集), 장흥 부사(長興府使) 홍재정(洪在鼎)은 이배(移配)된 국청(鞫廳) 죄수를 제대로 지키고 단속하지 못하여, 제멋대로 다른 지역으로 나가도록 하는 지경에까지 이르렀습니다. 모두 우선 파출하고, 그 죄상을 유사로 하여금 품처하게 하소서." 하였는데, 이에 대해 전교하기를,

"유배된 죄수가 멋대로 왕래한 것을 보면 평소에 단속하지 못했다는 것을 알 수 있다.
더구나 이 유배 죄수는 중죄(重罪)에 관계된 자가 아니던가. 해당 고을

---

510)   잘못이 있는 사람의 자격을 박탈하여 직무나 직업을 그만두게 함
511)   윗사람에게 아뢰고 명령을 받아 일을 처리함
512)   고전번역원 데이터베이스(DB)에서 발췌하였다.

수령을 법에 비추어 엄중히 처벌하는 것은 결단코 그만둘 수 없는 일이지만, 여러 고을이 막 흉년을 겪었고 또 지금은 가을 농사가 한창 바쁠 때이니, 이러한 때에 맞이하고 전송하는 폐단은 필시 백성과 고을에 크게 관계가 될 것이다.

이 또한 생각하지 않을 수 없으니, 세 고을 수령을 특별히 파출하지 말고 우선 대죄 거행(戴罪擧行)하게 할 일을 묘당에서 분부하라.”

하였다.”

그림 128. 흥양 현감 김홍집 비 - 고흥향교

　　　　　　　　　　　　돌에 새긴 목민관 이야기 1

고흥향교에 있는 현감 김홍집의 선정비는 여러 번 고흥향교에 들렀지만, 같이 있는 철로 제작된 鐵 선정비에 눈이 팔려 그곳에만 집중하여 사진 촬영을 하였으며, 그 옆에 있는 몇 좌의 선정비는 명문이 희미하여 대충 몇 장의 사진 촬영하였다.

그러다가 김홍집의 자료를 찾던 중 고흥향교에 선정비가 있다는 것을 알았다.

멀리 있는 고흥향교를 가서 비석을 보니 희미하여 물을 묻혀 자세히 보니, 현감 김홍집이라 되어 있었다.

비제는 "현감김후홍집영세불망비(縣監金侯弘集永世不忘碑)"라고 되어 있고, 세운 시기는 "을묘십이월(乙卯十二月)"이라 되어 있다.

1879년에 세운 것이며, 碑에는 "有司 宋右椽, 宋時拭, 申發模"라는 명문도 함께 있었다.

다음으로는 "김굉집"과 김홍집에 대한 것으로 포천에 있는 불망비는 김굉집 이지만, 다른 곳의 선정비는 대부분 김홍집이다.

〈김홍집 선정비〉

번호	비 제	세운 시기	위 치
1	관찰사김공굉집영세불망비	1884년	포천 영중리
2	관찰사김공홍집영세불망비	1884년	용인 마북리
3	겸유수김공홍집청덕선정비	1892년	수원박물관
4	겸유수김공홍집청덕선정비		
5	현감김후홍집영세불망비	1879년	고흥향교

조선시대에는 개명은 반드시 국가에 보고를 하여, 그 기록을 남겼는데,

김홍집의 개명 기록은 보이지 않는다.

추정하면 개명을 하여 그 당시 관에 보고를 하였지만, 실록에는 수록하지 않았을 것으로 보이고, 나라가 어수선하여, 그런 일이 발생할 가능성도 충분히 존재한다고 본다.

다만 김홍집의 기록은 대부분 "김굉집"과 "김홍집"이 같이 보이고 있어, 그 당시 개명이 되어도, 두 개의 이름으로 활동하고, 기록도 그렇게 한 것으로 추정된다.

승정원일기에는 1894년까지 "김굉집"으로 표현되어 있으며, 1882년에 보이는 "김굉집"[513]은 동명이인이었다.

승정원일기에는 또 1910년까지 "김홍집"이라는 이름으로 기록하였기에, "홍집", "굉집"을 동시에 사용한 것으로 보이나, 어디까지나 기록이고, 실제 생활에서는 김홍집으로 활동 하였을 것으로 보는데, 그, 이유는 굉집이 초명이었기에 그러할 가능성이 있는 것으로 생각된다.

여러 가지 자료를 가지고 연구하여 보니, 김굉집과 김홍집을 다 같이 기록한 이유를 정확하게 알아내지 못하였고, 만가보 에도 김홍집이라 되어 있어, 정확한 명칭은 김홍집이 맞는 것으로 생각된다.

김홍집 선생이 영의정에 임명되는 시기는 1894년 6월이며, 기록은 다음과 같다.

"고종 31년 갑오(1894년) 6월 25일(경오)

---

513)　순천 김씨이다.

이비의 관원 현황 정사가 있었다

이비에, 판서 이승오(李承五)는 나왔고, 참관 조창하(趙昌夏)는 병이고, 참의 이태용(李泰容)은 병이고, 우부승지 이시영(李始榮)[514]은 나왔다.

김병식(金炳軾)을 부교리로, 안경수(安駉壽)를 좌윤으로, 조정희(趙定熙)를 우윤으로, 한창수(韓昌洙)를 예조 참의로, 김익용(金益容)을 예문관 제학으로, 신택수(申澤秀)를 동몽교관(童蒙敎官)으로, 남학희(南學熙)를 경주 부윤(慶州府尹)으로, 박헌양(朴憲陽)을 장흥 부사(長興府使)로, 민영달(閔泳達)을 예빈시 제조로 삼았다.

영의정에 김홍집(金弘集)을 단부하고, 세자 사(世子師)에 김홍집(金弘集)[515]을 단부하고, 영돈녕부사에 김병시(金炳始)를 단부하고, 군국기무처 총재관(軍國機務處摠裁官)에 김홍집(金弘集)을 단부하고, 회의원(會議員) 열일곱 자리에 박정양(朴定陽), 민영달(閔泳達), 김윤식(金允植), 김종한(金宗漢), 조희연(趙羲淵), 이윤용(李允用), 김가진(金嘉鎭), (생략)"

마지막으로 "운양집[516]"에 보이는 "어제대찬 치제문[517]"을 소개한다.

"경께서는 / 惟卿

태평성세의 기린과 봉황 / 瑞世麟鳳

---

514)　경주이씨이며 김홍집의 사위이다.

515)　1894년 7월 15일까지 영의정에 있었으며, 의정부 총리대신, 초대내각총리대신, 제3대 내각총리대신을 역임하였다.

516)　운양 김윤식을 말한다.

517)　임금을 대신하여 치제문을 적은 것으로 말한다.

나라일 도모하고 앞날을 점쳤네 / 謀國蓍蔡

학문은 가업을 이었고 / 學襲家庭

공덕은 조정에 남겼네 / 功存鼎鼐

충절은 곧고 순실했으며 / 忠純其節

절개는 빙벽[518]과도 같았네 / 氷蘗其介

우뚝 높은 데서 멀리를 내다보고 / 卓然遠覽

헐뜯음과 비방도 피하지 않았으니 / 不避訾毀

관직에 나온 이래로 / 廼自釋褐

이 한 몸 나라 위해 바쳤네 / 許國以身

나라가 망하면 함께 망하고 / 國亡與亡

나라가 보존되면 함께 보존되리 / 國存與存

원망도 감수한 채 경장을 주도하고 / 任怨更張

구미와 조약을 체결하였으며 / 締約歐美

여러 차례 위태로운 국면을 떠맡아 / 屢擔危局

홀로 선 채 기대지 않았네 / 獨立不倚

을미년의 변고를 당해 / 旃蒙之變

천지가 아득히 어두워졌네 / 天地晦塞

난리가 안정되고 소란이 진정되니 / 靖亂鎭囂

이는 본디 쌓아온 덕이 도운 것이라 / 寔資宿德

공자께서 살아계시기에 죽을 수가 없어 / 子在不死

---

518) 얼음물을 마시고 황벽나무를 식용한다는 말로, 청고한 생활을 하며 절조를 지켜 온 것을
　　　뜻한다.

안연은 나중에 도착했나니[519] / 顔淵是後

만일 공급이 위나라를 떠나면 / 如伋去衛

임금은 누구와 더불어 지키겠는가[520] / 君誰與守

의리는 끝이 없으나 / 義理無限

충성스런 마음은 확인할 수 있나니 / 丹衷可質

필부처럼 / 匪若匹夫

도랑에서 목매어 죽는 것 본받지 않았네[521] / 効諒溝瀆

창졸지간에 만난 재앙 / 倉猝遘禍

어찌 성인의 뜻에서 나왔으랴 / 豈出聖意

앞서 엮은 어제문 / 曩編御製

하늘 같은 말씀 간곡하고 정성스럽네 / 天語諄摯

전에 했던 말씀 깎아내어 / 欲刪前語

충성스런 혼백을 위로하나니 / 以慰忠魂

특별한 대우에 감격하는 것은 / 感激殊遇

---

519) 《논어》〈선진(先進)〉에 나오는 말을 인용하였다. "공자께서 광 땅에서 어려움에 처했을 때, 안연이 맨 나중에 왔다. 공자께서, '나는 네가 죽은 줄 알았다.'라고 하자 안연이 이르기를, '선생님께서 계신데, 제가 어찌 감히 죽겠습니까?'(子畏於匡 顔然後 子曰 吾以女爲死矣 曰 子在 回何敢死)"라고 하였다.

520) 《맹자》〈이루 하(離婁下)〉에 나오는 말을 인용하였다. "자사가 위나라에 있는데 제나라의 도적이 쳐들어왔다. 혹자가, '도적이 왔는데 왜 떠나지 않으십니까?'라고 묻자 자사가 이르기를, '나 공급이 떠나면, 임금은 누구와 더불어 지키겠는가?'(子思居於衛 有齊寇 或曰 寇至 盍去諸 子思曰 如伋去 君誰與守)"라고 하였다.

521) 《논어》〈헌문(憲問)〉에 "어찌 필부필부들이나 인정하는 사소한 신의와 절개를 지켜 스스로 개천에서 목을 매어 죽음으로써 남이 알아주지도 않는 사람이 될 수 있겠는가?(豈若匹夫匹婦之爲諒也 自經於溝瀆而莫之知也)"라고 하였다.

이승이나 저승이나 다르지 않으리 / 幽明無間

이에 시호[522]를 내리며 / 茲贈節惠

정성스런 윤음 선포하노라 / 宣以丹綸

관원을 시켜 음식을 권하니 / 伻官致侑

향 그러운[523] 제수 흠향 하소서 / 庶歆苾芬"

---

522) 원문은 '절혜(節惠)'라고 되어 있는데,《예기》〈표기(表記)〉에 보인다. "선왕이 시호로써 이름을 높이고 한 가지 선으로써 요약했다.(先王諡以尊名 節以壹惠)"라고 하였으니 이는 아름다운 시호를 내려 그 이름을 높이되 여러 가지 선행을 다 들기 어려우므로 가장 큰 것을 요약하였음을 이른다. 이 때문에 시호를 절혜(節惠)라고도 칭한다.

523) 고전번역원 데이터베이스(DB)에서 발췌하였다.

22. 김병시

김병시 金炳始(1832년~1898년)[524]

본관은 안동. 자는 성초(聲初), 호는 용암(蓉庵). 아버지는 판서 응근(應根)이다.

1855년(철종 6년) 정시문과에 급제, 전적·정언·이조참의 등을 거쳐 1874년(고종 11년) 도승지가 되었다.

그 뒤 병조판서·형조판서·총융사·어영대장·이조판서를 지내고 1882년 변리통리내무아문사·독판군국사무 등 문무관직을 두루 거쳤다.

1882년 임오군란으로 호조판서에서 물러났으나, 대원군이 중국 톈진[天津]으로 납치된 뒤 다시 복귀했다.

1884년 김옥균(金玉均) 등이 갑신정변을 일으켰을 때, 이들에 대항하여 청나라를 끌어들여 개화파를 몰아내고 수구파 중심의 내각에 참여했다.

독판교섭통상사무로서 전권대신이 되어 이탈리아·영국·러시아 등과 수호통상조약을 체결했다.

청일전쟁이 일어나기 직전에 영의정이 되었으나, 일본군의 왕궁 점령으로 김홍집(金弘集) 내각이 구성되면서 4일 만에 물러났다.

1896년(건양 1년) 아관파천으로 친러파 내각이 조직되자 총리대신에 올

---

524)　다음백과사전에서 발췌하였다.

랐으며, 1897년(광무 1년) 대한제국이 성립되자 의정부의정에 임명되었다.

저서에 〈용암집〉이 있다. 시호는 충문이다.

김병시 선생의 선정비는 7좌가 남아 있으며, 대부분 충청도관찰사를 역임할 때 세운 것으로 나타났다.

김병시 선생이 공충도[525] 관찰사에 임명되는 기록은 다음과 같다.

"고종 7년[526] 윤 10월 13일 을해 1870년 조선 개국(開國) 479년

이명적 등에게 관직을 제수하다

이명적(李明迪)을 예조 판서(禮曹判書)로, 김병시(金炳始)를 공충도 관찰사(公忠道觀察使)로, 정두원(鄭斗源)을 경상우도 병마절도사(慶尙右道兵馬節度使)로 삼았다."

그리고 6일 뒤에는 상소를 올려 공충도 관찰사 임명을 체차해 달라는 상소를 올리지만, 그대로 임명되었다.

먼저 부여 임천에 있는 관찰사 김병시의 비(사진 129번)에는 송시와 비제가 남아 있으며, 세운 시기는 비석의 향 좌측 측면 "동치 12년"이라 새겨져 있다. 1873년에 세운 것이다.

비제는 "관찰사김공병시영세불망비(觀察使金公炳始永世不忘碑)"라 되어 있고 송시는 다음과 같다.

---

525)　충청도의 다른 이름이며, 조선시대에는 충청도는 이름이 자주 바뀌었다.
526)　조선왕조실록에서 발췌하였다.

"兩世⁵²⁷⁾偉熱 父子가 커다란 열정으로

一規淸風 한 가지 법으로 깨끗한 정치를 하였네

士時民樂 선비와 백성들이 즐거운 것은

咸曰我公 모두 公이라 말하네

癸酉 三月 1873년 3월"

김병시 선생의 신도비 銘에는 위의 송시와 비슷한 내용이 남아 있다.
소개하면 다음과 같다.

"공이⁵²⁸⁾ 호서⁵²⁹⁾지방의 동향(桐鄕)⁵³⁰⁾에 절도사⁵³¹⁾로 나갔을 때 모두 청헌(淸獻)⁵³²⁾을 따라 공이 규정을 남기니, 백공평이 석벽에 송덕을 새겼는데, 이웃 郡에서 서로 우러러보았다.

정해청(鄭海淸)⁵³³⁾의 옥사가 널리 퍼져 지방이 온통 소란했는데, 공이

---

527) 김병시의 부친인 김응근도 충청도 관찰사를 하였음
528) 양주향토자료 총서 1집 비문으로 본 양주의 역사2 "양주금석문대관"에서 발췌하였다.
529) 충청도를 말한다.
530) 옛날 수령의 은혜로운 정사를 잊지 못하고 있는 고을이라는 뜻이다. 한(漢) 나라 주읍(朱邑)이 젊었을 때 동향의 관리로 있었는데, 동향에서 그를 못내 사모하자 죽어서 그곳에 장사 지내었던 고사가 있다.《漢書 循吏傳 朱邑》
531) 관찰사는 수군절도사, 병마절도사를 겸하기에 위한 같은 표현을 하였다.
532) 관직 생활을 수단으로 살림을 늘리는 일을 하지 않고 청빈하게 살아가는 것을 말한다. 청헌은 송나라 조변(趙抃)의 시호이다. 조변이 두 번에 걸쳐 촉(蜀)의 수령으로 있으면서 행검을 청렴하게 하여 모범을 보이자 풍속이 바뀌었다고 한다.《宋史 卷316 趙抃列傳》
533) 1871년에 정해청의 무리들이 정권을 바꾸려고 일으킨 반역의 행위이다. 충청감영계록(忠淸監營啓錄), 고종(高宗) 8년(1871)에 기록이 보인다.

사실을 조사함에 반드시 신중하게 하고 법률을 살펴 반란을 평정하니, 민심이 차츰 안정을 되찾았다.

관사를 수리 하고, 공역(工役)이 대단히 많았지만, 민역(民力)을 허비하지 않았다.

조정으로 돌아가는 날에, 수백 명의 노인들이 한 사발의 물을 봉진(奉進)[534]하면서 말하기를 "공의 다스림은 깨끗하기를 물과 같아, 베푸는 것이 올바랐습니다."라고 하여,

이별의 말로 삼았다."

김병시 선생이 영의정에 제수되는 시기는 1894년 6월 21일이다.
그 내용은 다음과 같다.

"고종 31년[535] 갑오(1894년) 6월 21일(병인)
영의정에 김병시를 단부하였다.

○ 정사를 하여, 영의정에 김병시(金炳始)를 단부하고, 세자 사(世子師)에 김병시(金炳始)를 단부하였다."

그다음은 보령 수령성에 있는 관찰서 김병시의 불망비이다.

여기는 수영성을 보러 가면서 보았는데, 그중에 암행어사비도 함께 있었으며, 그 당시는 보령 수영성은 처음으로 답사하는 지역이라 그런지 낮

---

534)　받들어 바침
535)　고전번역원 데이터베이스(DB)에서 발췌하였다.

그림 129. 관찰사 김병시 비 – 부여 임천

선 느낌이 많이 드는 곳이었다.

보령 오천항[536) 인근의 보령 충청수영성은 서해로 침입하는 외적을 막기 위해 쌓아 올린 석성으로 1509년(조선 중종 4)에 축성되었다.

1466년(세조 12년) 설치된 충청수영의 외곽을 두른 길이 1,650m의 성으로 자라 모양의 지형을 이용하여 높은 곳에 치성 또는 곡성을 두어 서해 바다와 섬의 동정을 살필 수 있었다.

원래 사방의 성문 등 여러 시설이 있었으나, 지금은 서문 망화문과 진휼

---

536)　다음백과사전에서 발췌하였다.

청, 장교청, 공해관이 보존되고 있다.

망화문은 화강석을 다듬어 아치형으로 건립하여 발전된 석조예술을 엿볼 수 있다. 1896년(고종 33)에 폐영 되어 지금에 이르고 있다.

수영성 이곳, 저곳을 둘러보고 마지막으로 비석군에 이르러, 선정불망비들을 촬영하였다.

그중에 관찰사 김병시의 비에는 세운 시기, 그리고 비제와 송시가 있었다.

세운 시기는 "乙亥四月"이라 되어 있어 1875년에 세운 것이다.

비제와 송시는 다음과 같다.

비제: 관찰사김공병시영세불망비(觀察使金公炳始永世不忘碑)[537]

在昔黃馬	옛부터 황마[538]가
錦水洋洋	비단결같이 양양하였네
公又續積	공 또한 이어서 양양하기를
熱熱其光	그 빛이 이어서 열열하였도다.
恩及貢島	은혜는 공도[539]까지 미치고
惠布關防	혜택은 관방[540]까지 펼쳐지니
嗟我黎庶	아! 우리 백성들이
奈何敢忘	어찌 감히 잊을 수 있으랴!

---

537) 보령금석문에서 발췌하였다.
538) 여기서 馬는 아지랑이로 황운과 같은 말. 가을들판과 같이 풍성하다는 뜻이다.
539) 공물을 바치는 섬
540) 수영성 일대를 말하는 것으로 추정된다.

김병시 선생이 영의정에서 4일 만에 물러나는데, 그 후임이 김홍집이며, 또한 을미사변과 단발령으로 일어난 을미의병으로 인한 혼란상에서 아관파천이 일어나서 김홍집이 살해당하고, 김홍집 내각이 무너지자 곧바로 총리대신으로 임명된 사람이 바로 김병시다.

즉 김홍집이 조선의 최고 직책에 올랐을 때 최고 직책에 있던 사람이 김병시이며, 그가 무너졌을 때 역시 최고 직책에 오른 사람이 김병시가 되는 것이다.

그림 130. 충청 관찰사 김병시 비 - 보령 수영성

그다음은 부여 홍산 객사에 있는 불망비이다. 홍산 객사는 2015년도에 답사를 가고, 2023년에 답사를 다시 갔는데, 홍성 객사 들보[541]의 그림에 쌍으로 된 잉어가 있어 재촬영을 했던 것이다.

그리고 객사에 있는 선정비를 촬영하였으며, 2015년에 촬영 한 사진을 보니, 제대로 된 사진이 안 보여서 다시 촬영한 것이다.

홍산 객사에 있는 김병시 선생의 불망비(그림 131번)는 여러 비석과 같이 있고, 비석에는 송시와 비제가 있다.

세운 시기는 "계유년월일(癸酉年月日)"이라 되어 있다. 1873년에 세웠다. 비제와 송시는 다음과 같다.

비제: 觀察使金公炳始淸德善政碑(관찰사김공병시청덕선정비)

■治三載　　삼 년을 흡족하게 하고

行其常道　　법도를 따라 항상 일을 처리하였네

政用一規　　하나의 법도로 정치를 하였으며

治則無爲[542]　무위로 다스렸다네.

癸酉月日[543]

미산집[544]에는 일휴당기(日休堂記)가 있다. 소개하면 다음과 같다.

---

541)　칸과 칸 사이의 두 기둥을 건너지르는 나무
542)　무위자연(無爲 自然)으로 이상적인 정치를 말한다.
543)　다른 자료에는 "癸酉十月日"이라 되어 있다.
544)　한장석(1832년~1894년)의 문집이다.

“미산집[545] 제8권 / 기(記)

일휴당기(日休堂記)

수고로우면 쉴 생각을 하는 것은 인지상정이니, 그렇게 하지 않으려고 해도 그렇게 되는 경우도 있고, 그렇게 하려고 해서 그렇게 되는 경우도 있고, 부득이하게 그렇게 되는 경우도 있다.

군자는 마음을 수고롭게 하고, 소인은 힘을 수고롭게 하며 만물은 기(氣)에 수고로움을 느낀다.[546]

마음은 쉬는 때가 없으나 힘은 때로 쉴 때가 있고, 기(氣)는 쉴 때가 있고 쉬지 않을 때가 있다.

드물지만 새 중에는 회오리바람을 타고 구만 리나 가며 6개월을 가서야 쉬는 것이 있고,[547] 솔개는 하늘로 날아오르지만 때로 숲에서 멈추기도 하는데, 냇물 줄기는 밤낮을 가리지 않고 흘러 바다에 이르지 않으면 멈추지 않는다.[548]

사람에게 있어서는 농부는 가을에 쉬고 나그네는 저녁에 쉬는데, 선비는 날마다 부지런히 배우고 닦다가 벼슬길에 나가서는 몸과 마음을 다 바

---

545) 고전번역원 데이터베이스(DB)에서 발췌하였다.

546) 《맹자》〈등문공 상(滕文公上)〉에서 나온 말이다.

547) 《장자(莊子)》〈소요유(逍遙遊)〉에 "붕새가 남쪽 바다로 옮겨갈 때에는 물결을 치는 것이 삼천리요, 회오리바람을 타고 구만 리나 올라가 6개월을 가서야 쉰다. (鵬之徙於南冥也, 水擊三千里, 搏扶搖而上者九萬里, 去以六月息者也.)" 하였다.

548) 《맹자》〈이루 하(離婁下)〉에서 "근원이 좋은 물은 끊임없이 흘러서 밤낮을 그치지 아니하여 구덩이가 가득 찬 뒤에 전진하여 사해(四海)에 이르나니, 학문에 근본이 있는 자가 이와 같다. (原泉混混, 不舍晝夜, 盈科而後進, 放乎四海, 有本者如是.)"라고 한 것을 말한다.

쳐 일하다가 모두 그 생을 마친 후에야 그만둔다.

그러나 출사하여 어두운 길 가는 관리들에게는 벼슬살이나 한다는 기롱이 있으며 용감히 물러난 자에게는 강호의 근심[549]이 있으니, 이에 쉬는 것은 힘이요 쉬지 못하는 것은 마음임을 알겠다.

승상 용암공(蓉庵公 김병시(金炳始))은 몇 달 동안 매복(枚卜)되었으나[550] 애써 사양하고 그 자리를 떠나 물러나서 동쪽 별서(別墅) 옛집에서 지냈다.

한 줄기 샘이 있고 몇 개의 홀과 같은 산봉우리가 있고 한 묶음의 책이 있어 기쁘게 진세(塵世)를 벗어난 생각이 있었으니 편지로 나에게 다음과 같이 명하셨다.

"내가 날마다 이곳에서 쉬고 있으니 이로써 나의 집 이름을 삼으려 하네. 자네가 기문(記文)을 써 주게."

아아! 공께선 자신을 알아주는 훌륭한 임금을 만나 몸소 장군과 "재상직"을 모두 겸하여 근심 걱정이 모이고 온갖 책임이 더해졌으니 대개 일찍이 하루도 쉰 적이 없었지만, 또한 일찍이 하루도 물러날 생각을 잊은 적이 없으셨다.

---

549) 벼슬자리에서 물러나 있으면서도 나라를 걱정하는 것을 말한다. 송(宋)나라 범중엄(范仲淹)의 〈악양루기(岳陽樓記)〉에 "조정의 높은 자리에 있으면 그 백성을 걱정하고, 강호의 먼 곳에 있으면 그 임금을 걱정한다.(居廟堂之高, 則憂其民, 處江湖之遠, 則憂其君.)"라고 한 표현에서 유래한 말이다.

550) 의정(議政) 중에 결원이 생겼을 때, 왕명에 따라 시임(時任) 의정들이 빈청(賓廳)에 나와서 그 후보자로 원임(原任) 의정의 좌목(座目)을 써서 승전색(承傳色)을 통해 입계(入啓)하는 일을 말한다. 시임이 없을 경우에는 원임들이 입시하여 전단자(前單子)에 낙점을 받았고, 원임 가운데 적임자가 없을 경우에는 새로운 인물로 추가하여 뽑았다. 《六典條例 吏典 議政府 枚卜》《銀臺條例 吏攷 大臣》

지금 궤석(几舃)[551]에서 잠시 여가가 있을 때에도 임금님을 그리워하는 마음은 냇물이 흘러 바다로 가는 것과 같고, 세상을 근심하는 뜻은 농부가 가을 수확을 바라는 것과 같으니 생각건대 어찌 능히 호연하게 나그네가 집으로 돌아가는 것과 같을 수 있겠는가.

게다가 공께서 쉬는 것이 타당하지 못한 이유가 다섯 가지가 있으니, 연세가 아직 물러날 때에 이르지 않았고, 시국이 바야흐로 어려우며, 자신의 도를 다 쓰지 못했으며, 주상께 지우(知遇)를 입음이 융숭하고, 창생들이 거는 기대가 간절하기 때문이다.

아마도 장차 사부(謝傅)[552]의 바둑이 동산(東山)에서 끝나기 전에 군실(君實)[553]의 수판(手板)[554]이 한밤중에 벌떡 일어나리니 마음의 수고로움에 휴식이 어디에 있겠는가?

《서경》〈주서(周書)〉에 이르기를, "덕을 행하면 마음이 편안하여 날로

---

551) 삼공(三公) 등 대관(大官)이 신는 신발로, 정승 벼슬을 하고 있음을 말한다. 주(周)나라 성왕(成王)을 도와 정치를 대행한 주공(周公)에 대해 "붉은 신발이 점잖고 의젓하였다.(赤舃几几.)"라고 찬미한 말이 《시경》〈낭발(狼跋)〉에 보인다.

552) 동진(東晉) 때의 태부(太傅) 사안(謝安)을 가리킨다. 그는 동산(東山)에 은거하던 때에 자기 내외 자질(子姪)들을 데리고 동산의 별장에서 주연을 열고 풍류를 즐겼다.

553) 사마광(司馬光, 1019~1086)의 자이다. 산서성(山西省) 하현(夏縣) 사람으로 호는 우부(迂夫)·우수(迂叟), 시호는 문정(文正)이다. 속수 선생(涑水先生)이라고도 하며, 죽은 뒤 온국공(溫國公)에 봉해졌으므로 사마온공(司馬溫公)이라고도 한다. 신종(神宗)이 왕안석(王安石)을 발탁하여 신법(新法)을 단행하게 하자, 이에 반대하여 새로 임명된 추밀 부사(樞密副使)를 사퇴하고 지방으로 나갔다. 신종이 죽은 뒤 중앙에 복귀하여 정권을 담당하였다. 저서에 《자치통감(資治通鑑)》, 《속수기문(涑水紀聞)》, 《사마문정공집(司馬文正公集)》 등이 있다.

554) 관리가 항시 띠 사이에 꽂고 있다가 임금의 명령이나 또는 임금에게 아뢸 일들을 기록하는 것, 즉 홀(笏)을 가리킨다.

아름다워진다."라고 하였으니 집의 명칭이 아마도 이 말에서 온 것인가.

공께서는 "아닐세, 아니야." 하셨다.

공께서 비록 자처하진 않으시지만, 그 취지가 서로 가까운 점이 있다.

쉰다(休)는 말이 아름답다(美)는 의미가 되는 것은 안식(安息)에서 뜻을 취해서이다.

마음이 참으로 편안하다면 어디를 간들 쉬지 못하겠는가?

어떻게 하면 편안하게 지내는 것인가?

물(物)이 다가오면 순응(順應)하고 일(事)이 지나가고 나면 그만두어서, 병사 백만을 거느리는 것과 홀로 물을 마시고 팔을 베고 자는 것을 각각 처하게 되는 경우를 따라 하나의 이치로 실천하면 이는 곧 금문과 황각이 녹야와 평천 같으리니,[555] 용사행장(用舍行藏)[556]에 있어 처하는 곳마다 아름답고도 평온하지 않음이 없을 것이다.

이로써 공을 위해 축원해 드린다."

앞에서 소개한 불망비들은 송시가 있는 것이지만 나머지 4좌는 비제와 세운 시기가 있거나, 아니면 비제만 있는 것으로 나타나 간단히 소개만 한다.

---

555) 집무처를 별장처럼 편안히 여긴다는 의미이다. 금문(金門)은 한(漢)나라 미앙궁(未央宮)의 대문인 금마문(金馬門)이며, 황각(黃閣)은 정승이 집무하는 청사이다. 한나라 때 승상의 청사 문을 황색으로 칠했던 것에서 유래되었다. 녹야(綠野)는 당나라 때 사람인 배도(裴度)의 별장 이름이며, 평천(平泉)은 당나라 때 사람인 이덕유(李德裕)의 별장 이름이다. 두 곳 모두 온갖 기이한 화초와 나무·돌이 아름다운 곳으로 유명했다.

556) 《논어》〈술이(述而)〉에 출전을 둔 말로, 벼슬에 나아가 도를 실행하거나 벼슬에서 물러나 은거함을 뜻한다.

그림 131. 관찰사 김병시 비
- 부여 홍산객사

그림 132. 관찰사 김병시 비
- 해미 읍성 순교지

그림 133. 관찰사 김병시 비
- 옥천향교

그림 134. 순찰사 김병시 비
- 한산면 사무소

그림 135. 관찰사 김병시 비 - 공주 공산성

관찰사 김병시의 선정불망비 7좌를 표로 정리하였다.

번호	비제	설립시기	위치
1	관찰사김공병시영세불망비	을해 7월일립	공주 공산성
2	도순찰사김공병시영세불망비	동치 12년 8월일립	한산면사무소
3	관찰사김공병시영세불망비	?	옥천향교
4	관찰사김공병시영세불망비	?	해미읍성
5	관찰사김공병시영세불망비	을해 4월	보령 수영성
6	관찰사김공청덕선정비	계유년월일	부여 홍산객사
7	관찰사김공병시영세불망비	동치 12년	부여 임천

돌에 새긴 목민관 이야기 1

관찰사 김병시의 불망비 중에서 재미있는 것은 부여 임천에 있는 것으로, 그의 부친인 김응근 불망비와 나란히 세워져 있는 것으로, 임천에는 선정비 군이 2곳이지만, 119센터 앞에는 보이지 않고, 임천 군사리 마을 입구 도로에 있다.

그림 136. 부여 임천 관찰사 비 - 향 우측 2좌가 김응근, 김병시

제일 처음 소개한 관찰사 불망비가 임천이었으며, 그곳에 부자의 비가 나란히 있는데 김병시를 칭찬하는 송시에도 부자가 관찰사를 역임한 내용이 보이고 있다.

23. 이시수

이시수 李時秀(1745년~1821년)[557]

조선의 문관 관료. 최후의 소론 영수 중 한 명으로 평가받는다.

아버지는 좌의정을 지낸 이복원(李福源)이고, 동생은 대제학과 6조의 판서를 모두 지낸 이만수이다.

1773년(영조 49) 문과에 급제하였다.

성균관 대사성, 사간원 대사간, 이조 참의, 황해도관찰사, 개성부 유수, 한성부판윤, 공조판서, 병조판서, 호조판서 등을 지냈다.

정조 때 우의정을 역임하였고, 순조 때에 좌의정을 거쳐 영의정을 역임하였다. 死後 순조의 묘정에 배향되었다.

(한 줄 공백 추가)

이시수 선생의 불망비는 경기 광주와 춘천에 있으며, 그중 춘천에 있는 것은 소양강 강변 바위에 새겨진 마애비였다.

2016년에 故 "심충성" 님이 답사를 갔다 와서 자료를 남겼는데, 필자는 심충성 님의 자료를 참고하여, 찾아갔지만, 8년이 지난 이후여서, 그 지역의 변화가 많이 있었다.

그래서 춘천역사문화 연구회 사무국장이신 "오동철" 님과 통화를 하여,

---

557)　나무위키에서 발췌하였다.

그림 137. 관찰사 이시수 마애비 – 춘천 소양강

마애비를 찾아갔으며, 초봄이지만 마애비 부근에 마른 풀과 이끼 등으로
인해 마애비를 제대로 볼 수 없었다.

그래서 어느 위치만 확인한 사진을 게재하기로 한다.

이시수 선생이 영의정에 임명되는 시기는 다음과 같다.

"순조 2년[558] 임술(1802년) 10월 27일(을축)

김관주·이시수·서용보 등을 승진 임명하다

빈청(賓廳)[559]에서 새로 정승 될 사람을 가려 뽑으니 추가로 뽑을 것을

---

558) 고전번역원 데이터베이스(DB)에서 발췌하였다.

559) 조선시대, 궁중에서 정승이나 비변사의 당상들이 모여서 회의하는 곳을 이르던 말

명하여 김관주(金觀柱)를 의정부 우의정으로 삼고, 이시수(李時秀)를 영의정에 승진 임명하고 서용보(徐龍輔)[560]를 좌의정에 승진 임명하였다.”

소양강에 있는 마애비는 멀리서 촬영하여 새긴 글이 보이지 않는다.

그래서 故 “심충성” 님의 자료를 인용한다.

비제는 “觀察使李公時秀永世不忘之刻(관찰사이공시수영세불망지각)”으로 되어 있으며, 세운 시기와 송시는 없다.

1785년에 원춘도[561] 관찰사에 임명되고, 1787년에 이조참의에 임명되기에, 마애비는 1787년이나 그전인 1786년에 새긴 것으로 추정된다.

그리고 마애비에 새긴 명문 중 “刻”은 다른 마애비나, 불망비(선정비) 등에서 보이지 않는 표현이다.

그 다음으로는 경기 광주에 있는 이시수 선생의 유애비로, 1823년에 세운 것으로, 이때는 이시수 선생의 별세 이후에 세운 것이다.

여기의 명문에 보이는 “사옹원도제조”는 겸직이 대부분이지만, 필자는 어느 관직과 겸직을 하였는지 찾아보았으나, 알 수 없었다.

비제는 “사옹원도제조이공시수혜민유애비(司饔院都提調李公時秀惠民遺愛碑)”라 되어 있고, “도광삼년을유사월일(道光三年乙酉四月日”이라 되어 있다.

비의 전면에는 2행의 송시가 있다.

---

560) 순조 19년(1819년)에 영의정으로 임명된다.
561) 조선시대 효종에서 정조 연간의 강원도 행정구역의 이름이다.

隨事斗護[562] 매사에 있어 백성을 비호하였으며

罰每從寬 벌을 줄 때에도 너그러웠다.

그림 138. 사옹원 도제조 이시수 비 – 경기 광주 분원리

---

562)　두호는 비호의 뜻이다.

24. 심지원

심지원 沈之源(1593년~1662년)[563]

본관은 청송. 자는 원지, 호는 만사. 아버지는 감찰 설(楔)이다. 1620년(광해군 12년) 정시문과에 급제했다.

대북파인 이이첨(李爾瞻)과 가까웠으나, 이에 가담하지 않고 낙향하여 은거했다.

1623년 인조반정 후 검열로 등용된 뒤 정언·부교리·교리·헌납 등을 지냈다.

1630년(인조 8) 함경도안찰어사로 파견되어 6진 방어에 대한 대책을 진언했다. 1636년 병자호란 때 왕이 있는 남한산성에 들어가지 못한 것이 죄가 되어 탄핵을 받아 한때 벼슬길이 막혔다.

1643년 홍주목사로 재기용되었으며, 동부승지·대사간·대사헌·형조판서 등을 역임했다. 1654년 우의정, 1655년 좌의정이 되었다.

현종이 즉위한 후 장렬왕후(莊烈王后)의 복제문제로 예송이 일어났을 때, 영의정으로 재직하면서 노론의 편에서 장렬왕후의 복상을 기년으로 해야 한다고 주장했다.

저서로 〈만사고 晩沙稿〉가 있다. 영천 송곡서원에 제향 되었다.

---

563) 다음백과에서 발췌하였다.

심지원 선생의 청덕비는 영천 조양각 부근에 있으며, 영천군수로 재임하며, 청덕으로 백성을 다스렸기에 세운 것으로 보인다.

심지원 선생이 영천군수에 부임하는 시기는 "인조 11년(1633년) 6월"이며, 영천군수로 부임하기 위해 하직인사 하는 기록이 보이고 있다.

그리고 청덕비 전면에는 비제와 짧은 송시가 있으며 소개하면 다음과 같다.

"皇明 崇禎 七年 十月 日 황명 숭정7년 10월(1634년 7월)

珪璋之質 훌륭한 인품을 지니시니

氷玉之光 빙옥[564]은 영광이로구나

猗歟我侯 아~우리 군수님이시여

沒世難忘 영원토록 잊기 어렵구나"

비의 뒷면에는 많은 명문이 남아 있으며 소개하면 다음과 같다.

"此我外 曾王[考]領議政 晚沙沈公遺愛碑也 於崇禎癸酉 以舍人出守 甲戌以中丞召還 莅政歲周 厚澤洽拈 邑民竪石 以頌其德 後八十二年 小子又守玆土 則字漫苔剥 不勝欽感 搆閣 重鐫要壽其傳 若其淸德 不敢承肖 惟此懷民 克懼未勷焉 實乙亥三月 日也 外曾孫 郡守 李命熙 識

[判官 李宇昌 首吏 李世茂 監役 金◇公 首吏 雲翔之孫也]

---

564)　얼음과 옥으로, 맑고 깨끗하여 아무런 티가 없음을 뜻하는 말인데, 흔히 고결한 지조를 뜻하는 말로 쓰인다.

역주

이는 나의 외증왕고(外曾王考, 외증조)[565] 영의정(領議政) 만사(晩沙) 심공(沈公)[566] 유애비(遺愛碑)이다.

숭정(崇禎) 계유년(1633, 인조 11년)에 사인(舍人)으로 지방관으로 나갔다가[567] 갑술년(1634년)에 중승(中丞)으로 소환(召還)되었는데,[568] 정무(政務)를 돌본 지 한 해가 지나자 후한 혜택이 흡족하니 고을 백성들이 비석(碑石)을 세워 그 덕을 칭송(稱頌)하였다.

그 뒤 82년 후에 소자(小子)가 또 이 고을[경북 영천(永川)]의 수령[569]으로 부임하였는데, 비석(碑石)의 글자가 흐릿하고 이끼가 끼고 부스러졌으니 흠모와 감격을 견딜 수 없어서 누각을 짓고 비석을 다시 새겨서 오랫동안 전하도록 하였다.

그 맑은 덕은 감히 닮지 못하였지만 오직 이 백성들을 걱정하여 두려워하

---

565) 증왕고(曾王考)는 증조부(曾祖父)이고 왕고(王考)는 조부(祖父)이며, 선고(先考)는 돌아가신 자신의 부친(父親)을 가리킨다. 그러므로 외증왕고(外曾王考)는 외증조(外曾祖)를 지칭(指稱)한다.

566) 심지원(沈之源) : 1593~1662. 조선 중기의 문신으로, 본관은 청송이다. 자는 원지, 호는 만사이며, 1593년에 태어나 1662년에 사망했다. 효종의 부마도위(駙馬) 청평도위를 지냈으며, 다양한 청요직을 거쳐 영의정에 이르렀다. 효종 승하 후 원상(院相)으로 국정을 맡기도 했다.

567) 《승정원일기》 40책 (탈초본 2책) 인조 11년 6월 16일 병자 2/12 기사 1633년 崇禎(明/毅宗) 6년 沈之源 등이 하직함. 규장각 원본 국역. ○ 下直, 永川郡守沈之源, 陜川縣監 宋錫胤。

568) 《승정원일기》 43책 (탈초본 2책) 인조 12년 6월 24일 무인 10/17 기사 1634년 崇禎(明/毅宗) 7년 新除授執義沈之源, 方在慶尙道永川郡任所, 請斯速乘馹上來事, 下諭, 依前例, 府書吏給馬下送。

569) 숙종40년 11월19일 1714년에 이명희가 영천군수로 부임하기 위해 하직 인사하는 기록이 있다.

며 게을리하지 않았으니, 실로 을해년(1735년, 영조 11년[570]) 3월 일이었다.

군수(郡守) 이명희(李命熙)[571] 지음.

[판관(判官) 이우창(李宇昌) 수리(首吏) 이세무(李世茂) 감역(監役) 김
◇공(金◇公) 수리는 운상(雲翔)의 손자이다.]"

그림 139. 영천군수 심지원 비 – 영천 조양각

---

570)   을해년은(1735년) 심지원과 이명희와 겹치는 사건이 없어 의문이 남는 명문이다.

571)   이명희(李命熙) : 1671~1746. 조선 후기의 문신으로, 자는 혜백(惠伯), 본관은 연안(延安)이다.
         https://db.itkc.or.kr/dir/item?itemId=MO#/dir/node?dataId=ITKC_MO_1013A_0070_050_0010

심지원 선생이 영의정에 임명되는 시기는 다음과 같다.

"효종 9년 7월[572) 8일 계묘 1658년

심지원·이후원·정지화·조필달·조한영·조윤석 등에게 관직을 제수
하다

심지원(沈之源)을 영의정으로, 이후원(李厚源)을 우의정으로, 정지화
(鄭知和)를 함경 감사로, 조필달(趙必達)을 경상 우병사로, 조한영(曺漢
英)을 대사간으로, 조윤석(趙胤錫)을 헌납으로, 곽지흠(郭之欽)을 장령으
로, 남구만(南九萬)을 지평으로, 정석(鄭晳)·김우석(金禹錫)을 정언으로
삼았다."

마지막으로 영의정 심지원의 만사를 소개한다.

"제월당[573) 집[574) 제1권 / 시(詩)

정승 심지원 만사(沈政丞 之源 挽)[575)

평생 누린 복록 누가 비견될까 / 福祿生平孰與京

---

572)   고전번역원 데이터베이스(DB)에서 발췌하였다.

573)   제월당 송규렴(1630년~1676년)이 지은 심지원 만사이다.

574)   고전번역원 데이터베이스(DB)에서 발췌하였다.

575)   고인과 친분이 각별한 이들이 그의 죽음을 슬퍼하며 지은 글로 비단, 종이에 적어 장대에
       깃발처럼 매달아 장례 때 상여 행렬과 함께 했다.

멀리 천 년 전 곽 분양이리라[576] / 千秋遠邁郭汾陽

재상 자리에서 활약하며 은총 찬란했고 / 翺翔鼎席恩光爛

조정에서 부지런히 힘써 사업 빛났네 / 密勿巖廊事業煌

남은 경사 빼어난 자제에서 다시 보겠고 / 餘慶更看蘭玉秀

성대한 명성 다시 책에 길이 기록되겠지[577] / 盛名還入簡編長

선을 쌓으면 하늘이 보답함을 알겠으니 / 從知積善天應報

칠십 평생 즐겁고 평안하셨네. / 七十人間樂且康"

---

576) 평생(平生) …… 곽 분양(郭汾陽)이리라 : 당(唐)나라 곽자의(郭子儀, 697~781)처럼 심지원이 복록을 누렸다는 말이다. 곽자의는 안녹산(安祿山)의 난이 일어나자 많은 공로를 세워 분양왕(汾陽王)에 봉해졌다. 수(壽)와 복을 누리고 자손이 번성하였으므로 역사상 가장 팔자 좋은 사람의 대명사로 인용되곤 한다. 《新唐書 卷137 郭子儀列傳》

577) 남은 …… 보겠고 심지원이 음덕(陰德)을 쌓아 자손들이 훌륭하다는 말이다. 난옥(蘭玉)은 지란옥수(芝蘭玉樹)의 준말로, 남의 집안의 우수한 자제(子弟)를 예찬하는 말이다. 진(晉)나라 사안(謝安)이 자제들에게 어떤 자제가 되겠느냐고 묻자, 그의 조카 사현(謝玄)이 대답하기를 "비유하자면 지란옥수가 뜰 안에 자라게 하고 싶습니다.[譬如芝蘭玉樹, 欲使其生於階庭耳.]"라고 한 말에서 유래하였다. 《世說新語 言語》

25. 정원용

정원용 鄭元容(1783년~1873년)[578]

조선 후기의 문신, 청백리. 본관은 동래, 자는 선지(善之). 호는 경산(經山), 시호는 문충(文忠)이다.

조선에서 마지막으로 원상을 지낸 인물이며, 중종 때 영의정을 지낸 문익공 정광필의 직계 후손이다.

순조 때 문과에 급제한 후 홍문관 부교리, 직각, 홍문관 부응교, 검교직각을 거쳐, 1819년(순조 19년) 이조참의, 영변부사, 관서외유사, 1827년(순조 27년) 전라도관찰사, 대사간, 강원도관찰사, 1828년(순조 28년) 공조판서, 형조판서, 1833년(순조 33년) 평안도관찰사를 역임했다.

1836년(헌종 2년) 병조판서, 1838년(헌종 4년) 예조판서, 이조판서, 1839년(헌종 5년) 예조판서를 역임했고, 1841년(헌종 7년) 함경도관찰사를 거쳐 우의정에 올랐고, 1842년(헌종 8년) 좌의정을 거쳐, 1848년(헌종 14년) 영의정에 이르렀다. 1849년(철종 즉위년) 다시 영의정에 지냈고, 재직 말년 시절 홍선대원군에게 협력하여 경복궁 중건에 앞장섰다.

정원용 선생의 선정비(불망비)는 조사하여 보니 10좌가 남아 있으며,

강원도, 경상도, 전라도, 수원 등에 있다.

처음 소개하는 비는 양산의 메기들과 관련된 것으로, 양산 '메기들(타이평) 마을'에 지나친 과세를 해 백성을 괴롭히는 일이 자주 있었는데 1864년 호휘영의 중과세가 있어, 지역민의 대표들은 1865년 상경해 호위영[579] 앞에서 억울함을 규탄하면서, 장계(문서)를 전하고 돌아왔다.

그 뒤 "메기들에 대해 면세를 영원히 하라"는 령이 내려져 공적을 기리기 위해 세 명[580]에 대한 공적을 비석에 새겨 세웠다.

양산 사람들은 이를 기념하기 위해 매년 추모제를 지내고 있으며, 비석은 양산시 물금읍 가촌리 동편 청룡등(靑龍嶝) 5부 능선자락에 '메기들'이 한눈에 보이는 장소에 3기의 비석이 나란히 자리하고 있었으나 지금은 디자인 공원 남편에 있다.

양산에 있는 정원용 선생의 비석은 인지를 하지 못하였으나, 여러 자료를 통해 검색을 하던 과정에 알아내었다.

불망비 전면에는 많은 명문이 있으며, 비제는 "扈衛大將領府事鄭公諱元容永世不忘碑(호위대장영부사정공휘원용영세불망비)"라 되어 있고 세운 시기는 "崇禎紀元後四丙寅九月日(숭정기원후사병인구월일)"라 되어 있어, 1866년 9월에 세운 것으로 보인다.

비석의 전면에 있는 명문은 다음과 같다.

鼈魚之坪　　자라와 물고기가 사는 들판은

---

579) 한성 내부와 궁궐 방위, 야간 순찰, 왕실 호위 강화하는 금위영 부대.
580) 세명은 관찰사 서헌순, 양산군수 심낙정, 호위대장 정원용이다.

■龍所窟	■용이 사는 소굴이네
河輒瓠決	강물이 갑자기 터지지만
海本靑斥	바다는 본래 푸르게 물리치니,
毋曰甫田	보전(甫田)이라 하지 말라[581]
誰穿梁泊	누가 양산박(梁山泊)을 뚫으랴[582]
利失蘇釁	이익은 소생함과 틈새에서 잃게 되는데,
害及芻牧	피해가 꼴을 베어 짐승을 치는 목동에게 미치네[583]
無秋有稅	추수할 작물이 없는데 세금만 있으니
白地白着	거두어 들일 것이 없는 땅에도 집착하였네[584]

---

581) '보전(甫田)'은 《시경(詩經)》 제풍(齊風) 〈보전(甫田)〉의 편명인데, "큰 밭 경작하지 말지어다, 가라지가 무성해지리라. 멀리 떠난 사람 생각하지 말지어다, 마음만 우울해지리라.[無田甫田 維莠驕驕 無思遠人 勞心忉忉]"라는 구절이 있다.

582) '양산박(梁山泊)'은 중국 산동성(山東省)의 지명으로, 송(宋)나라의 유공(劉珙)이 왕안석(王安石)에게 나아갔을 때 어떤 객(客)이 양산박의 물길을 터서 일대를 기름진 농토로 만들면 좋겠는데 그 터진 물길을 다시 가두어 둘 방책이 없다고 하자, 유공이 "그러면 다른 양산박을 하나 찾아 뚫으면 충분히 물을 가두어 둘 수 있다."라고 한 고사를 인용한 것이다. 《御定淵鑑類函 卷299 嘲戲2》

583) '추목(芻牧)'은 꼴을 베어 짐승을 친다는 뜻인데, 여기서는 지방관의 임무를 말한다. 《맹자》〈공손추 하(公孫丑下)〉에 맹자가 제(齊)나라 하읍(下邑) 평륙(平陸)에 갔을 때 백성들 가운데 기근에 굶어 죽고 사방으로 유리걸식하는 자들이 많은 것을 보고 그곳 수령인 거심(距心)에게 비유하여 이르기를 "지금 남의 소와 양을 받아다가 기르는 자가 있으면, 반드시 그 주인을 위해 목장과 꼴을 구할 것이니, 목장과 꼴을 구하다가 얻지 못하면 주인에게 되돌려 주어야 하겠는가, 아니면 또한 소와 양이 죽어 가는 것을 가만히 서서 보아야 하겠는가?[今有受人之牛羊而爲之牧之者, 則必爲之求牧與芻矣. 求牧與芻而不得, 則反諸其人乎? 抑亦立而視其死與?]"라고 한 데서 온 말이다.

584) '백지(白地)'는 농사가 제대로 되지 않아 거두어 들일 것이 없는 땅을 가리킨다. '백지 징세(白地徵稅)'는 조세를 면제한 땅이나 납세 의무가 없는 사람에게 세금을 물리거나 아무 관계없는 사람에게 빚을 물리는 일인데, 줄여서 '백징(白徵)'이라고도 한다.

民具爾瞻	백성들이 모두 그대를 바라보더니,[585]
一 一 相國	아, 드디어 상국(相國 정승)이 되셨네[586]
旣飌其賦	이미 그 부세(賦稅)를 덜어 주셨으니,
亦察其恤	또한 살펴서 불쌍히 여기셨네
允矣君子	진실한 군자여,[587]
展也流澤	참으로 은택을 베푸셨도다
繄我濟民	우리 백성을 구제하셨으니
敢忘其德	감히 그 덕을 잊겠는가
勒之于石	돌에 새기니
永世不泐	길이 세상에서 마모되지 않을 것이다

정원용 선생이 호위대장에 3번 임명되었으며 그 내용은 다음과 같다.

"철종 1년[588] 2월 21일 갑신 1850년

영의정 정원용을 호위 대장으로 삼다

---

585) 《시경(詩經)》 소아(小雅) 절남산(節南山)에 "우뚝 솟은 저 남산이여, 바윗돌이 겹겹이 쌓여 있도다. 빛나고 빛나는 태사(太師) 윤씨(尹氏)여, 백성들이 모두 그대를 바라보도다.(節彼南山 維石巖巖 赫赫師尹 民具爾瞻)"라는 말이 있다.

586) 정원용(鄭元容, 1783~1873)은 세 번의 호위대장을 역임하는데, 1850년(철종 1), 1863년, 1867년이다. 1850년 68세로 호위대장(扈衛大將)이 되었고, 11월에 좌의정(左議政), 영중추부사(領中樞府事)가 되었다.

587) 《시경(詩經)》〈거공(車攻)〉에 "이 사람이 정벌하러 가니, 소문만 있고 소리는 없도다. 진실로 군자여, 참으로 대성하리라.(之子于征, 有聞無聲. 允矣君子, 展也大成)"라는 말에서 유래한 것이다.

588) 고전번역원 데이터베이스(DB)에서 발췌하였다.

영의정 정원용(鄭元容)을 호위 대장으로 삼았다.”

“철종 14년 계해(1863년) 6월 19일(갑오)

정원용을 호위 대장으로 삼다

정원용(鄭元容)을 호위 대장(扈衛大將)으로 삼았다.”

“고종 4년 9월 28일 무인 1867년

정원용을 호위 대장에 임명하다

정원용(鄭元容)을 호위 대장(扈衛大將)으로 삼았다.”

그림 140. 호위대장 정원용 비 – 양산 디자인 공원

　　　　　돌에 새긴 목민관 이야기 1

두 번째 소개하는 비는 평창 남산 공원에 있다.

비석은 여러 비석과 같이 있으며, 비제는 "觀察使鄭公元容淸德愛民善政碑(관찰사정공원용청덕애민선정비)"라 되어 있다.

세운 시기는 "도광팔년무자구월일립(道光八年戊子九月日立)"이라 되어 있어, 1828년에 세운 것이다.

비에는 그를 칭송하는 명문이 있으며 그 내용은 다음과 같다.

稅復邦減 고을의 세금을 회복하고 감면하여

一朝革弊 하루 아침에 폐단을 혁파하시고

還■斗量 두량을 원래대로 돌이키니

永世不忘 오랫동안 잊지 못하리

1828년은 조선시대 삼정 문란이 심한 때이기에 삼정의 폐단을 없애 버렸기에 선정비를 세운 것으로 생각된다.

그다음은 울진 봉평 신라비석관 외부에 있는 불망비로 지금은 울진이 경상도이지만 조선시대에는 강원도에 속하였다.

비제는 "관찰사정공원용영세불망비(觀察使鄭公元容永世不忘碑)"라 되어 있고, 세운 시기는 "무자이월일(戊子二月日)"이라 되어 있어, 1828년 2월에 세웠다.

뒷면에는 많은 명문이 있다.

그림 141. 강원도 관찰사 비 – 평창 남산공원

"濱海生來蒙

朝家之澤偏深

而些少宿弊期扵盡革

使我蚩蚩者泯得以自樂扵天涵

地涨廣大之化自未有我

使道若也是爲刻"

풀이:

돌에 새긴 목민관 이야기 1

"바닷가에서 태어나면서부터 조정의 은택을 유독 깊이 입었으니, 그리하여 사소하고 오래된 폐단(적폐)들은 개혁되었다. 이는 어리석은 백성들이 하늘의 은혜와 땅의 광대한 조화 속에서 스스로 즐거움을 얻을 수 있기 위함이니, 이처럼 백성을 위한 관찰사의 방법이 세상에 퍼져 나가는 것이 새겨지도록 하리라."

정원용 선생이 강원도 관찰사에 제수되는 시기는 다음과 같다.

그림 142. 강원도 관찰사 정원용 비 울진봉평비석관

"순조 27년 정해(1827년) 3월 10일(을유)

정원용을 강원도 관찰사로 삼다

정원용(鄭元容)을 강원도 관찰사로 삼았다."[589]

강원도 관찰사 정원용은 1년 3개월 정도의 임기를 마치고, 예문관 제학으로 임명되었으며, 그다음이 관찰사 이기연 선생이다.

정원용 선생은 보기 조선시대 사람으로는 보기 드물게, 회갑(回甲), 회혼(回婚), 회방(回榜)[590]을 누리신 인물로, 벼슬아치가 누릴 수 있는 3樂을 맞으신 분이시기도 하다.

후세 또한 벼슬길에 올라 조정이나 지방관으로 많은 활동을 하여, 본인, 선조, 후세들이 명문가를 빛내었다.

후세로는 정기세[591], 정범조[592], 일제강점기의 인물인 정인보[593] 선생 등이다.

필자가 가지고 있는 정원용 선생의 후손의 자료 중 선정비는 전주감영에 있는 관찰사 정범조, 전주 관찰사 정기세, 부여에 있는 어사 정기세 철비 등이며, 그중에 전주 관찰사는 3대(정원용, 정기세, 정범조)가 역임한 최초의 사례로 생각되기도 한다.

---

589) 고전번역원 데이터베이스(DB)에서 발췌하였다.
590) 과거에 급제한진 60주년이 되는 해
591) 정기세(1814년~1884년) 정원용의 아들이다.
592) 정범조(1833년~1897년) 정기세의 아들이다.
593) 정인보(1893년~1950년) 정원용의 증손자이다.

그다음으로는 강화도에 있는 것으로 철종이 임금에 오르기 전에 살던 집으로 정원용의 아들인 정기세가 새로 짓고 "용흥궁"이라 이름 지은 것으로 알려졌다.

용흥궁 입구에는 2좌의 생묘비가 있으며, 부자인 정원용 선생과 그의 아들인 정기세의 것이다.

정원용 선생의 비가 용흥궁 입구에 있는 이유는 조선의 왕인 헌종이 승하하여 대왕대비의 명으로 강화에 있는 철종을 호중하러 갔기에 "生廟碑"가 세워진 것으로 생각된다.

철종을 모시러 가는 기록이 조선왕조실록에 보이며 소개하면 다음과 같다.

"즉위년(기유, 1849년)[594]

○ 헌종 성황제(憲宗成皇帝) 15년 기유 6월 6일(임신)에 헌종이 승하하였다. 이때 헌종이 후사가 없었으므로 순원 숙황후(純元肅皇后) - 대왕대비이다. - 가 급히 대신을 부르니, 영중추 조인영(趙寅永), 판중추 정원용(鄭元容)·권돈인(權敦仁)·박회수(朴晦壽), 좌의정 김도희(金道喜)가 희정당(熙政堂)에서 입대(入對)하였다. 조인영 등이 부르짖어 울면서 아뢰기를,

"신민(臣民)들이 복이 없어 이런 하늘이 무너지고 땅이 갈라지는 듯한

---

594) 고전번역원 데이터베이스(DB)에서 발췌하였다.

애통한 변고를 만났습니다. 생각건대, 지금은 종사(宗社)를 맡길 일이 한 시가 급하니, 부디 속히 하교하소서."

하니, 대왕대비는 말과 울음소리가 섞인 채 목소리가 미세하여 신하들이 잘 알아들을 수가 없었다.

정원용이 아뢰기를,

"막중막대(莫重莫大)한 일이라 단지 말씀으로 하시는 하교만 받들 수가 없습니다. 글씨로 써서 내리소서."

하자, 대왕대비가 언교(諺敎)를 내렸다. 도승지 홍종응(洪鍾應)이 앞으로 나아가서 번역하여 읽기를,

"영조 임금의 혈통으로는 금상(今上)과 강화(江華)에 살고 있는 아무 - 잠저(潛邸) 시절의 휘- 뿐이다.

그래서 종사를 아무 -잠저 시절의 휘- 에게 맡기는 것으로 정한다."

하였는데, 두 글자 옆에 별도로 글씨를 썼는바, '곧 광의 셋째 아들이다 [卽瓘之第三子]'라는 여섯 글자였다.

조인영 등이 꿇어앉아 받아서 돌려보기를 마치자 권돈인이 아뢰기를,

"광(廣)자의 편방(偏傍)이 모호합니다."

하니, 대왕대비가 이르기를,

"옥(玉) 자 변에 광(廣)자이다."

하고, 즉시 상을 봉하여 덕완군(德完君)을 삼은 후, 이어 정원용 및 홍종응(洪鍾應)에게 명하여 시위할 장사(壯士)들을 거느리고 강화의 사저에 가서 상을 맞아 오게 했다.

서울에 이르자 종친과 문무 백관이 출영(出迎)하였으며, 돈화문(敦化門)을 거쳐 들어와 빈전(殯殿)에 나아가 거애(擧哀)하였다.

이날 관례(冠禮)를 행하니 이때 나이가 19세였다.

어휘(御諱)를 변(昪)으로 고쳤다. 9일(을해)에 인정문(仁政門)에서 즉위하여 백관의 하례를 받고 중외(中外)에 포고(布告)하였으며, 사죄(死罪) 이하의 죄인들을 사면하였다.

왕비를 높여서 대비를 삼고, 대왕대비가 발을 드리우고 함께 정사를 보았다.”

용흥궁의 앞에 있는 정원용 선생의 생묘비의 비제는 “상국정공원용청덕애민영생불망생묘비(相國鄭公元容淸德愛民永生不忘生廟碑)”라 되어 있고, 세운 시기는 1864년이다.

비의 뒷면 내용은 다음과 같다.

갑자 삼월 일 십팔면 인 등립 甲子 三月 日 十八面 人 等立

감동[595]**부내대동영좌**[596] **가선 문계은 監董府內大洞領座 嘉善 文繼殷**

별간역[597] **절충 이병하 別看役 折衝 李秉夏**

간역[598] **절충 김예원 看役 折衝 金禮源**

이유원 선생이 지은 임하필기에는 정원용 선생에 관한 글이 보이고 있다.

---

595)　조선 시대, 국가의 토목 공사나 서적 간행 따위의 특별한 사업을 감독하고 관리하기 위하여 임명하는 임시직 벼슬을 이르던 말.

596)　부락이나 단체의 우두머리가 되는 사람

597)　예전에, 나라에 큰일이 있을 때에 그것을 감독하는 일을 맡아보던 임시 벼슬

598)　토목이나 건축 따위의 공사를 돌봄.

그림 143. 상국 정원용 비 - 강화 용흥궁

"임하필기[599] 제31권 / 순일편(旬一編)

관직 생활을 가장 오래 한 사례

명나라 상서(尚書) 호형(胡濙)은 여섯 왕을 두루 섬겨 60년 동안 관직 생활을 하였고, 왕서(王恕)는 50여 년을 벼슬하였고, 영국공(英國公) 장보 (張輔)의 아들 장무(張懋)는 공작(公爵)을 이은 것이 66년, 병권을 잡은 것

---

599)　고전번역원 데이터베이스(DB)에서 발췌하였다.

　돌에 새긴 목민관 이야기 1

이 40년이었다.

  유윤(劉玧)은 50여 년을 관직에 있었고, 곽횡(郭鈜)은 50년을 벼슬하였
다. 우리나라에서 70여 년 동안 조정에 선 사람은 정원용(鄭元容) 상공 한
사람뿐이고, 역대에서는 보지 못하였다."

  그다음으로는 원주 감영에 있는 것으로 兼순찰사로 되어 있는 불망비
이며, 兼은 원주목사와 관찰사를 겸직하는 것을 나타내는 것이다.

그림 144. 순찰사 정원용 비 - 원주 감영

  원주 감영에 있는 관찰사 불망비의 비제는 "兼巡察使鄭公元容永世不忘
碑(겸순찰사정공원용영세불망비)"라 되어 있으며, 뒷면에는 세운 시기를

새겼으나, 누군가의 의해 글이 훼손되어 있다.

"도광0000경인000"으로 추정하며, 1827년에 강원도 관찰사에 제수되기에, 1830년에 비를 세운 것으로 보인다.

임하필기에는 정원용에 관한 일화가 전해지고 있으며 소개하면 다음과 같다.

"임하필기 제32권[600] / 순일편(旬一編)

흑앵도(黑櫻桃)

관동(關東)에서 나는 흑앵도와 흑복분자(黑覆盆子)는 그 맛이 매우 달다.

정경산(鄭經山 정원용(鄭元容))이 강원도 관찰사가 되어 선왕고(先王考)[601]에게 인사하러 들렀을 때 왕고께서 술잔을 주고받으면서 반드시 그것을 구해 맛보라고 권하셨다.

뒤에 경산이 돌아와 찾아뵙고 말하기를, "흑복분자는 과연 구해 맛보았는데, 흑앵도는 끝내 맛볼 수 없었습니다." 하였다.

이 이야기는 내가 어렸을 때 곁에서 모시면서 들은 것이다. 뒤에 호남을 유람하면서 흑복분자는 보았지만 앵도는 역시 볼 수 없었다."

그다음은 수원화성 박물관 외부 전시관에 있는 것으로, 2014년에 2박 3일로 수원과 서울로 답사를 가면서, 수원 박물관 외부에 전시되어 있는 비석을 촬영하였는데, 수원유수 정원용 선생의 비를 촬영한 것으로 생각

---

600)　고전번역원 데이터베이스(DB)에서 발췌하였다.
601)　돌아가신 조부를 말한다.

그림 145. 유수 정원용 비 - 수원화성 박물관

하여, 소장한 사진을 찾아보니 없었다.

그래서 검색을 한 결과 수원박물관이 아니고 수원 화성 박물관에 있다는 것을 알아, 2025년 4월에 비석을 촬영하고 왔다.

수원유수로 임명은 1833년(순조 33년)이다. 그리고 정원용 선생의 아들인 정기세 선생[602]이 1879년(고종 16년)에 수원유수에 임명되기에, 父子가 수원유수에 임명되는 보기 드문 일도 발생하였다.

---

[602]   수원유수 정기세 불암비가 수원박물관 외부에 있다.

경기암행어사 이시원의 기록에 따르면 수원 유수(*水原留守*) 정원용(*鄭元容*)은 평소의 규범이 문아하고 새로운 정사를 베풀 때 온건하여 치밀하게 총괄하였으니, 크고 작은 사안을 빠뜨리지 않은 것을 이미 엿볼 수 있다고 하였기에, 백성을 위한 선정을 한 것으로 생각된다.

수원유수 정원용 선생의 선정비는 비제와 세운 시기를 새겼으나 그를 칭송하는 송시는 보이지 않았다.

비제는 "유수정공원용청덕애민선정비(留守鄭公元容淸德愛民善政碑)"라 되어 있고 세운 시기는 "甲辰五月日"이라 되어 있어 1844년에 세운 것

그림 146. 영의정 정원용 비 – 정읍 신태인읍

돌에 새긴 목민관 이야기 1

으로 보인다.

그다음 전라도에 있는 정원용 선생의 비는 2좌가 있으며, 영의정에 재임할 때 세운 것으로 보이며, 구례와 정읍 신태인읍에 있다.

먼저 정읍 신태인읍에 있는 비는 상부가 훼손되고 하부는 매몰되어 "忘碑"라는 글이 보이지 않는다.

비제는 "숭록대부영의정정공원용영세불망비(崇祿大夫領議政鄭公元容永世不忘碑)"라 되어 있고, 세운 시기는 "咸豐五年 乙卯00(함풍오년00을묘)"이므로 1855년이다.

영의정 정원용을 칭송하는 송시는 다음과 같다.

"■朝元老　　조정의 원로이시니

望重北斗　　명망이 태산(泰山)과 북두(北斗)처럼 무거웠으며

■■願德　　…… 덕으로 바라건대

化布南■　　남도에 베풀어 주시어

■■復完　　…… 완전히 돌아오네.

山高水長　　산은 높고 물은 길으니

■民咸集　　백성의 마음을 한곳에 모아

■石不泐　　돌을 세우니 갈라지지 않으리라"

그러면 신태인읍에 왜 영의정 정원용의 불망비가 세워졌을까 하는 것인데, 자료를 찾아보니 국조보감에는 전라도 위유사로 갔다 온 기록이 보인다.

신태인읍에 세워진 불망비는 위유사로 온 정원용을 칭송하는 碑로 추정된다.

"국조보감[603] 제88권 / 철종조(갑인, 1854년), 10월.
순천진(順天鎭)의 영장(營將) 자리를 감원하도록 명하였다

영중추부사 *정원용(鄭元容)*이 호남에서 돌아와 진영(鎭營)의 폐단에 대하여 아뢰고 영장을 임시로 감원하여 본주(本州)에 소속시킬 것을 청했는데, 대신과 병판(兵判)에게 물으니 의논이 모두 같았으므로 이에 따른 것이다.

*정원용*이 또 아뢰기를,

"태인(泰仁)의 증 좨주 이항(李恒)은 경학에 힘써 이기(理氣)와 성명(性命)의 근원을 명백히 밝혀서 호남 이학(理學)의 창시자가 되었으니, 추가로 정2품에 증직하고 시호를 내려서 여러 선비들의 바람에 부응하게 하소서.

장성(長城)의 전 도사 기정진(奇正鎭)은 가난을 꿋꿋하게 견디며 글을 읽고 벼슬을 구하지 아니하며 온 고장이 그 선(善)함을 칭송하니 거두어 쓰기에 합당합니다.

현(縣) 하나를 맡기어 백성을 다스리는 정사를 시험하여 보게 하소서."

---

603) 고전번역원 데이터베이스(DB)에서 발췌하였다.

 돌에 새긴 목민관 이야기 1

하니,

모두 따랐다."

그다음으로는 구례 봉화정에 있는 영의정 정원용의 碑이다.

여기에는 여러 비석이 보이고 있으며, 그중에 영의정 정원용의 비가 있

는 것으로, 세운 시기는 보이지 않으며, 정읍 신태인읍과 마찬가지로 위유

사로 온 정원용의 불망비로 생각된다.

그림 147. 영의정 정원용 비 - 구례 봉황정

일반적으로 비석의 뒷면에는 세운 시기가 새겨져 있지만, 흔적은 보이지 않는다.

비제는 "領議政鄭公元容恤民永世不忘碑(영의정정공원용휼민영세불망비)"라 되어 있다.

그를 칭송하는 송시도 보이지 않아, 세운 시기는 정읍과 같이 1855년으로 추정한다.

그다음으로는 상주에 있는 것으로 명문은 몇몇 글자가 새겨져 있지 않은데, 좌의정 류후조[604]의 비문에 "영의정 정원용"이라는 명문이 있어 정원용의 비로 보는 것이다.

류후조의 비의 명문에 영의정 정원용의 명문이 새겨져 있는 이유는 三政[605]의 문란을 바로 잡았는데 영의정의 노력이 있었다고 되어 있다.

간단하게 소개하면 다음과 같다.

"묘당 위에[606] 징청각이 멀리 있으니, 조영화[607] 목사의 정성과 노력, 그리고 조치와 방법이 아니었다면, 정원용과 이돈영[608]이 어떻게 下邑 삼정의 폐단을 알겠는가?

비록 목사 조영화가 현명할지라도 새로 부임하여 퇴폐한 형국의 경우

---

[604] 류후조(柳厚祚, 1799년~1876년)는 조선 말기의 문신이며, 류성룡의 8대손으로 류심춘의 아들이며 본관은 풍산(豊山)이다. 자는 재가(載可), 호는 매산(梅山)·낙파(洛坡)·영매(嶺梅), 시호는 문헌(文憲)이다

[605] 조선 시대, 국가 재정의 근본을 이루는 전정, 군정, 환정을 아울러 이르던 말

[606] 상주금석문에서 발췌하였다.

[607] 조영화(趙永和 1806년~) 본관 풍양 자는 치기 1862년에 상주목사에 제수되었다.

[608] 이돈영(李敦榮 1801년~1884년0 본관 전주, 자는 윤공 1862년에 경상도 관찰사에 임명되었다.

公께서 방법을 강구하지 아니었다면, 아전의 폐단과 백성의 괴로움 또한 어찌 상세히 알 수 있었는가?

그러므로 본 읍의 田糶를 바로 잡는 대책은 조영화 목사가 확실하게 정한 것이나, 조영화 목사는 그것을 시행하고 관찰사 이돈영은 조정에 보고하여, 정원용 관찰사는 그것으로 아뢰어, 이것으로 삼정을 바로 잡는 일이 확실하게 굳어졌다.

임술년(1862년)부터 5년이 지난 병인년(1866년) 에 군량미 600석으로 베풀고, 환공으로 거두어 드릴 때 없자, 공의 재상의 자리에 있으면서, 특

그림 148. 영의정 정원용 비 – 상주 박물관

별히 백성들이 사는 고을에 나아가, 본영에 모아둔 돈으로 대납하게 하니, 백성들의 먹거리가 조금은 넉넉하게 되었다. (생략)"

1884년에 비석을 세우기를 의논하였고, 이 당시의 목사 조영화의 송덕비가 1865년에 세웠기에 영의정 정원용의 비도 그 당시에 세운 것으로 추정된다.

비의 명문은 "영의정동래정공(領議政東萊鄭公)"이라 되어 있다.

경상도 관찰사 이돈영의 장계에는 1862년의 상황이 잘 나타나고 있다.

"慶尙監司 李敦榮의[609] 狀啓에 대해 尙州亂民을 풀어 준 道臣을 從重推考하도록 回啓하는 備邊司의 啓

철종 13년 1862년 05월 28일 (음)

○ 비변사에서 아뢰기를

"경상감사 이돈영(李敦榮)이 상주·거창·선산 등 고을의 패려한 백성들이 무리를 이루어 소란을 일으키고 공해의 문부 및 민가를 불태운 일로 장계한 데 대해 전교하기를, "영외의 패려한 소문은 점차 마음을 놓을 수 있을 것이라고 생각했었는데, 지금 이 3개 읍에서 완악하여 교화를 따르지 않는 일이 갈수록 더욱 극심해지고 있는 것은 다만 법이 미덥지 않기

---

609)　국역비변사 등록 249책에서 발췌하였다.

때문에 백성들이 두려워하는 바가 없어서 그런 것이다.

한 명의 친비가 핍박당한 것으로 인하여 현재 영옥에 갇혀 있는 자들을 그들의 뜻에 따라 풀어 주는 것이 더욱 옳은 처사인지 모르겠다.

묘당에서 품처하게 하라."고 명하셨습니다.

난민들이 한 번 두 번 소요를 일으키면서 거의 그칠 줄을 모르니, 반드시 악한 짓을 쌓고 간특한 짓을 제멋대로 하려는 자일 터인데, 한두 놈에게 협박받고 배척을 받아 거취(去就)가 자유롭지 못한 것에 지나지 않을 것입니다.

그러나 선산의 백성들은 영비(營裨)를 포위하고 핍박하면서 감영(監營)에 갇혀 있는 죄수들을 석방시켜 줄 것을 요구하였으니, 이것은 그야말로 박겁(迫劫)한 것입니다.

상주의 백성들은 인가를 불태운 것으로도 부족해서 서너 개의 공청(公廳)에 있는 많은 문부를 죄다 불태워 버렸으니, 이른바 병선(兵燹)이라도 어찌 이보다 더할 수 있겠습니까.

거창의 백성들은 무리를 모아 틈을 엿보다가 소란을 일으킨 것은 또한 이번에만 그렇게 하였을 뿐이 아닙니다.

따라서 3개 읍에서 수창(首倡)하여 일을 시작한 데에는 반드시 그런 사람이 있을 것이니, 먼저 효수(梟首)하고 나서 계문(啓聞)하도록 이미 행회하였습니다.

그러나 아직까지 그동안에 이렇다 저렇다 아무런 소식이 없으니 이미 답답한 마음 지극합니다.

중죄수를 풀어 줄 것을 도모한 것으로 말하면 친비를 위협한 것은 비록 이것이 생각하지 못했던 일이었다 할지라도 갑자기 그들의 뜻에 굴종하여 풀어 주었으니, 경책(警責)이 없어서는 안 될 것입니다.

도신은 종중추고(從重推考)하고, 기찰(譏察)하고 체포하는 등의 일은 한결같이 그동안의 영칙(令飭)에 따라 기어코 완악하고 어지럽히는 것을 없애어 조금이나마 법기(法紀)를 보존할 수 있도록 속히 행회하는 것이 어떻겠습니까?"

하니, 윤허한다고 답하였다."

마지막으로 군위에 있는 영의정 정원용의 碑이다. 정원용의 비는 처음 답사를 할 당시에는 비의 龜趺를 보려고 간 것이었다.

그래서 촬영한 사진을 보니 대부분 귀부에 초점을 맞추었기에 원하는 사진을 소장하지 않아서, 2025년에 재촬영 가니, 군위 인재 양성원에 있는데, 공사 중이라 촬영을 하지 못하였다.

비석의 비제는 "경산정상공원용삼정구폐비"라 되어 있고, 비의 후면, 좌우 측면에 많은 명문이 있다. 소개하면 다음과 같다.

비제: 경산정상공원용삼정구폐비(經山鄭上公元容三政救弊碑)

뒷면

我

哲宗大王卽阼之十三年壬戌。設三政廳。命備局諸宰講究矯救之方。嶺左之赤羅。壤小民瘠。其弊爲諸邑最。縣民持狀赴愬于朝。時經山鄭相公爲首揆。體, 上意而察民隱。蕩還逋減軍額。代木以錢。民得以安堵。一鄉諸父老。將竪石而頌德。遣儒生數人。請余記其事。余復曰嶺以南七十州。均受其惠。碑於一邑。無或專而不咸歟。曰唯唯。然無邑不病。而此邑病尤痼。無人不惠而此邑惠尤深。尤病故尤惠。尤惠故民尤不能忘。今讀其狀題。哀矜惻怛。繼而筍陳筵達。永行不易之案。赤羅民之生死肉骨。皆相公賜也。碑烏可已乎。余惟相公平日有明道希文之志。清愼儉約。憂國如家。余亦嘗獲幸於相公。有知遇之感。思欲復起公於廊廟之上。使一國之民。徧蒙終始之, 澤而不可得。今於此役。不敢以老汕辭。略書其顚末。時巡相徐公憲淳。深究利病。宣布德意。主倅徐侯箕輔, 珽輔。後先來莅。終始勤勞。查括蠲減。一依朝令。俱可附書也。繼以銘。銘曰。

水涸魚喁。地瘠民嗷。沛澤中闞。衆瘼如毛。哀彼呴濡。丙枕憂勞。爰命諸臣。設廳矯救。赤羅如斗。齊民往愬。羅簿倍戶。糠秕滿庾。貿絲添軸。簽伍在逃。維時相公。視民如痛。迺蠲迺減。迺洗流逋。人縷我鎰。民始安堵。上有恩言。待公宣布。下有幽隱。賴公條奏。斂此大惠。若偏一方。非私于羅。本固邦寧。迺斲貞珉。豎之縣傍。b若吏若民。顧瞻彷徨。石面不泐。鐵案已成。矧伊碑口。俾也可忘。

풀이:

아~~~

철종대왕 즉위 13년 임술년에 삼정청(三政廳)을 설치하고, 비변사(備邊司)의 여러 재상들에게 폐단을 바로잡고 구제할 방도를 강구하도록 명하셨다.

영좌(嶺左) 지역의 적라(赤羅)[610]는 땅이 좁고 백성이 피폐하여 그 폐해가 모든 고을 중에서 가장 심하였다.

현(縣)의 백성들이 연명하여 글을 들고 조정에 와서 하소연 하니, 당시 경산(經山) 정 상공(鄭相公)께서 수규(首揆, 영의정)로 계시면서 임금의 뜻을 받들고 백성의 어려움을 살피시어, 밀린 세금(逋)을 탕감하고 군적(軍額)을 감축하며, 나무를 돈으로 대신하게 하시니 백성들이 편안하게 살 수 있게 되었다.

한 고을의 여러 부로(父老)들이 돌을 세워 그 덕을 기리고자 하여 유생(儒生) 몇 사람을 보내 저에게 그 일을 기록해 달라고 청하였다.

제가 다시 말하기를 "영남(嶺南)의 70개 주가 모두 그 혜택을 입었는데, 한 고을에만 비석을 세우는 것은 혹 전횡(專橫)이 되어 모두에게 미치지 못하는 것이 아닌가?"라고 하니, 그들이 말하기를 "그렇고말고요." 그러나 병들지 않은 고을이 없지만 이 고을의 병은 더욱 고질적이었고, 혜택을 입지 않은 사람이 없지만 이 고을의 혜택은 더욱 깊으니, 특히 병이 깊었으므로 특히 혜택이 깊었고, 혜택이 깊었으므로 백성들이 더욱 잊지 못하는 것이다.

이제 그들이 올린 장계(狀啓)를 읽어 보니, 애련하고 측은한 마음이다.

이어서 차자(箚子)를 올려 조정에 아뢰어 영구히 변하지 않을 안건을 시행하게 하셨으니, 적라 백성의 죽은 자를 살리고 뼈에 살을 붙이는 것(生死肉骨)이 모두 상공의 은혜이니. 어찌 비석을 세우지 않을 수 있겠습니까? 라고 하여, 생각건대, 상공께서는 평소 명도(明道)[611]와 희문(希

文)[612] 같은 뜻을 품으시고, 맑고 삼가며 검소하시고 나라를 집처럼 걱정하셨으니, 저 또한 일찍이 상공께 행운을 얻어 알아주는 감회를 느꼈으며, 다시 상공은 조정에 일으켜 세워 온 나라 백성들이 시종일관 은택을 널리 입게 하고 싶었으나 그렇게 할 수 없었다.

이제 이 일에 있어서 늙음을 핑계 대지 않고 감히 그 전말(顚末)을 간략히 기록하니, 당시 순상(巡相) 서공(徐公) 헌순(憲淳)[613]께서는 폐단과 이로움을 깊이 연구하고 덕스러운 뜻을 널리 알리셨고, 주수(主倅)[614] 서후(徐侯) 기보(箕輔)[615]와 정보(珽輔)[616]는 前後로 부임하여 시종일관 부지런히 일하며 조사하고 면제하여 조정의 명령에 모두 따랐으니, 함께 기록할 만하다.

이어서 명(銘)을 새기고,

명(銘)에 이르기를

水涸魚喁	물이 말라 물고기가 아가미를 벌리고,
地瘠民嗷	땅이 메말라 백성들이 아우성치네.
沛澤中闕	흐르던 은택이 중간에 막히니,
衆瘼如毛	온갖 질병이 터럭같이 많았네.

---

612) 송 나라 재상. 이름은 중엄(仲淹), 자는 희문(希文), 문정은 그의 시호.
613) 서헌순(1801년(순조 1년~1868년(고종 5년)1863년에 경상도 관찰사로 임명되었다.
614) 그 고을 수령
615) 1862년에 군위현감에 임명되었다.
616) 1863년에 군위현감에 임명되었다.

哀彼呴濡[617]　　애처로운 저 들을 알뜰살뜰 보살피고

丙枕憂勞　　우로를 베개 삼아 셨으니

爰命諸臣　　이에 여러 신하들에게 명하시어,

設廳矯救　　삼정청을 설치하고 바로잡아 구제하라 하셨네.

赤羅如斗　　적라 땅은 한 됫박 같아

齊民往愬　　백성들은 와서 하소연 하니

糴簿倍戶　　환곡 장부에는 호수가 배가 되어

糠秕滿庾　　외양간엔 겨와 쭉정이가 가득하여

貿絲添軸　　비단 팔아 실 추가하고,

簽伍在逃　　군적에 오른 자들은 도망쳤네.

維時相公　　이때 상공께서,

視民如痛　　백성 보기를 병든 자처럼 여기셨네.

迺蠲迺減　　이에 면제하고 감축하며,

迺洗流逋　　밀린 세금과 도망친 자들 깨끗이 씻어 내셨네.

人縷我鏹　　사람마다 실이 아닌 돈으로 대신 하게 하니

民始安堵　　백성들이 비로소 편안히 살게 되었네.

上有恩言　　상감의 은혜로운 말씀이 있었고,

待公宣布　　공께서 이를 선포하기 기다리셨네.

下有幽隱　　아래로는 숨겨진 어려움이 있었으나,

---

617)　《장자(莊子)》 천운(天運)에 "샘이 마르면 고기들이 서로 뭍에 있으면서 거품으로 서로 적
시어 준다."고 한 데서 온 말로, 비가 오래 옴으로 인하여 길바닥에 여기저기 근원 없는 물
들이 괴어 있음으로써 붕어가 거기서 임시 목숨을 부지하고 있음을 말한 것인데, 전하여
사람의 곤궁함을 비유하기도 한다.

賴公條奏　　공께서 조목조목 아뢰어 주신 덕분이었네.

斂此大惠　　이 큰 은혜가

若偏一方　　한쪽에 치우친 듯하나,

非私于羅　　적라만을 위한 사사로움이 아니라네.

本固邦寧　　근본이 튼튼해야 나라가 편안해지니,

迺斲貞珉　　이에 곧은 돌을 깎아 세우니

顧瞻彷徨　　서성거리며 돌보았네.

石面不泐　　돌은 닳지 않으니

鐵案己成　　철안[618]으로 이미 만들어졌으니

矧伊碑口　　하물며 이 비문의 내용인들

俾也可忘　　어찌 잊을 수 있으랴.

向 우측면:

蠲滅諸條 견감제조

軍總二千四百六十八名 內五百名 군총 2천4백68명 내오백명

權滅砲保二伯夷十五名 권감포보 이백리 15명

純木上納者 순목 상납자

添半還摠穀折米爲 첨반환총곡절미위

(절반을 더하여 총 곡식을 돌려받되, 쌀로 대신 계산함)

七萬三千二白四十五石 73,245명

---

618) 증거가 확실하여 번복할 수 없는 사건이나 사안이란 뜻으로, 비석의 내용이 변할 수 없다
　　　는 뜻이다.

一斗六刀一合二夕內元還只 일두육도2합2석 납원환지

存一萬石追後摠條 존일만석 추후총조

(만 석이 남아있으니, 이는 추후 전체 조항에 따라 처리한다)

四萬百八十 條 石合 40180조 석합

爲萬四千百八十餘石 위 14,180여석

其餘全數蕩減結摠 기여전수탕감결총

一千二百餘結而兩稅 1200여결이 양세

木井許每疋價 목정허매필매

代錢二兩式 대전이량식

知縣 李敎德 지현 이교덕[619]

迨我侯來 우리 현감님 오시니

庶民蹈舞 백성들이 덩실덩실 춤을 추네.

石公乃收 석공(石工)이 이에 거두니,

咸曰我侯 모두 말하기를 "우리 현감님!"이라 하네.

品官[620] 李寅九 품관 이인구

首敎 金致東 수교 김치동

向좌측면:

---

619)   1867년에 군위현감에 임명되었다.

620)   조선 시대 , 향소의 좌수나 별감 같은 지방의 유력자를 이르던 말

資憲大夫前行工曹判書 知春秋館 자헌대부전행공조판서 지춘추관

義禁府事五都摠府摠管 의금부사오도총부총관

星山 李源祚 [621] 謹撰 성산 이원조 근찬

唐城 洪宅疇 謹書 당성 홍택주[622] 근서

董監都廳 동감도청

幼學 洪鐸遠 金重錫 李淋在 李相績 유학 홍탁원 김중석 이임재 이상적

監役有司 감역유사

邑吏 朴英運 朴仁水 徐茂吉 金道赫 색리 박영운 박인수 서무길 김도혁

監役有司 감역유사

幼學 李德鉉 柳時容 殷斗七 崔翼天 유학 김덕현 서시용 은두칠 최익천

---

621) 본관은 성산(星山). 초명은 이영조(李永祚(1792년~1871년), 자는 주현(周賢), 호는 응와
(凝窩). 아버지는 이형진(李亨鎭)이며, 어머니는 함양박씨(咸陽朴氏)로 박난경(朴鸞慶)
의 딸이다.

622) 홍택주(1816년~1886년) 본관은 당성(唐城). 자는 회경(會卿), 호는 응천(凝川)·대은(大
隱). 아버지는 홍문표(洪文杓)이며, 전 어머니는 예천권씨(醴泉權氏) 권진도(權進道)의
딸이고, 친어머니는 영천이씨(永川李氏) 이인발(李仁茇)의 딸이다. 이휘재(李彙載)의 문
인이다.

上京幼生 상경유생

幼學 李寅大 洪範九 유학 이인대 서범구

崇禎 紀元 後[623] 四 丁卯 十二月 日立 숭정기원후 사 정묘(1867년) 12월
일 립

그림 149. 군위 경산 정원용 삼정구폐비 정면, 후면

지금은 공사 중이라 비석을 볼 수 없지만, 풀이를 하여 보니 많은 인명
과 그 당시 현감, 관찰사, 등의 기록이 보이고 있으며, 그 당시 마을의 유

　　　　　　　　　　돌에 새긴 목민관 이야기 1

생들의 활동상이 고스란히 드러나는 아주 귀한 비석의 명문으로 평가되는 기록이다.

조선말의 삼정의 구폐를 어떻게 해결하였는지를 정확하게 알 수 있는 군위의 경산 정원용의 구폐비는 역사적으로 아주 중요한 자료로 생각된다.

위에 있는 삼정구폐비는 다른 지역의 삼정에 대한 구폐의 기록이 정확하고 그 당시에 관리와 지역의 유생들의 기록이 잘 남아 있고, 구체적으로 삼정을 해결한 기록이 잘 남아 있어, 조선 말기의 삼정에 대한 연구에 아주 중요한 자료로 생각된다.

특히 영의정 정원용의 선정불망비가 정읍, 구례, 상주 등에 남아 있지만, 구체적으로 영의정이 어떻게 삼정에 대하여 조치를 하였는지에 대한 기록이 자세히 나와 있어, 기록적으로 아주 중요한 碑로 생각된다.

대부분의 선정불망비가 기념적으로 세워지는 경향이 뚜렷한 데 비해, 군위 삼정 구폐비는 삼정에 대한 백성의 반기와 그에 대한 대책 등을 소상하게 알 수 있다는 것이 비의 명문에 잘 나타나 있어, 조선말의 지방의 수령과 관찰사 정승 등이 삼정에 깊이 관여하여, 구제적인 대책을 세웠다는 것을 알 수 있는 중요 자료로 생각되어, "경산[624]정원용구폐비"는 오래도록 보존되기를 희망하여 본다.

다음으로 남아 있는 정원용 선생의 선정불망비를 표로 만들어 정리하

---

[624] 　경산은 정원용 선생의 호이다. 1852년에 철종이 "경산노인"이라는 것을 하사.

여 보았다.

번호	명문	세운 시기	위 치
1	觀察使鄭公元容淸德愛民善政碑	道光八年戊子九月 1828년	양산
2	觀察使鄭公元容永世不忘碑	戊子二月日 1828년	평창
3	相國鄭公元容淸德愛民永生不忘生廟碑	甲子 三月 1864년	울진
4	兼巡察使鄭公元容永世不忘碑	1830년 추정	원주 감영
5	留守鄭公元容淸德愛民善政碑	甲辰五月日 1844년	수원화성박물관
6	崇祿大夫領議政鄭公元容永世不忘碑	함풍요년 을묘00 1855년	강화 용흥궁
7	領議政鄭公元容恤民永世不忘碑	?	구례 봉황정
9	領議政東萊鄭公	1865년 추정	상주박물관
10	經山鄭上公元容三政救弊碑	崇禎 紀元後四丁 卯 十二月 1867년	군위
11	巡使經山堂鄭公元容之碑[625]	?	설악산오세암

마지막으로 경산 정원용 선생이 영의정에 몇 번 임명되었는지에) 대한 내용을 표로 작성하여 보았다.

6번을 역임하였는데 그에 대한 것을 간단하게 정리하였다.

번호	임명 시기	임금	년령
1	1848년	헌종 14년	66세
2	1849년	철종 즉위년	67세

---

625) 직접 답사를 하지 않아 책에 넣지 않는다.

3	1859년	철종 10년	77세
4	1861년	철종 12년	79세
5	1862년	철종 13년	80세
6	1868년	고종 5년	86세

26. 정태화

정태화 鄭太和(1602년~1673년)[626]

본관은 동래(東萊). 자는 유춘(囿春), 호는 양파(陽坡). 영의정 정광필(鄭光弼)의 5대손이며, 아버지는 형조판서 정광성(鄭廣成)이다. 어머니는 황근중(黃謹中)의 딸이다.

1624년(인조 2년) 진사시에 합격하고, 이어 1628년 별시문과에 병과로 급제하여 승문원정자로 벼슬살이를 시작하였다. 1637년 세자시강원의 보덕이 되어 소현세자(昭顯世子)를 따라 심양(瀋陽)에 가기까지, 당하관 청요직(淸要職)을 두루 역임하였다.

1631년 시강(試講)에서 우등으로 뽑혀 숙마(熟馬) 1필을 수상하는 문재를 보였고, 또 사간으로 있던 1636년, 청나라 침입에 대비해 설치된 원수부의 종사관에 임명되어 도원수 김자점(金自點) 휘하에서 군무(軍務)에 힘쓰다가 병자호란을 맞자 황해도 여러 산성에서 패잔병을 모아 항전하는 무용을 보이기도 하였다.

1637년 말 심양으로부터 귀국하자 그 이듬해 충청도관찰사로 발탁되어 당상관에 올랐다. 그리고 6개월 만에 승정원동부승지가 되어 조정에 돌아온 이후 1649년 48세의 나이로 우의정에 오르기까지, 육조의 참의·참

---

626) 한국민족문화대백과사전에서 발췌하였다.

판, 한성부우윤·대사간, 평안도·경상도의 관찰사, 도승지 등을 두루 지내다가 1644년 말부터 육조의 판서와 대사헌을 되풀이 역임하였다.

예조·형조·사헌부의 장관과 같은 난감한 직책을 되풀이 역임할 수 있었던 것은 성품이 온화하고 대인관계가 원만하여 적대세력을 두지 않았기 때문인 것으로 전한다. 심지어 뒷날에 사신(史臣)이 "조정의 의논이 자주 번복되어 여러 차례 위기를 맞았으나, 그의 영현(榮顯)은 바뀌지 않았으니, 세상에서는 벼슬살이를 가장 잘하는 사람으로 그를 으뜸으로 친다."고 평할 정도였다.

우의정에 오른 직후 효종이 즉위하자 사은사(謝恩使)가 되어 청나라 연경(燕京)에 갔고, 그 뒤 곧 좌의정에 승진되었으나 어머니의 죽음으로 취임하지 못하고 향리에 머물렀다. 1651년(효종 2년)에 상복을 벗으면서 영의정이 되어 다시 조정에 나아갔다.

1673년(현종 14년) 심한 중풍 증세로 사직이 허락되기까지 20여 년 동안 5차례나 영의정을 지내면서 효종과 현종을 보필하였다.

정태화 선생의 선정비는 천안과 공주 공산성에 남아 있으나, 충청도 관찰사를 역임 하였으면, 충북에도 남아 있어야 하지만, 필자가 찾아보아도 보이지 않았다.

아마 선정불망비를 세웠지만 훼손 되거나 찾지 못한 경우로 생각된다.

먼저 대전 충남대 박물관 야외전시장에 있는 관찰사 정태화 선생의 선정비는 천안에 있는 것을 현재의 자리에 옮긴 것이다.

정태화 선생이 충청 관찰사에 제수되는 시기는 1637년(인조 15년) 이고, 대전에 있는 관찰사 정태화 선정비는 1639년에 세워졌다.

정태화 관찰사 선정비는 필자의 저서인 "독특하고 재미있는 문화유산

이야기" 상권에 실려 있으며, 비석을 받치는 귀부가 고개를 돌려 있는 특징이 있다.

비제는 "觀察使鄭公太和仁化善政碑(관찰사정공태화인화선정비)"라 되어 있으며, 세운 시기는 "己卯正月日立(기묘정월일립)"이라 되어 있다. 1639년에 세웠다.

임하필기에는 정태화 선생이 아들에 대한 예언을 한 기록이 보이고 있다.

"임하필기[627] 제28권 / 춘명일사(春明逸史)
다복한 정승이 후세를 미리 알아맞힌 일

상국(相國) 정태화(鄭太和)가 일찍이 그 부인의 배를 가리켜 말하기를, "저 뱃속에서 장수하고 다복하고 귀하게 되는 아들을 낳을 것이다." 하였으니, 어찌 기이하지 않은가. 그 뒤에 아들 재악(載岳)[628]은 나이 80여 세에 죽었으니 장수한 것이고, 재륜(載崙)[629]은 부마(駙馬)로서 수만 금의 재산을 모았으니 큰 부자가 된 것이고, 재숭(載嵩)[630]은 벼슬이 의정(議政)에까지 이르렀으니 매우 귀해진 것이다. 공이 배를 가리키던 날에 조짐을 미리 알았으니, 정씨 가문의 영화는 여기에서 비롯된 것이다."

사람의 일생을 미리 알 수 있다는 것을 대단하고 대단 것이며, 말 한마

---

627) 고전번역원 데이터베이스(DB)에서 발췌하였다.
628) 정재악(1635년~1727년) 정태화의 3남이다.
629) 정재륜(1648년~1723년) 효종의 딸 숙정공주와 혼인하여 동평위에 봉해졌다. 정태화의 5남이다.
630) 정재숭(1632년~1692년) 우의정까지 역임하였다. 정태화의 2남이다.

디로 대로 여러 자식을 장수, 다복, 그리고 귀하게 되는 능력은 神의 경지에 이르렀다고 생각된다.

다만 "임하필기[631]"가 1871년에 지었고, 정태화 선생의 死後에 이기에 앞을 내다보았다는 경이적인 요소는 약하다고 생각되기도 하지만, 만약에 누군가 쓴 책이 정태화 선생의 후세들이 태어나기 前에 기록한 것이라면 아마 경천진동 할 것이고, 미래를 내다보는 유명한 인물이 되었을 것으로 생각된다.

그림 150. 관찰사 정태화 비 – 충남대학교 박물관

---

[631]　　조선의 영의정이었던 이유원(1814년~1888년) 1871년에 탈고한 책이다.

그다음으로는 공주 공산에 있는 관찰사 정태화의 비로 귀부와 碑首에
는 螭首를 갖추었다.

비제는 "兼巡察使鄭公太和淸簡善政碑(겸순찰사정공태화청간선정비)"
라 되어 있으며, 세운 시기는 "甲申正月日立(갑신정월일립)"이라 되어 있
어 1644년에 세운 것이다.

관찰사 정태화를 칭송하는 송시는 천안이나, 공주의 선정비에는 없었다.

임하필기에는 喪 중인 정태화에게 임금이 의논하는 기록이 보인다.

"임하필기[632] 제18권 / 문헌지장편(文獻指掌編)
복제(服制) 중인 대신에게 가서 의논하도록 하다

효묘 5년에 정태화(鄭太和)가 아비 상을 당하여 병을 앓자 상이 내의
(內醫) 유후성(柳後聖)[633]을 불러 이르기를, "네가 정 아무개의 병을 고칠
수만 있다면 내가 천금(千金)의 약도 아끼지 않을 것이니 마음을 다하여
심사숙고하여 반드시 딱 알맞은 약을 처방하여 아뢰도록 하라." 하였다.

매번 군국(軍國)의 큰일이 있을 때면 번번이 비변사 당상으로 하여금
그의 집에 가서 의논하도록 하였다.

복상(服喪)이 끝나자 다음 날로 곧 영의정을 제수하였다. 사은(謝恩)한
뒤 술을 하사하며 취하도록 마시라 하면서 이르기를, "나라가 어지러울

---

632) 고전번역원 데이터베이스(DB)에서 발췌하였다.
633) 유휴성(?~?) 유후성은 침(鍼)으로 유명하였다. 1646년(인조 24)부터 3년간 왕실의 전의
(典醫)를 역임하였으며, 1657년(효종 8) 경기도 고양군수에 임명되었으면서도 수시로 대
궐에 드나들며 침을 놓았다. 이듬해 왕이 쾌유되자 그 공로로 숭록대부(崇祿大夫)에 가자
(加資)되었다.

때 어진 재상을 생각한다고 하는데, 경이 이제 출사(出仕)하였으니 함께 나랏일을 의논할 수 있겠다." 하였다.

또 일찍이 좌의정으로서 어미 상을 당하였는데, 상이 승지에게 묻기를, "정상(鄭相)의 집에 복제가 끝나는 것이 며칠인가?" 하고,

이어 도승지 윤강(尹絳)에게 하유하기를, "나라에 일이 많으니 경이 정상의 집안에 말하여 속히 담사(禫祀)를 행하도록 하라." 하였다.

그 아비 지돈녕부사 정광성(鄭廣成)이 일찍이 시골에 있으면서 병을 앓았는데, 정원에 하교하기를, "영상의 아비가 편찮다고 하니 필요한 약물

그림 151. 관찰사 정태화 비 - 공주 공산성

을 내국(內局)으로 하여금 물어 지급하도록 하라.

또 어선(御膳)을 줄여 내려 보내어 전해 주도록 하라." 하였다."

정태화 선생이 영의정에 첫 번째로 제수되는 시기는 다음과 같다.

"효종 2년[634] 신묘(1651년) 12월 7일(경술)

정태화를 영의정에, 김육을 좌의정에, 김신국을 판중추부사로 삼다

정태화(鄭太和)를 영의정으로, 김육(金堉)을 좌의정으로, 김신국(金藎國)을 판중추부사로 삼았다. 정태화가 상소를 올려 체직을 청하니, 답하였다.

"지금이 어떠한 때인데 경은 이와 같이 겸양하는가. 나의 부덕함으로 인하여 이런 참혹한 변고를 만났기에, 밤낮없이 가슴을 어루만지며 하늘을 우러르니 부끄럽고 통탄스러울 뿐이다.

경은 사양하지 말고 속히 나와 방법을 의논하여 나의 허물을 바로잡고 나의 부족한 점을 보충하라.

그리하여 선왕께서 알아주신 은혜에 보답하고 아래 위 사람들의 목마르는 듯 한 바람에 부응하라.""

2번째 영의정의 제수 시기는 다음과 같다.

---

634)   고전번역원 데이터베이스(DB)에서 발췌하였다.

   돌에 새긴 목민관 이야기 1

"효종 7년[635] 병신(1656) 6월 11일(무자)

정태화를 영의정으로, 심유행을 교리로 삼다

정태화(鄭太和)를 영의정으로, 심유행(沈儒行)을 교리로 삼았다."

3번째 영의정에 제수되는 시기는 다음과 같다.

"효종 10년[636] 기해(1659년) 3월 25일(병진)

정태화·심지원·원두표·유계·이유태·권우 등에게 관직을 제수하다

정태화를 영의정으로, 심지원을 좌의정으로, 원두표를 우의정으로, 유계를 대사간으로, 이유태를 장령으로, 권우를 북병사(北兵使)로 삼았다."

4번째 영의정에 제수되는 시기는 다음과 같다.

"현종 9년[637] 무신(1668년) 1월 2일(신축)

정태화를 영의정으로 삼고, 박장원 등에게 관직을 제수하다

복상(卜相)하도록 명하여 정태화를 영의정으로 삼았다. 박장원(朴長遠)을 대사헌으로, 이태연(李泰淵)을 대사간으로, 민정중(閔鼎重)을 부제

---

635)   고전번역원 데이터베이스(DB)에서 발췌하였다.
636)   고전번역원 데이터베이스(DB)에서 발췌하였다.
637)   고전번역원 데이터베이스(DB)에서 발췌하였다.

학으로, 정재숭(鄭載嵩)을 교리로, 변황(卞榥)을 지평으로 삼았다."

5번째 제수되는 시기는 다음과 같다.

"현종 13년[638] **임자(1672년) 5월 6일(신해)**

정태화·여성제·장선징·이은상에게 관직을 제수하다

정태화(鄭太和)를 영의정으로, 여성제를 대사간으로, 장선징을 대사헌으로, 이은상(李殷相)을 도승지로 삼았다."

정태화 선생이 영의정에 제수되는 시기를 표를 정리하였다.

번호	제수 시기	임금	사임 이유
1	1652년 12월 7일	효종 5년	1654년 부친 喪.
2	1656년 6월 11일	효종 9년	1658년 병으로 면직
3	1659년 3월 25일	현종 8년	1667년 면직
4	1668년 1월 2일	현종 11년	1670년 사직
5	1672년 5월 6일	현종 14년	1673년 병으로 면직

마지막으로 정태화 선생의 졸기를 소개한다.

"현종(개수실록)[639] **14년 계축(1673년) 10월 8일(갑진)**

---

638) 고전번역원 데이터베이스(DB)에서 발췌하였다.

639) 고전번역원 데이터베이스(DB)에서 발췌하였다.

                              돌에 새긴 목민관 이야기 1

원임 영의정 영중추부사 정태화의 졸기

원임 영의정 영중추부사 정태화(鄭太和)가 죽었다.

사신은 논한다. 정태화의 자(字)는 유춘(囿春)이다.

재지(才智)가 넉넉하고 총민(聰敏)함이 뛰어났으며 일이 일어나기 전에 대처하였으므로 낭패당한 적이 일찍이 없었다.

가정을 법도로 다스렸고 자제들을 단속하여 번화하고 화려한 것을 숭상치 못하게 하였으며 붕당을 맺지 못하도록 하였다.

황비(黃扉)[640]에 출입한 기간이 25년이나 되었는데도 대단하게 세력을 과시한 적이 없었다.

그러나 세상과 더불어 적응하며 처신할 뿐 국사를 떠맡은 일이 없었고 게다가 뇌물이 상당히 통했다는 비난이 있었으므로 사람들이 이 점을 부족하게 여겼다.

향년 72세에 다섯 명의 아들[641]을 두었다.

하나는 공주에게 장가들고 하나는 명관(名官)이 되었으며 나머지도 모두 음관(蔭官)으로 벼슬하여 온 집안이 벼슬아치로 가득하였다.

그리고 아우 치화(致和)[642]와 바꿔가며 정승의 자리를 차지했으므로 사람들이 세상에 둘도 없는 복록을 누렸다고 말하였다.

---

640) 황각(黃閣), 즉 재상을 말함. 승상, 삼공(三公), 급사중(給事中) 등 최고위 관원을 가리키는 말로, 그들의 문에 황색 칠을 했던 고사에서 유래한 것이다.

641) 정재대, 정재숭, 정재악, 정재항, 정재륜이다.

642) 정치화(1609년~1677년) 조선후기 우의정, 좌의정, 중추부영사 등을 역임한 문신.

사신이 살피건대, 국가가 효묘(孝廟) 이래로 조정에 청의(淸議)가 크게 행해졌는데 식자들은 사화(士禍)가 일어나지나 않을까 상당히 걱정을 하였다.

그런데 정태화가 수상(首相)으로서 그 사이를 잘 주선하였다.

구차하게 동조하려 하지 않으면서도 대립하지 않아 조정의 논의로 하여금 마구 터져 나와 결렬되지 않게 한 점은 대체로 볼 때 모두가 그의 힘이었다 할 것이다.

기해년 국휼(國恤) 때에 송시열(宋時烈)이 《의례(儀禮)》 소(疏)의 사종설(四種說)을 인용하여 왕대비의 복제(服制)를 의정(擬定)하려 하자 태화가 재빨리 손을 저으며 제지하고 마침내 국제(國制)로 정했었다.

사람들은 이르기를 이때를 당하여 만약 태화가 없었던들 응당 을사ㆍ기묘년 정도에 그치지 않는 참혹한 사화가 일어났을 것이라고 하였다.

또 허목(許穆)이 상소하여 춘궁(春宮)을 일찍 세워 국본(國本)을 정하자고 청하면서 상의 마음을 탐지하려 했었는데, 상이 묘당(廟堂)에서 의논토록 하라고 명을 내렸을 때 사람들은 모두 이에 대답하기를 어렵게 생각하였다.

그러나 태화가 의논드리면서 '원자(元子)가 탄생한 날이 바로 국본이 정해진 때이다.'라고 말하였으므로

사람들이 모두 탄복하며 '옛사람이 이 일을 처리했어도 이보다 낫게 할 수는 없었을 것이다.'고 하였다.

정태화의 지술(智術)을 허적(許積)[643]이 가장 꺼렸었는데, 태화가 죽고

---

643) 허적(1610년~1680년) 조선후기 우의정, 좌의정, 영의정 등을 역임한 문신.

나자 허적이 더욱 멋대로 행동했는데도 온 조정 안에 그에게 대항할 자가 없었다.

금상(今上) 초에 익헌(翼憲)이라는 시호를 내리고 현종(顯宗)의 묘정(廟庭)에 추가로 배향하였다."[644]

---

[644] 정태화선생의 졸기는 2개이나 여기서 소개하는 것은 현종 개수실록의 것이다.

27. 김흥근

김흥근 金興根(1796년~1870년)⁽⁶⁴⁵⁾

본관은 안동(安東). 자는 기경(起卿), 호는 유관(游觀), 아버지는 이조참판 김명순(金明淳)이며, 어머니는 신광온(申光蘊)의 딸이다.

1825년(순조 25년) 알성 문과에 병과로 급제하여 검열·대교(待敎)·겸보덕(兼輔德)·이조참의·전라도관찰사 등을 역임하고, 1837년(헌종 3년)에 동지부사로 동지정사와 함께 청나라에 다녀왔다.

그 뒤, 이조참판·규장각직제학·홍문관부제학·평안도관찰사 등을 거쳐, 1841년에 형조판서가 되었다.

이어 대사헌·한성부판윤 및 공조·호조·예조의 판서와 규장각제학·이조판서 등을 역임하고, 1846년에 좌참찬이 되었다.

1848년에 다시 예조판서를 거쳐 경상도관찰사가 되었으나, 안동김씨의 권세를 믿고 방자한 행동을 하였다 하여 대간의 탄핵을 받아 전라남도 광양현에 유배되었다. 이듬해 헌종이 죽고 철종이 즉위하여 다시 안동김씨의 세도가 확립되자, 유배에서 풀려나 한성부판윤으로 등용되었다.

이어 이조판서를 거쳐 1851년(철종 2)에 좌의정에 오르고 《헌종실록(憲宗實錄)》편찬 총재관(摠裁官)이 되었으며, 이듬해에 영의정이 되었다.

---

(645) 한국민족문화대백과사전에서 발췌하였다.

김흥근의 선정불망비는 5좌가 남아 있으며, 1좌는 사옹원제조이고 그
외는 관찰사의 선정비이다.

그림 152. 관찰사 김흥근 비 – 무주 향교

먼저 무주에서 있는 관찰사 김흥근 비를 소개한다.

무주는 2015년 하마비가 있다는 자료를 바탕으로 무주를 답사 하였는
데, 무주향교에 여려 선정비 중에 관찰사 김흥근 비가 있었다.

김흥근 선생이 전라도 관찰사로 제수되는 시기는 1835년(헌종 1년)이
며, 나중에 경상도 관찰사로 임명되지만 선정불망비는 찾지 못하였다.

무주향교에는 있는 관찰사 김홍근 비의 비제는 "관찰사김공홍근영세불망(觀察使金公興根永世不忘)"이라 되어 있지만, 비의 하부가 깨진 흔적이 보여, "碑" 字는 멸실된 것으로 추정된다.

세운 시기는 "丁酉九月日立(정유구월일립)"이라 되어 있어, 1837년에 세운 것으로 생각된다.

그리고 비에는 그를 칭송하는 송시가 있으며 내용은 다음과 같다.

活民爲公 공이 백성을 살리셨으니

祝公自玆 이로부터 공을 위해 축원하고

公朝之望 공의 조정의 희망이니

茂人次■ 무주 사람들이……

그다음은 전주 감영에 있는 것으로, 전주감명의 선정비들은 다가공원에 있었으나, 전주감영을 복원하면서 옮겨 온 것이다.

전주감영의 비제는 "觀察使金公興根永世不忘碑(관찰사김공홍근영세불망비)"라 되어 있고, 뒷면에는 많은 명문이 있어 소개하면 다음과 같다.

"上之[646]元年乙未卽日初晴明之治也

重藩臬[647]之寄而湖南又是重藩維我

金相公特膺是命接節南服宣布

---

646)　"전주의 선정비"에서 발췌하였다.

647)　중국의 번사(藩司)와 얼사(臬司) 즉 포정사(布政司)와 안찰사(按察司)의 장관이라는 뜻으로, 우리나라의 절도사(節度使)와 관찰사(觀察使)를 가리킨다.

돌에 새긴 목민관 이야기 1

聖恩雍容請簡正直綜明星霜再周告

厥成功遁於丁酉春苽熟而歸全湖之民萬口爭頌曰

지금의 임금이 즉위한 해인 을미(1835년)년은 청명의 다스림이 시작되었고, 관찰사로 보내지는 중임을 받았으니, 우리 김 상공(金相公)께서 특별히 이 명을 받아 남쪽 지방에 부임하여 성은(聖恩)을 선포하시고, 온화한 얼굴과 바르고 청렴하게, 꼼꼼하고 분명하게 두 번의 임기 동안 성공을 고하였다.

정유년 봄에 오이가 익을 무렵에 돌아가니,

호남 지역의 백성들이 모두 입을 모아 다투어 칭송하기를……

攬轡[648]澄清 수레에 올라 고삐를 잡고 천하를 정화시킬 뜻을 품었네.

天惠我公 우리 공을 보낸 건 하늘을 은혜로다

債蕩鉅萬 많은 빚을 탕감해 주고

布蠲大同[649] 縣布의 세금을 다른 것으로 대체해 주시네.

徵族[650]斯革 징족을 혁파하였으며

---

(648) 후한(後漢) 범방(范滂)이 기주 자사(冀州刺史)로 나갈 적에, "수레에 올라 고삐를 잡고서는 천하를 정화할 뜻을 개연히 품었다.(登車攬轡 慨然有澄淸天下之志)"는 고사에서 나온 것으로, 지방 장관으로 부임할 때, 혹은 난세에 혁신 정치를 행하여 백성을 안정시키겠다는 의지를 비유한다.《後漢書 黨錮列傳 范滂》

(649) 조선 중기 이후 , 여러 가지 공물 (貢物)을 쌀로 통일하여 바치게 한 납세 제도 . 지역에 따라 쌀 대신에 베를 거두기도 하였는데 , 1894 (고종 31)년에는 쌀 대신 돈으로 바치게 하였다

(650) 도피자(逃避者)와 사망자의 친족과 이웃에게 징수하는 것

俵灾[651]均蒙 흉년에 세금을 경감하고 고르게 하셨네.

特筆鐫珉 특별히 써서 옥돌에 새기니

猗歟無窮 아! 무궁하여라!

崇禎紀元后 四 戊戌 五月日 州民 監役 張泰黙

숭정기원후 사 무술(1838년) 5월일 주민 감역 장채묵"

그림 153. 관찰사 김흥근 비 – 전주 감영

---

(651)　흉년에 조세(租稅)를 감면해 주는 것을 말한다.

그다음은 정읍 피향정에 있는 것으로 碑의 상부가 온전하지 못하며, 비제는 있으나 세운 시기와 송시는 없다.

그림 154. 관찰사 김흥근 비 – 정읍 태인 피향정

그다음은 김제 흥심정에 있는 것으로 여기의 비는 비제와 세운 시기는 있으나 송시는 없다.

그림 155. 관찰사 김흥근 비 – 김제 홍심정

　김제 홍심정에 있는 선정비는 "觀察使金公興根愛民善政碑(관찰사김공흥근애민선정비)"라 되어 있고 세운 시기는 "道光十七年九月日立(도광십칠년구월일립)"이라 되어 있다. 1837년에 세운 것이다.

　서울 부암동에 있는 흥선대원군의 亭子인 석파정에는 김흥근과 이하응의 일화가 전하고 있다.

"석파정은 한양 도성의 창의문 밖 인왕산 동쪽의 돌산 중턱의 수려한 산수와 계곡에 위치하고 있어 거대한 암석과 오래된 소나무들이 많아 예로

부터 한양 도성의 경승지로 꼽혔다.

그래서 이 인근에는 안평대군(安平大君) 이용(李瑢) 집터인 무계정사(武溪精舍)가 있었으며, 윤치호(尹致昊)의 별장인 부암정(傅巖亭)도 있었다.

흥선대원군이 석파정을 소유하기 이전부터 이곳에는 조정만(趙正萬, 1656~1739)이 세운 소수운렴암(巢水雲簾菴)이 있었다.

석파정 왼쪽에 인왕산의 자연 암석을 타고 흐르는 계곡이 있는데, 이 계곡의 물이 흘러내려 연못을 이루는 곳의 바위 면에 '물을 둥지 삼고 구름을 주렴으로 삼는 암자.'라는 뜻의 '소수운렴암(巢水雲簾菴)'이라는 암각 글씨가 가로로 새겨져 있다.

그 옆에는 세로로 '신축년에 한수옹(寒水翁)이 벗 정이(定而)에게 써 주었다.'라는 뜻의 '한수옹서 증우인정이 시신축세야(寒水翁書 贈友人定而 時辛丑歲也)'라는 글자가 새겨져 있다.

여기에서 정이는 조정만의 자이고, 한수옹은 한수재(寒水齋) 권상하(權尙夏, 1641~1721)를 나타내는 것으로 이들이 살았던 신축년은 따라서 1721년(경종 1년)이다.

이로 볼 때 1721년 이전에 이 자리에는 소수운렴암이라는 정자가 있었던 것을 알 수가 있다.

이후 소수운렴암이 있던 곳이 김흥근(金興根, 1796~1870)에게 넘어가 이곳에 김흥근의 별장이 들어섰다.

김흥근이 이곳에 정자를 짓고 삼계동정사(三溪洞精舍) 혹은 삼계동정자(三溪洞亭子)라고 불렀는데, 석파정 서북쪽 뒤의 바위 앞면에도 '삼계동(三溪洞)'이라고 새긴 글자가 있다.

김흥근은 19세기 중반의 안동김씨 세도정치기의 중심인물로, 고종이 즉위한 후 홍선대원군이 왕권 강화를 위해 안동김씨 세력을 몰아내는 과정에서 홍선대원군과 대립하다가 결국 정권에서 물러났다.

이 와중에 그의 별장을 홍선대원군 이하응에게 빼앗기게 되었다.

석파정을 둘러싼 김홍근과 홍선대원군의 일화가 황현(黃玹:1855~1910)의《매천야록(梅泉野錄)》에 전하는데, 다음과 같다.

[고종이 즉위하자 김홍근은 홍선대원군이 정치에 간섭하지 못하게 하였다.

하지만 곧 대권을 손에 넣은 홍선대원군은 김홍근을 미워하며 그의 재산을 빼앗기 시작하였다.

삼계동에 있는 김홍근의 별장은 한성에서 가장 유명한 정원이었는데, 하루는 홍선대원군이 그 별장을 팔 것을 간청하였으나 김홍근이 듣지 않자 하루만 빌려 놀게 해 달라고 하였다.

서울의 옛 풍습에 따라 정원을 가진 사람으로서 빌려주지 않을 수 없어 김홍근이 마지못해 승낙을 하자 홍선대원군은 아들 고종을 앞세워 김홍근의 별장으로 행차하여 하룻밤을 묵게 되었다. 그 후 국왕이 거처한 곳을 신하가 감히 거처할 수가 없어 김홍근은 이 별장에 가지 않게 되었고, 결국 이 별장은 홍선대원군의 소유물이 되고 말았다고 한다.

사실상 홍선대원군은 고종의 힘을 빌려 그의 별장을 손에 넣었던 것이다.]

홍선대원군 이하응은 이렇게 해서 김홍근의 별장을 손에 넣었다.

이하응은 별장에서 바라본 앞산이 모두 바위인 것을 보고 자신의 호를 '돌고개'란 뜻인 석파(石坡)라고 하고, 정자 이름도 자신의 호를 따서 석파정이라 바꾸었다.

이후 석파정은 흥선대원군 이하응의 후손인 이희(李熹), 이준(李埈), 이우(李鍝)의 별장으로 세습되었다.

해방 이후 6·25전쟁 후에는 천주교에서 경영하는 코롬바 고아원으로 사용되기도 하였다.

그 이후 병원으로 쓰이거나 개인 소유가 되는 등 자주 소유권이 바뀌었다가 현재는 유니온약품그룹의 안병광 회장이 소유하고 있다.

안병광이 석파정 입구에 사설 서울미술관을 개관하고 그가 평소 수집하던 이중섭의 그림들을 전시하면서 미술관이 석파정을 관리하도록 하였다."[652]

마지막으로 경기 광주 분원백자자료관에 있는 선정비이다.

지금 남아 있는 선정불망비들이 군집을 이루고 있어 답사를 하다 보면 여러 좌의 비석을 촬영할 수 있다. 편리와 한꺼번에 여러 자료를 구할 수 있는 장점이기도 하다.

광주분원백자자료관에도 여러 비석이 있어 답사를 하기에는 멀지만 잘 보존된 비석을 볼 수 있었다.

여기에 있는 김흥근 선정비의 비제는 "司饔院都提調金公興根善政碑(사옹원도제조김공흥근선정비)"라 되어 있고, 向 왼 측면에는 "同治四年乙丑

---

652)   지역n문화 서울 종로구 테마스토리에서 발췌하였다.

年四月日立(동치사년을축년사월일립)"이라 되어 있다. 1865년에 세운 것이다.

그림 156. 사옹원도제조 김흥근 비 – 경기광주 분원백자전시관

"사옹"의 옹은 '음식물을 잘 익힌다.'는 뜻으로, 〈주례 周禮〉의 주에는 '할팽전화', 즉 고기를 베어 삶고 졸여 간을 맞춘다는 뜻으로 풀이되어 있다.

그리고 사옹원도제조는 직무는 왕의 음식과 기명(器皿)을 총책임지며, 관리·감독하고 자문하는 역할이었다.

사옹원도제조 김흥근 기록은 찾아내지 못하였으며, 김흥근 선생이 영

돌에 새긴 목민관 이야기 1

의정에 제수되는 기록은 다음과 같다.

"승정원일기[653]

"철종 3년 1월 20일 신미 1852년 咸豊(淸/文宗) 2년

金興根에게 관직을 제수함

○ **藥院都提調前望單子入之, 領議政金興根落點."**■

약원도제조가 검토한 문서가 제출되어, 영의정으로 김흥근을 낙점하였다."

영의정에 제수되는 기록이 간단하여 의아할 정도이다.

남아있는 김흥근 선생의 비석을 표로 정리하였다.

번호	명문	세운시기	위치
1	觀察使金公興根永世不忘■	丁酉九月日立 1837년	무주 향교
2	觀察使金公興根永世不忘碑	崇禎紀元后 四 戊戌 1835년	전주감영
3	觀察使金公興根愛民善政碑	道光十七年 1837년	김제 홍심정
4	■察使金公永世不忘碑	?	정업피향정
5	司饔院都提調金公興根善政碑	同治四年乙丑年 1865년	경기광주

---

653)　　고전번역원 데이터베이스(DB)에서 발췌하였다.

28. 이경여

이경여 李敬輿(1585년~1657년)[654]

본관은 전주(全州). 자는 직부(直夫), 호는 백강(白江)·봉암(鳳巖). 세종의 7대손이며, 아버지는 목사 이수록(李綏祿)이며, 어머니는 송제신(宋濟臣)의 딸이다.

1601년(선조 34년) 사마시를 거쳐, 1609년(광해군 1년) 증광 문과에 을과로 급제해 1611년 검열이 되었으나, 광해군의 실정이 심해지자 벼슬을 버리고 낙향하였다.

1642년 배청친명파로서 청나라 연호를 사용하지 않음을 이계(李烓)가 청나라에 밀고해, 심양(瀋陽)에 억류되었다가 이듬해 세자와 함께 귀국해 대사헌이 되었고, 이어 우의정이 되었다.

1644년 사은사로 청나라에 갔다가 다시 억류되었으나, 그동안 본국에서는 영중추부사라는 벼슬을 내렸다.

이듬해 귀국하여 1646년 민회빈 강씨(愍懷嬪姜氏: 昭顯世子嬪)의 사사(賜死)를 반대하다가 진도에 유배되고, 다시 1648년 삼수에 위리안치되었다.

이듬해 효종이 즉위하자 풀려나와 1650년(효종 1)에 다시 영중추부사가 되었다.

---

[654] 한국민족문화대백과사전에서 발췌하였다.

이어 영의정으로 다시 사은사가 되어 청나라에 다녀온 뒤 청나라의 압력으로 영중추부사로 옮겼다.

이경여 선생의 선정불망비는 2좌가 남아 있으며, 대구와 청주에 남아 있다.

이경여 선생의 묘가 포천에 있다하여, 여름 휴가에 찾아갔지만 풀이 우거져 찾지 못하고 신도비만 촬영하고 내려 온 기억이 있고, 부여에는 이경여 선생을 기리는 부산서원이 있으며, 그곳에 하마비를 연구할 때 방문한 적이 몇 번 있다.

먼저 대구 감영에 있는 碑부터 소개한다.

대구 감영에는 많은 관찰사 비석들이 있으며, 그중에 하나가 관찰사 이경여의 碑이다.

이 거사비에는 많은 명문이 있어 소개하면 다음과 같다.

"兼巡察使李相國敬輿去思碑(겸순찰사이상국경여거사비)[655]

國之置郵	나라에서 역참을 설치하여
所以傳命	그것으로 명령을 내렸으나
寢至彫殘	점차 쇠락하여 부서지고 없어지니
晏然誰令	안영하게 누가 명을 따르겠는가!
我侯之來	우리 공께서 오시어

---

655) 　전일주 선생이 지은 "조선시대의 송덕비 및 영세불망비"에서 발췌하였다.

政先勤恤　　정치는 백성을 먼저 부지런히 휼민하고

推人布惠　　사람들을 돌보아 은혜를 베풀고

燭照弊瘼　　폐막을 비추어 드러나게 하고

務從寬簡　　일을 처리할 때는 너그럽고 대쪽 같았으며

剔去煩劇　　복잡하고 번거로움을 덜어 내어 깨끗이 없앴으며

巡宣列邑　　여러 지역을 순찰하여 널리 알리시니

淡然行色　　담담하고 의연한 행색이었네.

馬騰於槽[656]　말은 구유에서 뛰어오르고

人樂其業　　백성들은 업을 만족하고 즐기며

甘棠[657]風化　감당으로 교화되었네.

復見南國　　회복된 남쪽 지역 보니

公歸不復　　公이 돌아가면 돌아오지 않으시니

遺愛寀彰　　남기신 사랑 더욱 빛나네.

碑以識之　　碑를 세워 기록하여

永示不忘　　영원히 잊지 않음을 보였네.

---

656) 진공은 진국공(晉國公)으로, 당(唐)나라 재상 배도(裴度)의 봉호(封號)이다. 회서(淮西)에서 반란을 일으킨 오원제(吳元濟)의 도당을 평정한 그의 공을 찬양한 한유(韓愈)의 〈평회서비(平淮西碑)〉에 "군사들은 배불러서 노래하고, 말은 기운이 넘쳐 구유에서 뛰었다.(士飽而歌 馬騰於槽)" 하였다. 《古文眞寶後集》

657) 《시경》〈감당(甘棠)〉의 "무성한 감당나무를 자르지도 말고 휘지도 말라. 소백이 머무셨던 곳이니라.(蔽芾甘棠 勿翦勿拜 召伯所茇)"라는 말에서 나온 것이다. 이 시는 주(周)나라 소백(召伯) 즉 소공(召公) 석(奭)의 덕정(德政)을 찬미한 것이다.

昌樂 金得敬 自知 仇以祿 黃山 裵必得 松羅 李松春 長水 河汝淡

창락 김득경 자지 구이록 황한 배필득 송라 이송춘 장수 하여담

都摠 檢省峴 朴大梁 有司 安奇 趙友諒

도총 검성현 박대량 유사 안기 조우량

各道 ■ ■ ■ ■

각도

戊寅 七月日 무인 칠월일 1638년 세움"

이경여 선생은 관찰사로 전라도[658], 충청도[659]를 역임하였지만 남아 있는 관찰사 거사비는 경상도 감영에 있는 것뿐이다.

그러면 경상도 관찰사에 임명되는 시기는 언제인가를 알아보니 다음과 같다.

"인조 15년 정축(1637년) 4월 15일(갑신) 흐림

공명하게 잘 다스리라는 내용으로 경상 감사 이경여에게 내린 교서

경상 감사 이경여(李敬輿)에게 교서를 내렸다. 왕이 이르기를,

"이렇게 우리나라의 운명이 위태로운 즈음에 그대에게 영남 관찰사의 중책을 맡기는 것은 실로 모두가 천거하였기 때문이니, 진실로 뭇사람들의 마음에 부합한다.

생각건대 경은 성품이 단아하고 타고난 자질이 자상(慈詳)하여 젊은 시

---

[658]   1633년에 전라도 관찰사에 임명되었다.
[659]   1637년에 충청도 관찰사에 임명되었다.

절부터 문재(文才)가 있어 일찍이 문원(文苑)에서 학예(學藝)를 드러냈고 평생의 출처는 밝은 세상에 조금도 부끄러운 점이 없었도다.

경악(經幄)의 논사(論思)하는 자리에 있을 적에는 모두들 진정한 재상 감이라고 하였으며, 글을 올리고 간쟁할 적에는 늠연히 옛 쟁신(諍臣)의 기풍이 있도다. 양호(兩湖)의 관찰사에 제수되어서는 감당(甘棠)의 노래를 부르게 되었고[660], 두 고을의 어사(御史)가 되어서는 현산(峴山)의 타루비(墮淚碑)를 다시 생각나게 하였도다.[661]

마음씀이 - 2행 원문 빠짐 - 세상이 어지럽게 되자 나라에 몸 바쳐 자신을 돌보지 않되, 어떠한 경우에도 변치 않았으니, 위태로운 상황에 쓸 만한 인재임을 충분히 알았도다. 이에 경을 경상도 관찰사에 제수하노라.

저 신라(新羅)의 옛 도읍을 돌아보건대 아직도 훌륭한 교화의 여풍이 남아 있어 윗사람을 친애하고 군장(君長)을 위해 목숨을 바치는 절의가 지금에 이르러 더욱 드러나니, 윤리를 밝히고 학문을 독실히 하는 풍속이 참으로 아름답도다.

형남(荊南)[662]은 나라의 문호(門戶)이니 어찌 중요하지 않겠는가. 하동(河東)은 우리의 고굉과 같으니, 그대가 잘 다스리라. 풍속을 살펴 다스리는 즈음 그대는 권면하고 타이르는 방도에 더욱 - 원문 빠짐 - 하며, 은택을 이

---

660) 주(周)나라 소공(召公)이 남국(南國)을 순행하며 문왕의 정교(政敎)를 펼쳤는데, 그가 떠난 뒤에 백성들이 그를 사모하여 그가 자주 쉬던 감당 나무를 베지 말자고 읊은 노래를 말한다.

661) 진(晉)나라 양호(羊祜)가 양양 태수(襄陽太守)로 있을 적에 선정(善政)을 베풀면서 현산에 올라가 쉬곤 하였으므로 그가 죽자 백성들이 그 자리에 비(碑)를 세웠는데, 그 비를 보면 모두 눈물을 흘렸다고 하여 '타루비'라고 부르는 것을 말한다.

662) 형주(荊州) 일대의 중국 남방을 지칭하는 말로, 여기서는 우리나라의 영남 지방을 가리킨다.

어받아 교화를 펴고서 내가 가상히 여기는 뜻을 널리 고하라. 남비징청(攬
轡澄淸)의 뜻[663]을 갖고 관원의 출척을 의당 공명(公明)히 할 것이며, 백성
들로 하여금 한탄하는 소리가 없게 하되 홀아비와 과부를 먼저 구휼하라.

통훈대부(通訓大夫) 이하는 경의 뜻대로 스스로 처단하되, 사죄(死罪)
인 경우에는 나에게 품의한 다음 재단하라.

아, 민둥산에 올라 구름을 바라보면 비록 어버이를 사모하는 생각이 간
절하겠지만, 나라가 위태로움을 당하면 목숨을 바쳐야 하니 어버이를 위
한 효심을 나라에 옮겨 충성을 다해야 한다.

관대하고 간명함을 숭상하여 하내(河內)의 구순(寇恂)만이[664] 미명(美
名)을 독차지하지 말게 할 것이며, 덕의(德意)를 펴 동경(東京)의 종택(宗
澤) 또한 경을 '스승으로 삼을 만하다.'라고 하게끔 하라.[665]

지금을 돌아보건대 평안한 시기인가, 위태로운 시기인가. 참으로 신하
된 자는 나라를 위하고 공(公)을 위할 뿐이다.

그러므로 이에 교시하는 것이니, 잘 알았으리라 생각한다."

하였다. 직강(直講) 홍주일(洪柱一)이 지어 올린 것이다."[666]

---

663) 난세를 구할 뜻을 품고 부임지로 출발하는 것을 말한다. 후한(後漢) 때에 기주(冀州)에 흉
      년이 들어 도적떼가 일어나자 범방(范滂)이 그곳의 청조사(淸詔使)로 임명되어 떠날 즈
      음 수레에 올라 말고삐를 잡고서 개연히 천하를 맑고 깨끗하게 할 뜻을 품었다.《後漢書
      卷67 范滂列傳》

664) 한(漢)나라 구순이 하내 태수(河內太守)로서 고을을 잘 다스리자 백성들이 황제에게 더
      머물러 있게 해 주기를 바란다고 탄원하였다고 한다.

665) 종택은 송(宋)나라 흠종(欽宗) 정강(靖康) 원년에 자주(磁州)를 맡았는데, 태원(太原)이
      금(金)나라에 넘어가자 의병을 모아 금나라에 대항하였다. 휘종(徽宗)과 흠종이 금나라
      에 포로로 잡혀간 뒤에 동경 유수(東京留守)가 되어 의병을 모으고 악비(岳飛)를 장수로
      등용하여 여러 차례 금나라 군대를 패배시켰다.

666) 고전번역원 데이터베이스(DB)에서 발췌하였다.

대구 경상감영 터에 있는 이경여 선생의 거사비는 비수의 모양이 아주
특이하게 표현되어 있다.

그림 157. 관찰사 이경여 비 **碑首**

선정비의 비수를 보면 연봉이 보이고, 그리고 용, 꽃, 거북이 등으로 장
식되어 있고, 이경여의 碑는 한 폭의 그림과 같이 제작되었으며, 비수 모
양도 부채모양으로 되어 있어 독특한 느낌이 강하다.

碑首는 일반적으로 방형의 모양이 주류를 이루는데, 이경여 碑는 반원
으로 된 모양에 굵은 테두리를 두르고, 그 안에는 활짝 핀 꽃과 거북이, 그
리고 맨 아래는 연판문으로 장식되어 있다.

오른쪽 하단에는 龍의 발이 무언가를 움켜쥐려고 하는 모양이다.

向 우측 측면에는 細虎(세호) 모양의 작은 짐승이 앞, 뒤의 발이 측면에
바짝 붙어 떨어지지 않으려고, 하는 모양과 입은 무언가를 놓치지 않기
위해 내뱉는 듯 물고 있다.

　　　　　　　　　돌에 새긴 목민관 이야기 1

머릿돌을 크게 하여 그 안에 연꽃과 꽃들을 넣기 위하여 만들었다 하지만, 이것을 만든 석공의 생각은 독특하다고 보이고, 이경여 관찰사 碑에 유독 많은 정성을 들여서 세운 것으로 생각된다.

그림 158. 관찰사 이경여 비 측면　　그림 159. 관찰사 이경여 비 - 대구 경상 감명

그 다음으로는 청주에 있는 목사 이경여의 碑이다.

청주 감영에 남아 있는 이 비석은 귀엽게 생긴 귀부와 토끼 모양의 귀를 가진 쌍용의 표현이 이채로운 것으로, 비제는 희미하지만, "行牧使李公敬興淸德善政碑(행목사이공경여청덕선정비)"라 되어 있다.

세운 시기는 "崇禎四年十一月日(숭정사년십일월일)"이라 되어 있어, 1631년에 세운 것이다.

碑의 전면 좌측에는 그를 칭송하는 송시가 있다.

淸白我公 청백하신 우리의 공이시니

勒之貞珉 굳건한 옥돌에 새겨진 기록

化浹仁明 인자한 덕 널리 퍼지어 밝게 빛나고

永留風聲 명성은 영원히 남는구나

이경여 선생이 청주목사에 임명되는 시기는 다음과 같다.

"인조 8년[667] 경오(1630년) 2월 9일(기미)

정효성을 공청도 관찰사로 삼고 부제학 이경여를 청주 목사로 삼다

정효성(鄭孝誠)을 공청도 관찰사로 삼았다.

정효성은 여러 군현을 맡아 잘 다스린다는 명성이 제법 있었는데, 고을에 재임하며 아랫사람을 대할 때 농담과 해학을 섞어 말하곤 하였다.

부제학 이경여(李敬輿)를 청주 목사(淸州牧使)로 삼았는데, 이는 이경여가 어버이를 위해 지방 고을을 원했기 때문이었다."

이경여 선생이 언제 영의정에 임명되었는지 소개하면 다음과 같다.

"효종 1년[668] 경인(1650년) 3월 11일(갑자)

---

667)　고전번역원 데이터베이스(DB)에서 발췌하였다.

668)　고전번역원 데이터베이스(DB)에서 발췌하였다.

　　　돌에 새긴 목민관 이야기 1

이경여를 영의정으로 삼다

이경여(李敬輿)를 영의정으로 삼았다.”

영의정에 임명되는 기록은 너무 단순하다. 경상관찰사를 임명할 때는
교지를 내려 막중한 임무가 있다 하였는데, 간단한 글이 눈에 오래 남는다.

그림 160. 청주목사 이경여 비 - 청주 감영 공원

이경여 선생의 졸기를 소개한다.

“효종 8년 정유(1657년) 8월 8일(무인)

영중추부사 이경여의 졸기 및 그의 유차(遺箚)

대광보국 숭록대부 영중추부사 이경여(李敬輿)가 죽었다.

그의 유차(遺箚)에,

“신이 나라의 두터운 은혜를 받았으나 티끌만큼의 도움도 드리지 못한 채 지금 미천한 신의 병세가 위독해져 하찮은 목숨이 곧 끊어지게 되어 다시금 상의 모습을 우러러 뵙지 못하고서 밝은 시대를 영원히 결별하게 되었으니 이 점을 땅속으로 들어가면서 구구하게 한하고 있습니다.

오직 원하건대, 전하께서는 기뻐하거나 성내는 것을 경계하고 편견을 끊으시며 착한 사람을 가까이하고 백성의 힘을 양성하여 원대한 업을 공고하게 다져 죽음을 눈앞에 둔 신하의 소원에 부응해 주소서.

신의 정신이 이미 흩어져 직접 초안을 잡지 못하고 신의 자식에게 구두로 불러 주어 죽은 뒤에 올리도록 하였습니다.”

하였는데, 상이 정원에 하교하기를,

“막 원로를 잃고 내 몹시 슬퍼하고 있던 참이었는데 이어 유소를 받아 보니 경계해 가르침이 더없이 절실하고 내용이 깊고 멀어 간절한 충성과 연연해하는 정성이 말에 넘쳐흘렀으므로 더욱 슬퍼서 마음을 진정할 수 없다.

띠에다 써서 가슴에 새기지 않을 수 있겠는가.”

하였다.

경여는 인품이 단아하고 몸가짐이 맑고 간결하였으며 문학에도 뛰어난 데다 정사의 재능도 있어서 사림들에게 존중받았다.

　　　　돌에 새긴 목민관 이야기 1

젊은 시절부터 벼슬에 나오고 물러가는 것을 구차하게 하지 않았고 혼조(昏朝)[669]에 있으면서도 정도를 지켜 굽히지 않았다.

계해 반정(癸亥反正)[670]에 맨 먼저 옥당에 뽑혀 들어가 화평하고 조용하게 간하니 사랑과 대우가 특별히 높았다.

고 정승 장유(張維)가 일찍이 한 시대의 인물을 평론하면서 말하기를 "이경여는 경악(經幄)에 있을 때에는 마음을 쏟아 임금을 인도하는 책임을 다했고 지방에 있을 때에는 임금의 뜻을 받들어 펴는 임무를 다했으니 지금에 있어서 재능을 두루 갖춘 자이다"고 하였다.

병자년 이후로 벼슬을 탐탁하게 여기지 않았으나 인조가 그를 소중하게 여기고 신임하였으므로 발탁해 우상에 제수하였다.

그런데 이계(李烓)가, 경여가 명나라에 뜻을 두고서 청나라의 연호를 쓰지 않는다고 청나라 사람에게 고하여 두 번이나 심양에 잡혀갔었으나 몸과 마음가짐이 더욱 굳건하였다.

을유년 세자를 세울 때[671] 자기의 소견을 변동하지 않았는데 이로 인해서 남북으로 귀양살이를 다녔으나 상이 즉위하자 방면하고 수상에 제수하였다.

이때 선비들의 의논이 매우 격렬하였으나 경여가 화평한 의논으로 견지하면서 이들을 조화시키는 데 온 힘을 기울였는데 혹 이를 그의 단점으로 여기기도 했다.

---

669)   광해군.

670)   인조반정.

671)   인조 23년에 소현 세자가 죽고 봉림 대군을 세자로 책봉하려 하자 *이경여*가 반대하였다.

얼마 안 되어 청나라에서 경여가 정승이 되었다는 소식을 듣고 힐책하자 이때부터 정승의 자리에서 물러나 묻혀 살았다.

그러나 나라에 일이 있을 때마다 말씀을 올려 건의한 바가 많았었다. 이때에 이르러 죽으니 나이 73세이다."[672]

---

29. 김육

김육 金堉(1580년~1658년)[673]

본관은 청풍(淸風). 자는 백후(伯厚), 호는 잠곡(潛谷)·회정당(晦靜堂). 기 아버지는 참봉 김흥우(金興宇)이며, 어머니는 현감 조희맹(趙希孟)의 딸이다.

1605년(선조 38년)에 사마시에 합격해 성균관으로 들어갔다. 1609년(광해군 1년)에 동료 태학생들과 함께 청종사오현소(請從祀五賢疏: 金宏弼·鄭汝昌·趙光祖·李彥迪·李滉 등 5인을 문묘에 향사할 것을 건의하는 소)를 올린 것이 화근이 되어 문과에 응시할 자격을 박탈당하자, 성균관을 떠나 경기도 가평 잠곡 청덕동에 은거하였다.

1649년 5월 효종의 즉위와 더불어 대사헌이 되고 이어서 9월에 우의정이 되자, 대동법의 확장 시행에 적극 노력하였다.

그러나 대동법의 실시를 반대하는 김집(金集)과의 불화로 이듬해 1월에 중추부영사(中樞府領事)로 물러앉아 다시 진향사(進香使)로 중국에 다녀왔다.

71세의 늙은 몸을 무릅쓰고 중국에 다녀온 뒤, 잠시 향리에 머무르다가 이듬해 1월에 영의정에 임명되고, 실록청총재관(實錄廳摠裁官)을 겸하였다.

---

673) 한국민족문화대백과사전에서 발췌하였다.

대동법의 확장 실시에 또다시 힘을 기울여 충청도에 시행하는 데 성공
했고, 아울러 민간에 주전(鑄錢)을 허용하는 일도 성공하였다.

김육 선생의 비는 대부분 대동법과 관련된 것으로 총 8좌가 남아 있다.
처음으로 소개하는 비는 익산에 용안에 있는 것으로 2022년에 비를 촬
영하였지만 사진 상태가 좋지 않아 2025년 다시 가서 촬영을 하였다.
많은 비석 중에서 높이가 제일 정도로 멀리서 보이는 김육 선생의 비이다.

그림 161. 영의정 김육 비 - 익산 용안동헌

돌에 새긴 목민관 이야기 1

비제는 "領相金公堉大同仁政沒世不忘碑(영상김공육대동인정몰세불망비)"라 되어 있고, 칭송하는 송시가 있다.

2행으로 되어 있으며 다음과 같다.

政直一　　　정치는 곧고 일률적이었네

海不桑　　　바다에는 해일이 일어나지 않고

　　　　　　뽕나무는 어디에나 자라지 아니하네.[674]

肉民骨[675]

澤不渴　　　윤택하여 목마르지 않게 하였도다.

己亥 四月日立 1659년 세움

익산에는 2좌의 김육선생의 비가 남아 있는데, 김육은 호남 지역에 2차례 대동법을 건의하였고, 유언으로까지 당부하였기에, 용안동헌에 있는 이 비는 김육의 死後에 세운 것이다.

그다음으로는 조해영 가옥에 있는 碑로, 2020년에 익산을 답사 하면서 보았으며, 碑首에 보이는 龍의 모양이 오래도록 기억에 남는 비석이었다.

"약천집[676]"에는 대동법에 관한 이야기가 전해지고 있으며 소개하면 다음과 같다.

---

674)　　전체적으로 문맥이 맞지 않아 필자가 추정하여 풀이하였다.

675)　　이 명문의 글은 도저히 뜻을 모르기에 풀이를 하지 않았다.

676)　　남구만 (1629년~1711년)이 지은 문집

"처음 효종(孝宗)이 즉위했을 때에 우상(右相) *김육(金堉)*이 차자를 올려 아뢰기를,

"대동법은 공역(公役)을 균등히 하고 백성들에게 편의를 주는 것으로, 비록 여러 도에 두루 시행하지는 못했으나 경기와 관동(關東) 지방은 이미 시행하여 효과를 보았습니다.

만약 또다시 이것을 양호(兩湖)에 시행한다면 나라에 유익한 방법이 이보다 큰 것이 없을 것입니다."

하였다. 그리하여 3년 뒤에 이것을 호서(湖西)에 시행하고 지난해에 또 호남(湖南)에 시행하였는데, (호남의 감사(監司) 권우(權堣)가 아뢰기를,

"쌀을 거두는 것이 늘어나면서 민정이 불편해합니다."

하자, *김육*이 이르기를,

"13두는 영구히 정한 것이 아니다.

1년의 비용을 살펴보아서 10두 외에 3두를 2두로 줄이고 2두를 1두로 줄이는 것이 어찌 불가할 것이 있겠는가."

하였다.

이때에 이르러 공이 대동미의 고르지 못한 실정에 대해 말하였는데, 3년 뒤 가을에 마침내 일체 12두를 정수(定數)로 삼았다."

비제는 "領議政金公堉輕徭保民仁德不忘碑(영의정김공육경요보인인덕불망비)"라 되어 있고, 칭송하는 송시는 다음과 같다.

山不大相公 山은 상국보다 높지 않고

海不深古今 바다는 옛날이나 지금도 깊지 않다.

그림 162. 영의정 김육 비 – 익산 조해영 가옥

조금 더 깊게 설명하면

"산은 김 상국보다 더 높지 않으며

바다는 예나 지금도 김 상국보다 깊지 않으네."

위의 글에서 보듯이 대동법을 실시한 김육 선생을 칭송하는 송시는 적절하게 표현되었다고 생각된다.

다만 생존 있을 당시에 세웠으면 더 좋았을 것을 하는 생각이 더욱 든다.

세운 시기는 "己亥十二月日立(기해십이월일립)"이라 되어 있어, 1659년
에 세운 것이다.

그 다음은 군산 옥구 향교에 있는 것으로 2016년에 답사를 가서 비석을
촬영하였지만, 그 당시는 비석에 보이는 月紋을 찾아다니고 있었고, 암행
어사 비와 하마비 더 중점을 두었기에 김육 선생의 비는 신경 써서 촬영
하지 않아, 나중에 글 쓰는 작업을 하다 보니, 사진이 엉망이었다. 그래서
할 수 없이 2025년 6월에 다시 가서 재촬영을 하였다.

비제는 "영상김공육균후편민비(領相金公堉均後便民碑)"라 되어 있고,
송시는 다음과 같다.

令之大同 영으로 대동을 이루게 하시니
古之井田 예전의 정전법[677]이었네.

세운 시기는 "강희계해 삼월(康熙癸亥 三月)" 1683년에 세운 것이다.

김육 선생의 자료를 찾으러 멀리 남양주까지 가서 묘역도 보고, 신도비
보고 온 기억이 있으며, 한 사람의 기록을 간단하게 적으려고 해도, 많은
자료 중에 한 가지만 더 보아도 더욱 깊어지는 것이 책의 내용이다.

그래서 여기저기 자료를 찾아다녔는데, 필자가 가서 사진 촬영한 모든
것이 많은 도움이 되었다고 생각이 든다.

---

677) 정전제는 토지의 균등한 분배와 함께 농민들이 안정적으로 생계를 유지하고 국가에 세금
을 납부하도록 하는 이상적인 토지 제도로 인식되었다.

 돌에 새긴 목민관 이야기 1

그림 163. 영의정 김육 비 - 군산 옥구 향교

그 다음은 예산 대흥에 있는 것으로 많은 비석 중에서도 커다란 몸집이 멀리서도 잘 보이는 비이다.

예산 대흥에 있는 김육 선생의 비는 예산의 선정비와 석탑, 석불을 답사하면서, 저녁 무렵에 보았던 것이다.

비제는 "領議政金公堉永世不忘碑(영의정김공육영세불망비)"라 되어 있으며, 뒷면에는 세운 시기는 "順治十七年庚子正月日立(순치십칠년경자정월일립)"이라 되어 있다. 1660년에 세운 것이다.

김육 선생이 지은 "잠곡유고"에는 충청도에 대동법을 시행하기를 청하는 서장이 있으며 그 내용은 다음과 같다.

"잠곡유고 제8권 / 서장(書狀)
충청도에 대동법을 시행하기를 청하는 서장 무인년

본도(충청도)의 대동법에 대하여, 신이 옛사람이 만들어 놓은 법으로 인하여 망녕 되게 대동법을 시행하고자 하는 뜻을 진달하자, 성상께서 이미 윤허하셨기에 비변사와 해조가 회계해서 시행하기를 청하였습니다.

이에 도내의 백성들이 발꿈치를 치켜들고 시행하기를 바라고 있었습니다.

그런데 지금 몇 달이 지났는데도 아직까지 결정하지 않고 있으므로, 자못 의아해하면서 실망하는 기색이 있습니다. 그러던 중 지난번에 경연 신하의 아룀으로 인하여 특별히 다시 물어보라는 전교를 내리셨는 바, 신은 감격스러운 마음을 금치 못하겠습니다.

이 법이 시행되게 되면 호서의 백성들이 국가의 혜택을 크게 입을 것입니다.

근시(近侍)가 아뢴 말은 실로 원대하게 경영하는 방도에 합당한바, 신의 천박한 생각은 참으로 그런 점에 대해서는 미치지 못하였습니다.

신이 말한 바는 백성들을 구제하는 급선무에 대해 말한 것이고, 근시가 말한 바는 국가를 풍족하게 하자는 원대한 계책을 말한 것으로, 이 둘을 참작하여 사용하면 흠이 없을 것입니다. 신이 정한 무명 1필과 쌀 2두는 쌀로 환산하여 합산하면 7두이고, 근시가 말한 무명 2필은 쌀로 환산하여 계산하면 10두로, 신이 정한 것보다 3두가 더 많을 뿐입니다.

돌에 새긴 목민관 이야기 1

흉년에는 무명 1필과 쌀 2두를 무명 2필 대신 받는 것으로 규정을 정하여 쌀과 무명을 반반씩 받아들입니다. 그리고 풍년에는 무명 1필과 쌀 5두를 무명 2필 대신 받는 것으로 규정을 정하여 쌀과 무명을 반반씩 받아들입니다.

대개 각사의 주인들은 모두 본사의 하인(下人)들로, 이른바 색리(色吏)니 사령(使令)이니 하는 자들이 모두 그들과 동류(同類)입니다. 그러니 공물을 상납할 즈음에 서로 간에 주선해서 각자의 힘을 다한다면, 인정목을 쓰는 것이 어찌 지나치게 많은 데에 이르겠습니까. 지금 이 상정한 공

그림 164. 영의정 김육 비 – 예산군 대흥

물값 가운데 약소한 것이 있으면 신이 해사(該司)와 상의해서 더 정하여 경외의 사람들로 하여금 모두 흡족한 마음이 들도록 하겠습니다. 전세(田稅)에 관한 조항에 이르러서는, 국법에서 원래 정한 숫자가 있어서 신이 거론할 겨를이 없습니다.[678] (중략과 생략)"

그다음으로는 아산 신창에 있는 것으로, 신창 초등학교 부근에 있었을 때 촬영하였으나, 신창 역사공원으로 이건하였다는 소식을 듣고 다시 가서 비석을 촬영하였다.

예산 대흥에 있는 비석과 마찬가지로 커다란 碑身에 해 맑게 웃는 귀부의 모습이 이채롭다.

비제는 "相國金公堉永世不忘碑(상국김공육영세불망비)"이고 송시는 다음과 같다.

創設大同 대동법을 창성하여

省徭便民 부역을 줄여 백성을 편하게 하였네.

뒷면의 명문은 세운 시기를 새겼으며, "順治十七年庚子五月日立(순치 17년경자오월일립)"이라 되어 있어, 1660년에 세웠다.

---

678)　고전번역원 데이터베이스(DB)에서 발췌하였다.

그림 165. 영의정 김육 비 – 아산 신창

그 다음은 창원에 있는 것으로 비의 명문이 제대로 남아 있지 않지만 비석에 "잠곡(潛谷)"이라는 號가 남아 있어, 김육 선생의 비로 추정하는 것이다.

비제는 "故相國潛谷ㅇㅇㅇㅇㅇㅇ(고상국잠곡ㅇㅇㅇㅇㅇㅇ)"이라 되어 있고, 세운 시기는 "康熙二十參年二月日(강희이십삼년이월일)"이라 되어 있다. 1684년에 세웠다.

그다음으로는 거창 박물관에 있는 것으로 2022년에 거창박물관 답사를

그림 166. 상공 김육 비 – 창원 용지공원

갔더니, "페이스 북"에서 알게 된 "구본능 학예사"께서 김육 선생의 비가 있다 하셨다.

전국에 김육 선생의 비를 조사하였지만 경상도에서 창원에서만 보여 더 없는 것으로 생각하였는데, 거창 박물관에서 보게 되어 눈이 번쩍 띌 정도이었다.

그리고 2025년에 거창 박물관에 있는 김육 선생의 비의 내력이 담긴 "거창지역사연구"라는 책자를 보내주시어 이번 책에 많은 도움이 되었다. 지면으로 감사드린다.

돌에 새긴 목민관 이야기 1

2022년 2월8일 김육 선생의 거창 원상동 신용원 씨의 집에서 발견되었으며, 원래의 위치는 1970년도에 거창 영호강 직강공사 때 내안 길을 정비하다가 발견되었고, 그 뒤 길가에 버려진 것을 공사를 관리하던 신용원 씨가 훼손을 우려하여 자기 집으로 옮겼다고 한다.

김육 선생의 비의 원래 자리는 거창군읍지에 "거창부" 객사 동문 밖에 있었다는 기록이 있다.

김육 선생의 비의 비제는 비의 상부에 右애서 左로 "慶尙右道居昌縣(경상우도거창현)"이라 되어 있고, 비의 전면 가운데에 위에서 아래로 "潛谷金相國堉宣惠便民不忘碑(잠곡김상국육선혜편민불망비)"라 되어 있다.

송시는 다음과 같다.

琦歟吾相	아~ 우리의 상국께서
肇玆良法	좋은 대동법을 비로소 만드시어
厥賦惟均	세금을 균등하게 부과하니
兆民樂業	수많은 백성이 생업에 즐거워하네.
染恩大德	큰 덕과 은혜를 입으니
浹髓淪肌	골수에 사무치고 살갗에 스며드네.
俾也可忘	잊을 수가 없도록
施于萬斯	만년 동안 베푸시는구나.

壬戌 八月 日立 1682년 8월 세우다.

비석을 만들 때는 귀부를 두었고, 1728년에 비각을 세웠다는 기록이 있었지만, 지금은 옛 모습은 간직하지 못하고 있다.

대동법은 각 지방의 특산물을 공물(貢物)로서 바치는 대신 미곡(米穀, 쌀)이나 삼베, 무명 등 직물, 혹은 돈으로써 세금을 내도록 하는 정책이다.

그림 167. 영의정 김육 비 - 거창 박물관

대동법 실시는 1608년(광해군 원년) 경기도를 시작으로 1623년(강원도), 1651년(충청도), 1658년(전라도 해안고을), 162년(전라도 산간마을), 1678년(경상도), 1708년(황해도) 순으로 100년 동안 조선 전국에 확대 실시되었다.

돌에 새긴 목민관 이야기 1

지금 남아 있는 김육 선생의 선정불망비는 대부분 대동법과 관련된 것이고, 영의정 재임 당시나, 사후에 건립된 것이었다.

마지막으로 경기도 평택에 있는 것으로 2018년에 답사를 가서 보고 온 것으로, 비에는 많은 명문이 남아 있다.

소개하면 다음과 같다.

"朝鮮國領議政金公坮大同均役萬世不忘碑

湖西宣患碑

均田出賦自三代大備九一件一實王政之大經逮世下衰貪暴作而民無所措手足至素廢井田開阡陌而兼幷極矣先王惠鮮之道又何可言也我國介處山海地俠陰方里之制旣無所施用則父師聖法槪見於西▨一區而▨年陵遲千載民日益以困其始制地者隨其田所出爲束者十爲一負爲負者百爲一結計結出米及布以應公家之賦由是而收之不暴用之有節則赤不悖於助徹之通意也惟其任土之貢一切取米布百物調度之須以蹄踵門戶之費率倍筬以征而邦木崒矣往萬曆戌申年間完平之文忠公始爲大同宣惠之政用▨▨畿輔而畿輔蘇後二十年丁卯吉川君權公盼爲湖西觀察使時則湖西民尤救於畿▨權公乃取完平之意平停一道田役出入劑爲絜法事未卒行籍以藏之後十二年戌寅故相國金公實按是道發視其籍歎曰活民之方不▨外矣早夜以思忘寢與食擧晝壽度纖悉畢擧入朝未畿爲 今上初元位遇益隆普登鼎席殷勤啓沃之假首先以是說進 聖上灼見利害之源凡所施設網要唯相國是聽於是號其局大同廳延城君李公時昉赤爲糸畵其爲法通筭一路田案邑無問大小唯視結數多實結出米十斗舟運上江其山僻遠海州懸准米出布咸委輸干京師自御▨▨ 宗社祀享接賓客凡百需用細至芻稈薪蒸之屬皆於是取辦官無所闊狹弛張吏無所伸縮

乾沒無更賦有常調民得服田安業以春秋二時具其物趨服會暇則養老育幼嬉

娛田里歌詠聖治而已行之九年民以爲使夫文忠公爲惠未徧吉川公徒籍莫施

唯金相國與李判書能溥意於事功衆訾而不恤群沮而不顧講之彌精守之彌堅

解萬姓倒懸之急建一方常安之策 朝廷方推而行之湖南其利不可一二而數

相國之威德於民吁其盛矣嗚呼相國操仁民之術 聖上恢敷施之量上下相須

迄臻厥成相國之遇 聖上可謂千載一時矣昔官陽候杜預請建富平河橋群臣

多異同者橋成武帝擧觴屬預預曰若非陛下之明臣無所施其巧後世不稱社預

之績而唯歸美於▨▨令大同之法實大造于民豈特一河橋濟行旅而已雖然君

天也天不可而形容犬德則樹豐碑于衢路以稱揚相國之美赤湖民之志也相國

名堉字伯厚清風人其爲相專以憂國奉公爲務銘曰扶蘇舊壞海流于旁 環壇

千里厥土燥垆 農▨蘇歿皆窳薄生 一困于歲溝𡒄未寧 勞耕苦穡稅入卒殫 畦

征畝 榷民食阻艱 天監在下 大聖奚作 聖作伊何徒以輔碩以登我 辟以惠我

人 更絃易撤爲法于仁 廉收簡斂毋聲而藏 粟米布縷取一而贏 春秋供事灌

于司會 歸安其室狗夜不吠 徐起視野禾茂麥秀 朝野鄉井老老幼幼自今伊始

迄于永世 旣飽旣佚相國是賴 匪相國賴聖后之德 衢謠塗詠曷以報塞

孔樂南土豐碑有揭 我鑱斯文頌義罔竭

嘉善大夫前任弘文館副提學 李敏求

撰崇政大夫行議政府右參贊 吳 竣 書

順治十六年 四月 日

풀이:

조선국 영의정 김육(金堉)의 대동균역(大同均役)한 일을 만세토록 잇

       돌에 새긴 목민관 이야기 1

지 않기 위해 세운 비

호서 선혜 비(湖西宣惠碑)

토지를 고르게 나누어 주고 부세(賦銳)를 내게 하는 것은 삼대(三代)[679]로부터 크게 갖추어졌으니 구일(九一)의 법[680]이나 십일(什一)의 법[681]은 실로 왕정의 커다란 일이다. 그 후 세월이 흘러 세상이 쇠퇴하면서 탐욕스럽게 마구 거두어들이는 자가 나타나 백성들이 어찌할 바를 모르고 쩔쩔매게 되었다.

진(秦)나라에 이르러 정전(井田)이 없어지고 천맥(阡陌)[682]이 열리며 겸병(兼井)[683]의 폐단이 극에 이르게 되었으니 어찌 선왕(先王)의 은혜를 내리는 도리를 또한 말할 수 있겠는가?

우리나라는 산과 바다 사이에 끼어있어 땅은 협애(狹隘)하며, 방리(方里)의 제도는 이전에는 시행하여 사용한 바가 없었다는 것을 성인이 평양 한 지역에 베푼 훌륭한 법에서 대략 볼 수 있다.

세월이 흐르면서 점점 그 제도가 쇠퇴해지니 천년이 지나자 백성들이 날로 곤궁해졌다.

처음 토지에 조세를 부과할 때 그 소출에 따랐는데 뭇[束(속)]이 열이면 한 짐[負(부)]이라 하고, 짐이 백이면 한 결(結)이라 하였다.

---

679) 중국의 하, 은, 주 세 나라 왕조
680) 정전제도(井田制度)에서는 토지를 9구획으로 나누고 8곳은 각 개인이 경작해서 수확을 갖고 나머지 한 구획은 공동으로 경작하여 나라에 바쳤다.
681) 수확의 1/10을 조세로 내는 제도
682) 논이나 밭에 동서 남북으로 난 길. 결국 토지의 한 가운데 길이 크게 날 만큼 큰 땅을 말한다.
683) 다른 사람의 토지까지 합하여 대토지를 갖게 되는 것.

결의 수를 헤아려 쌀과 베[布(포)]를 내어 공가(公家)의 지출에 이용하니 이로 인해 거두는 것이 갑작스럽게 많지 않았고 사용하는 것이 절제가 있어 조철(助徹)[684]의 대체적인 뜻에 어긋나지 않았다.

오로지 토지에서 바치는 공물(貢物)은 일체 쌀과 베로 징수할 때는 국가에서 사용하는 모든 물자의 대가와 제종(蹄踵)[685] 문호(門戶)의[686] 비용까지 계산하여 받아가서 당초에 책정한 액수보다 몇 갑절이 넘는 부담을 지게 됨으로써 백성의 고통은 더욱 심해 갔다.

지난 만력(萬曆) 무신년(1608년 선조 41년)에 완평부원군(完平府院君) 문충공(文忠公)이 처음으로 기보(畿輔)에 대동법(大同法)을 시행하여 기보의 백성들이 되살아났다.

그 20년 뒤인 정묘년(1627년, 인조 5년)에 길천군(吉川君) 권반(權盼)이 호서관찰사(湖西觀察使)가 되었는데, 호서의 백성들은 기보[687]의 제도를 매우 바라고 있었다.

권공은 이에 완평군(完平君)의 취지에 따라 도 전체의 토지세와 부역의 실태를 조사하고 이에 납세액을 조정하여 일원화시키는 계획을 세워 놓았으나 실시하지는 못하고 장부만 정리해 두었다.

그로부터 12년 후인 무인년(1638년: 인조 16년)에 김 상국(相國)

---

(684)　은나라 정전제에서 거둔 9분의 1의 구실을 조(助), 주나라에서 시행된 10분의 1을 거두는 것을 철(徹)이라고 하였다.

(685)　우마의 발굽과 사람의 뒤꿈치란 뜻으로 전하여 물건을 운반하기 위해 사람들이 왔다갔다 하는 모습

(686)　관청이나 창고 등 조세를 거두거나 보관하는 데 필요한 시설 등

(687)　수도 한양의 주변인 경기 지역

이 관찰사로 부임하여 그 장부를 꺼내어 보고 "백성을 살릴 방법이 다른 데 있지 않다"고 탄식했다.

이른 아침부터 늦은 밤까지 연구하여 잠자는 것과 먹는 일까지 잊어가면서 이 법을 실시하기 위한 세밀한 계획안을 마련하였다.

임기를 마치고 다시 조정으로 들어갔는데, 얼마 안 되어 지금 임금께서 왕위에 오르신 뒤에 임금의 은혜가 더욱 두터워져서 정석(鼎席)에 올랐다.[688] 공은 정사를 논의하는 여가에 먼저 이 문제를 제기하였다.

임금께서는 이 정책에 대한 이해관계를 밝게 통찰하시어 모든 실시 계획을 공에게 일임하였다.

그 관서를 대동청(大同廳)이라 하였으며 연성군(延城君) 이시방(李時昉)도 이 사무에 참여하였다.

그 제도의 내용은 한 도의 전안(田案)을 모두 헤아려 계산하는데, 각 군의 대소를 막론하고[689] 오직 토지의 실결수(實結數)[690]에 따라 한 결에 대하여 쌀 열 말씩을 징수하여 배를 이용하여 강으로 수송하는데 산간벽지와 먼 바다의 오지지역에서는 쌀에 준하는 만큼 베로 징수하여 모두 서울에 수송하는 것이다.

이로 인하여 궁중에서 사용하는 물품이나 종묘와 사직의 제사, 빈객 접대 등에 쓰이는 갖가지 것을 비롯하여 말먹이 여물, 땔감 같은 세세한 것까지도 모두 이것을 가지고 구매하여 충당하게 되었다.

---

688) 솥귀의 자리. 즉 솥의 다리에 해당되는 솥귀는 세 개가 있으며, 이로 인해 삼정승을 뜻하게 되었다.

689) 각 고을의 대소를 막론한다는 것은 목(牧)·도호부(都護府)·군·현 등의 읍격(邑格)의 차이를 무시한다는 뜻이다.

690) 토지 가운데 실제 경작되고 있는 것

이에 각 고을에서는 넓고 좁은 차이에 따라 부과액이 느슨하거나 죄어지지 않았고, 아전들은 수납할 때 많게 하거나 적게 할 수 없었고, 건몰(乾沒)[691]할 수도 없었다. 부세를 바꾸는 일이 없어서 일정한 액수를 내게 되니 백성들이 편안히 땅에서 농사에 힘쓰게 되었으며, 봄, 가을 두 철에 바칠 것만 바치고 나면 여가에 늙은이를 봉양하고 어린아이를 기르며 즐겁게 지내게 되었으며 시골 마을에는 '성치(聖治)'라는 노랫소리가 퍼졌다.

대동법을 행한 지 9년이 되자 백성들이 생각하기에 "무릇 문충공의 은혜는 널리 펴지지 못했고 길천공은 계획만 세우고 미처 실시하지 못하였으나 김 상국과 이 판서가 전력을 기울여 마침내 위대한 업적을 세웠다"고 하였다.

많은 사람들이 반대와 비난이 있었으나 조금도 소신을 굽히지 않고 더욱 치밀한 계획과 확고한 신념으로 백성들의 시급한 고통을 풀어주고 한 지역의 안정된 정책을 수립하였다.

조정에서 바야흐로 미루어 호남지역에까지 행하려 하니 그 이익이 한, 두 가지가 아니었으므로 자주 상국의 백성에 대한 권위와 덕망이 성하였음을 감탄하였다.

오호라! 상국의 인민에게 마음을 두는 정치와 성상의 널리 은혜를 펴려는 생각이 위아래에서 서로 맞아 대동법의 시행에 이르렀으니 상국께서 성상을 만난 것은 천년에 한 번 있을 만한 것이다.

예전에 관양후(官陽侯) 두예(杜預)가 부평하(富平河)에 다리를 세울 것을 청하였는데 여러 신하들 사이에 의견이 분분하였다.

---

[691]　물건을 관아에서 거저 빼앗음

하지만 다리가 만들어져 무제(武帝)가 술잔을 들어 두예의 술잔과 부딪히자 두예가 말하기를 "만약 폐하의 밝음이 아니었다면 신은 그것을 펼수 없었을 것입니다" 하였고, 후세에 그것을 두예의 공적이라 칭송하지 않고 그 아름다움을 ■ ■에게 돌렸다.

대동법은 실로 백성들에게 큰 공헌이니 어찌 하나의 하천에 다리를 세워 지나는 길손들을 건너게 한 것에 비견될 뿐인가. 비록 그러하나 임금은 하늘이니 하늘의 넓고도 큰 덕을 형용할 수 없다.

다만 풍비(豊碑)[692]를 길가에 세워 상국의 아름다움을 칭송하고자 하니 이것은 호서 백성들의 뜻이라. 김 상국의 이름은 육(堉), 자는 백후(伯厚)이며 본관은 청풍(淸風)이다.

재상이 되어 오직 나라를 근심하며 공사(公事)를 받드는 일로 임무를 삼았다.

가선대부 전임 홍문관 부제학(壽善大夫 · 前任弘文館副提學) 이민구(李敏求)[693] 撰

숭정대부(崇政大夫) 행 의정부 우참찬(行議政府右參贊) 오준(吳竣)[694] 書

순치(順治)16년(1659년)[695] 4월 일"

---

692) 공덕을 칭송하기 위해 세우는 비
693) 이민구(1589년~1670년) 본관 전주, 조선시대 부제학, 대사성, 도승지 등을 역임한 문신.
694) 오준(1587년~1666년) 본관 동복, 조선시대 대사헌, 좌참찬, 판중추부사 등을 역임한 문신. 서예가로 석봉체를 잘 썼다고 한다.
695) 국가지식이음에서 발췌하였다.

그림 168. 영의정 김육 비 - 평택 소사

지금까지 조사된 김육 선생의 비석을 표로 정리하였다.

번호	명 문	세운 시기	위 치
1	朝鮮國領議政金公堉大同均役萬世不忘碑 湖西宣惠碑	順治一十六年 四月 1659년 4월	평택 소사
2	慶尙右道居昌縣 潛谷金相國堉宣惠便民不忘碑	壬戌 八月 日 1682년 8월	거창 박물관
3	故相國潛谷000000	康熙 二十參年 二月 1684년 2월	창원 용지공원

4	相國金公堉永世不忘碑	順治十七年 庚子五月 1660년 5월	아산 신창
5	領議政金公堉永世不忘碑	順治十七年庚子 正月 1660년 1월	예산 대흥
6	領相金公堉均後便民碑	康熙癸亥 三月 1683년 3월	군산 옥구 향교
7	領議政金公堉輕徭保民仁德不忘碑	己亥 十二月 1659년 12월	익산 조해영 가옥
8	領相金公堉大同仁政沒世不忘碑	己亥 四月 1659년 4월	익산 용안 동헌

김육 선생의 졸기와 상소[696]를 소개한다.

"효종 9년 무술(1658년) 9월 5일(기해)
대광 보국 숭록 대부 영돈녕부사 김육의 상소와 졸기

대광 보국 숭록 대부 영돈녕부사 김육(金堉)이 죽었다. 죽음에 임하여 상소하기를,

"신의 병이 날로 더욱 깊어지기만 하니 실낱 같은 목숨이 얼마나 버티다가 끊어질런지요?

아마도 다시는 전하의 얼굴을 뵙지 못할까 생각되므로 궁궐을 바라보며 비 오듯이 눈물을 흘렸습니다.

제왕의 학문에서 귀중히 여기는 것은 마음을 간직하고 정신을 하나로 모아 밖으로 치달리지 않게 하는 것을 말합니다.

---

696)　고전번역원 데이터베이스(DB)에서 발췌하였다.

전하께서 종전부터 학문을 강마하시면서 과연 이 도리를 잃지 않으셨습니까?

악정자 춘(樂正子春)은 한낱 필부였습니다만, 한 발자국을 뗄 때에도 부모를 잊지 않았습니다. 그런데 전하께서 오늘날 다치신 것이 이 지경에까지 이르렀으니 어찌 악정자 춘에게 부끄럽지 않겠습니까.

송 효종(宋孝宗)에게 철장(鐵杖)과 목마(木馬)가 뜻을 가다듬어 원수를 갚는 데 무슨 도움이 되었습니까.

주희(朱熹)와 같은 때에 살면서도 주희로 하여금 수십 일도 조정에 있게 하지 못하였으니 정말 애석한 일이었습니다.

전하께서 오늘날 심학(心學)에 힘을 써야 하실 것은 다만 위 무공(衛武公)의 억계시(抑戒詩)를 완미하고 탐색하시는 것입니다.[697] 맹자가 말하기를 '백성을 보호하면서 왕 노릇을 하면 막을 수가 없을 것이다.'고 하였습니다.

백성이 편안하여 삶을 즐겁게 누리면 어찌 군사가 없는 것을 걱정할 것이 있겠습니까.

흉년이 들어서 백성들이 흩어져 사방으로 가려 하는데 승호(陞戶)하는 일이 또 이때에 생겨 대신들이 다투어 간했지만 되지 않았으니 이 무슨 일입니까.

전하께서 후회하셔야 할 것입니다. 비록 열 번 명령을 바꾼다 하더라도 무슨 지장이 있겠습니까.

---

[697] 위 무공은 나이가 95세가 되어서도 억계시 12장을 지어 항상 곁에서 외우게 하여 마음을 깨우치고 신하들로 하여금 늙었다고 멀리하지 말 것을 경계하였다.《시경(詩經)》대아(大雅) 탕지십(蕩之什) 억(抑).

나라의 근본을 기르는 일은 오늘의 급선무인데, 찬선을 맡길 사람은 송시열과 송준길보다 나은 자가 없을 것입니다.

원하건대 전하께서는 시종 공경스러운 예로 맞아 지성으로 대우하여 멀리하려는 마음이 없게 하소서.

호남의 일에 대해서는 신이 이미 서필원(徐必遠)을 추천하여 맡겼는데, 이는 신이 만일 갑자기 죽게 되면 하루아침에 돕는 자가 없어 일이 중도에서 폐지되고 말까 염려되어서입니다.

그가 사은하고 떠날 때 전하께서는 힘쓰도록 격려하여 보내시어 신이 뜻한 대로 마치도록 하소서. 신이 아뢰고 싶은 것은 이뿐만이 아닙니다만, 병이 위급하고 정신이 어지러워 대략 만분의 일만 들어 말씀드렸습니다.

황송함을 금하지 못하겠습니다.”

하니 답하기를,

“경의 차자를 살펴보니 매우 놀랍고 염려가 된다. 진술한 말은 모두가 지극한 의논이었다.

깊이 생각하지 않을 수 있는가. 호남의 일에 대해서는 이미 적임자를 얻어 맡겼으니 우려할 것이 있겠는가.

그리고 경은 늙었으나 근력이 아직도 강건하고 병이 깊이 들었지만 신명(神明)이 도와줄 것이다. 어찌 쾌차의 기쁨이 없겠는가.

경은 안심하고 잘 조리하라.”

하였다.”

김육은 기묘 명현(己卯名賢)인 대사성 김식(金湜)의 후손이다. 젊어서부터 효행이 독실하였고 장성하자 문학에 해박하여 사류들에게 존중받았다. 광해조 때에는 세상에 뜻이 없어 산속에 묻혀 살면서 몸소 농사짓고 글을 읽으면서 일생을 마칠 것처럼 하였다.

인조반정에 이르러 제일 먼저 유일(遺逸)로 추천되어 특별히 현감에 제수되고 이어서 갑과(甲科)에 뽑혔고 벼슬이 영의정에 이르렀다.

사람됨이 강인하고 과단성이 있으며 품행이 단정 정확하고, 나라를 위한 정성을 천성으로 타고나 일을 당하면 할 말을 다하여 기휘(忌諱)를 피하지 않았다.

병자년에 연경에 사신으로 갔다가 우리나라가 외국 군사의 침입을 받는다는 말을 듣고 밤낮으로 통곡하니 중국 사람들이 의롭게 여겼다.

평소에 백성을 잘 다스리는 것을 자신의 임무로 여겼는데 정승이 되자 새로 시행한 것이 많았다. 양호(兩湖)의 대동법은 그가 건의한 것이다.

다만 자신감이 너무 지나쳐서 처음 대동법을 의논할 때 김집(金集)과 의견이 맞지 않자 김육이 불평을 품고 여러 번 상소하여 김집을 공격하니 사람들이 단점으로 여겼다.

그가 죽자 상이 탄식하기를 '어떻게 하면 국사를 담당하여 김육과 같이 확고하여 흔들리지 않는 사람을 얻을 수 있겠는가.' 하였다.

나이는 79세였다. 그의 차자 김우명(金佑明)이 세자의 국구(國舅)로서 청풍 부원군(淸風府院君)에 봉해졌다.[698]

---

698)　고전번역원 데이터베이스(DB)에서 발췌하였다.

30. 심열

심열 沈悅(1569년~1646년)[699]

본관은 청송(靑松). 자는 학이(學而), 호는 남파(南坡). 아버지는 병조판서 심충겸(沈忠謙)이며, 어머니는 연일정씨(延日鄭氏)로 첨지중추부사 정숙(鄭䃞)의 딸이다. 부사 심예겸(沈禮謙)에게 입양되었다.

1589년(선조 22년) 진사시에 합격하고, 1593년 별시문과에 병과로 급제, 예문관 검열에 기용되었다. 뒤에 성균관전적 등 삼사의 요직을 역임하고 경기도·황해도·경상도·함경도의 관찰사를 지냈다.

1623년 호조판서로 승진하였으며, 1638년(인조 16년) 염철사(鹽鐵使)가 되어 중국 심양(瀋陽)에 가서 물물교환을 하였고, 그 뒤 강화유수·충청도관찰사·판중추부사·우상·좌상·영상 등을 역임하였다.

심열은 관직에 있으면서 탁지(度支, 국가의 재정을 담당한 관청. 호조의 별칭.)에 대한 뛰어난 경륜으로 왕의 총애를 받았다.

또한, 시와 글씨에도 능하였는데, 특히 시는 심오전아(深奧典雅)하면서 호상활달(豪爽豁達)하였다.

시호는 충정(忠靖)이며, 저서로는 《남파상국집(南坡相國集)》 6권이 있다.

---

699) 한국민족문화대백과사전에서 발췌하였다.

심열 선생의 선정비는 강화도에만 남아 있으며, 강화도 갑곶 비석군에 여러 비석과 함께 있다.

비제는 "行留守沈公悦淸德善政碑(행유수심공열청덕선정비)"라 되어 있고, 세운 시기는 "崇禎元年七月日(숭정원년칠월일)"이라 되어 있어, 1628년에 세운 것이다. 칭송하는 송시는 없다.

강화유수에 임명되는 기록은 다음과 같다.

"인조 5년 정묘(1627) 5월 11일(병자)

좌승지 김수현·우승지 정백창·함평 현감 박정 등에게 관직을 제수하다

정사가 있었다. 이비(吏批)에게 하교하기를,

"호조 참판에 좌승지 김수현(金壽賢)을, 이조 참의에 우승지 정백창(鄭百昌)을, 승지에 함평 현감(咸平縣監) 박정(朴炡)을 제수하라."

하였는데, 이비가 아뢰기를,

"대신이 체차될 경우 영돈녕(領敦寧)·영중추(領中樞)에 제수하는 것이 구례(舊例)인데, 영중추로는 이원익(李元翼)이 있고 영돈녕으로는 한준겸(韓浚謙)이 있습니다. 종일품(從一品)의 자리로는 단지 판중추(判中樞) 두 자리와 판돈녕 두 자리가 있을 뿐인데, 판중추는 정창연(鄭昌衍)과 조정(趙挺)이 모두 원임(原任)으로 그 자리에 있습니다.

윤방을 낮추어 판돈녕에 제수할 경우 위차(位次)가 한준겸의 밑에 있게 되므로 사체가 온당치 않습니다.

《대전(大典)》에 '정일품을 군(君)으로 한다.'는 조항이 있으니 부득이 해창군(海昌君)으로 하비(下批)하실 것을 감히 아룁니다."

돌에 새긴 목민관 이야기 1

하니, 답하기를,

"알았다.

영돈녕의 자리는 빼어 놓고 제수하라."

하였다.

이비가 또 아뢰기를,

"영돈녕의 자리를 비운다면 한준겸을 낮추어 판돈녕에 제수하는 것이 마땅할 듯합니다. 따라서 판돈녕 이직언(李直彦)을 빼놓을 뜻으로 감히 아룁니다."

하니, 아뢴 대로 하라고 답하였다. 윤방을 영돈녕부사로, 한준겸을 판돈녕부사로, 정경세(鄭經世)를 대사헌으로, 오백령(吳百齡)을 대사간으로, 이경여(李敬輿)를 승지로, 조방직(趙邦直)을 장령으로, 심지원(沈之源)을 지평으로, 김성발(金聲發)을 장령으로, 엄성(嚴惺)을 집의로, 이행원(李行遠)을 헌납으로, 조빈(趙贇)을 정언으로, 김덕승(金德承)을 지평으로, 김설(金卨)을 정언으로, 이소한(李昭漢)을 수찬으로, 강석기(姜碩期)를 응교로, 윤강(尹絳)을 봉교로, 이신(李愼)을 황해 병사로, 심열(沈悅)을 강화 유수로 삼았다."[700]

그리고 영의정에 임명되는 기록도 다음과 같다.

"인조 21년 계미(1643년) 5월 6일(무술) 맑음

---

700)   고전번역원 데이터베이스(DB)에서 발췌하였다.

그림 169. 강화 유수 심열 비 - 강화도 갑곶

정사가 있었다.

이비가 김자점(金自點)을 낙흥부원군(洛興府院君)으로, 이위(李偉)를 강화 경력(江華經歷)으로, 정광경(鄭廣敬)을 이조 참판으로 삼았다. 유백증(兪伯曾)을 기평군(杞平君)에, 이해(李澥)를 함릉군(咸陵君)에 단부하였다.

조필달(趙必達)을 양주 목사(楊州牧使)로, 이덕형(李德洞)을 우참찬으로 삼았다. 승문원 도제조에 김자점을 단부하였다.

김신국(金藎國)을 판의금부사로, 이완(李浣)을 겸 교동 부사(兼喬桐府

돌에 새긴 목민관 이야기 1

使)로, 원두표(元斗杓)를 강화 유수(江華留守)로 삼았다. 양화 도승(楊花渡丞)에 김현룡(金賢龍)을 단부하였다.

기진흥(奇震興)을 의금부 도사로, 민진량(閔晉亮)을 석성 현감(石城縣監)으로, 신즐(申濟)을 의금부 도사로 삼았다.

의정부우의정 겸 영경연사 감춘추관사(領經筵事監春秋館事)에 김자점(金自點)을, 겸 세자부(兼世子傅)에 심기원(沈器遠)을, 의정부좌의정 겸 영경연사 감춘추관사(領經筵事監春秋館事)에 심기원을, 의정부영의정 겸 영경연홍문관예문관춘추관관상감사 세자사(領經筵弘文館藝文館春秋館觀象監事世子師)에 심열(沈悅)을 제수하였다.”[701]

마지막으로 심열 선생의 졸기를 소개하면 다음과 같다.

“인조 24년[702] 병술(1646년) 1월 24일(임신)
영중추부사 심열의 졸기

영중추부사 심열(沈悅)이 죽었다.

심열은 사람됨이 명민하고 재주와 국량이 있어 젊어서부터 청요직을 두루 거쳤다. 광해조(光海朝)에 이르러 폐모(廢母)의 정청(庭請)에 참여하였고 함경 감사가 되어서는 은쟁반을 만들어 올리면서 그 위에 자기의 이름을 새겼다.

반정의 뒤에 궐내의 기물을 모조리 호조로 보냈는데 그 은쟁반도 그 가

---

701)   고전번역원 데이터베이스(DB)에서 발췌하였다.
702)   고전번역원 데이터베이스(DB)에서 발췌하였다.

운데 있었으므로 보는 이들이 비루하게 여겼다.

그러나 재능이 있었기 때문에 폐기되지 않고 드디어 호조 판서가 되었으며, 최명길(崔鳴吉)이 정권을 잡자 끌어다 재상으로 삼았는데, 이에 이르러 죽었다."

31. 유척기

유척기 兪拓基(1691년~1767년)

본관은 기계. 자는 전보(展甫), 호는 지수재(知守齋). 아버지는 목사 명악(命岳)이다.

1714년(숙종 40년) 증광문과에 급제한 뒤 검열·정언 등을 지냈다. 1721년(경종 1년) 연잉군(延礽君 : 나중에 영조)이 세제(世弟)로 책립되자 책봉주청사(册封奏請使)의 서장관(書狀官)으로 청나라에 다녀왔다.

이듬해 신임사화를 일으켜 집권한 소론의 언관 이거원(李巨源)의 탄핵을 받아 홍원에 유배되고 동래에 안치(安置)되었다.

1725년(영조 1년) 노론이 재집권하자 등용되어 대사간·동부승지 등을 거쳐 승지 겸 참찬관을 지냈다.

이어 경상도관찰사를 거쳐 다시 대사간이 되었으나 정미환국으로 파직당했다. 그 뒤 이인좌의 난이 일어나자 재등용되어 원자보양관·세자시강원빈객을 거쳐 평양도관찰사·호조판서 등을 역임했다.

1739년 우의정에 올라 신임사화로 사사된 노론 대신 김창집·이이명(李頤命)의 복관을 건의하여 신원(伸寃)시키기도 했으나, 소론의 유봉휘(柳鳳輝) 등을 탄핵하다가 뜻을 이루지 못하자 사직했다.

그 뒤 다시 등용되어 영중추부사를 지낸 뒤 봉조하가 되어 기로소에 들어갔다.

그는 노론 중의 온건파로 이천보(李天輔)와 같이 영조의 탕평정치에 협력했다.

1758년에 영의정이 되었다.

당대의 명필로 홍주의 〈노은동선생유허비 魯隱洞先生遺墟碑〉, 순창의 〈삼인대사적비 三印臺事蹟碑〉, 경주의 〈신라시조왕묘비 新羅始祖王墓碑〉, 청주의 〈만동묘비 萬東廟碑〉 등의 글씨를 남겼다. 저서로 〈지수재집〉이 있다. 시호는 문익(文翼)이다.[703]

유척기선생의 선정불망비는 9좌가 남아 있으며, 그중에 경상도 관찰사를 역임할 때 세운 비가 제일 많았다.

대구에 있는 경상감영에 있는 것부터 소개한다.

경상감영에 있는 여러 비석과 같이 있으며, 비제는 "觀察使兪相公諱拓基爲國惠民碑(관찰사유상공휘척기위국혜민비)"라 되어 있다.

비의 전면에 많은 명문이 있으며 소개하면 다음과 같다.

"玆府也

中一道 下三營 甚劇地 酬應浩穰 民役無津 令宰賢伯 時有助不給 補不足之政

而特是姑息而己未有深思遠慮 永久革弊之擧矣 幸我先城主 視篆斯土也

築石室而藏水 除草庫勞民 今我相國接節玆營也

損萬金而設屯 需鷄雉而惠民祛瘼蘇殘之政前後一揆 兩世同美 猗歟休哉

惟父令德 惟子善繼 至澤深恩萬世難忘 惠民之屯 其有光於藏水之石乎嗚呼

在口之碑安知照後而不泯也哉

玆謨象其記其積 鐫於石 文不朽 石不磨 則達之民 子又孫 孫又芮 亦能知

相國之憂民

隱施惠廣 而感頌於千後矣 傳曰

民惟邦本 本固邦寧 我相國 置惠屯之意 豈非爲國固本之誠乎

倘令游刀於岩廊之上 則八方之殘 萬民之瘼 不日可蘇一拳可革

故名斯石曰

爲國惠民 碑不意寓去 思之情也已 且恐屯案節目之紙 愈久而蠹 慢莊而

火略

取款刻諸碑陰 其可永傳於後而無弊耶 惜乎 斯屯設置 才週三載 節目遵

行 已無一人

則未知來後 誰能體相國之遠慮 推廣其之惠乎 不勝憪然 語及於尾 要警

鄉之後人 云

庚戌 四月日 解西部 東村 西村 立

풀이:

이곳은 행정적으로 매우 중요하고 어려운 지역으로 한 개의 주요 도로 아래 세 개의 군사 주둔지가 있어, 처리해야 할 일들이 너무 많고 백성들의 노역은 끝이 없었다.

현명한 관리들도 때로는 도움을 주기 버거워했고, 부족한 부분을 메우는 정책들은 단지 임시방편일 뿐, 깊이 생각하고 멀리 내다보는 영구적인 폐단 개혁 책은 없었다.

다행히 우리 선대 성주께서[704] 이곳을 다스리실 때, 돌방을 지어 물을 저장하고, 풀을 베어 창고를 만들었는데, 이는 백성들에게 많은 노역을 주었다.

이제 우리 상국(재상)께서 이 지역을 맡아 다스리시면서, 만금을 들여 둔전(屯田, 군용 또는 민간 정착지)을 설치하고 닭과 꿩을 제공하여 백성들을 이롭게 하셨다.

고통을 없애고 쇠잔한 백성을 되살리는 이러한 정책들은 앞선 대와 한결같아, 두 세대가 같은 아름다움을 이루었으니, 참으로 훌륭하였네.

오직 아버지의 훌륭한 덕과 아들의 훌륭한 계승으로, 지극한 은혜는 만세토록 잊을 수 없을 것이다.

백성들을 이롭게 한 둔전이 과연 물을 저장한 돌방처럼 빛날 수 있을까?

아! 입에서 전해지는 비석(말로만 전해지는 칭송)이 어찌 후대에까지 밝게 비쳐져 사라지지 않을 수 있겠는가!

그러므로 이 계획을 상징하고 그 공적을 기록하여 돌에 새긴다면, 글은 썩지 않고 돌은 닳지 않아 백성들에게 전해지고, 자자손손, 대대로 이어져 상국께서 백성을 근심하시고 넓게 은혜를 베푸셨음을 알게 되어 천 년 후까지도 감동하며 칭송할 것이다.

《서경》에 이르기를, "백성은 나라의 근본이니,[705] 근본이 굳건하면 나라가 평안하다"고 하였다.

---

704)　유척기의 조부 유철은 경상도 관찰사, 부친 유명악은 대구판관으로 재임하였는데 여기의 글은 부친인 유명악을 가리키는 것으로 생각된다.

705)　《서경(書經)》 오자지가(五子之歌)에 "백성이 바로 나라의 근본이니, 근본이 굳건해야 나라가 편안하다.[民惟邦本 本固邦寧]"는 유명한 말이 나온다.

　　돌에 새긴 목민관 이야기 1

우리 상국께서 혜둔(惠屯, 은혜로운 둔전)을 설치하신 뜻이 어찌 나라의 근본을 굳건히 하려는 진심이 아니겠느냐!

만약 조정에 유능한 인재들이 있다면, 팔방의 쇠락함과 만백성의 고통을 머지않아 회복시키고 한 번에 개혁할 수 있을 것이다.

그러므로 이 돌에 '나라를 위하고 백성을 이롭게 하다(爲國惠民)'라는 이름을 새긴 것이다.

이는 떠나고 싶은 마음을 담으려는 것이 아니다.

또한 둔전 관련 문서들이 오래될수록 좀먹고, 소홀히 다루다 불에 타버

그림 170. 관찰사 유척기 비 - 대구 감영

릴까 염려되어, 그 주요 내용을 이 비석 뒷면에 새겨 영원히 후대에 전해
지고 폐단이 없게 하려는 것이다.

아쉽게도 이 둔전이 설치된 지 겨우 3년이 지났는데도, 규정을 따르는
사람이 이미 한 명도 없었다.

후대에 누가 상국의 원대한 생각을 이해하고 그 은혜를 널리 펼칠 수 있
을지 알 수 없으니, 참으로 개탄스럽다.

끝으로 이 말을 통해 고향의 후세 사람들에게 경고하며 말하노라.

경술 사월일 해서부 동촌 서촌 립(1703년 4월에 세우다)"

뒷면에도 많은 명문이 있다. 내용은 다음과 같다.

"屯畓■■守縣內大泉二百二五斗五刀神堂十五斗■馬十九斗西中井岐二
百五十五斗五刀沙里二三斗知里㗖州■斗東東中伊布一百五十一斗馬■川
泉千七十七斗以之■二十三斗五內大也

四斗■二弘■■九百三斗■■四■■三斗東■■二斗地神十四斗■■■
十斗

小■五斗

下■西松上一內二十四斗松下五十七斗五刀

西■■■■■十四斗五刀也三八斗■畬一■六百四十三斗■只

一百七十五兩■組八十二百十四石■■■■文■百十七■

節目有田以■■■■■爲■■■■■疇■■■■■■■州民■■■■■■■

■也民力蠲除之地■爲■■■■■■■■■■■■■"

비의 뒷면에 보이는 명문은 직접 가서 확인하였지만, 정확한 판독은 되지 않았으며, 탁본을 허락받지 못한 것도 있다.

그리고 깨진 부분과 박락으로 인해 전체의 문장이 구성되지 않았고, 필자가 판독한 몇몇 글자로는 어렵기에 풀이는 하지 않는다.

대구의 금석문 자료에는 전면에 명문만 보이고 있어, 비의 뒷면의 명문을 풀이하는 데 많은 어려움이 있었다.

조금 더 일찍이 조사 하였더라면 하는 생각이 많이 드는 유척기의 비였다.

유척기 선생은 경상도 관찰사를 2번이나 역임하는데 그 기록은 다음과 같다.

“영조 2년 병오(1726년) 4월 5일(정묘)[706]

정택하·이단장·김상석·권적·민응수·이현록 등에게 관직을 제수하다

정택하(鄭宅河)를 집의(執義)로, 이단장(李端章)을 사간(司諫)으로, 김상석(金相奭)을 부교리(副校理)로, 권적(權禰)을 교리(校理)로, 민응수(閔應洙)를 헌납(獻納)으로, 이현록(李顯祿)을 승지(承旨)로, 이재(李縡)를 좌부빈객(左副賓客)으로, 이의현(李宜顯)을 홍문관 제학(弘文館提學)으로, 유척기(兪拓基)를 경상도 관찰사(慶尙道觀察使)로, 유복명(柳復明)을 강원도 관찰사(江原道觀察使)로 삼았다.”

2번째 임명되는 기록은 다음과 같다.

---

706)　　고전번역원 데이터베이스(DB)에서 발췌하였다.

"영조 13년 정사(1737년)[707] 3월 10일(무술)

출사하지 않은 판윤 유척기를 특별히 경상도 관찰사로 보임하다

특별히 판윤 유척기(俞拓基)를 경상도 관찰사로 보임(補任)하였다.[708]
이는 "유척기"가 출사(出仕)하려 하지 않았기 때문이다."

두 번째로 소개하는 비석은 칠곡향교에 있는 것으로 대구 감영의 비석과
마찬가지로 명문이 많이 있으며, 하단 부분에 깨진 흔적이 역력하였다.

"관찰사유상국휘척기유혜불망비(觀察使俞相國諱拓基遺惠不忘碑)"

丁未[709]三月二十六日巡道本府公來■■■聞

觀察使兼巡察使爲相國者事架山設築已遇八十餘年庚辰年李等內加築外
城之後

李府使■■■邑

公來及還位米每堂分站以倭倭劃定之意城築目縣板揭于南倉而歲月旣久
事多關■■

　　■■■

只揭於南倉故營門與本府未■覺■辰年以公本環爲米劃定之■偏于令年
分站時亦■■■

---

707)　고전번역원 데이터베이스(DB)에서 발췌하였다.
708)　어떤 직책을 맡도록 임명함
709)　1727년으로 생각된다.

劃定矣追因民人■呈訴始開有南倉縣■■未■見則■初定式■爲合當■

永久■■■

府使不時追歸士民■亦不致意俱不及預報之改令年改令站啓本已爲上■

令難■■■

此後改每年十月十一日之問的木府依節■■以倭神■定之意預先廩■■

■■■■

之地爲乎矣當其時府使如或有敬■而以意告于■官及時報以除本邑一■

■民■■■■

文一■付之衙壁士以爲常在心■瞻時提■之地易念遵守宜事嗚呼關文■

辭意■■■

曲踿使恭民自謨何以加此■奉■讚甫三落勝成■節■■意幾不免■寢未

乃■其舊而遵行使弊■■■■■

■終以■澤者背公之賜也邑人每技意以芳其美而■遭荒瞻遷就美逞者已

矣玆■■■

春慕工治石立于八蒼縣首以丁未關文■之以爲■永久遵而勿替云甫

乙卯六月日立[710]

칠곡향교에 있는 관찰사 유척기의 비에는 많은 명문이 있기에 3번이나 방문하여 확인하였지만 제대로 하였다고 할 수 없는 것은 탁본을 하지 않아 선명하게 명문을 확인 못 하였다.

그래서 칠곡향교의 명문은 필자가 확인한 것만 올리고 번역은 하지 않

---

710)　1735년이다.

는다.

명문 확인을 마치고 칠곡향교에 가서 탁본자료가 있는지 문의하니 없다고 하였으며, 지금 비석이 박락이 심하고 하니 남아 있는 명문이라도 탁본을 하여 보관해 달라 부탁을 하고 왔다.

그림 171. 관찰사 유척기 비 – 칠곡향교

세 번째 비는 다사읍에 있는 것으로 왕선골에 있었지만, 상가 신축으로 인해 다사읍 매곡리로 옮겼다가 토지소유자와 주변 환경 문제로 현재의 자리로 옮겼다.

돌에 새긴 목민관 이야기 1

그림 172. 관찰사 유척기 비 - 대구 다사읍

비제는 "兼觀察使兪相國諱拓基遺澤萬民永世不忘碑(겸관찰사유상국
휘척기유택만민영세불망비)"라 되어 있고, 세운 시기는 "庚戌四月(경술4
월)"이라 되어 있어, 1730년에 세운 것이다. 칭송하는 송시는 없다.

4번째는 경북대박물관 야외전시관[711]에 있는 것의 부친인 유명악의 碑
와 함께 있다.

비제는 "관찰사유척기영세불망비(觀察使兪拓基永世不忘碑)"라 되어

---

711) 경북대 박물관에 야외전시장에 있는 유척기의 비는 2025년 5월 21일 공문으로 허락받
     았다.

있고, 칭송하는 송시는 다음과 같다.

"善繼先志 선인의 뜻을 잘 이어받아

大省民從 크게 살피시어 백성들이 따르니

德洽兩世 두 세대에 걸쳐 덕으로 흡족하게 하셨네.

澤流千穡 은택은 모든 곡식에 이르며

捐數萬財 수만 재물을 기부하시어

備鷄雉畓 닭과 꿩으로 논을 마련하였네.

俾也可忘 어찌 잊을 수 있으랴!

有如斯石 이와 같은 일이 새겨진 돌이 있도다."

雍正 庚戌⁷¹²⁾ 四月日 守六面立 1730년 4월 6개면에서 세우다.

지금은 이 비가 경북대 박물관 야외 전시장에 있지만, 그전에는 수성초
등학교에 있었던 것을 1994년에 현재의 자리로 옮겨왔다.

청구야담에는 유척기에 관한 일화가 전해져 오고 있으며, 소개하면 다
음과 같다.

"판서를 지낸 신임⁷¹³⁾이 아들이 일찍 죽고 손녀가 있는데, 홀로 된 며느
리는 틈이 날 때마다 시아버지에게 손녀의 사윗감을 직접 골라 주기를 청

---

712)   전일주 저"조선시대의 송덕비 및 영세불망비"에서 발췌하였다.

713)   申銋(1642년~1725년)본관은 평산(平山). 자는 화중(華仲), 호는 한죽(寒竹). 아버지는 집의
    신명규(申命圭)이다. 어머니는 남호학(南好學)의 딸이다. 박세채(朴世采)의 문인이다.

했다. 그는 청상이 되어 유복자 딸아이를 혼자 키운 처지였으니 좋은 사위를 얻고 싶은 욕심이 남달랐다. 신임이 어떤 신랑감을 구하느냐고 묻자 이렇게 답한다.

"수명은 여든까지 해로하고, 벼슬은 대관(大官)에 이르며, 가세는 부유하고, 아들을 많이 낳을 사람입니다."

신임의 며느리는 딸의 혼처는 귀한 집이나 벼슬이 높은 집에 시집을 보내기를 이렇게 원하니, 신임은 마을을 돌아다니며, 손자 사윗감을 고르고 있는데, 어느 날 길에서 한 아이가 봉두난발을 하고 부산하게 돌아다니고

그림 173. 관찰사 유척기 비 - 경북대 박물관

있었다.

십여 세쯤 되는 아이로, 그 아이를 본 신임이 가마를 멈추고 자세히 보니 옷이 몸을 가리지 못했으나 골격이 비범하였기에, 그 아이의 집으로 따라가 보니 가세는 매우 어려웠으며, 홀어머니를 모시고 있었다.

신임은 아이의 미래를 보고 청혼을 넣었고 그 이야기를 며느리에게 하였다. 그리고 며느리가 계집종을 통해 사윗감의 집안 사정을 알아보니, 가산은 취할 데 하나 없을 정도로 가난하기 그지없다고 하니, 며느리는 담이 떨어지고, 머리가 하얗게 되었다.

그러나 혼인날을 받아 놓았으니 어쩔 수 없었다.

이후 사위인 유척기는 80에 가까운 나이까지 장수하였고, 벼슬은 영의정까지 올랐다."

다른 사람의 일생을 알아보는 능력이 있다는 것은 대단한 것이라 생각되며, 한 사람의 일생이 잘 풀리면 그 후손도 잘 되는 것으로 생각된다.

다만 위의 글에서 보면 유척기가 가난하였다고 하지만, 부친인 유명악이 청주목사에 오르고 대구에서 판관까지 하였는데, 가난하지 않았다고 생각된다.

아마 *신임(申銋)의 능력을 돋보이게 하려고 각색한 것으로 풀이된다.*

5, 6번째 비는 대구 상덕사에 있는 것으로 여기에는 유척기 선생의 선정비가 2좌가 있다.

그림 174. 겸순찰사 유척기 비 – 대구 상덕사

"상덕사"는 대구시청 부근에 있었던 것으로 관찰사 李翻[714]이 재임하면서 영남의 백성을 구휼하고 학교진홍에 힘썼기에 그 공적을 찬양하여 세운 것이다.

그리고 관찰사 유척기의 비가 2좌인 것은 관찰사로 2번이나 역임 하였기에, 2좌이고, 그 공적이 관찰사 이숙과 같다 하여, "상덕사"에 배향된 것이다.

---

714) 이숙(1626년~1688년) 1672년 정월에서 1673년 4월까지 경상도 관찰사로 재임하였다.

2좌의 모두 같은 해에 세워졌으며, 칭송하는 송시는 없다. 2좌의 비를
세운 것은 경상도 관찰사를 2번 역임하였기에 그것을 상징적으로 표현한
것으로 생각된다.

표로 만들어 소개한다.

번호	명문	세운 시기	
1	兼巡察使兪相國拓基永世不忘碑 겸순찰사유상국척기영세불망비 (그림 174번)	庚戌 十月 日 立 경술 10월 일 립	1730년 세움
2	觀察使兪公拓基永世不忘碑 관찰사유공척기영세불망비 (그림 175번)	庚戌 三月 日 立 경술 3월 일 립	

그림 175. 관찰사 유척기 비 - 대구 상덕사

돌에 새긴 목민관 이야기 1

그다음으로는 영남대 민속박물관에 있는 것으로, 비제와 세운 시기는 남아 있으나 송시는 없었다.

비제는 "兼巡察[715]使兪相國諱拓基淸德遺澤萬民追思碑(겸순찰사유상국휘척기청덕유택만민추사비)"라 되어 있고, 세운 곳과 시기는 "河東面 庚戌十一月立(하동면경술11월립)"이라 되어 있다. 1730년에 세운 것으로 보이며, 하동[716]에서 세운 비가 영남대에 있는 이유를 알아내지 못하였다.

그다음은 경기 양주 관아지 있는 목사 유척기의 비이다.

양주는 2012년에 2박 3일로 답사를 하면서 양주 "관아지"를 촬영하였는데, 그곳에는 많은 벼슬아치들의 불망비가 남아 있으며, 양주목사 유척기의 비도 그중 하나이다.

유척기 선생이 양주 목사에 임명되는 기록은 다음과 같다.

"영조 4년 무신(1728년) 3월 19일(기사)

유척기[717] · 이행검에게 관직을 제수하다

유척기(兪拓基)를 양주 목사(楊州牧使)로, 이행검(李行儉)을 여주 목사(驪州牧使)로, 영남 사람 전(前) 참의(參議) 이형상(李衡祥)을 발탁하여 가선(嘉善) 자급으로 하고, 전(前) 응교(應敎) 조덕린(趙德隣)을 통정(通政) 자급으로 하여 아울러 경상도 소모사(慶尙道召募使)로 삼았다.

하유하기를,

---

715) 그림 176번이다.

716) 경남하동인지 하양현의 하동인지는 알아내지 못하였다.

717) 처음에는 진어사를 겸하였으나, 나중에 양주진 방어사를 겸하게 된다.

"이형상은 벼슬을 쉬고 물러난 지 이미 30여 년인지라, 나이가 비록 많지만 인망(人望)이 가장 무겁다.

이처럼 어려운 때에 권장해 쓰는 도리가 없어서는 안 되며, 조덕린은 그 문학(文學)과 식견이 영남 선비들이 우러러보는 바인데, 지금까지 막히고 눌려 있어 군정(群情)이 아깝게 여기는 바이니, 아울러 가자(加資)하고, 인하여 영남 상하도의 소모사로 차임하여 인심을 수습하고 충의(忠義)를 격려하며, 왕실에 힘을 다하고 남쪽 지방을 편안케 하여 조정에서 특별히 발탁하여 위임하는 소망에 부응토록 하라."

하였다."[718]

비제는 "牧使兼鎭禦使俞公拓基臨亂政管愛慕裨撫恤軍卒萬世不忘碑(목사겸진어사유공척기임란정관애모비무휼군졸만세불망비)"라 되어 있고, 세운 시기는 "雍正七年三月立鍊武廳執事成軍官三方(옹정칠년삼월립연무청집사성군관삼방)"이라 되어 있다.

세운 시기는 1729년이며, 양주목사로 재임한 시기는 1728년 5월 13일이다.

짧은 기간을 양주목사로 재임하였지만, 1728년은 戊申亂[719]이 있었기에

---

718)	고전번역원 데이터베이스(DB)에서 발췌하였다.

719)	조선후기 유민이 증가했으며 부세저항이 심해져 지배세력의 물적·인적 지배기반을 동요시켰다. 왕권을 둘러싼 권력투쟁은 심화되었으며 노론과 소론이 갈등하던 상황에서 영조가 즉위해 노론정권이 성립하자 소론에서는 비밀조직을 결성하여 세력을 포섭했다. 1728년 3월 이인좌를 대원수로 한 반란군은 청주성을 함락해 각 창고의 전곡을 민간에 나누어 주며 민의 참여를 유도, 반군세력을 확대했으나 영남병·호남병의 합세에 실패하

비제에 "임란정관"이라는 명문이 있는 것으로 생각된다.

그림 176. 관찰사 유척기 비 – 영남대 민속촌

"무신란"에 긴박했던 그 당시의 상황을 목사 유척기의 기록을 통해 알아 보면 다음과 같다.

"영조 4년[720] 무신(1728년) 3월 23일(계유)

여 3월 24일 안성·죽산에서 관군에게 격파되었다.

720) 고전번역원 데이터베이스(DB)에서 발췌하였다.

김동필이 유척기가 미음강으로 옮길 것 등을 장계하다

남한 순무사(南漢巡撫使) 김동필(金東弼)이 장계하기를,

"흉적의 노문(路文)[721]이 바야흐로 죽산(竹山)을 지났다고 하는데, 도순무의 대군은 소사(素沙)로 전진하여 용인과 이천 두 길이 비어 있습니다.

양주 목사(楊州牧使) 유척기(兪拓基)가 바야흐로 동로 진어사(東路鎭禦使)로 누원(樓院)에 주둔해 지키고 있으니, 바라건대, 유척기에게 명하여 미음강(渼陰江)으로 옮겨 방어하게 하고, 춘천 방어사(春川防禦使) 정도원(鄭道元), 여주 목사(驪州牧使) 이행검(李行儉)도 모두 신의 절제를 받도록 명하여 유척기와 함께 협력해 방수(防守)하게 하소서."

하니, 회유(回諭)하기를,

"다시 정병(精兵)을 뽑아 요충지에 나누어 웅거하게 하고는 산골짜기를 두루 수색하여 오는 길을 끊어 도순무와 앞뒤로 협공(夾攻)하라."

하였다."

그다음으로는 유척기 선생이 영의정에 언제 임명되는지 알아보면 다음과 같다.

---

721)　조선조 영조 때 외방(外方)에 공무(公務)로 나가는 관원에게 각 지방의 역(驛)에서 말과 침식을 제공받을 수 있도록 하기 위해 마패(馬牌) 대신 발급하는 문서. 여기에 마필(馬匹)의 수, 수행하는 종의 수, 노정(路程) 등이 상세히 기록되어 있음.

그림 177. 양주 목사 유척기 비 - 양주 관아지

"영조 34년[722] 무인(1758년) 8월 12일(을축)

영의정 이천보, 좌의정 김상로를 파직시키고 유척기를 영의정으로 삼다

임금이 효소전(孝昭殿)에 나아가 전정(殿庭)의 맨바닥에 엎드려서 영
의정 이천보(李天輔)와 좌의정 김상로(金相魯)를 처분한 일을 구두로 아
뢰고, 이어서 재전(齋殿)에 나아가 영의정 이천보와 좌의정 김상로를 파

---

722)　고전번역원 데이터베이스(DB)에서 발췌하였다.

직시키고, 영부사(領府事) 유척기(俞拓基)를 영의정으로, 윤동승(尹東昇)
을 승지로 삼도록 명하였다."

유척기 선생의 선정불망비가 8좌가 남아 있어 표로 정리하였다.

번호	명문	세운 시기	위치
1	觀察使俞相公諱拓基爲國惠民碑	庚戌 四月 1730년	경상 감영
2	觀察使俞相國諱拓基遺惠不忘碑	乙卯 六月 1735년	칠곡 향교
3	兼觀察使俞相國諱拓基遺澤萬民永世不 忘碑	庚戌 四月 1730년	대구 다사읍
4	兼巡察使俞相國拓基永世不忘碑	庚戌 十月 日 1730년	대구 상덕사
5	觀察使俞公拓基永世不忘碑	庚戌 三月 日 1730년	대구 상덕사
6	兼巡察使俞相國諱拓基淸德遺澤萬民追 思碑	庚戌 十一月 1730년	영남대 민속촌
7	牧使兼鎭禦使俞公拓基臨亂政管愛慕裨撫 恤軍卒萬世不忘碑	雍正 七年 三月 1729년	경기 양주 관아지
8	觀察使俞拓基永世不忘碑	雍正 庚戌 四月 1730년	경북대 박물관

유척기 선생의 졸기를 소개한다.

"영조 43년[723] **정해(1767년) 10월 30일(경인)**

봉조하 유척기의 졸기

---

723)　고전번역원 데이터베이스(DB)에서 발췌하였다.

　　　　　돌에 새긴 목민관 이야기 1

봉조하 유척기(兪拓基)가 졸(卒)하였다.

임금이 연석(筵席)에서 애석해 한탄하고 꿈에서 보았다는 하교까지 하면서, 시장(諡狀)을 기다리지 말고 즉시 시호(諡號)를 의논하라고 하였다.

문익(文翼)이란 시호를 내렸다.

유척기는 너그럽고 후덕하여 대신다운 도량이 있었으므로, 위, 아래가 의지하며 중히 여겨 온 지 거의 수십 년이나 되었다."

32. 김좌근

김좌근 金左根(1797년~1869년)[724]

본관은 안동(安東), 자는 경은(景隱), 호는 하옥(荷屋)이다. 아버지는 순조 초기 벽파를 물리치고 안동 김씨 세도정권을 구축한 영안부원군 김조순, 어머니는 청양부부인 심씨이다.

그의 출사는 매우 늦어서 29세 때인 1825년(순조 25년)에 이르러서야 매형 순조가 장인 김조순의 회갑을 축하하는 뜻으로 무품관직인 부수(副率)에 임명한 다음 6품직에 보임하도록 했다.

1832년(순조 32년) 4월 3일 김조순이 세상을 떠나자 맏형인 김유근이 세도정권을 이어받았다.

그해 12월 27일 촉망받던 둘째형 김원근이 병사하면서 가문 내에서 그의 위상이 높아졌다.

1834년에 상의원 첨정(尙衣院僉正)으로 승진했지만 음직이라 자존심이 상해서였는지 특별한 활동상황을 보이지 않았다.

41세였던 1837년(헌종 3년)에 이르러 사마시에 합격한 그는 진사 자격으로 성균관에 들어갔다.

그러자 이듬해인 1838년(헌종 4년) 헌종은 성균관에 친림하여 유생들

---

724)　나무위키에서 발췌하였다.

에게 시험을 치르게 한 다음 부(賦)에서 수위를 차지한 김좌근을 직부전
시토록 했다.

직부전시(直赴殿試)란 과거의 마지막 단계인 전시(殿試)에 나갈 수 있
는 자격을 임금이 직권으로 내려주는 것이었다.

1841년(헌종 7년) 순원왕후가 수렴청정을 거두자 조인영이 영의정에
올랐다.

이어서 조만영의 아들 조병구가 금위대장·총융사가 되어 병권을 장악
했고, 조득영의 아들 조병현과 조인영의 아들 조병기가 예조·호조·이조
의 판서를 두루 역임하면서 새로운 세도 가문으로서의 위상을 다졌다.

70세가 다 되어서 다음 세대인 김병학, 김병국, 김병기[12] 등이 새로운
권력의 핵심으로 슬슬 떠오르는 상황에서 고종 이 즉위하고 홍선대원군
이 집권하게 된다. 홍선대원군은 그와 안동 김씨의 절대 권력은 뺏었지만
명예는 빼앗지 않았는데 심지어 신하로서 최고의 영예인 안석과 궤장을
하사받기도 했다.

말년에 명예직만 맡으면서 권세는 많이 꺾이기는 했지만 조정 원로로
대접은 다 받은 셈이다. 신정왕후 조씨의 명으로 고종을 모시러 온 신하
이기도 했으니 권력에서는 물리더라도 명예는 챙겨줬어야 할 것이다. 김
좌근은 영의정에서 물러난 후에도 〈철종실록〉의 총재관을 맡았고 말년에
는 기로소에 들어갔으며 영삼군부사, 영돈녕부사를 맡았으며 영돈녕부사
인 상태에서 죽었다.

뒤 세대인 김병학, 김병기, 김병국도 조정의 요직을 맡아 홍선대원군의
개혁을 뒷받침했고 홍선대원군 역시 김좌근을 나쁘지 않게 대접했으며
김좌근이 죽자 그 묘비명을 직접 써 주기도 했다.

결국 전체적으로 평가하면 나라를 제대로 망치고 누릴 것은 다 누리고 간 간신. 정말 평생에 걸쳐 운이 좋은 인물이었다고 할 수 있다.

김좌근 선생의 선정비는 3좌가 남아 있으며, 전주 감영, 안흥진성, 아산 공세리에 있다.

먼저 전주 감영에 있는 碑부터 소개한다.

전주감영에 있는 선정비들은 다가공원에 있었으나, 전주 감영이 복원되면서 이건하였으며, 그중에 영의정 김좌근 선생의 비가 있다.

비제는 "領議政金公左根頌德碑(영의정김공좌근송덕비)"라 되어 있고, 비의 후면에 많은 명문이 있으며 소개하면 다음과 같다.

猗歟相公 아~~~ 상공이시여

惠及南土 은혜가 남쪽으로 미치어

一心燮理[725] 일심으로 다스리시니

萬姓蹈舞 모든 백성이 춤추네.

詳定[726]豆稅 상정법으로 두세를 거두시며

蠲蕩[727]漁浦 어장의 세금을 탕감하시니

---

725) 음양의 변화 등 정(正)과 반(反)의 양 측면을 조화롭게 하여 나라를 다스리는 것을 말하는데, 보통 재상의 직무를 비유할 때 쓰는 표현이다. 《서경》〈주관(周官)〉에 태사(太師) 태부(太傅) 태보(太保) 등 삼공(三公)을 세워 "도를 논하고 나라를 경륜하며 음양을 섭리하게 한다.(論道經邦 燮理 陰陽)"라는 말이 나온다.

726) 조선 중기 이후의 세제 가운데 하나로, 대동법(大同法)의 내용을 그 지방의 인문 지리적 특수성에 따라 알맞도록 조성한 세규.

727) 미납된 조세를 탕감하는 것을 말한다.

                          돌에 새긴 목민관 이야기 1

永世之頌 송덕은 영원히 하도다.

貞珉是堅 아름다운 돌에 새겨 세웠네.

崇禎紀元後四丙辰 1826년 세움

그림 178. 영의정 김좌근 비 - 전주 감영

김좌근 선생이 영의정에 임명되는 기록은 다음과 같다.

필자가 조사한 바로는 영의정에 임명되는 기록은 4번인 것으로 나타났다.

첫 번째는 다음과 같다.

"철종 4년[728] 2월 25일 경자 1853년 청 함풍(咸豊) 3년

우의정 김좌근·서기순을 영의정·판의금부사로 삼다

우의정 김좌근(金左根)을 영의정으로, 서기순(徐箕淳)을 판의금부사로
삼았다."

그리고 철종 6년(1855년) 11월에 사직을 청하여 면부되었다.

두 번째 역임은 다음과 같다.

"철종 9년[729] 4월 1일 병오 1858년 청 함풍(咸豊) 8년

김좌근·조두순을 영의정·좌의정으로 제수하다

김좌근(金左根)을 영의정(領議政)으로, 조두순(趙斗淳)을 좌의정(左議
政)으로 승진시켜 제수하였다."

두 번째 사직은 철종 10년(1859년)에 사직을 청하여, 허락을 받았다.
영의정에 세 번째 임명되는 기록은 보이지 않고 염종수를 친국할 때 영
의정 김좌근이라는 기록이 보이고 있으며, 그 내용은 다음과 같다.

---

728)   한국사데이터베이스에서 발췌하였다.
729)   한국사데이터베이스에서 발췌하였다.

                                        돌에 새긴 목민관 이야기 1

"철종 12년[730] 11월 7일 신묘 1861년 청 함풍(咸豐) 11년

염종수를 친국하다

금위영(禁衛營)에 나아가 염종수(廉宗秀)를 친국(親鞫) [영부사(領府事) 정원용(鄭元容), 판부사(判府事) 김흥근(金興根), 영의정(領議政) 김좌근(金左根), 좌의정(左議政) 조두순(趙斗淳), 판의금(判義禁) 윤치수(尹致秀), 지의금(知義禁) 신석희(申錫禧)·홍우길(洪祐吉), 동의금(同義禁) 이삼현(李參鉉), 승지(承旨) 민치상(閔致庠), 대사헌(大司憲) 신석우(申錫愚), 대사간(大司諫) 정면조(鄭冕朝), 집의(執義) 이승택(李承澤), 사간(司諫) 신석년(申錫季), 장령(掌令) 서재무(徐在懋)·김수간(金壽侃), 헌납(獻納) 권종록(權鍾祿), 정언(正言) 조명귀(趙名龜)·김원성(金元性)이다.] 하였다. 하교하기를,

"친국(親鞫)을 철파(撤罷)하니, 정국(庭鞫)을 금위영(禁衛營)에서 하라."

하였다."

철종 13년에 사직을 청하여 면부 받았지만, 철종 14년 9월에 영의정을 사직하는 기록이 보여, 영의정 사직 하였는데, 왜 다시 사직을 청하는지 대한 기록이 미비하였다.

그리고 고종 1년 4월에 영의정 사직하는 기록이 있어, 필자로서는 상당히 난감하기도 하다.

4번의 영의정을 역임하였다고 기록이 보이고 있어, 기록의 변화를 찾아

내지 못하였다.

그리고 "다음백과사전"에는 영의정을 2번 역임한 것으로 되어 있어, 그에 대한 기록을 표로 정리하여 둔다.

번 호	영의정 제수(임명) 시기	사직 시기	
1	철종 4년(1853년)	철종 6년(1855년)	
2	철종 9년(1858년)	철종 10년(1859년)	
3	철종 12년(1861년)[731]	철종 13년(1862년)	염종수[732]
4	철종 14년(1863년)[733]	고종 1년(1864년)	

김좌근 선생의 비석은 충남 태안에 남아 있으며, 서산에 있는 완당 김정희의 어사비를 보고, 50km를 달려 보러 갔다.

안흥진성도 볼 겸 갔으며, 여름이라 더운 날씨이지만, 답사는 그러한 것은 문제가 되지 않기에 차를 운전하여 간 것이다.

비석은 안흥진성에 있다가 육모정이라는 정자 앞에 여러 비석과 같이 있다.

왜 영의정 김좌근 영세불망비를 세웠을까 하여 자료를 찾아보니 다음과 같다.

원래는 안흥항에서 전복을 나라에 진상하게 되었는데, 이때의 실정은 젊은 장정 30명이 지게에 지고 안흥을 출발하여 한양에 가려면 중간에 도

---

731) 염종수를 친국할 때 영의정 기록이 보이며, 그 앞의 임명되는 기록은 보이지 않는다.

732) 철종의 외가가 염씨였는데, 염종수가 철종의 외가로 속였다가 들통 나서 철종이 직접 추국하였다.

733) 영의정에 임명되는 기록은 보이지 않으나 사직을 청하는 기록이 보인다.

돌에 새긴 목민관 이야기 1

적들에게 빼앗기고, 3~4명만 전복을 도성에 가지고 갈 수 있었다.

이러한 이유로 배를 가지고 한강으로 들어가서 마포나루로 해서 궁궐로 들어가려 해도, 그곳의 도적도 마찬가지였다.

그리하여 그 당시 첨사 "가행건"이 김좌근에 부탁하여 효과도 없는 전복 진상을 탕감하여 달라 하였다.

그러나 탕감에 대한 답도 듣기 전에 첨사 가행건은 안흥첨사에서 물러나게 된다.

그 후 가행건의 아들인 "가중영"이 안흥첨사로 부임하면서 다시 영의정 김좌근에게 전복을 탕감해 달라 요청하였다.

김좌근은 조정의 사정이 여의치 못하여 선친의 요청을 못 들어 주었다 하면서, 안흥항에서 진상하던 전복을 모두 탕감해 주었다고 한다.

그 뒤 가중영이 백성과 뜻을 모아 김좌근 송덕비를 세웠다고 한다.

비제는 "領議政金公左根永世不忘碑(영의정김공좌근영세불망비)"라 되어 있으며, 뒷면에는 명문이 있다.

소개하면 다음과 같다.

"表銘

夙余嚴君 일찍이 우리 부친[734]**께서**

先守是城 이 성을 지키셨으며,

海物貢鰒 해물과 전복을 공납하였는데

---

734)　가행건(1798~1865년)을 말하며 태안군 남면 사람으로 1853년 6월에서 1855년 7월까지 첨절제사로 활동하였다.

郡有私營　　관아에서 사사로이 운영하여

惟此吏校[735]　이교들이 꾀하니

曁厥士民　　사민들이 함께

奔走王畿　　도성으로 분주히 찾아가

衷悃馨陳　　애달픈 심정 정성을 다해 아뢰니

時我相公　　그 당시 우리 상공께서는

元揆敦仁　　재상으로 돈독하고 인자하였는데

廓揮明斷　　넓게 통찰하여 명확하게 판단하시어

永著常規　　오래 지켜질 규칙을 만드시니

島抃泗手　　섬에서는 박수 치고 기뻐 눈물 흘리고

巷舞皺眉　　항구에서는 춤추며 얼굴을 찡그리네.[736]

銘德寓慕　　덕을 새겨 흠모하는 마음 담아

豎石爲幟　　세운 돌을 상징으로 삼으니

余亦在茲　　나 역시 여기에 있어도

莫遏厥意　　그 뜻을 막을 수 없었네.

閣以不朽　　비각은 영원할 것이며

匪私于巳　　사사로이 자신만을 위하지 않을 것이며

後或繼者[737]　후세에 혹 이를 잇는 자는

是究是視　　이것을 연구하고 살피지어다.

---

735)　아전과 장교.
736)　기뻐서 근육이 수축되어 얼굴을 찡그리는 것으로 생각된다.
737)　나중에 올 벼슬아치를 말하는 것으로 생각된다.

　　　　　　　　　　돌에 새긴 목민관 이야기 1

崇貞 三百三十年 四 月 日 1860년 세움

節制使 賈中永 謹識 절제사 가중영[738] 근식"

영의정 김좌근과 이생원의 이야기를 소개하면 다음과 같다.

"영의정인 김좌근에게 하루는 가난한 친구인 이생원이 찾아왔다.

그는 어릴 때부터 동문수학 사이이고 김좌근의 부친이 이생원의 아버지에게 은혜를 입은 적이 있었다.

그래서 "이생원"을 반갑게 맞이하여, 술상도 내어오고 하여, 이런 얘기 저런 얘기 끝에 이런 말을 하였다.

전라도 장성읍에 "이춘보"라는 사람이 장사에 실패해서 나랏돈 1만 냥을 축내어, 곧 벌을 받게 되었는데, 그는 원래 정직한 사람으로 옛날 이생원의 부친이 장성부사로 있을 때부터 "이생원"과는 형제 같은 사이였다.

그러므로 자기의 힘으로 도울 수 있으면 도와주어야 하는데, 장성부사에게 편지를 보내 말미를 주면 어떻겠나? 하니

김좌근은 이에 그 사람을 위해 무엇이든 하겠는가? 물으니 할 수 있다면 한다기에, 김좌근은 "이생원"을 장성부사로 임명하여 내려보내려 한다.

그리고 김좌근이 하는 말이 현직 부사는 그 처리가 어려울 것이고, 자네가 장성부사로 가서 그 일 처리하면 될 것이고, 그러면 그 "이춘보"를 구할 것이고, 나는 당신에 진 빚을 조금이나마 갚을 것이 아닌가! 하였다.

그래서 이생원은 장성부사가 되었으며, 원래 이생원은 벼슬에 뜻이 없

---

738)　가행건의 2남으로 1858년 5월부터 1860년 9월 까지 첨절제사로 활동하였다.

어, 여러 번 벼슬을 권하였지만 사양하다가 벼락감투를 쓰게 된 것이다.”[739]

그림 179. 영의정 김좌근 비 - 태안 안흥진성

그다음은 전남 나주에 있는 비로 중간에 부러져 붙인 흔적이 역력하며, 그것은 백성들이 부셨다가 나중에 다시 붙인 흔적이었다.

비제는 “領議政金公左根永世不忘碑(영의정김공좌근영세불망비)”라 되어 있으며, 그를 칭송하는 명문이 있으나 세운 시기는 없었다.

---

739) 2018년에 발간한 종로문화원 인문프로젝트 “종로설화이야기”에서 발췌하였다.

돌에 새긴 목민관 이야기 1

國有休戚	나라가 휴척[740]하였더니
望傾東維[741]	동유로서 마음 기울이셨네.
大家喬木[742]	명망 높은 후예로서
澤究南服	은택이 남쪽까지 미치어
稅菽蠲瘼	세금을 줄여 폐막을 없애시니
獻頌無地	헌송할[743] 자리가 없구나!
民蔀受力	어려운 백성들이 힘을 모아
于石又築	돌 위에 다시 쌓았네.[744]

나주 금성관[745]에 있는 이 비석은 "나합(羅閤)[746]"이라는 부른 김좌근의 소실 양씨와 관련이 있는 것으로, 전국에 흉년이 들었을 때 나주에 구휼 미를 풀어 백성의 어려움을 도왔기에 세운 비석이다.

김좌근의 권력이 대단하여, 그의 소실이 그것을 믿고 온갖 사치와 권력 을 주물렀다는 이야기가 전해지고 있다.

---

740) 행복과 불행을 말한다.

741) 《장자》 대종사편(大宗師篇)에 "부열이 도(道)를 얻어 무정의 재상으로 천하를 주재하다 가 죽어서는 동유(東維)를 타고 기미(箕尾)에 올라 열성(列星)과 나란히 하였다." 하였다.

742) 높이 치솟은 나무와 오래된 옛 저택을 통해서 여러 대에 걸쳐 경상(卿相)을 배출한 명가 (名家)의 덕을 상상해 볼 수 있다는 말이다. 《맹자》〈양혜왕 하(梁惠王下)〉에 "이른바 고국 이란 대대로 커서 높이 치솟은 나무가 있다는 말이 아니요, 대대로 신하를 배출한 오래된 집안이 있다는 것을 의미한다.(所謂故國者 非謂有喬木 之謂也 有世臣之謂也)"라는 말이 나온다.

743) 칭송할 수 없을 만큼 뛰어나다

744) 기존의 성과나 토대 위에 더 나은 것을 더하거나 발전시키는 상황을 말한다.

745) 나주 객사의 이름이다.

746) 나주의 "합하"라 하여 삼정승의 별칭으로 불렸다.

옛 중국의 포사[747], 서시[748], 양귀비[749]와 같이 나라를 망 할 수 있게 하는 것이 여인이었기에, 나주 양씨의 만행은 권력을 등에 업고 온갖 부정을 저질렀기에, 기록들이 남아 있는 것이다.

그러나 花無十日紅(화무십일홍)이라는 말이 있듯이, 그녀의 만행도 홍선대원군이 집권하면서, 안동김씨의 세력이 약화되어 막을 내리게 된다.

그림 180. 영의정 김좌근 비 - 나주 금성관

---

747)　주유왕 때 중국 희대의 경국지색 으로 꼽히는 여인.

748)　중국 춘추전국시대의 미인. 전국시대 범려가 오나라 부차에게 바쳐진 여인이다.

749)　8세기 초중엽 사람으로 당나라 현종의 며느리였다가 후궁이 되었다.

　　　　　　　　　　　　돌에 새긴 목민관 이야기 1

마지막으로 아산 공세리에 있는 비석으로 공세 곶창과 관련이 있는 것으로 보인다.

아산은 沿海 지역으로 삽교천의 내륙수로를 끼고 있는 지리적 조건으로 옛 부터 수로 교통이 발달하였고, 특히 조운제가 운용되는 고려시대 이후에는 충청 지역 세곡을 서울로 운반하는 중요 거점이었다.

그중에 인주면 공세리 공세 곶창이 대표적인 것이다.

도성에 곡식을 운반하는 곳은 해운판관이 관할하는 곳으로 해운판관의 선정불망비가 곶창에 여러 좌 남아 있으며, 그곳에서 조금 떨어진 곳에 영의정 김좌근의 비가 있다.

비제는 "領議政金公左根永世不忘碑(영의정김공좌근영세불망비)"라 되어 있으며, 세운 시기는 "咸豐十年庚申九月日立(함풍십년경신구월일립)"이라 되어 있다. 1860년에 세웠다.

송시는 비석의 下部에 있어 몇 자는 보이지 않아 손으로 파 보았지만 더 이상은 안 되었다. 그 내용은 다음과 같다.

相國之■[750] 나라의 상국이시니

漕倉乃■　　조창의……

念哉爲恩　　깊이 생각하고 은혜로우니

於乎其忘　　아아~~ 그것을 잊을 수 있으랴!

곡식을 운반하는 곳은 여러 가지 일들이 일어나기도 하지만 그중엔 관

---

750)　　■ 검은 점 표시는 비석을 세울 때 양회(시멘트)로 하여 아래 부분이 파묻혀 보이지 않는다.

리들의 폐단이 많았을 것이고, 권력에 아부하여 이득을 챙기는 경우도 있었을 것이다.

영의정 김좌근이 활동 할 시기는 아니지만 그보다 앞선 시기의 기록을 소개한다.

"領議政 洪鳳[751]漢 등이 입시하여 海運判官에 의한 民弊를 막는 문제에 대해 논의함

영조 41년 1765년 04월 01일 (음)

또 아뢰기를,

"호서(湖西)의 도사(都事)가 해운판관(海運判官)을 겸하는 것은 본래 실효가 없습니다.

더구나 아산현감(牙山縣監)이 조운선(漕運船)을 타도록 법으로 정한 뒤로는 조창(漕倉)의 모든 일을 일임하여 그 거행의 잘하고 못함에 따라 상벌이 있으므로 이른바 해운판관은 더욱 하는 일이 없이 한갓 무언중에 민폐만 끼칩니다.

묘당의 여러 의논은 모두 해운판관의 명칭이 그 유래가 오래이므로 굳이 아주 혁파할 것은 없고 우선 조운(漕運)을 구관(句管)하지 말게 하여 큰 폐단을 없애는 것이 옳다고 합니다.

편의 여부를 관찰사에게 물어 그 장문(狀聞)을 기다려 품처하는 것이 어떻겠습니까?"

---

751)　국역비변사등록에서 발췌하였다.

하니, 임금이 그리하라 하였다.

좌의정 윤동도(尹東度)가 말하기를,

"호남에도 폐단은 있고 실효는 없다고 합니다. 일체 당해 도에 물어보는 것이 어떻겠습니까?" 하니, 임금이 그리하라 하였다."

그림 181. 영의정 김좌근 비 - 아산 공세리

아산 공세리 漕運의 폐단이 영조 시대에도 있듯이 100년이 지난 철종 시대에도 남아 있을 것이고 그 폐단을 영의정 김좌근이 해결해 주었기에 불망비를 세웠을 가능성이 농후하지만, 자세한 기록이 조선왕조실록이나

"승정원일기"에도 없기에 추정할 뿐이다.

　필자가 가진 영의정 선정비 자료는 여기까지이지만 남한산성의 "이종성", "전남 장성군의", "한용귀" 비는 찾지 못하였기에 여기에서는 언급하지 않는다.

　이종성의 비를 찾으러 남한산성까지 갔지만 없었고, 여러 군데 물어보아도 돌아오는 답은 알지 못한다고 하였다.

　그리고 전남 장흥의 한용귀 마애비도 찾으러 갔지만 있었던 자리는 도로로 변하여, 위치를 알아도 풀이 우거져 찾는다 해도 거의 보이지 않는 수준이라는 답을 들어서 여기에 싣지 않는다.

　글을 쓰고 답사를 하여 자료를 구하는 필자로서는 아쉽지만 여기에서 작업을 마친다.

사람은 태어나면서 기록이 존재하기 시작한다.

家門의 일원으로 족보에 기록되고, 長成 후 과거 급제하여 관리로 나아가면, 실록에 기록된다.

그리고 지방에 관리로 가면 그 지역의 향안이나, 선생 안에 기록을 남기며, 사람의 일생 중 어느 정도는 파악 가능한 것이다.

선정불망비의 기록은 단순하거나 아니면 많은 송시가 있어, 관리의 행적을 추정할 수 있지만, 그 사람의 많은 벼슬 중 하나의 이야기이다.

비석에 내용 하나로 그 관리의 일생을 전부 평가할 수는 없다. 그러나 그것조차 없는 사람도 있으니 연구자로서는 비석에 새겨진 명문이야말로 최고의 글귀이다.

여러 곳의 답사를 하면서 필요한 자료를 사진 촬영하고, 그 자료를 바탕으로 글을 쓰니 힘든 것도 있었지만, 이제 마무리를 지으니 홀가분하기도 하고, 다음 작품은 무엇으로 할까 하는 행복한 고민도 있다.

이번에도 많은 분들이 도와주었다. 금전적으로 정신적으로 많은 도움을 받았기에, 한 권의 책이 완성되었다.

세월은 흐르지만 책은 영원히 남을 것이기에 여러 가지 기록을 해두는 것이므로, 이 책은 청백리, 영의정 지낸 분들의 이야기이지만 많은 자료를 찾느라 고생을 하였지만 사람의 평가는 넣지 않았다.

필자는 그렇게 대단한 사람도 아닌 필부가 남을 평가하기에는 무리라는 것도 있기에 그렇게 한 것이다.

이제 다음 책을 구상하고 모자란 자료를 찾으러 가야 한다.

몸은 아프지만 나의 할 일은 이것이라는 생각이 들고, 필자가 할 수 있는 일이 무엇일까 하는 생각을 오래 하였기에, 필자가 할 수 있는 일을 찾아 떠나는 것이다.

갈 길이 멀고 험하여도 걷고, 걸어가야 하는 것이 필자의 일이다……

변수가 없기를 바라면서

2025년 7월 25일

돌에 새긴 목민관 이야기 1

출판을 하는 데 도움을 주신 기관

1. 경북대 박물관

2. 영남대 박물관

3. 수원화성 박물관

4. 수원 박물관

5. 거창 박물관

6. 상주 박물관

7. 충남대 박물관

자문과 도움을 주신 분

서울 고문헌 연구원 대표 김상환 님

울산 신명산업 대표 오재용 님

울산 프리마베라 대표 이정애 님

출판 비용을 지원한 사찰과 단체

울산 황룡사 주지 황산 스님(₩1,000,000)

울산 답사 단체 前 한배랑(₩1,650,000)

그 외에도 많은 분들이 도와주셨지만 여기에 싣지 못함을 안타깝게 생각합니다. 도와주셔서 감사드리며, 더 좋은 책을 내기 위해 열심히 노력하겠습니다.

옥산 이희득

돌에 새긴
목민관 이야기 1

ⓒ 이희득, 2026

초판 1쇄 발행 2026년 3월 19일

지은이   이희득
펴낸이   이기봉
편집   좋은땅 편집팀
펴낸곳   도서출판 좋은땅
주소   서울특별시 마포구 양화로12길 26 지월드빌딩 (서교동 395-7)
전화   02)374-8616~7
팩스   02)374-8614
이메일   gworldbook@naver.com
홈페이지   www.g-world.co.kr

ISBN   979-11-388-5497-9 (03910)